国家出版基金项目

抗日战争专题研究

张宪文 朱庆葆 主编

第二辑
抗战军事

战时知识青年从军运动

蔡宏俊 著

江苏人民出版社

图书在版编目(CIP)数据

战时知识青年从军运动 / 蔡宏俊著. —南京：江苏人民出版社，2021.11(2024.1重印)
(抗日战争专题研究 / 张宪文，朱庆葆主编)
ISBN 978-7-214-26143-4

Ⅰ.①战… Ⅱ.①蔡… Ⅲ.①抗日战争－史料－研究－中国 Ⅳ.①K265.06

中国版本图书馆 CIP 数据核字(2021)第 077821 号

书　　　名	战时知识青年从军运动
著　　　者	蔡宏俊
责 任 编 辑	胡海弘
装 帧 设 计	刘葶葶
责 任 监 制	王　娟
出 版 发 行	江苏人民出版社
地　　　址	南京市湖南路1号A楼,邮编:210009
照　　　排	江苏凤凰制版有限公司
印　　　刷	苏州市越洋印刷有限公司
开　　　本	652 毫米×960 毫米　1/16
印　　　张	30　插页 4
字　　　数	350 千字
版　　　次	2021 年 11 月第 1 版
印　　　次	2024 年 1 月第 2 次印刷
标 准 书 号	ISBN 978-7-214-26143-4
定　　　价	118.00 元

(江苏人民出版社图书凡印装错误可向承印厂调换)

教育部哲学社会科学研究重大委托项目
2021年度国家出版基金资助项目
南京大学"双一流"建设卓越计划项目

———— 合作单位 ————

南京大学　北京大学　南开大学　武汉大学
复旦大学　浙江大学　山东大学
台湾中国近代史学会

———— 学术顾问 ————

金冲及　章开沅　魏宏运　张玉法　张海鹏
姜义华　杨冬权　胡德坤　吕芳上　王建朗

编纂委员会

主　　编　张宪文　朱庆葆

副　主　编　吴景平　陈红民　臧运祜　江沛　宋志勇　王月清
　　　　　　　张生　马振犊　彭敦文　赵兴胜　陈立文　林桶法

常 务 编 委　洪小夏　张燕萍　刘颖　吕晶　张晓薇

审稿委员会

　　主　任　马敏　陈谦平

　　副主任　叶美兰　张连红　戚如高　王保顶　王卫星　姜良芹

　　委　员　关捷　郑会欣　何友良　田玄　刘金田　朱汉国　程兆奇
　　　　　　　黄正林　李继锋　马俊亚　李玉　曹大臣　徐畅　齐春风

总　序

张宪文　朱庆葆

　　日本侵华与中国抗日战争是近代中国最重大的历史事件。中国人民经过14年艰苦卓绝的英勇奋战，付出惨重的生命和财产的代价，终于取得伟大的胜利。

　　自1945年抗日战争结束至2015年，度过了漫长的70年。对这一影响中国和世界历史进程的重大事件，国内外历史学界已经做过大量的学术研究，出版了许多论著。2015年7月30日，在抗日战争胜利70周年前夕，中共中央政治局就中国人民抗日战争的回顾和思考进行集体学习，习近平总书记发表重要讲话，指示学术界应该广为搜集整理历史资料，大力加强对抗日战争历史的研究。半个月后，中共中央宣传部迅速制定抗日战争研究的专项规划。8月下旬，时任中共中央宣传部部长刘奇葆召开中央各有关部委、国家科研机构和部分高校代表出席的专题会议，动员全面贯彻习总书记的讲话精神，武汉大学和南京大学的代表出席该会。

　　在这一形势下，教育部部领导和社会科学司决定推动全国高校积极投入抗战历史研究，积极支持南京大学联合有关高校建立抗战研究协同创新中心，并于南京中央饭店召开了由数十所高校的百余位教授、学者参加的抗战历史研讨会。台湾中国近代史学会也派出十多位学者,在吕芳上、陈立文教授率领下出席会议,共同协商在新时代深入开展抗战历史研究的具体方案。台湾著名资深教授蒋永敬在会议上发表了热情洋溢的讲话。经过几个月的酝酿和准备,南京大学决定牵头联合我国在抗战历史研究方面有深厚学术基础的北京大学、南开大学、武汉大学、复旦大学、浙江大学、山东大学及台湾中国近代史学会,组织两岸历史学者共同组建编纂委员会,深入开展抗日战争专题研究。中央档案馆和中国第二历史档案馆也积极支持。在南京中央饭店学术会议基础上,编纂委员会初步筛选出130个备选课题。

南京大学多次举行党政联席会议和校学术委员会会议,专门研究支持这一重大学术工程。学校两届领导班子均提出具体措施支持本项工作,还派出时任校党委副书记朱庆葆教授直接领导,校社科处也做了大量工作。南京大学将本项目纳入学校"双一流"建设卓越计划,并陆续提供大量经费支持。

江苏省委、省政府以及江苏省委宣传部,均曾批示支持抗战历史研究项目。国家教育部社科司将本项研究列为哲学社会科学研究重大委托项目,并要求项目完成和出版后,努力成为高等学校代表性、标志性的优秀成果。

本项目编纂委员会考察了抗战历史研究的学术史和已有的成果状况,坚持把学术创新放在第一位,坚持填补以往学术研究的空白,不做重复性、整体性的发展史研究,以此推动抗战历史研究在已有基础上不断向前发展。

本项目坚持学术创新,扩大研究方向和范围。从以往十分关注的九一八事变向前延伸至日本国内,研究日本为什么发动侵华战争,日本在早期做了哪些战争准备,其中包括思想、政治、物质、军事、人力等方面的准备。而在战争进入中国南方之后,日本开始实施一号作战,将战争引出中国国境,即引向亚太地区,对东南亚各国及东南亚地区的西方盟国势力发动残酷战争。特别是日军偷袭美军重要海军基地珍珠港,不仅给美军造成严重的军事损失,也引发了日本法西斯逐步走向灭亡的太平洋战争。由此,美国转变为支援中国抗战的主要盟国。拓展研究范围,研究日本战争准备和研究亚太地区的抗日战争,有利于进一步揭露日本妄图占领中国、侵占亚洲、独霸世界的阴谋。

本项目以民族战争、全民抗战、敌后和正面战场相互支持相互依靠的抗战整体,来分析和认识中国抗日战争全局。课题以国共两党合作为基础,运用大量史实,明确两党在抗日战争中的地位和作用,正确认识各民族、各阶级对抗日战争的贡献。本项目内容涉及中日双方战争准备、战时军事斗争、战时政治外交、战时经济文化、战时社会变迁、中共抗战、敌后根据地建设以及日本在华统治和暴行等方面,从不同视角和不同层面,深入阐明抗日战争的曲折艰难历程,以深刻说明中国抗日战争的重大意义,进一步促进中华民族的伟大复兴。

对于学界已经研究得甚为完善的课题,本项目进一步开拓新的研究角度和深化研究内容。如对山西抗战的研究更加侧重于国共合作抗战;对武汉会战的研究将进一步厘清抗战中期中国政治、经济、社会的变迁及国共之间新的友好关系。抗战前期国民党军队丢失大片国土,而中国共产党在十分艰难的状况下,在敌后逐步收复失地,建立抗日根据地。本项目要求各根据地相关研究课题,应在以往学界成果基础上,着力考察根据地在社会改造、经济、政治、人才培养等方面,如何探索和积累经验,为1949年后的新中国建设提供有益的借鉴。抗战时期文学艺术界以其特有的文化功能,在揭露日军罪行、动员广大民众投入抗战方面,发挥了重要作用。我们尝试与艺术界合作,动员南京艺术学院的教授撰写了与抗日战争相关的电影、美术、音乐等方面的著作。

  本项目编纂委员会坚持鼓励各位作者努力挖掘、搜集第一手历史资料,为建立创新性的学术观点打下坚实基础。编纂委员会要求全体作者坚决贯彻严谨的治学作风,坚持严肃的学术道德,恪守学术规范,不得出现任何抄袭行为。对此,编纂委员会对全部书稿进行了两次"查重",以争取各个研究课题达到较高的学术水平,减少学术差错。同时,还聘请了数十位资深专家,对每部书稿从不同角度进行了五轮审稿。

  本项目自2015年酝酿、启动,至2021年开始编辑出版,是一项巨大的学术工程,它是教育部重点研究基地南京大学中华民国史研究中心一直坚持的重大学术方向。百余位学者、教授,六年时间里付出了艰辛的劳动,对抗战历史研究做出了重要贡献!编纂委员会向全体作者,向教育部、江苏省委省政府以及各学术合作院校,向江苏凤凰出版传媒集团暨江苏人民出版社,向全体编辑人员,表示最崇高的敬意和诚挚的感谢!

目 录

导论 *001*

    一、从国防动员视角重新考察知识青年从军运动 *001*

    二、知识青年：特定语境下的称呼 *004*

    三、学术史回顾 *009*

    四、研究方法与研究框架 *018*

第一章　学生抗战：知识青年从军运动的背景 *022*

  第一节　战地服务和征调——1937—1942年学生抗战的主要途径 *023*

    一、"战时须作平时看"的战时教育政策 *025*

    二、战地服务 *039*

    三、军事征调 *043*

  第二节　学生从军运动 *055*

    一、国防动员法令的改颁 *055*

    二、学生从军运动的发起 *056*

三、学生从军指导机构的设立 059

四、从军学生的组训与分拨 065

五、余论 075

第二章　知识青年从军运动的缘起 077

第一节　一寸山河一寸血：知识青年从军运动的缘由 077

一、豫湘桂大溃败与黄山整军会议 078

二、役政弊端凸显与役政改良 089

三、中美军事合作危机与建设新军 103

四、余论 115

第二节　十万青年十万军：知识青年从军运动的发起 118

一、发动知识青年从军会议的召开 118

二、全国知识青年志愿从军指导委员会的成立 138

三、各级知识青年志愿从军征集委员会的设置 143

第三章　从军知识青年的征召与输送 149

第一节　组织与宣传 149

一、组织工作 150

二、宣传工作 154

第二节　征集与优待 164

一、征集对象与优待政策 164

二、特定对象的征集与优待 169

三、征召效果 184

第三节　运输与后勤 ……… 203

　　一、运输工作 ……… 203

　　二、后勤保障 ……… 208

　　三、冲突事件 ……… 214

　　四、余论 ……… 220

第四章　青年远征军的组建与训练 ……… 223

第一节　青年远征军的编练机构 ……… 223

　　一、全国知识青年志愿从军编练总监部 ……… 223

　　二、全国知识青年志愿从军编练总监部政治部 ……… 224

　　三、各师编成、人事选调与士兵入营 ……… 226

第二节　军事训练 ……… 239

　　一、编练内容 ……… 241

　　二、训练方法 ……… 244

第三节　政治训练 ……… 246

　　一、政工组织机构 ……… 247

　　二、政训计划 ……… 249

　　三、政训内容 ……… 250

第四节　女青年的编训 ……… 254

　　一、编训的组织机构 ……… 254

　　二、编练概况 ……… 256

第五节　训练效果 ……… 260

　　一、训练成绩 ……… 260

二、学兵反馈、逃逸与淘汰 ……… 263

第五章　青年远征军的日常生活与情感世界 ……… 273

第一节　群体概况 ……… 273

一、年龄和性别 ……… 273

二、籍贯地区 ……… 276

三、教育程度 ……… 277

第二节　衣食住行 ……… 283

一、衣 ……… 283

二、食 ……… 288

三、住 ……… 294

四、行 ……… 296

第三节　休闲活动 ……… 301

一、学习型活动 ……… 303

二、娱乐型活动 ……… 308

第四节　情感世界 ……… 313

一、民族国家意识 ……… 314

二、追求自由民主 ……… 318

三、男女情感 ……… 327

第六章　战后从军知识青年的复员 ……… 334

第一节　青年军复员工作机构与组织保障 ……… 335

一、青年军复员管理处、国防部预备干部管训处(局)的成立 ……… 335

二、青年军通讯处(青年军联谊会)的成立 341

第二节 复学与复业 344

一、复学问题 345

二、复业问题 356

第三节 复员辅导 357

一、辅导就学 357

二、辅导就业 367

三、余论 369

第七章 对知识青年从军运动的评价 372

第一节 知识青年从军运动的直接成效 372

一、踊跃从军：唤醒爱国热情，促进社会风气转移 374

二、起弱振衰：改变政府形象，促进政治革新 378

三、军中精华：改善军队素质，促进军队现代化 380

四、预备干部：完善役政制度，培养军政人才 384

第二节 知识青年从军运动的内在困境 387

一、优待与奉献之矛盾 388

二、民主与集权之矛盾 391

三、国民党与三青团之矛盾 396

四、军队政工人员与军事人员之矛盾 399

五、国民党与共产党之矛盾 402

第三节 知识青年从军运动的问题分析 407

一、是役政改良，更是政治作秀的再现 408

二、是政治刷新，更是政治倾轧的加剧 416

三、是国防动员，更是人力资源的浪费 420

四、余论 423

结　语 426

附录：全面抗战时期知识青年从军大事记 431

主要参考文献 444

一、未刊档案 444

二、已刊档案与史料集 444

三、口述史料、事略稿本、日记、回忆录、年鉴、报纸等 446

四、专著与编著 449

五、期刊文章 451

六、外文论著 453

索引 455

后记 463

图表目录

表1-1	军事委员会译员训练班译员教育程度与年龄统计	047
表1-2	重庆市自愿服役学生及公教党团人员登记人数统计比较表	061
表1-3	重庆市自愿服役学生及公教党团人员体检合格人数统计比较表	061
表1-4	军政部成立的各地教导团(营)简况	065
表1-5	军政部各教导团(营)教育科目时间及程度基准表	067
表1-6	全国志愿服役学生及公教人员拨补人数统计表	074
表2-1	陆军各师汇报逃逸士兵人数表(1941—1944年)	092
表2-2	全国知识青年志愿从军指导委员会各级职员表	139
表2-3	陕西、重庆从军知识青年党团员及学生比例表	148
表3-1	各级党部发动知识青年从军情况统计表	191
表4-1	青年远征军各师与原师的番号对照和驻地情况表	226
表4-2	青年远征军初期各师领导成员表	234
表4-3	青年远征军逃亡记录表	264

表 4-4　青年远征军各师青年士兵入营概况统计表
　　　　（1945 年 10 月 22 日） ……………………………… 271
表 5-1　青年远征军各师青年士兵年龄统计表
　　　　（1945 年 10 月 22 日） ……………………………… 274
表 5-2　青年远征军接收女青年情况统计表 …………………… 275
表 5-3　女青年服务总队女青年年龄构成表 …………………… 276
表 5-4　青年远征军各师知识青年士兵籍贯统计表 …………… 278
表 5-5　青年远征军各师青年士兵学历统计表 ………………… 280
表 5-6　女青年服务总队女青年受教育程度调查表 …………… 280
表 5-7　抗战时期国民党军队士兵受教育程度统计（部分）
　　　　……………………………………………………………… 281
表 5-8　军训部 1944 年度调查陆军各部队中下级现役军官素
　　　　质统计 ……………………………………………………… 282
表 5-9　青年远征军各师现有人马统计表（1945 年 10 月 22 日）
　　　　……………………………………………………………… 302
表 6-1　各周课程分配表 ………………………………………… 359
表 6-2　各夏令营计划收训人数表 ……………………………… 360
表 6-3　各青年职业训练班情况简表 …………………………… 368
表 7-1　中央大学知识青年报名从军人数表 …………………… 389
图 4-1　青年远征军政工机构组织系统结构图 ………………… 248
图 4-2　女青年服务总队组织系统结构图 ……………………… 256

导 论

一、从国防动员视角重新考察知识青年从军运动

中国士人自春秋战国开始，就有"以天下为己任"的责任感和道德诉求。到了清末，面临"千年未有之变局"，清政府极力试图挽救社会危亡。在欧风美雨的洗礼下，知识分子开始探索现代意义上的教育之路。民国肇始，内外交困，军阀混战，弱势的中央政府对教育机构难以顾及。"独立之精神、自由之思想"在校园中得到师生的热烈欢迎和普遍认同，教育独立思潮蓬勃而发，学生运动也在这种情况下轰轰烈烈地发展着。南京国民政府时期，中央政府试图逐步加强对大学校园的控制。但是，九一八事变发生后，学者和学生都难以理解和容忍南京国民政府的对日政策，政府与学府的冲突成为当时一景。

卢沟桥事变发生后，教育界在自身何去何从的问题上展开了大讨论，最终确定了"战时须作平时看"的教育政策。这也反映了国民政府在教育机构中国防动员体系的缺失。在战时政策之下，国民党和三民主义青年团（以下简称"三青团"）不断向校园内渗透，进行组织和思想的扩张，为国民党统治服务的三民主义教育之

思想也蓬勃兴起。在国民政府力图控制学生运动的意图下,战地服务和征调成为1937—1942年学生服役主要途径。然而当中国抗战艰难地持续到1942年时,兵源近乎枯竭。1942年10月,为了改良役政,国民政府不得不改颁法令,征召学生从军,从而掀起了学生从军的初澜。

1944年,豫湘桂战役的失败促使蒋介石下定决心,发动知识青年从军运动。他希望通过该运动解决整军中的一系列问题,并建立新军,树立现代化军队的榜样。1944年秋,国民政府发动"知识青年从军运动",全国知识青年积极响应,纷纷从军,"一寸山河一寸血,十万青年十万军"成为抗战中最响亮的口号之一。

为什么在抗战之初,蒋介石没有发动学生从军,却在抗战即将结束之时发动大量知识青年从军?为什么在战初反对学生从军的教育界人士,在此时几乎没有发表任何反对的声明?很多教育机构的领导和教职员工反而纷纷送子参军,甚至主动报名参军。为什么蒋介石能够成功发动这么多的知识青年从军?虽然知识青年从军自古就有,但在"好汉不当兵、好铁不打钉"的旧时代,这并不是普遍现象。甚至在役政恶劣的抗战时期,许多人都视从军为畏途。为什么大家对于青年远征军的褒贬不一?它究竟是一支新军还是政治斗争的工具?它的战斗力如何?为什么说青年军的复员是国民政府第一次真正设置复员机构和实行复员政策?复员机构是如何设置和运行的?退役青年军复员工作解决得如何?有哪些特点和问题?对今日退役军人事务而言,有哪些经验与教训?为什么有人将"青年从"(即从军知识青年)与"新闻记""国大代""军官总"并称"四大害"(也有将其称为"五大害""十大赖"等之一的)?从军知识青年究竟是军中骄子,还是国家耻辱?带着以上这些问题,梳理相关史料线索和不断深入研究,才能使得本书的叙述更加有意义。

　　2005年底,笔者在中国第二历史档案馆初次接触"国民政府全国知识青年志愿从军指导委员会"全宗,阅读了部分档案。之后不久,该档案就因档案数字化工程而停止开放。2015年8月,中国第二历史档案馆在档案数字化的同时,逐步开放一部分馆藏档案,笔者欣喜发现"国民政府全国知识青年志愿从军指导委员会"全宗列入开放目录。另外,2018年后,台湾档案部门加大了档案开放的力度,使得查询台湾地区的国民党军队档案更加便利。笔者遂决定继续对这些档案展开研究,希望在前人的研究基础上能够解释上述问题,并尽力展开知识青年从军运动那丰富、复杂而有意义的特殊历史图景。

　　知识青年从军运动是抗日战争时期一次重要的国防动员事件。根据军语的解释,"国防动员"是指"国家为应对战争或其他安全威胁,使社会诸领域的全部或部分由平时状态转入战时状态或紧急状态的活动","国防动员工作全过程包括动员的准备、实施和复员"。① 国防动员可以分为全面动员和局部动员,人力动员是"国防动员的组成部分,在其中处于核心地位"②。

　　从国防动员的视角去解读知识青年从军运动,可以更加全面、深入地理解和评价这次运动。而且,国防动员学是军事科学中的一门专学,以国防动员为主题的现有成果大多流于原则性、思想性

---

① 中国人民解放军军事科学院编:《中国人民解放军军语》,北京:军事科学出版社2011年版,第49页。虽然"国防动员"是在不断发展的,但是无论是在历史上还是现在,无论是国外还是国内,作为基本军事术语,"国防动员"的地位作用、基本概念和基本原则并没有发生太大的变化。
② 中国军事大百科全书编审委员会编:《中国军事大百科全书·国防建设》(第2版),北京:中国大百科全书出版社2014年版,第359页。

的表述,以史学为研究方法和研究内容的作品较少。缺乏实证研究的支撑,国防动员的研究也难以深入。那么,如何在国防动员研究中采取实证研究呢?从过去的军事史中进行详细考察并深入研究毫无疑问是相当重要的内容,知识青年从军运动就给我们提供了一个很好的个案。当然,本书所指的国防动员是放在国家与社会这个更广阔的视野中考察的,并非纯军事学意义的国防动员。在目前所见的历史资料中,知识分子的日记、著作、时评、书信等较多,与其他官方文本相比,更加真实可靠,贴近人们的心理状态和现实状况。另外,他们的认识和思考非常深刻和独到,这部分资料显得弥足珍贵。而由于西南联大、中央大学在民国教育史上的独特地位,再加上各级政府和有关高校的重视,相关的史料挖掘、整理和研究工作也取得了很大进展,出版了相当多的史料和研究成果。为此,从这些史料中选择相关内容对抗日战争时期的国防动员展开实证研究,也是一个重要的研究专题。

从学术成果上来讲,这一事件作为抗战时期中国的重大历史事件之一,近年来中外学者对此比较关注,取得了一些成果。但从总体上看,目前对该事件的研究,无论是量上还是质上都还需要进一步提高,而且在中国大陆至今尚未有与之直接相关的专著,实为遗憾!综上所述,这个专题研究对于深化历史研究具有理论意义,对于以古鉴今也具有现实意义。

二、知识青年:特定语境下的称呼

知识青年从军运动的动员对象是知识青年。"知识青年"是一个特定语境下的称呼,目前已经很少使用。它从字面上理解好像就是青年知识分子。根据《现代汉语词典》的解释,"知识分子"指"具有较高文化水平、从事脑力劳动的人,如科学工作者、教师、医生、记者、工程师等";而"青年",则为"人十五六岁到三十岁左右的阶段"。① 将两者综合显然不是我们所称呼之知识青年。在抗战之初从军和抗战之中被征调的青年学生,以及抗战末期参与知识青年从军运动的学生和公职人员,在当时都被笼统地称为知识青年。而且,在知识青年从军运动中,参加了青年远征军的知识青年主要是以中学生为主体的。② 但这并不妨碍我们的研究对象的选定,在当时,引领从军热潮的其实是大学校园里的学生们,这场运动的顺利推动也主要是因为当时影响十分巨大的大学校园内的教授和学生们。

"知识青年"在《现代汉语词典》中的解释是:"指受过学校教育,具有一定文化知识的青年人。"③复杂的历史话语并非高度抽象的词典释义所能概括。本书视域中的"知识青年"指的是在特定历史背景下产生的特殊群体。它包括正在学校接受中等或高等教育的学生,或曾经接受过中等或高等教育的年轻的政府公务员、公教人员和其他社会青年,而又以青年学生为主体。他们在知识青年从军运动这个政治事件之下,成为国民政府的动员对象。他们不同于一般青年,也不同于知识分子,但又兼具这两者的一些特点。而参加了青年军的知识青年,更是具有一般青年、知识分子和军人的复杂身份。正是这种身份杂糅,又形成了他们特有的行为

---

① 中国社会科学院语言研究所词典编辑室编:《现代汉语词典》(第 7 版),北京:商务印书馆 2016 年版,第 1612、1028 页。

② 在"文革"时期的知识青年上山下乡运动中,由政府组织到农村从事劳动的知识青年,也只是以接受了中学教育的为主。而且在理论上,他们是被作为农民的,这与被分配到农村以干部身份出现、领取工资的大中专学校毕业生有着根本区别。参见柳柯楠:《知识青年上山下乡兴起原因探析》,硕士学位论文,河南大学中共党史专业,2004 年。

③ 中国社会科学院语言研究所词典编辑室编:《现代汉语词典》(第 7 版),第 1612 页。

模式和价值观念。他们毫不缺少勇敢、彷徨、离经叛道、与世抗争的热情,也有着知识分子的胸怀天下和军人的责任感及服从意识,但也有着年轻人血气方刚的冲突、鲁莽。

"青年文化"本来就是一种区别于成人社会主流文化的亚文化。① 参加了青年远征军的知识青年的思想和行为,毫无疑问地更易游离于主流社会之外,不易为别人认同。基于以上认识,在这么一个重大的政治背景下,知识青年的个体的感受和抉择肯定不会完全被冷冰冰的政治企图所掩盖,我们应更好地理解他们的激情、逃逸、追求民主和自由等心境。

1944年底的"知识青年从军运动"与一般意义上的知识青年从军运动是有着概念上的明显区别的。本书叙述中的"知识青年从军运动"是一个中国近现代史上的专有名词,特指1944年底国民政府发动知识青年从军,并以这批知识青年组建青年远征军的历史事件。这是中华民国史和中国近现代史上的一个历史事件,属于狭义的史学概念。

广义的知识青年从军运动,则泛指以政府为主导的(前期主要是地方政府和学校,有广西、湖南和四川等省)、以知识青年(主要是学生)为主要动员对象的运动。在实际运作中,两者区别很大,

---

① 在中国传统社会里没有"青年"一词。作为一个社会类别,中国最初的青年是随着19世纪末20世纪初近代教育的产生而出现的学生群体。在西方,"青年"一词的频繁使用是在工业革命之后。在中国,古时,未成年人到成年人的生活并没有"质"的突变,整个过渡自然、平缓而短暂。后来,新的生产力改变了社会结构,未成年人到成年人的过渡时间延长,在未成年人与成年人之间的学习、预期阶段被划分出来,形成一个单独存在的青年阶段。"青年文化"通常被认为是区别于成人社会的主流文化的,它是一种过激、崇拜、勇敢、信任同伴、关注性和未定型的文化结合体。参见金国华:《青年学》,北京:中国青年出版社1999年版;陈映芳:《在角色与非角色之间——中国的青年文化》,南京:江苏人民出版社2002年版。

但对于底层的参与者来说,他们并不太清楚自己参与的这次运动的真正发动目的和特点,常常就将某些官方发动的动员学生或知识青年从军的运动称为"知识青年从军运动";他们也并不太清楚中国远征军和青年远征军的性质、任务和特点,都笼统地称为远征军;他们更不清楚他们在被动员参军后享有的各不相同的待遇,这给日后的复学复业和待遇的落实带来了一定的问题。从国民政府的角度来看,1944年底发动的知识青年从军运动与1943年学生从军运动和国共内战时期的知识青年从军有着非常大的区别。对于优待政策的对象范围,教育部希望从严控制,仅限于1944年底发动的知识青年从军运动。当然,国民政府其他部门希望优待范围宽松一点,也有人通过各种关系不断突破这个限制。但是,毫无疑问的是,复学政策是教育部出台的,也只支持参与1944年底知识青年从军运动的人。

"运动"是指政治、文化、生产等方面有组织、有目的而规模声势较大的群众性活动。① 然而,声势的大小是相对而言的。本书的研究对象"知识青年从军运动"是一个抗战史上的专有名词,特指1944年10月国民政府大规模动员知识青年从军的运动。但是,学生参军在抗战之初就有发生,而地方政府出面动员学生大规模参军是从1942年开始的,之后也逐渐形成了1943年的学生从军运动热潮。由于一些当事人或者研究者对于知识青年从军运动的具体情况不是特别了解,或者在对"知识青年从军运动"概念的理解上存在一定差异,所以相关作品中关于知识青年从军运动的起点时间存在不一致的情况,往往出现将1941年的中国远征军征调学生

---

① 罗竹风主编,汉语大词典编辑委员会、汉语大词典编纂处编纂:《汉语大词典》第十卷,汉语大词典出版社1992年版,第1096页。

活动、1942年学生参军活动和1943年的学生从军热潮都看作"知识青年从军运动"的情况。

复杂的历史事件往往就是各方面的原因综合起来自然过渡而形成的,很难说有一个绝对的起止界限。但划分阶段对其进行特点分析,又是学术研究的必须工作。1943年11月到1944年的学生从军热潮是知识青年从军运动的先声,但与知识青年从军运动是需要区分开来的。这两者在组织程度、目的和声势上都有不同。前者为后者进行了舆论、思想和组织的铺垫,前者发动的学生中也有很多转入了后来的知识青年从军运动。但是,后者才是第一次以国民政府的名义大规模地组织知识青年从军的运动。

大量研究成果将抗日战争时期知识青年从军运动的终止时点定在1945年10月。此时,蒋介石认为青年军的编练任务已经完成,遂撤销全国知识青年志愿从军编练总监部。只有在这个时点之后,青年远征军才可以说正式成军。当然,从军的知识青年并不一定只是参加青年远征军,有不少人志愿调往或者遵命调往中国远征军、驻印军、海军和空军以及宪兵等,或者其他野战军。而且,以此为下限,可以很好地避开青年远征军参加国共内战、成为蒋介石与中国共产党斗争的工具的历史。①

对于以上时间节点的选择,希望学术界能够理解并赞同。本书以国防动员为主要视角,将关注点进一步延伸至第一期青年远征军复员结束。如此这般,国防动员才形成一个完整的过程。复员工作是国防动员的重要工作,既是国防动员的结束,也是下一次

---

① 青年远征军在国共内战中也有很多投诚与起义的,如主管青年军的国防部预备干部局代局长贾亦斌率军举行了嘉兴起义。贾亦斌后任民革中央副主席、全国政协常委、全国政协祖国统一联谊委员会副主任,为统战工作做出了重要贡献。平津战役和上海战役等战役中亦均有青年军投诚与起义。

国防动员的开始。只有在整个国防动员的全过程内,才能恰当地评价这次运动的成败得失。而且,从历史经验来看,退役军人复员工作已经成为各个社会历史时期的一个难题。复员工作的研究,是研究该运动必不可少的一个重要组成部分。本书以国防动员为视角,全面展现知识青年从军运动的征集、输送、编练和复员,这对于扩展和深化知识青年从军运动的研究有重要意义。因此,本书上溯1943年的学生从军运动,又以知识青年从军运动的复员结束时间为下限。

三、学术史回顾

(一)本课题的研究现状

与本书直接相关的研究成果具有如下特点:从类型上来讲,论文相对较多,著作较少;从地区来讲,台湾地区研究较早,大陆地区相对较迟,近年来大陆地区的相关成果远多于台湾;从发表时间上来讲,20世纪的作品较少,回忆录较多,进入21世纪后,尤其是这几年,相关论文发表比较集中;从研究角度来讲,一般史实叙述较多,史论分析较少。

台湾学者陈曼玲的《抗战与知识青年从军运动》[1]、胡国台的《蒋经国先生与青年军》[2]等论文发表得相对较早。台湾学者还多次召开了专门讨论青年军问题的小型研讨会和专题讲座,部分收入于1986年出版的《青年军史》[3]一书。1988年,台湾的郭绍仪出

---

[1] 陈曼玲:《抗战与知识青年从军运动》,"军史研究编纂委员会"编:《抗战胜利四十周年论文集》上册,台北:黎明文化事业股份有限公司1986年版。
[2] 胡国台:《蒋经国先生与青年军》,"中华民国史料研究中心"编:《中国现代史专题研究报告》第20辑,台北:"中华民国史料研究中心"1999年版。
[3] 《青年军史》编辑小组编:《青年军史》,"青年军联谊会总会"印行,1986年。

版《青年远征军志略》①一书。郭绍仪先生查阅台湾当局防务部门档案,并结合自己的回忆,详尽地介绍了知识青年从军和青年军的全部历史。这在当时是最有分量的著作,其研究之深也超过了当时的大陆学者。他在书末还对蒋介石发表《告知识青年从军书》的时间、书告的名称、"山河"与"河山"、"青年远征军"的番号等问题进行了考异。他还收集了蒋介石和蒋经国对知识青年的训词,为学界的研究提供了很大的方便。但书中有很多不实之词,这就削弱了此书的学术分量。《国民革命军青年远征军军史》②则是一部更大规模的作品,但是,它比较集中地讲述了青年远征军的历史与沿革,对于知识青年从军运动的介绍相对不多。

相对于台湾,大陆对该运动的研究起步较晚。1989年,王金海、佐恩出版了《蒋经国全传》③,书中专门介绍了知识青年从军运动和青年远征军。这是目前所见的大陆较早的关于知识青年从军运动的研究成果。书中还注意到了蒋介石决定让蒋经国任全国知识青年志愿从军编练总监部政治部主任这件事。书中指出,蒋经国完全排除了原有的政工人员,另起炉灶,自己训练所需要的政工干部。这一点再次提醒本课题必须考察全国知识青年志愿从军编练总监部的政工训练情况及其后来在青年军中产生的影响。然而,文章所征引的主要是回忆录,不可避免地带上了一些意识形态色彩。1994年,赵秀昆发表于《军事历史研究》的《青年军的组建和消亡》④一文也极为详细地介绍了知识青年从军运动。作者曾经担任过青年军第二〇三师参谋长,他以自己的亲身经历详细地介绍了青年军的组建

---

① 郭绍仪编著:《青年远征军志略》,台北:幼狮文化事业公司1988年版。
② 《国民革命军青年远征军军史》,台湾当局防务部门,2001年。
③ 王金海、佐恩:《蒋经国全传》,长春:吉林人民出版社1989年版。
④ 赵秀昆:《青年军的组建和消亡》,《军事历史研究》1994年第3期。

背景、机构设置、人员和武器配置、生活待遇和复员情况等。然而作者在知识青年从军运动缘起的论证上发力不足。而且遗憾的是,作者未能留下任何史料的出处。1998年,周春雨发表了《抗战后期十万知识青年从军热潮述评》①一文,介绍了知识青年从军的概况,还介绍了女青年从军的情况。与之前的大陆学者不同,作者较为中肯地提出了青年从军的正面意义。他认为,以往较多强调知识青年从军运动的负面意义,然而"知识青年踊跃从军之时,正是中国抗战的艰难时期,绝大部分青年志愿从军的目的是报效祖国、抗日救国。尽管由于战争很快结束,大部分青年军没有和日寇作战,但也有一小部分青年军随驻印远征军赴印杀敌,做出了很大贡献"。2004年,孙玉芹、沙友林在《抗战时期的知识青年从军运动》②一文中介绍了知识青年从军运动产生的原因和影响,认为蒋介石发动这次运动的客观原因是兵源极度匮乏和适应盟军援华的需要。主观原因主要是出于以下两个方面的考虑:第一,稳定后方民心,应付国际舆论;第二,与共产党争夺青年,加强其独裁统治。该论文对此论证相对简单。

江沛、张丹的《战时知识青年从军运动述评》③是与此课题直接相关的重要论文。他们认为补充兵员和提高兵员素质是运动的主要原因,并提出了从军运动幕后的党团纷争,这是以往学者都未曾涉及的一个问题,使得相关研究人员颇受启发。他们还论证该运动促使了社会风气转变和国民党建军整党及行政改革等,这些都是先前的学者所未能论及的。他们中肯地提出了如何对从军运动进行评价的意见。在文章中,他们采用了一些档案、新闻报刊和书

---

① 周春雨:《抗战后期十万知识青年从军热潮述评》,《军事历史研究》1998年第3期。
② 孙玉芹、沙友林:《抗战时期的知识青年从军运动》,《军事历史》2004年第3期。
③ 江沛、张丹:《战时知识青年从军运动述评》,《抗日战争研究》2004年第1期。

籍,史料新鲜、翔实。另外,《抗战时期重庆的军事》《民国史纪事本末》《中华民国史大辞典》和《抗日战争大事记》等书中均对知识青年从军运动做了专门的介绍性描述。马烈的《三青团与蒋经国》、季鹏的《论抗战时期国统区地方军事教育》和方秋苇的《抗战时期的〈兵役法〉与兵役署》等论文也或多或少地涉及了该运动。① 美国外交家陶涵提到了青年军的政工特点。他认为,兵役署署长程泽润被毙和1944年8月重庆街头倒毙138名士兵的事件触动了蒋经国,他进谏父亲,中国迫切需要一支新军,由爱国知识青年组成,并由情操高贵、献身报国的忠贞将领领导。② 这从另一个角度解释了知识青年从军运动的缘起,讲述了民国兵役的传奇故事。

王婷婷在《抗战时期知识青年从军运动中的动员工作》③一文中对该运动的阶段性工作——动员工作进行了深入分析,较好地从一个切面简述了该运动。

近年来,一些硕士学位论文也以本课题为主要内容展开叙述。王永强的《抗战时期知识青年从军运动研究》(硕士学位论文,西北师范大学文史学院,2011年)利用了甘肃省部分档案,在全面描述知识青年从军运动的同时,兼顾了甘肃地方。陈尧的《抗战末期十万知识青年从军运动研究》(硕士学位论文,重庆师范大学历史与社会学院,2012年)将知识青年从军运动与青年军的组建、编练、复

---

① 重庆抗战丛书编纂委员会编:《抗战时期重庆的军事》,重庆:重庆出版社1995年版。杨光彦、张国墉:《十万青年从军运动》,魏宏运主编:《民国史纪事本末》第6卷,沈阳:辽宁人民出版社1999年版,第584—593页。马烈:《三青团与蒋经国》,《江苏教育学院学报》1996年第4期。季鹏:《论抗战时期国统区地方军事教育》,《社会科学研究》2004年第4期。方秋苇:《抗战时期的〈兵役法〉与兵役署》,《民国档案》1996年第1期。
② [美]陶涵著,林添贵译:《蒋经国传》,北京:新华出版社2002年版,第129页。
③ 王婷婷:《抗战时期知识青年从军运动中的动员工作》,《珞珈史苑》(2018年卷)。

员结合到一起,突出了重庆方面在抗战大后方史料收集上的长处,比较全面地展开了相关历史叙述,但由于篇幅限制,没有进行进一步展开和深入分析。周倩倩的《蒋介石与知识青年从军运动》(硕士学位论文,浙江大学人文学院,2011年)则以蒋介石的思想言论为主要研究内容,对知识青年从军运动发起的原因、对青年军的掌控和利用等方面进行了很好的研究。徐一鸣的《抗战后期知识青年从军运动研究》(硕士学位论文,南京大学历史学院,2014年)比较全面地讲述了该运动,将学生从军运动与该运动的联系和区别讲得比较清楚,也很好地利用了当时编练总监部在1945年选编的"青年军人丛书"。陈智理的《1940年代中后期湖北知识青年从军及复员研究》(硕士学位论文,华中师范大学人文社会科学高等研究院,2018年),很好地利用了湖北省档案馆和武汉市档案馆馆藏档案,对知识青年从军运动在湖北的具体开展情况进行了梳理,对知识青年的家庭情况、求学经历、从军目的都进行了统计分析,并对复员及其中的种种问题进行了深入分析。

台北曾于1986年6月1日召开青年军史研讨会,有8篇论文提交该会,后由台北"青年军联谊会总会"结集为《青年军史话》出版。遗憾的是大陆各大图书馆尚无收藏,大陆学术界很难见到此书。

与本课题间接相关的内容涉及的研究领域主要有:民国政治史研究、民国教育史研究、知识分子研究、抗战军事史研究、国防动员研究等。在民国政治史研究方面,方秋苇的《抗战时期的〈兵役法〉与兵役署》①、肖如平的《蒋经国传》②、孙宅巍的《陈诚传》③等对

---

① 方秋苇:《抗战时期的〈兵役法〉与兵役署》,《民国档案》1996年第1期。
② 肖如平:《蒋经国传》,杭州:浙江大学出版社2012年版。
③ 孙宅巍:《陈诚传》,北京:团结出版社2016年版。

1944年夏秋军政部的人事大变动和黄山整军运动进行了一定的描述,而这正是知识青年从军运动发动的一个直接原因。在民国教育史研究方面,相关内容主要是战时教育等内容。关于战时教育的重要研究成果有金以林的《战时大学教育的恢复与发展》①、闻黎明的《关于西南联合大学战时从军运动的考察》②和《抗日战争与中国知识分子——西南联合大学的抗战轨迹》③,闻黎明长期从事闻一多、西南联大和中国知识分子研究,积累了大量资料和深厚学养,其著作史料之翔实、考订之扎实让人赞叹不已。在国民政府国防动员和抗战军事史研究方面,段瑞聪的《蒋介石与抗战时期总动员体制之构建》④、易劳逸的《蒋介石与蒋经国》⑤、齐锡生的《抗战期间的国民党中国:军事失利和政治崩溃》⑥和《剑拔弩张的盟友——太平洋战争期间的中美军事合作关系(1941～1945)》⑦等都对本课题有所涉及或者有重要启发。近年来《蒋介石日记》《蒋中正总统档案·事略稿本》《民国某年之蒋介石先生》《役政史料》等重要史料的出版和广泛使用,也为本研究打下了很好的史料基础。

(二)已有研究成果的不足

1. 在史料方面,相关档案材料、回忆录和重要史料还需要进一

---

① 金以林:《战时大学教育的恢复与发展》,《抗日战争研究》1998年第2期。
② 闻黎明:《关于西南联合大学战时从军运动的考察》,《抗日战争研究》2010年第3期。
③ 闻黎明:《抗日战争与中国知识分子——西南联合大学的抗战轨迹》,北京:社会科学文献出版社2009年版。
④ 段瑞聪:《蒋介石与抗战时期总动员体制之构建》,《抗日战争研究》2014年第1期。
⑤ [美]易劳逸著,王建朗、王贤知译:《蒋介石与蒋经国》[原书名《毁灭的种子(1937—1949)》],北京:中国青年出版社1989年版。
⑥ Chi, Hsi-sheng, *Nationalist China at War: Military Defeats and Political Collapse, 1937—1945*. Ann Arbor, Mi: Vniversity of Michigan Press, 1982.
⑦ [美]齐锡生:《剑拔弩张的盟友——太平洋战争期间的中美军事合作关系(1941～1945)》,北京:社会科学文献出版社2012年版。

步收集与运用,特别是中国第二历史档案馆的档案资料、台湾相关机构的档案资料和全国各省县的地方档案没有得到充分利用。

关于知识青年从军运动的档案资料主要收藏于中国第二历史档案馆,此馆设有"国民政府全国知识青年志愿从军指导委员会"全宗①,共计160卷档案,比较全面地收集了国民政府全国知识青年志愿从军指导委员会的相关档案。其中,比较集中的是该委员会及其秘书处的会议记录和与相关单位的来往电文。该秘书处主任秘书康泽作为资深的党团工作人员,对宣传和组织工作尽心尽力,会议记录都有其审核记录,所以这些记录比较正规、严谨。相关部分会议记录甚至有现场速记稿,记录了会议成员的每一次发言。因此,这些档案材料非常翔实地记录和反映了当时的情况,也便于我们深入了解这次国防动员组织与指挥的细节。由于2008年至2015年中国第二历史档案馆相关档案处于封闭状态,目前的研究成果很少真正利用了该全宗档案。另外,还有部分相关档案散见于此馆的兵役署、教育部和陆军各机关部队学校档案汇集等全宗。重庆档案馆和台湾当局防务部门也收藏部分相关档案。虽然很多研究成果都有相关档案的使用记录,但实际使用率并不高。

关于知识青年从军运动和青年远征军的回忆录是使用较多的材料。它们散落在全国各级政协文史资料选辑和各种文史杂志之中。但是,这些文史资料大多是20世纪五六十年代或80年代初期编写和出版的,带有强烈的时代印记,对于该运动评价较低。而且,县市级政协文史资料研究会所编的文史资料因为寻找难度较大,所以使用率也不高。近年来编印或出版的回忆录也没有得到

---

① 全宗号:781。2015年8月,经数字化处理后开放阅览。由于档案数量相对较少,《中国第二历史档案馆使用指南(简本)》中对其只作了简单介绍。

很好的挖掘和利用。在台湾编印的私人著述《投笔从戎话当年——一个志愿从军知识青年从军的回忆录》①非常详细地回忆了作者的经历,而张英霖的《一个远征军战士的从军日记》②也让我们对学生从军运动的细节有了更深入的了解。

当年军事委员会全国知识青年志愿从军编练总监部在裁撤前,组织人员编写了"青年军人丛书"(1945年6月编印)。其中《征集概况》《编练概况》《政工概况》等都非常详细地反映了相关阶段的过程。由于收集困难,这部分资料也没有得到很好的利用。近年被史学界广泛利用的《蒋介石日记》《蒋中正总统档案·事略稿本》《民国某年之蒋介石先生》《总统蒋介石思想言论总集》《役政史料》等重要史料,在现有成果中也没有得到很好的利用。

2. 在历史叙述和理论观点方面,存在一定的历史局限性,缺乏细致和深入的分析。现有研究成果受大陆出版的文史资料影响比较大,主要来源于亲历者的体验,而这种体验容易在时间顺序上出现颠倒,将后来的主观认识强加到已经发生的历史事实上,没有按照历史发展的逻辑进行叙述。例如,大多数人认为青年远征军从一开始就是蒋介石刻意培植的"太子军",但实际上,蒋经国当时才35岁,刚刚从地方进入中央干部学校,资历尚浅,还不足以担当重任。况且,当时新疆和东北问题突出,蒋经国因身份特殊并且通晓俄语而出任外交特派员,主要精力放在对苏俄的外交事务上。

3. 在研究的内容方面,受到史料和历史局限性的影响,还不够

---

① 秦振安:《投笔从戎话当年——一个志愿从军知识青年从军的回忆录》,2004年11月编印。
② 张英霖著,苏州市档案局(馆)编:《一个远征军战士的从军日记》,上海:文汇出版社2015年版。

全面。现有研究成果比较注重征集,而忽视复员等工作。一方面,由于动员阶段宣传报道较多,可谓是高潮迭起,新闻史料也比较集中,查找起来比较方便,数据库建设也比较早,能够较好地反映当时的实际情况。所以,很多作品利用《中央日报》《大公报》《扫荡报》等报刊史料也能很好反映该运动的基本情况,但主要内容就集中在动员阶段上了。另一方面,有些作者出于政治方面的考虑,将知识青年从军运动与青年远征军刻意分开,强调前者的抗日背景,希望忽略后者参与国共内战及后来去台湾后的问题,因此,在研究中就比较关注前者而忽略后者。实际上,青年远征军是作为一个预备军官学校来发展的,主要轮训、召训青年,大多都是学生兵、新兵,思想转变也快,其中也有相当多的人在解放战争中投诚或起义。例如,国防部预备干部局代局长贾亦斌就率部起义了。

在相关研究的展开过程中,一些作品只是流于一般叙述,缺乏相应的理论依托和深入分析,在观点的提炼上比较被动。所以,有些观点还是主要根据文史资料和当时报纸、杂志人云亦云,具有新观点和新方法的研究成果较少。其实从国防动员与兵役理论、基层治理与社会控制、党国体制与派系斗争、军事交通与历史地理等视角都可以在已有史料中解读出令人感兴趣的问题。

从目前的研究成果来看,学者对知识青年从军运动或青年远征军的系统论述较少,已有的论文还散见于民国史各个专题研究中,并都属于介绍性质。知识青年从军运动的特点和所表现出的种种矛盾等还有待进一步研究。作为抗日战争中的重大事件,知识青年从军运动或青年远征军在中国大陆地区还没有相关的研究专著,实为遗憾。与抗战中其他事件相比,这显然是与其地位不相适应的。以上可以说明,该课题还没有引起学界的足够关注,需要进一步加强相关研究。

四、研究方法与研究框架

在研究方法上，本书主要采用文献分析法，以时间为经、以事件为纬，按照时间顺序和国防动员组织与指挥过程来考察知识青年从军运动。从国防动员的视角，将动员与征集、编练和复员看成一个整体，从而克服以往研究主要关注动员与征集、忽视编练和复员的缺点。这样，可以更加全面、客观地评价知识青年从军运动。

在研究内容上，本书以知识青年从军运动为主线，兼顾与此相关的重要历史事件和历史人物的研究。既以知识青年从军运动为主要内容，又兼顾国民党军队的整军、兵役、学生运动、知识分子研究等多个专题内容。既力图比较集中地叙述知识青年从军运动中的重要历史事件和历史人物，从宏观上把握运动中国防动员各阶段历史发展脉络，又希望深入细致地展现知识青年从军运动在动员、征集、编练和复员等过程中的内在逻辑。将宏观与微观相结合，在梳理知识青年从军运动全貌的基础上，力图对国民政府的战略意图、组织结构、行政举措，以及军政要员、知识青年及学生的相关体验、认识和诉求，进行客观的评析，以期推动人们去思考战争与政治、教育等方面的复杂关系。

本书的研究框架，基本上是以国防动员的组织与指挥程序来排篇布局，大体上可以分为以下三个部分：

一是对知识青年从军运动发生前的学生从军概况进行介绍，重点介绍了1942年之后的学生从军运动。对蒋介石从控制学生到发动学生参军参战的过程进行梳理，描述了抗战时期国民政府在教育机构中国防动员体制机制的缺失、初步形成、局部动员（学生从军运动）的经过。该部分为本研究主体论述的背景与前提，即第一章。

二是对知识青年从军运动的组织与指挥进行较为全面的叙述,重点叙述该运动的宣传、组织、征集、输送、编练、复员等各阶段过程。主要是按照全国知识青年志愿从军指导委员会、全国知识青年志愿从军编练总监部、青年军复员管理局(处)等领导机构的分工和具体工作来展开具体论述。其中,动员、征集、输送由指导委员会负责;编练、拨补由编练总监部负责;复员由青年军复员管理局(处)负责。该部分为本研究主体论述部分,即第二章至第六章。

三是对该运动的深入分析、评价与反思。对该运动中所产生的矛盾和问题进行深入剖析,并进行评价。既肯定其积极意义,也深入分析了其局限性,批判了蒋介石等军政要员在这次运动中的主要问题。该部分为本研究主体论述的升华部分,即第七章。

本书试图通过史料的收集、整理、辨别和运用,参考相关研究成果,从抗日战争国防动员的角度,详细阐述知识青年从军运动中国防动员的筹划和实施的历程,分析其影响与价值,并从中折射出国民政府、军政要员和从军青年的种种心态以及当时的独特政治现象。

在新史料方面,中国第二历史档案馆的"国民政府全国知识青年志愿从军指导委员会"全宗档案及该档案馆其他相关档案的开放,为本研究提供了重要的基础条件。另外,本研究还利用了重庆市档案馆(《中国战时首都档案文献》已对相关档案进行收集、整理和出版)、江苏省档案馆的相关档案。在台湾地区出版和发行的史料和论著方面,主要有秦振安的个人回忆录《投笔从戎话当年——一个志愿从军知识青年从军的回忆录》、郭绍仪的《青年远征军志略》、台湾当局防务部门出版的《国民革命军青年远征军军史》和《役政史料》等等。

在新观点方面，本研究主要以国防动员为理论依托和基本视角，比较全面地考察了知识青年从军运动的动员、征集、编练和复员等阶段，将知识青年从军运动和青年远征军有机联系起来。如此这般，既重点考察了知识青年从军运动作为国防动员的全过程，又有限度地叙述了知识青年从军运动与青年远征军的关系，更加清晰地界定该运动作为国防动员的完整过程。只有将整个国防动员过程完整地展现与认识，才能发现该运动的一些深层次的结构性问题，而这正是国防动员需要深入研究的核心问题。

在新方法方面，本研究主要采用文献分析法，尽可能将定量研究与定性研究相结合，尽量利用数据来说明问题，尽量采用计量史学的方法强化历史叙述的科学性；将内史研究和外史研究相结合，以该事件为主要内容进行研究，但注重政治史、军事史和教育史的互动；尽可能将官方档案和社会文献相结合，既采用重要的官方档案资料，又注重搜集和分析口述史料、私人日记等社会上的历史文献以发现更多的历史细节。

本研究存在的不足之处，主要如下：

一是在史料的全面性上存在缺陷。由于目前的资料主要依赖于中国第二历史档案馆的"国民政府全国知识青年志愿从军指导委员会"全宗，该全宗档案虽然比较集中地记录了当时的情况，但依然是不完全记录，在内容上存在缺失。而且，该运动的全部过程涉及全国知识青年志愿从军指导委员会、全国知识青年志愿从军编练总监部、青年军复员管理局（处）等多个国家层面的指导和管理机构。中国第二历史档案馆只有"国民政府全国知识青年志愿从军指导委员会"全宗，所以在编练阶段和复员阶段的叙述并不能以原始档案为主要研究对象。另外，该运动在各省（市）县（市）均成立了地方性的知识青年志愿从军征集委员会和青年军复员管理局(处)。由于条件所限,笔者未能在各地方档案馆查阅相关档案材料,需要在以后进一步展开研究工作。

二是在史料的可靠性上存在缺陷。本研究是将知识青年从军运动放在国民政府役政的视野下考察的。国民政府的役政弊端十分严重,在各种回忆录中都有记载,已经属于众所周知。兵役法规看似完善,但很多时候都是一纸空文,在地方无法执行或者执行程度不一。回忆录既有亲身体验,也有道听途说。国民政府役政的很多问题似乎都已经清楚了,但是,凭借役政法规和回忆录并不能完全深入细节研究:一是这些回忆录本身的可靠性就有不足;二是国民政府的役政设计,有一些政策就是把持役政的权贵私下勾兑的结果,这些秘密的政治交易,只能从当时重要的役政人员回忆录中看到蛛丝马迹,难以证实和证伪。另外,编练阶段和复员阶段的主要史料也是来自前人著述和政府工作报告。严格地说,在史料的可靠性上存在一定的不足。

三是在史学研究方法上,新理论和新方法欠缺。例如,在档案中出现的很多数据,大多并不完整,需要进一步分析并提炼出相应的观点。因为费时费力而且难以使用这些数据,笔者往往弃之不用;即使已经采用,也是简单利用,对数据情况难以概括或者概括不多。再如,国民政府的役政,弊端较多,存在的问题也是全方位的,既有兵役机关的,也有基层社会的;既有历史问题,也有现实原因;既有体制机制的,也有短时暂时的。总之,百弊丛生,不一而足。笔者在叙述上深感费力,难以驾驭,主要是兵役理论功底还不够,还需要进一步学习和研究。以上诸多遗憾,还有待今后进一步扩大史料收集范围,展开深入研究工作,以做弥补,以臻完善。

第一章 学生抗战：知识青年从军运动的背景

抗战之初，国民政府并不鼓励学生直接参战，经过长时间的讨论最终确立了"战时须作平时看"的教育政策。但是，自发参军参战和参加战地服务的学生依然很多。后来，在政府和学校的动员下，逐步地、有序地组织起战地服务和军事征调。在国民政府的控制学生的意图之下，战地服务和军事征调成为1937—1942年学生参与抗战的主要途径。

战争进程直接推动国防动员。1942年，中国远征军第一次入缅作战失利，最精锐的部队损失惨重，而国内的野战部队也面临着严重的兵源问题。为此，四川等省份和其他部分地区进行了征召学生从军的活动，这就逐步掀起了1942年之后学生从军运动的初澜。之所以称之为"初澜"，是因为这是第一次大规模的学生从军热潮，而且这种学生从军热潮突破了兵役制度，引起了社会各界和兵役机关的重视，直接促使国民政府建立了学生从军指导委员会从事该项活动的组织工作。这些机构及其组织模式成为1944年底全国知识青年志愿从军运动的基础，为掀起更大规模的知识青年从军运动做好了舆论、思想和组织准备。

第一节　战地服务和征调
——1937—1942 年学生抗战的主要途径

1937 年 7 月 7 日，卢沟桥事变爆发。此时正值暑假，"读书还是抗战，求学还是救国？"成为许多学生亟需面对的问题。8 月，学生陆续返校。但是，由于很多学校被日军恶意蹂躏，校舍遭轰炸而毁坏严重，南京国民政府开始谋划教育机构西迁事宜。中央大学在 8 月底率先西迁。而后北京大学、清华大学、南开大学等学校也开始陆续向西迁移，三校根据教育部规定在湖南联合组建了长沙临时大学。全面抗战爆发，西迁犹如逃难，匈奴未灭，何以为学？许多热血青年在这种形势下投笔从戎，参军参战。

在赶赴新迁学校的路上，一些学生就直接从军了。清华大学的杨德增便是其中一员，他回忆道：

> 同学多人在南京平津流亡同学会招待所住。时南京陆军交辎学校正招考大专三四年级机电系学生，成立技术学员队，予以汽车修护短期训练，毕业后分发至陆军机械化部队，担任战车汽车修护技师。北平学生当年发动抗日宣传，计有"一二·九"及"一二·一六"两次抗日大游行，今日已进入正式对日作战，有此良机参加部队，实现当年志愿。故我校机电系三年级同学多人相互转告集会协商，决定放弃大学最后一年学业，投笔从戎，报名参加陆军交辎学校受训，计有胡笃谅、张厚英、吴业孝、梁伯龙、黄茂光、李天民、吴敬业和我。另外报名参加受训者尚有北洋工学院、山东大学、武汉大学、上海雷斯

特工学院等同学,总计全队共计27人,其中女生仅有我校张厚英一人。①

特别是在南京沦陷之后,人心浮动,大家都没有心思上课了。学生们围绕应否进行战时教育展开激烈争论,否定参军的也比较多。1937年,全国专科以上学校在校人数共计才30 976人。其中,文类(文、法、商、教育)15 562人,占比50.24%;实类(理、农、工、医)15 414人,占比49.76%。② 虽然大多数学生都到了役龄,但他们确属稀有人才。"同学中一部分觉得应该有一种有别于平时的战时教育,包括打靶、下乡宣传之类。教授大都与政府的看法相同,认为我们应该努力研究,以待将来建国之用,何况学生受了训,不见得比大兵打得更好。"③双方各执己见。

长沙临时大学对从军活动给予了一定的支持,但还是希望大家能够按照政府的规定,安心求学。长沙临时大学常委会决议:"凡学生至国防机关服务者,无论由学校介绍或个人行动,在离校前皆须至注册组登记以便保留学籍。"④

湖南省政府主席张治中到长沙临时大学演讲时则大声疾呼:

---

① 杨德增:《抗日从军记》,西南联大北京校友会编:《西南联大北京校友会简讯》第29期,2001年4月印行。
② 教育部教育年鉴编纂委员会编:《第二次中国教育年鉴》第四册,上海:商务印书馆1948年版,第15—16页。
③ 闻一多谈话,际戡笔记:《八年的回忆与感想》,西南联大《除夕副刊》主编:《联大八年》,北京:新星出版社2019年版,第16页。
④《长沙临时大学、国立西南联合大学常务委员会会议记录·第三十五次会议》(1937年12月22日),北京大学等编:《国立西南联合大学史料》第二卷(会议记录卷),昆明:云南教育出版社1998年版,第30—31页。

"际兹国难当头,你们这批青年,不上前线作战服务,躲在这里干什么?"①

显然,国民政府在战前并没有对战时教育做好应对之策。无论是学生,还是教师;无论是教育界,还是国民政府军政要人,对于学生何去何从都没有确定的答案。经过三年多的论争,最后教育界达成了"战时须作平时看"的教育政策。这一政策并不鼓励学生直接参加战争。

一、"战时须作平时看"的战时教育政策

1937年7月7日,卢沟桥事变爆发。一直负责对日外交工作的军政部部长何应钦,此时正在重庆主持川康整军,收到电报后立即赶回南京,与各军政要员商谈对日战略。11日,何应钦向蒋介石提交了对日作战方略,提出"设立总动员建设委员会,办理全国总动员事宜"②。21日,何应钦在官邸召开了实施总动员谈话会。会议决定:全国总动员之机构与组织,将来另行研究;各部就目前即须实施事项作出决议,并迅速研究实施。其中,教育部参与主办民众组织与训练。③

现代战争是全面战争,实施全国总动员是应然之举。蒋介石虽然在口头上和思想上都有此说此念,也做出很多局部的动员工作,但一直没有建章立制。也就是说,全国总动员的机制并未建立

---

① 查良钊:《抗战以来的西南联大》,《教育杂志》第31卷第1号,1941年1月10日,第1页。
② 朱汇森主编:《中华民国史事纪要(初稿)——中华民国二十六年(一九三七)七月至十二月》,台北:"中华民国史料研究中心"1989年版,第83—84页。
③ 中国第二历史档案馆编:《卢沟桥事变后国民党政府军政机关长官谈话会记录》,《民国档案》1995年第2期。

起来,南京国民政府还没有做好战争的各项准备,对各级大中学校的师生们也还缺乏通盘考虑。

(一)战时教育政策的讨论

8月底,中央大学校长罗家伦力陈迁校之必要,教育部表示同意。9月10日,教育部开始命令各校师生内迁。然而,历史上西晋、北宋和晚明的三次南渡,最终都没能重返。在这种历史记忆下,南渡即意味逃亡,一些师生并不愿随校迁移。国难当头,许多热血学生弃笔从戎,奔赴抗战前线。1938年,全国学生注册总数比1936年减少约20 000人,而教师数量减少约2 000人,分别降低50%和30%。教育部部长陈立夫曾说,在校学生减少的部分原因是一些学生参加军队或战争有关的工作。①

1937年8月27日,国民政府教育部发布了《总动员时督导教育工作办法纲领》,规定:"一、战争发生时,全国各地各级学校及其他文化机关务力求镇静,以就地维持课务为原则;二、比较安全区域内的学校,尽可能范围内设法扩充容量收容战区学生;三、各级学校之训练应力求切合国防需要,但课程变更仍需遵照固定范围;四、各级学校之教职员及中等以上学校之学生,得就其本地成立战时后方服务团体,但是严格按照固定办法,不得以任何名义妨碍学校秩序。"②

1938年,新任教育部部长陈立夫发表《告全国学生书》,提出:"学生首应力行之义务为修学,要有《最后一课》的教育精神;学生

---

① 陈立夫:《四年来的中国教育(1937—1941年)》,第3、29页。转引自[美]孙任以都:《学术界的成长,1912—1949年》,[美]费正清、费维恺编:《剑桥中华民国史(1912—1949年)》(下卷),北京:中国社会科学出版社1994年版,第470页。
② 宋恩荣、章咸主编:《中华民国教育法规选编(1912—1949)》,南京:江苏教育出版社2003年版,第681页。

报国从军,必经相当之专门训练,可依照手续就近加入军事学校或训练机关,应征前要有充分之认识与准备。学生战时服务要详尽计划,经过训练有组织有秩序地活动,各项服务应不妨碍课业。"①很明显,教育部此时计划对战时教育进行控制和调整以适应战时需要,并试图对报国从军的学生作统一安排。

战时教育还是平时教育?战时教育与平时教育究竟有何异?教育界也开展了热烈的辩论。有人主张实行战时教育,加速培养抗战人才,改变旧的教育制度、旧的课程,实行以抗日救国为目标的新制度、新课程;也有人主张维持现状,不能进行根本的改革;还有人主张不必大动干戈,只需加以调整,以适应当时环境需要即可。

1. 彻底改革论

彻底改革论者主张废弃正规教育,实行战时特殊教育,以短期培训的方式,迅速造就为战争服务的人才。他们主张实施彻底改革的教育政策,要求"高中以上学校除个别与战事有关者外,为配合抗战,均应予以改组和停办,俾员生应征服役,捍卫祖国。即初中以下学生未及兵役年龄,亦可变更课程,缩短年限"②。他们认为建国须从救国做起,教育就是要在抗战中培养优秀分子充任干部,提出将学校变成各种训练班,如大学及专科的文法商教育各学院、普通中学及师范学校,分别或合并成为民众教育人员或民众指导人员的"培养所";理工医农各科及中等职业学校,需要斟酌战时社会或军事的实际需要,分别或合并设立各种技术训练班。为适应

---

① 中央教育科学研究所编:《中国现代教育大事记(1919—1949)》,北京:教育科学出版社1988年版,第374页。
② 吴景宏:《战时高等教育问题论战的总检讨》,《教育杂志》第30卷第1号,1940年1月。

抗战需要,应尽量删除不必要的课程,除基本课程必修外,应抽出1/3或一半时间学习与抗战直接有关的新课程。力求各科教材对抗战起积极作用,特别着重强化政治教育,增加经济的生产教育,开展文化的科学教育。关于教学方式,他们提出可将全国分为许多区,指定某大学服务某区,学生一方面上课(不限课堂),一方面实地工作,如医科从事救护、工科从事军工建设等等,由教授领导,以实际经验为教学之本。他们还以欧战时各国大学生参军参战的史实统计来鼓励青年投笔从戎,如称:"英国剑桥大学学生百分之九十从戎"[1],"法国参战一年,已有教师三万从戎"[2],等等。

张治中就将其治下的湖南省全省中学改为军事训练班。1937年12月,一天下午,有几十个高中男女学生要求见湖南省主席张治中,"这就是今天代表多数同学的意见,要向主席请愿的",请示关于今后学生运动的方针,而后提出"实施战时教育,分配战时服务"的要求。张治中在回忆录中说道:

> 我看出了他们不甘放弃他们应负的责任,为伟大的民族解放战争所掀起的热情在他们的血管里奔流。经过几小时的谈话后,我送别了他们,我说:"你们回去对各同学说:现在赶快预备。只要你们能够吃苦,能够耐劳,能够努力,就不愁英雄无用武之地。我一定负责指示你们学生运动应走的道路,并且负责领导你们!"[3]

---

[1] 冯玉祥:《抗战展望》,《新民报》1938年1月18日,转引自侯德础:《抗日战争时期中国高校内迁史略》,成都:四川教育出版社2001年版,第133页。

[2] 谭允恩:《欧战时法国教育》,《教育研究特刊》第3期,转引自侯德础:《抗日战争时期中国高校内迁史略》,第133页。

[3] 张治中:《张治中回忆录》,北京:华文出版社2014年版,第112页。

张治中和湖南省教育厅厅长朱经农商量后,到省府会议上去讨论,最终决定召集四千个男女学生军训6个月,然后分发各地进行民众训练运动。

彻底改革论者的改革精神是积极的,但教育是百年大计,人才的保育在战时具有特殊意义,是为日后的民族复兴做准备工作的。而且,即使在战时,也是需要大量专业技术人才的,这主要依赖于各种教育机构精心的理论教学和专业培养。

2. 维持现状论

主张"平时教育"者认为:教育是立国之本,让学生从军是短视行为,是一叶障目;教育为百年大计,不宜轻易更改,战时教育应维持平时教育的原状。何况,现代战争是参战国整个民族知识的比赛和科学的测验,大学的使命是高深学问研究和专门人才培养,与其把多年培养的教育从业者送去参战,不如将其留在后方作为储备人才。

胡适在庐山谈话会上也曾向蒋介石提出:"国防教育不是非常时期教育,是常态的教育。"①他们也列举法国的例子:欧战时法国只要环境允许,学校决不停课。日俄之战期间,日本大学也未停过课,相反因报国心切,人人希望在学术上拥有成就。所以大学自动停顿正中敌人之计。他们认为:"科学家应研究解答凡与抗战有关,而为自然科学家所能尽力的问题,然而本身研究可不能放弃,放弃会使国家落伍……第一因为科学的研究工作在先,应用于抗战在后……第二因为培植科学研究者,即建国工作之一……第三因为为抗战所做科学工作,不能包括自然科学研究全部,若把全部

---

① 中国社会科学院近代史研究所中华民国史研究室编:《胡适的日记》,北京:中华书局1985年版,第571页。

人力用于抗战需要之应用技术,而舍其他似乎不能直接应用于抗战的研究,则不仅使纯科学在中国中断发展,且将使抗战所需应用技术停滞落伍。"①

武汉大学校长王星拱表示:"尚有一个学生能留校上课,本人当绝不离校……至于学生最近要求变更课程,乃绝不可能之事,此实有事实上之困难,院长亦无法办到,各教授亦无此种学识,无法授课。"②重庆大学校长胡庶华说:"现代战争是参战国整个民族知识的比赛和科学的测验,大学的使命是高深学问研究和专门人才培养。纵在战时,仍不能完全抛弃其责任,否则不妨直截了当改为军事学校。"③

9月4日,在讨论"招大学生参战"的国防参议会上,军事思想家蒋百里指出"不可利用大学青年之热血赴前线参战,仍当尽力设法完成其学业,勿使其失学","言时泪下,全座感动"。④ 王世杰对于蒋百里的想法深感认同。1938年1月1日,他辞去了教育部部长一职,除了政治原因,可能也是因为他不想继续在战时教育的争论中煎熬了。

牺牲大学在科学研究上的最高使命,让大学生充当战场的士兵,确实也是浪费科学与人才。为了战争的最后胜利,更应让他们努力研究学术,以后报效国家。

---

① 侯德础:《抗日战争时期中国高校内迁史略》,第135页。
②《王星拱对记者的谈话》,《大公报》,1937年12月5日,第3版。
③ 金以林:《近代中国大学研究:1895—1949》,北京:中央文献出版社2000年版,第251页。
④ 王世杰:《王世杰日记(手稿本)》(第一册:1933年5月—1938年12月),台北:"中央研究院"近代史研究所1990年版,第98—99页。

3. 平战兼顾论

还有一派人主张平时教育和战时教育要兼顾。如西北联大常委、原北平师范大学校长李蒸提出兼顾求学与从军、战地服务，主张："在抗战期间，大学教育应以修业两年为一阶段，使各大学学生轮流上课，及轮流在前线或后方服务，满一年或两年后再返回原校完成毕业。各大学教授亦应分别规定留校任教及调在政府服务两部分。"①

著名教育家、国民党中央政治委员会教育专门委员、国防最高委员会教育专门委员张伯谨则提出：

> 在教育之宗旨及制度上不应变更，但非一成不变的现状维持；在学校的课程及办法上应当改换，但非改弦更张的澈底改造。因为什么呢？第一，教育是国家百年大计，关于宗旨，固不能变更，即制度组织等亦不应妄行改变。因为教育的效果是缓慢的，本不能期其立时见效。假若环境稍变，便改弦更张，不是朝三暮四，一事无成，便是揠苗助长，欲益反损。我们现在是长期抗战，是全民抗战，各种人员均须补充，各种人才均感缺乏。尤其关于机械、土木、交通等技术人才之培养，需要仪器设备及实验之处特多，非迫不得已，不但不应变更机构，致联络不灵，亦且不应轻易搬家致工作停顿。……第二，教育的宗旨及制度，虽不应轻易更改，但教育之目的，在造就能适应环境、时代需要的人，对于当前的时势及环境的情形便不能一概不顾，致生闭门造车，出不合辙之弊。故课程及教材

---

① 李蒸：《抗战期间大学教育之方式》，《教育杂志》第 28 卷第 9 号，1938 年 9 月，第 15 页。

方面,在此抗战时期,却应随时改变。①

教育心理学家、教育杂志社社长兼总编辑、后任《教育杂志》主编的黄觉民也持同样观点,认为:"战时的课程必与平时有所区异。第一,因为时际不同,平时的课程必难完全适合于战时;第二,因为这次抗战是全面的,教育应与政治、军事、经济等密切配合起来,齐向共同的目标——最后胜利——前进。"②

平战兼顾论相对折中、切合实际,也比较符合国民政府战时教育政策,故逐渐得到大家认同。

（二）战时教育政策的确定

针对以上议论,国民政府详加考虑后认为:"抗战既属长期,各方面人才,直接间接均为战时所需要。我国大学,本不发达,每一万国民中,仅有大学生一人,与美英教育发达国家,相差甚远。为自力更生抗战建国之计,原有教育必得维持,否则后果,将更不堪（设想）。至就兵源而言,以我国人口之众,尚无立即征调此类大学生之必要。故决定以'战时须作平时看'为办理方针。适应抗战需要,固不能不有各种临时措施,但一切仍以维持正常教育为其主旨。"③

"为自力更生抗战建国之计",这就确定了"战时须作平时看"的教育方针。当然,这一方针的确定,也与陈立夫的主张、蒋介石的认同有很大的关系,而这些认识实际是基于战前政府与学府之间的龃龉。

---

① 张伯谨:《卑而不高的战时教育论》,《教育杂志》第 28 卷第 3 号,1938 年 3 月,第 20 页。
② 黄觉民:《战时课程问题》,《教育杂志》第 28 卷第 3 号,1938 年 3 月,第 1 页。
③ 蒋致远编:《第二次中国教育年鉴》,台北:宗青图书出版公司 1991 年版,总第 10 页。

1. 战时教育政策制定的历史背景与认识基础

对于蒋介石来说,战时教育政策的制定颇为棘手,他缺乏掌控的信心和组织的力量。这主要是因为20世纪二三十年代的教育独立思潮和学潮,对他产生了非常深刻的影响。

现代大学在中国的出现,特别是蔡元培先生对于北京大学的改造一度使得"教育独立"成为时代潮流,特别是在20世纪20年代。这是对于两千年以来政教不分的反动,也是中国进入现代化转型时期的一次曲折。大学区和大学院的尝试是"教育独立"潮流的顶峰。在这种思潮激荡下,1922—1927年间,南洋大学五年时间内七换校长;1924年,武昌大学拒绝湖北省政府任命校长;1925年,北京发生了女师大"驱羊运动"、北京大学"脱离教部"事件;1925—1926年间,东南大学发生了易长风波;1925—1927年间,清华学校发生校长之争。当然,大学校长的频繁更换,并不都是教育独立思潮引起的,也因为政局动荡而引起的大学内部的不稳定。

1927年国民党建立政权之后,学政关系复归传统。由传统向现代转型,使得宁静的校园一直喧嚣。日军入侵则使得象牙塔一直处于动荡之中。无论是著名学者、单纯的学生,还是国民党当局,都有困厄之感。

1928年,南京国民政府名义上统一了中国,开始推行"党化教育",使得教育独立思潮逐渐走向低潮。国民党效仿苏联,将教育事业、学生运动与其政治目标结合在一起,确立了"以党治国"的政治理念。南京国民政府重建教育部,加强了对国立大学的监督控制。尽管南京国民政府和国民党对教育的高度集权使教育独立方面的言论和行为暂时收敛,但许多学者对党化教育一直抵触,他们批评党化教育违背了教育本质,要求党派政治与教育分离。

东南大学自改为中央大学后,从1928年至1932年,一直风波不断。1928年5月,张乃燕就任中央大学校长,两年多任期内三次请辞。1930年12月,朱家骅担任校长一职,此后一年多也是三上辞呈。因为前两次部令慰留,第三次提出辞呈后,朱家骅立即离开了南京,以示坚决,教育部这才不得不考虑新的人选。四年中,还有被任命而拒不到职的吴稚晖、任鸿隽;接受任命到职,却被师生所拒的桂崇基和段锡朋。一时间,堂堂国立最高学府的校长一职竟成一个烫手山芋,没有人愿意接任。1932年6月6日,中央大学教授决定总罢教。① 6月28日,行政院紧急召开会议,会上起立推辞者达七八人之多,无人愿意担任校长一职。最后,行政院院长汪精卫点名要教育部次长段锡朋暂行代理,段氏力辞,但大家极力推荐,他勉为其难,声明只是代理,并要求一星期为限,请行政院迅速物色人选。② 6月29日,段锡朋刚刚到校下车,学生就捣毁了他的汽车,并围殴了他。朱家骅接到段氏被殴的报告时,正在参加中央政治会议,他立即口头报告中央,并引咎辞职。蒋介石"不胜骇异"③,下令立即解散中央大学。经过一番整理,1932年8月,五四健将、学生运动领袖出身的罗家伦出任中央大学校长,易长风潮这才平息。

　　1931年,清华大学发生"驱吴运动"。蒋介石任命自己的亲信吴南轩为清华大学校长,吴南轩按照官场惯例带来了自己的幕僚,对行政人员进行更换,并反对教授治校制度。5月28日,清华大学教授会通过决议并致电兼任教育部长的蒋介石,要求撤换吴南轩,"另简贤能"。吴南轩被迫辞职。清华大学两年内"两驱校长,一拒

---

① 《中大教授昨总罢教》,重庆《中央日报》,1932年6月7日,第2张第3版。
② 《校长问题经过》,重庆《中央日报》,1932年6月30日,第1张第2版。
③ 《蒋委员长电段慰问》,重庆《中央日报》,1932年7月7日,第1张第2版。

校长",国民政府临时派翁文灏、叶企孙代理校务,二人也一再请辞,直至梅贻琦担任清华大学校长,风波才停。

伴随着教育独立思潮的还有汹涌的学生运动。从1894年公车上书,到1919年五四运动,再到20世纪30年代的学生运动,清政府、北洋政府和南京国民政府一直感受到学生运动的棘手。国民党的勃兴也与学生运动息息相关。学生运动对于国民党来说,完全是一把双刃剑。清党后,国民党内各种势力对待学生运动的态度都十分暧昧。大家都支持学生运动,这既是过去政策的延续,又便于从中补充和吸收新鲜血液。但大家的支持又十分谨慎,激进的学生运动可能会像农民运动和工人运动一样使革命变得复杂和矛盾起来。

1931年之后,一个又一个重要的历史事件令学生们的民族主义情绪不断高涨。九一八事变刚发生不久,学生们就在全国各地纷纷集会游行,向当地政府请愿。1931年9月25日以后,各地学生先后派代表到南京。28日,南京、上海学生两千多人,冒着倾盆大雨步行到国民党中央党部和国民政府请愿,要求会见蒋介石。蒋介石一直没有出来,学生一气之下打了外交部部长王正廷,砸了他的办公室。在各方压力下,蒋介石被迫宣布将率师北上抗日。消息一经传出,南京和各地学生立即发起"送蒋北上运动"。学生源源不断地向南京涌去。11月26日早晨,群情激愤的学生结队要求蒋介石签署出兵日期,并在国民政府门前悬起警钟轮番敲打,要蒋介石对承诺签字画押。蒋介石被迫出来接见学生,当众宣布3日后出兵。由于蒋介石很快宣布下野,12月17日,汇集在南京的各地学生代表和南京学生3万多人,又组成浩浩荡荡的队伍举行联合大示威,要求政府出兵东北。队伍走到珍珠桥时,遭到国民党军警的屠杀,33名学生被当场刺死,多人受伤,不少死者尸体被抛到河里,这就是轰动一时的"珍珠桥惨案"。

1935年12月,北平学生发动了反对"冀察政务委员会"成立的"一二·九"运动。南京政府教育部长王世杰、次长段锡朋建议蒋介石亲自出面,召集各大学校长、著名教授、学生代表、高等教育界及有关省市教育厅局长,到南京"聆训",亲自表明意图,以争取学生的理解和支持。蒋介石采纳了他们的建议。

1936年1月15日,"聆训"会议在南京励志社举行,各省市教育厅长和全国各大专院校校长、院长、教授及学生代表200多人参加会议。蒋介石要求教授和学生要深刻体会他的忍辱负重,批评激进的学生道:

> 现在政府当局的环境,比较李鸿章当时更加困难百倍。这话怎么说呢?因为李鸿章当时上面只有一个西太后来牵制他,现在虽然是民国,表面上没有皇帝,而实际上四万万人民就是四万万个西太后,政府随便实施一种策略,不是这个怀疑,就是那个反对,不是这个淆乱黑白,就是那个造谣生事,上下四方都来牵制他,使他毫无自由发挥才智运用策略的余地,再加以一般人民不体念中央的困难,不服从政府的命令,还要自己破坏各方面的秩序,弄得举国骚然,使政府处境更加困难,更不能专心致志对外!……现在一般人只顾高叫要抗日,这种爱国的热诚,当然是很好的,但是如果我们全国国民平时无组织无训练,无遵守纪律服从命令的习惯,到临时后方就要自相扰乱,不仅不能帮助军队,且要妨碍军队的行动,使军队失败。如果再使这种无训练无组织无纪律的国民和敌人作战,那就只有化作敌人的炮灰!……爱国与救国有别。爱国者不必能真正救国,如果爱国不以其道,必至害国;反之,凡能真正救国者必为真正爱国者。如果我们只知爱国而不知如何

救国,更不愿为救国而切实努力,那就算不得真正的爱国者!所以我们要爱国,不可只在口头讲讲,尤其不好只顾喊口号贴标语,和罢课游行,这不仅不能救国,而且足以破坏社会的秩序,伤害国家的元气,更予敌人以可乘的机会,引起敌人更进一步的侵略和压迫。我们要爱国,一定要救国,要救国一定要知道救国的正当途径和有效方法,从实际工作行动上表现出来,然后才可算是一个真正爱国者!①

在1935年前,蒋介石政府的韬光养晦、安内攘外政策很难得到大家的理解,学生、商人、士兵等被日本人看起来没完没了的要求激怒。学生和各种知识青年日益形成一股强大的势力,但蒋介石却无法有效利用民众舆论。华北事件发生后,蒋介石对日态度日趋强硬,社会舆论才稍有好转,直至抗日战争全面爆发。但是,蒋介石此时对教育机构还没有足够的控制力。正是基于这一情况,他也想暂时保持现状,寄希望于未来,于是确定"战时须作平时看"的战时教育政策。

2."战时须作平时看"

1938年3月,陈立夫就任国民政府教育部部长。蒋介石让一直从事党务的陈立夫出任教育部部长,其意图除了"抗战"与"建国"并重之外,就是加强对教育界的控制。陈立夫上任之初,就发表了《告全国学生书》。他否定了实施战时非常教育政策的观点,明确表示"对现行学制大体仍维现状","对于管理应采严格主义"等教育统制方针。

蒋介石在1939年3月召开的全国第三次教育会议上,发表"训

---

① 蒋介石:《政府与人民共同救国之要道》,秦孝仪主编:《总统蒋公思想言论总集》第7卷,台北:"中央文物供应社"1984年版,第143—167页。

词",肯定了陈立夫的主张。蒋介石明确指出:

> 目前教育上一般辩论最热烈的问题,就是战时教育和正常教育的问题……我个人的意思,以为解决之道,很是简单,我这几年常常说,平时要当战时看,战时要当平时看。……我们若是明了这一个意思就不必有所谓常时教育和战时教育的论争,我们因为过去不能把平时当着战时看,现在才有许多人不能把战时当着平时看,这两个错误,实在是相因而至的。我们决不是说所有教育都可以遗世独立于国家需要之外,关起门户,不管外边环境,甚至是外境了,还可以安常蹈故,一切不紧张起来。但我们也不能说因为在战时,所有一切课程和教育法令都可搁在一边,因为在战时了,我们就把所有现代的青年,无条件都从课堂实验室研究室里赶出来,送到另一种境遇里……总而言之,我们切不可忘战时应作平时看,切勿为应急之故,而丢却了基本。①

这一方针的确定终止了关于战时教育方针的论争,明确了大学教育的目标,稳定了教育机构的教学秩序和师生情绪,也为之后的教育统制做了准备。实际上,国民政府确定的"战时须作平时看"的方针,并不是说战时仍固执地坚持平时教育,不对战局的变化做出任何反应,而是着眼于战时以及战后,保持教育界的稳定和为抗战不间断地输送人才,并力求控制并整合教育界,以至最终达到教育统制的目的。

但是,国民政府教育机构的国防动员机制缺失,必然使得各院校被动地仓皇内迁,大、中学生四处逃散或直接加入战场,这给高

---

① 蒋介石:《今后教育的基本方针》,秦孝仪主编:《总统蒋公思想言论总集》第16卷,第128—129页。

等教育和未来战局都造成了很严重的损失。

二、战地服务

在政府的有意控制下,大、中学生享有免役、缓役待遇,也不被鼓励直接参军参战。除了少数自己主动奔赴前线要求参战的,大部分学生都是通过战地服务和征调服务抗战的。

由于战局需要,1938 年 2 月 1 日,教育部颁布《高中以上学生志愿参加战时服务办法大纲》,鼓励 18 岁以上学生参加战时前后方服务,这是战时第一次正式鼓励学生参加战争,但并不鼓励直接参战,而是鼓励参加战地服务。①

"战地服务团"的概念,最初出现于第一次世界大战期间,由于自动化武器的发展和战争规模的不断扩大,战争成为综合国力的比拼,而巨大的死伤急需大量战地救护人员。由民间社会团体组织的各国战地服务团活跃于当时的欧洲战场。一战结束后,这些社会团体保留了下来,服务范围从医疗救护延伸至帮助、教授社会人员学习和训练相关的救护知识与技能。第二次世界大战爆发后,战争更加激烈且规模更大,战地服务团在全世界各战场发挥着巨大作用。

学生参与战场服务,从专业需求的角度来看,特别急需的是医药、工程等专业。除此以外,大量战地服务工作是宣传动员、民众训练和后勤保障等,此类工作不限专业。从参与程度来看,从事战地服务的人大多参与时间较短,是非职业性的。他们有的是利用寒暑假,有的是参加机场建设等工程类工作,工程结束就返校了

---

① 《高中以上学生志愿参加战时服务办法大纲》(1938 年 2 月 1 日),朱汇森主编:《中华民国史事纪要(初稿)——中华民国二十七年(一九三八)一月至六月》,第 145 页。

（也有多至两三年的）。也有很多直接从事职业性工作，例如直接加入军队医院。从组织情况来看，大多数是通过自上而下的组织的，也有个别自发参与战地服务的。

战地服务，并不一定代表要加入战地服务团，很多学生、知识青年和民众都自发地参与战地服务。但毫无疑问，战地服务团是战地服务的主要团体，而且战地服务团体的史料相对集中，比以个人身份从事战地服务的要丰富。故本节主要以战地服务团体的典型代表"中山大学战地服务团"为主要介绍对象。①

1937年全面抗战一爆发，中山大学就成立了群众性的抗日救亡组织"中山大学战地服务团"，校长邹鲁为名誉团长，邹鲁夫人梁定慧为团长。早先，京沪杭激战，日军为牵制华南，不断轰炸广州，

---

① 中国的战地服务团诞生于抗战爆发之后，但发端于北伐战争。在北伐战争中，受苏联人的影响，中国的南方革命军队就广泛开展了相关工作。因此，中国的战地服务团从产生起就形成自己的特点：主要工作并不完全侧重于医疗救护，而是宣传慰问，所以参加的大多数是社会知名人士、学生、作家、艺人等。由于战场上的迫切需要，从上到下，从自发参与到政府动员，战区每个地方都有规模不等、各种各样的战地服务团。不仅有具备专业救护知识的知识青年参加，也有工人、妇女，有的地方甚至有专门由中小学生组成的"少儿战地服务团"；不仅有个人自发参与的，也有工会、妇女组织、基督教青年会等各种社会团体，以及"战地服务队""救护队""后援会""慰问团""劳军团"等等各种名目的团体；不仅有政府高级军事机关组织的战地服务团，如军委会战地服务团，也有部队自己组织的战地服务团，如第八集团军战地服务团，甚至还有各军、师、旅、团自行组织的战地服务团。他们的工作范围比较广泛，包括救护、宣传、演出、慰问、后方勤务、社会调查、民众动员和组训等等。军队自己组织的战地服务团则侧重于随部队行动，沿途开展宣传、民运和统战工作。各种战地服务团中影响较大的有军事委员会战地服务团、西北战地服务团、重庆市各界抗敌后援会战地服务团、上海劳动妇女战地服务团、新四军战地服务团等。中山大学战地服务团被国民党军队官兵称为第一个以国立大学为单位组织的战地服务团，组织工作比较完善，并且留下了工作报告书《国立中山大学战地服务团工作第一年》（1939年4月出版，国立中山大学战地服务团驻港办事处发行）。

中山大学就开始酝酿组织抗战救亡团体事宜。梁定慧女士因负广东新生活运动会使命,"主持新运妇女工作委员会驻港办事处,发动侨胞备战储蓄工作"而"因公回广州"。中山大学与其联络,得到了她的鼓励和赞助,并"答允担任战团的团长,必要时亲自率队到前线工作",后来,她还"捐出金饰八种,作为购药物奖券嘉奖之用"。中山大学再去电南京,向校长邹鲁报告,并请其担任名誉团长,"旋即获得他底同意,并允尽力在中央策助进行"。经过几个月的筹备和募捐,该团筹得经费并用之购买了"缝棉衣五百件共约四百元","各种救伤药品及慰劳品共约一千元",筹得实物"药棉两大箱,药物两大箱,绷带一大箱,手电筒一大箱,米粉五箱,面巾一大箱,棉衣五百件,干电池两大箱","并代香港妇女兵灾筹赈会携带药物一大批交第一战区及第八路军应用"。①

由于经费有限,中山大学选派了20人组成第一战区工作队先遣北上,他们绝大多数是专业医护人员或曾参加过救亡工作和救护训练。1938年3月3日,中山大学战地服务团从广州赶赴武汉,再至郑州、开封。一路上他们"刊发了十多万份的宣传品",购置了油印机后,"每三天……送给军队以二千份的册型刊物",以进行抗日救亡的宣传动员工作。抵达开封后,又慰问河防将士。当台儿庄大捷的消息传来,服务团全体成员到各处讲演,宣传对日作战的胜利消息,直到晚上11时。凌晨3时,开封火车站突然打来电话,说从徐州战场运来了1 500余名伤兵,紧急需要医护人员救护,服务团成员立即赶到开封火车站,逐个车厢地为伤员换药和包扎。②

随后,战地服务团赴徐州和台儿庄进行慰问,还举行了献旗仪

---

① 《国立中山大学战地服务团工作第一年》,第12—13页。
② 《国立中山大学战地服务团工作第一年》,第73页。

式,因李宗仁和白崇禧还在峄县督战,由第五战区参谋长徐祖诒接受了战地服务团代表的授旗。第五战区司令长官部还宴请了战地服务团,席间"谈到战地服务工作,他们都认为迫切需要,但可惜全国还谈不到有普遍完善的组织"。一位处长说:"我们从京沪线打到津浦线,碰见的服务团体虽多,但以一个大学——尤其是国立大学为单位的组织,你们算是第一个了。"①

中山大学战地服务团还有着既懂粤语、又晓日语、也能讲好国语的优势,在与民众和日军战俘的沟通上没有障碍。而第五战区来自两广的士兵,与苏鲁豫皖地区的民众语言不通,隔阂比较大。战地服务团的一些成员还可以用日语同战俘交谈,向战俘了解情况。这些都是第五战区的普通官兵无法做到的,他们就想请战地服务团的成员留下来工作。该团成员介绍了自己的任务和使命,婉拒了军队的请求。

值得一提的是,中山大学战地服务团还注意到了农村工作,他们认为,"农村里需要服务团去工作比到军队更为急切"。他们在1939年编印的学生刊物《东江一月》中表达了他们的看法:"农民的知识虽比不上小市民,但他们的爱国情绪及可以自由地去干救国工作的机会呢? 不,农民向来都是被小部分有权势的人认为危险不安分的分子,因而他们的一举一动都受着严厉的监视,而他们仅有一点微弱的爱国情绪也给外力压得透不出来。""我们试想一想:中国的农民有多少? 现在的兵源是从哪里来的? 抗战中所需要的物资从哪里来的?""单是派债及抽壮丁——不! 简直是拉伕——就已经把农村里的人吓得整日在发抖,不但一点微弱的爱国情绪都得烟消云散,甚而连生产也因此破坏了。""在日夜辛劳,时遭饥

---

① 《国立中山大学战地服务团工作第一年》,第 76 页。

饿的情况下,叫他们怎能参加到抗战的阵营里去呢?他们并不是不愿参加,但怎奈负债满身,妻子病倒何?"①中山大学战地服务团东江队和香港总会救济难民队还在广东省龙川县的老隆办起平民医院,为民众解脱疾苦。

他们在战争之初就敏锐地发现了兵源问题,而农村基层的贫困与失序则直接导致了兵役的恶劣状况。遗憾的是,国民政府在1942年才认识到这一问题的严重性。在1944年,这一问题则成了知识青年从军运动的肇端。

三、军事征调

战时被征调的学生主要是从事军医、军法、军械、工程、翻译等专业工作。特别是中美军事合作之后,高等院校学生被征调为译员的比较多。

（一）医药人才的征调

全面抗战一爆发,7月30日,教育部就颁发了《全国医药专科以上学校高级护士及助产职业学校教职员学生组织救护工作办法》,要求各校组织"医教救护团",团本部设立在南京教育部医学教育委员会;各校限于8月10日前分别成立救护队,称"医教救护团第×队","其排列号数由团本部决定之"。②

各学校设立的"医教救护队"的主要人员规定如下：

甲、医药专科以上学校

1. 内科组　由内科教员及医学院五六年级、医学专科学校四年级学生组织之。

---

① 国立中山大学战地服务团丛书编写组编:《东江一月》,1939年6月印,第2—3页。
② 教育部编:《教育法令汇编》第3辑,南京:正中书局1938年版,第25页。

2. 外科组　由外科牙科教员及医学院五六年级、医学专科学校四年级学生组织之。

3. 司药组　由药学专科学校教员及三四年级学生组织之。

4. 防疫组　由细菌寄生虫科教员及医学院五六年级、医学专科学校三四年级学生组织之。

5. 救护组　由教员及医学院二三四年级、医学专科学校二三年级学生组织之。

6. 担架组　由学生及校役组织之。

乙、高级护士 助产职业学校

1. 技术护病组　由高级护士职业学校教员及第三年级学生组织之。

2. 普通护病组　由高级护士或助产职业学校教员及第二三年级学生组织之。

3. 急救组　由高级护士或助产职业学校教员及第二一年级学生组织之。

4. 担架组　由高级护士职业学校男护士及校役组织之。

5. 交通组　办理伤兵运输事宜，由各级学生组织之。

6. 通信组　由高级护士或助产职业学校学生组织之，并受特殊训练。①

关于各学校设立的"医教救护队"的征调，规定如下：

各医教救护队之各组人员，均须听候教育部会同主管机

---

① 教育部编：《教育法令汇编》第 3 辑，第 25—26 页。

关调派工作,其所需调动经费及工作时之给养设备等费用均由主调机关负责;

  各医教救护队队员调派至军医或卫生机关、各省市救护委员会或协助军医机关参加救护工作时,应听从各该主管长官之命令,其有违抗命令者应转知各主管队长惩罚。①

军政部、内政部还成立了战时卫生人员动员征调委员会,负责对专科以上学校的师生和社会各种医疗机构的医护人员的征调工作。1939年7月,该委员会发出通知,要求征调各医药院校1939年暑期医科实习期满学生及药科毕业生,这些学生半数为军方后方医院服务,半数为国家医疗卫生机关服务。

1940年9月16日,军事委员会发布《军政部征集医药学院(校)军医志愿生暂行办法》,规定征集对象和征集方法如下:"凡国立或省立医药院(校)各级男生年在十八岁以上,二十五岁以下,志愿于毕业后充任军医司药者,得予学期时填具志愿书履历表及保证书,经所隶学校于开学一个月内呈由教育部转送本部军医署审查并经该署派员施行,体格检查及口试合格后出本部发给军医志愿生许可状,但每一学生不能同时为公医学生兼为军医志愿生。"②

军医志愿生在修业期间由军政部每月发给补助费40元(每年以12月计),送军医学校培训后,按照规定发给服装、书籍、文具及津贴。军医学校培训完毕后,分发各部队任职,"最低以二等佐待遇"。

国民政府在全国医药类的各专科学校征集军医志愿生,主要

---

① 教育部编:《教育法令汇编》第3辑,第26页。
② 云南大学、云南省档案馆:《云南大学史料丛书·学生卷(1922年—1949年)》,昆明:云南大学出版社2013年版,第555页。

目的就是要提前确定并培养相关专业学生,为战争提供尽可能多的医疗救护人员。

(二)译员的征调

1941年,在美国总统罗斯福的默许和帮助下,陈纳德上校组建了美国志愿航空队支援中国。负责接待他们的是军事委员会战地服务团的负责人黄仁霖,他在回忆录中说道:"中国政府购得原来被英国所拒绝的P40飞机100架,并且招募了100位有经验的美国飞行员和160名熟练机械员。他们在1941年6月28日到达仰光,我就在那里欢迎他们。"①

黄仁霖早年出国留学,获得美国范德堡大学学士学位、哥伦比亚大学硕士学位。在美国期间,加入基督教青年会,热心社会服务事业。他的岳父就是为蒋介石和宋美龄担任婚礼牧师的余日章。黄仁霖回国后就在余日章主持的全国基督教青年会担任干事。八年后,因宋美龄的引荐,加入并主持了励志社工作。因为其本人根深蒂固的服务理念和"洋派"的美式作风,他竟然将原来隶属于黄埔同学会的励志社变成了一个服务机构,淡化了励志社的政治色彩,将其改造为类似"军官俱乐部"的所在,主要为军官提供舒适的接待、餐饮、电影娱乐等生活服务,也为重要会议提供服务。后来,励志社也被蒋介石和宋美龄所认可,成为蒋介石的"内廷供奉"机构,为他们的生活提供高品质服务。抗日战争爆发后,励志社接受了新的任务——为军事委员会提供战地服务。黄仁霖就成了军事委员会战地服务团的负责人。作为首席迎宾专使与招待专家,他和他所领导的战地服务团自然成为最适

---

① 黄仁霖:《我做蒋介石特勤总管四十年——黄仁霖回忆录》,北京:团结出版社2006年版,第110页。

合接待美军的人选。为了更好地服务美军,黄仁霖决定首先培养相关翻译人才。

因为美国志愿航空队的指挥部设在昆明,黄仁霖就将战地服务团的团部由重庆迁移到昆明。1941年10月17日,军事委员会战地服务团译员训练班在昆明的美军第一招待所成立,学员是从全国各高等院校外文系三、四年级征召的大学生。

太平洋战争爆发后,援华的美国志愿航空队成员第二批、第三批接踵而来,美国的援华力度越来越大。随军翻译人员需求随之急剧增加。为此,军事委员会战地服务团不断征召学生,扩大译员培训班,共培养了2 436名译员,基本情况统计见表1-1:

表1-1 军事委员会译员训练班译员教育程度与年龄统计

大学名称	人数	修习主科	人数	年龄(岁)	人数
西南联大	572	外国语文	438	18	17
浙江大学	201	经济学	326	19	47
复旦大学	174	机械工程	165	20	179
中央大学	140	电气机械	111	21	236
交通大学	198	土木工程	139	22	330
金陵大学	71	化学	109	23	342
齐鲁大学	37	政治学	95	24	259
圣约翰大学	53	物理	43	25	262
中山大学	45	法律	54	26	334
云南大学	64	化学工程	62	27	141
贵州大学	95	医科	78	28	113
岭南大学	13	航空工程	6	29	43
中正大学	32	商业学系	1	30	39

续表

大学名称	人数	修习主科	人数	年龄（岁）	人数
大中华大学	38	历史	40	31	27
四川大学	12	矿业	69	32	25
华西大学	33	农业	108	33	7
广西大学	49	新闻学	32	34	7
湖南大学	36	中国文学	1	35	15
香港大学	5	其他学科	188	36及以上	13
中央政大	51	无专业学科	371		
其他大学	114				
中学以上	439				
合计			2 436		

资料来源：黄仁霖：《我做蒋介石特勤总管四十年——黄仁霖回忆录》，第208页。
注：原表有误，"大学名称"列人数合计应为2 472。

由于是临时征调，相关的法规并不完善。当时，军事委员会战地服务团和教育部协商，征调各专科以上学校外文系高年级学生于服务一年后，不愿意服役可以复学。但后来，由于美军通译人员需求量较大，决定延长其服役年限。1943年10月，教育部部长陈立夫向各相关学校发出训令，该训令直接转发了军事委员会战地服务团公函：

案准军事委员会战地服务团昆（卅三）字第六四〇五号公函开：查本团前因奉命办翻译人员训练事宜，经函请贵部征调各大学学生来团受训，分发工作原在征调办法内规定，各生于服务一年后如不愿继续服务得请求复学。惟兹以盟军来华人数增多，本团需要是项翻译人才，一时因训练不易，殊感困难，且彼等已有相当服务经验，一时离团实属惋惜。现拟将前项规定略予修正，依照航空委员会办法，凡各界由各大学征调来团之学生其于服务一年后,本团如认为仍有留其继续服务之需要,得延长其服务期间,以应实际而利招待盟军工作。相应函达,即希查照,惠予照办。①

1943年春,中国远征军司令长官部成立。从该年开始,中国驻印军和驻滇中国远征军积极准备第二次入缅作战,以打通战略交通要道。中国驻印军装备美械,驻滇中国远征军也陆续装备美械,美军派出大量人员负责中国军队的美械装备训练。一时间,翻译人才需求陡然增加。军事委员会战地服务团、教育部再次从西南联大、中央大学、交通大学、浙江大学、武汉大学、重庆大学等校大量征调译员,并规定上述学校的1944届所有男生,不需要通过考试,只要身体合格,就提前毕业全部征调译员或服兵役。

1944年3月,《云南日报》报道:"学员原定训练期限两个月至三个月,但因需要迫切,本月十五日,即将先抽调译员百余名赴各部实习,一周后即派赴各地服务,再经过两周,将再调百余名出班。又闻该班已接美方通知,本年即一九四四年内望有译员二八九二人供应,本年三月底前望有译员一千一百名供各方需要。该班渝分校将毕业学生,计七百余名,昆明受训学生已增至三百八十余名,但仍不敷分配。"②

1944年3月14日,军事委员会正式出台了《军事委员会征调专科以上学校学生充任译员办法》,明确了"被征调各专科以上学

---

① 云南大学、云南省档案馆编:《云南大学史料丛书·学生卷(1922年—1949年)》,第557页。
② 《联大学生自治会昨晚欢送应征同学,冯院长友兰等谆谆训勉》,《云南日报》,1944年3月12日,第3版。

校学生随军通译人员其服务期间规定为二年"①。

该办法对于译员的待遇规定如下：

服务期间待遇及津贴：

（一）译员阶级分为五级，除有特殊能力者外均成比照同军佐阶级如下：

一级同中校、二级同少校、三级同少校或上尉、四级五级同上尉，但空军服务者比照前项规定低两级。

（二）薪俸及生活补助费分五级支给：一级月支国币一〇九〇元，二级月支国币九八〇元，三级月支国币九三〇元，四级月支国币八〇〇元，五级月支国币七五〇元。

（三）普通津贴、眷属米照规定按年龄报领。在国内之译员不分等级，每人月支勤务津贴一〇〇〇元并另给副食津贴按当地市价八斗米价折发。在印度服务者伙食由公家供给，除照军政部规定支给印币津贴外，加发勤务津贴。不分等级每人每月印币五十卢比。

（四）译员服装规定发给夏季军便服两套，军常服两套，冬服一套。②

除此之外，对于译员日后的复学，也给予优待："征调之学生受训期满后由译员训练班将各生每科成绩抄送原校。各生服务期满后应自修之科目，返校复学时经考试及格者酌给学分并准酌予免习英文、军训及体育……战事结束后得择优保送国外留学（名额以

---

①② 云南大学、云南省档案馆编：《云南大学史料丛书·学生卷（1922年—1949年）》，第558页。

不超过译员总数十分之一为限)。"①

由上可见,当时译员的需求量和培训量都非常大,译员训练班也由战地服务团改为军事委员会直接领导,由军事委员会外事局负责领导。

《军事委员会征调专科以上学校学生充任译员办法》规定,学生受训期满由外事局分派,主要去向为:"(一)干部训练团;(二)盟军部队;(三)本国远征军;(四)航委会等机关服务。"②

译员训练班主要是由西南联合大学的吴泽霖教授负责,所延请的亦大多是从美、英等国留学回国的教授,再加上主要进行的是短期突击训练,译员对军队了解有限,对军事术语的翻译就可能出现一些问题。蒋纬国在其口述自传中就提到,一次他陪同蒋介石视察中国驻印军时:

> 父亲到兰姆加训练中心视察时,部队举行了一场演习,刚开始是炮兵试射,有一个中国翻译,翻译的人就是青年军团员。青年军是征召大学生入伍,没有加以军事训练,一部分就编入军队,另一部分就派到海外当翻译官。试射在英文中是"fire registration",他翻译成"现在炮兵开始注册"。父亲是炮兵出身的,而那天我也被派在父亲身边做特别说明官。父亲就问我:"什么是炮兵注册?"辛好我反应快,马上明了其中的错误,就跟父亲说:"翻译的人不是军人,是入伍的青年军,他们没有经过军语训练,早晚会出问题。"从这一个例子来看,军

---

①② 云南大学、云南省档案馆编:《云南大学史料丛书·学生卷(1922年—1949年)》,第558页。

语本身并不简单……父亲后来也下令实施军语训练。①

当然,充当译员的从军学生的抗日热情和艰苦奉献是值得高度肯定的,他们中亦有不少人牺牲在战场上,为中美军事合作和抗日战争做出重要贡献。

(三)工程、法律等人才的征调

为适应战场需要,提高军事工程人员和军事司法人员的整体素质,军政部、教育部和军法部联合下令征调了大量军工、司法人员。这些被征调的学生为抗战做出了巨大的贡献。

1939年初,国民政府下令四川省政府扩建新津机场,以适应陪都重庆战时空中需求激增的情势。该机场始建于1928年,抗战开始后被规划为大后方的空军基地,并需要进一步扩建。这次扩建征集了成都周边16县的10多万民工,征用民田3 292亩。由于工程浩大、时间紧迫、工程技术人员大量缺乏,蒋介石决定征调高等院校师生参与。1940年12月25日,军事委员会以蒋介石名义发快邮代电:

> 教育部陈(立夫)部长、交通部张(嘉璈)部长、中央军校陈(继承)教育长钧鉴:
>
> 　据航委会周主任至柔称,关于建筑新津、赣县两机场跑道所需工程人员除由本会设法抽调外,尚需调用总副工程师各一员、工程师十一员、副工程师十二员,帮工程师十一员、工务员十八员、监工员三百名、经理会计各二十员,拟恳转饬交通、教育两部及中央军校征调,以便分派新赣两处工作等语,除复照准并由该主任与各机关切

---

① 蒋纬国口述,刘凤翰整理:《蒋纬国口述自传》,北京:中国大百科全书出版社2016年版,第126页。

商进行外,希查照。

中正

二十九年十二月二十五日①

不久,中央大学校长罗家伦呈复教育部:"各生报国情切,多自请应征,兹特尽量甄选成绩优良而思想纯正者共十六人,故较□令定名额多一人","经选定助教吴震声等三人,四年级学生鲍恩湛等十六人"即行整装前往成都报到。②复旦大学代理校长吴南轩呈复教育部:"本校土木工程系仅有助教黄大龙一员,遵已转饬该员率领学生潘维椿、侯国珍、唐允、康国幹、聂睿聪、胡国键、方中、郭功宁、裘松根、林俊、王务襄等十一人,补足十二人之数,迳赴成都航空委员会报到,谨复。"③

1944年1月,为了配合美军B-29轰炸机从中国腹地机场起飞以便轰炸日本本土,蒋介石下令在成都周边的新津、邛崃、彭山、广汉修建轰炸机基地,以便轰炸机的补给、转场和起降;在成都、德阳、温江建成战斗机基地,以便直接对日空战和为空中力量保驾护航。这是国民政府在成渝地区第二次大规模建设机场,仅江津机场就征集了新津、华阳、温江、广汉、郫县、彭山等22县民工22万,更征调了大量知识青年参与其中,建成了当时亚洲规模最大的军用机场,为盟军对日联合作战起到了巨大作用。

除此之外,军政部还先后出台了征调军工人员和司法人员的规定,并征调了大量学生。

1944年1月,军政部依据《国家总动员法》订定《军政部征用法律学系毕业生规程》,由教育部转发各校,规定:

---

① ② ③ 《教育部有关航空委员会建筑新津县机场征调中央大学等院校助教毕业生工作与各方的往来文件》,中国第二历史档案馆藏,国民政府教育部档案,5/6727。

> 自三十三年度起，每年全国各大学及独立学院之法律学系毕业生，百分之十五由军政部征用之。应征用之毕业生，由学校抽签决定之。报到期限，以毕业后四个月为限。如未事先陈明理由逾期未报到者，由军政部咨请教育部取消其毕业资格。被征用之毕业生如服务未满二年得有服务期满证明者，各公私机构团体不得录用，其应征后服务满一年以上者，由军政部咨请教育部发给毕业证书。①

8月，军政部又出台了《军政部征用工程学科毕业生办法》，规定：

> 自三十二年度起，每年征用全国学校各级工程学科毕业生，充任军事工程人员。由军政部、教育部会同办理，并由社会部负综合联系之责。征用名额以各级工程学科毕业生总名额百分之十以内为限。应征办法，尽先鼓励学生自动参加，其不足之处再抽签决定之。其报到手续、服务期限等与征用法律科毕业生办法相同。②

根据教育部教育年鉴编纂委员会所编的《第二次中国教育年鉴》统计："以上药、法、工、外文等科被征调之学生，自二十七年起至三十二年底止，六年中共六千三百七十一人，其自动参加军佐工作或译员考试者尚不在内。"③

---

①②③ 教育部教育年鉴编纂委员会编：《第二次中国教育年鉴》第二册，第79页。

第二节　学生从军运动

中国的抗日战争艰难地持续到了 1942 年，战争进程直接推动了国防动员的组织与实施，由于兵源不足，国民政府总动员的机制和法令正式出台，而教育机构的学生免役、缓役政策也被迫改变。

一、国防动员法令的改颁

1942 年 4 月 2 日，中国的生命线滇缅公路被日军切断。5 月 31 日，中国远征军入缅作战失利。中国在抗战之前训练的精锐部队基本在战争中消耗殆尽。而此时兵员已近枯竭，据统计，1937—1942 年间，国民党军队仅陆军伤亡即达 2 668 940 人。① "大约到了 1941 年，适龄应征男性的资源渐趋枯竭。仍有一个以上的儿子在家的家庭也少了。富人们已经学会获得免征，许多年轻人索性逃走，装病或自残身体。"② 而军队中的兵员状况也愈加恶劣，以较好的中央军第十八军十八师为例，"在 1942 年中，即使它没有从事作战，它的总人数 11 000 人中也丧失了 6 000 人，或死去或逃去"③。

1941 年 12 月，国民党召开第五届中央执委会九次全会，通过了《加强国家总动员实施纲领案》以进一步推动战争动员。"国家总动员"提升到了战时纲领的高度，并以决议案的形式确定为战争指导的根本方针。会上指出："检讨以往，深觉全国各方面动员之

---

① 何应钦：《日本侵华八年抗战史》，台北：黎明文化事业股份有限公司 1982 年版，附表 2-3。
② [美]易劳逸：《蒋介石与蒋经国》，第 189 页。
③ [美]易劳逸：《蒋介石与蒋经国》，第 199 页。

程度,距战争之要求,相差甚远,于蕴涵之国力,尤未能充分发挥。"①之后,因为战争需要,国民政府开始逐步动员学生直接参军。学生从军之风愈演愈烈,最后终于发展成为"知识青年从军运动"的全面国防动员。

1942年10月,为了改良役政,蒋介石通电全国,令各级学校役龄学生自次年1月开始征召。11月,军政部发表训令:"查征兵开始六载于兹,所征壮丁多系目不识丁之文盲,其知识分子之学生多未予以征集,因之士兵素质低劣影响抗战甚大,更以各地学校收容超过学龄之学生,几为壮丁避役之渊薮,役政推行尤多滞碍。兹特通令各级学校之兵役,适龄学生自三十二年一月起一律依法抽签,按序征召,以其强度配服役务,不得予以缓役。"②

1943年3月,立法院公布新的《兵役法》,扩大征兵范围,缩小缓役者范围;鼓励学生参军,规定学生服役期间保留学籍,消除了学生们对于学籍的顾虑。这是国民政府在法理上为动员学生参军做的铺垫。

二、学生从军运动的发起

1943年11月,全部美械装备的中国远征军驻印军开始发动缅北攻势,与日军鏖战。战场急需补充兵员,而且是知识文化水平较高的青年。军政部立即下令由四川省军管区限期选送300名知识青年。四川省主席张群和四川军管区参谋长徐思平颇感棘手,商议之后决定发动学生从军。(张群和徐思平发动这次运动的另一个重要

---

① 《加强国家总动员实施纲领案》,荣孟源主编:《中国国民党历次代表大会及中央全会资料》,北京:光明日报出版社1985年版,第745—746页。
② 《军委会为所征壮丁多系文盲自一九四三年一月各校适龄学生应服兵役》,中国第二历史档案馆藏,国民政府兵役部档案,775/208。

原因,是要瓦解兵役署署长程泽润的权势,引导并掌控学生从军运动。1944年,程泽润下台后,徐思平继任兵役署署长。)

经过精心准备,徐思平选择到流亡在四川三台的国立东北大学进行动员演讲。"在他看来,东北大学的学生流亡最久,最能体会亡国之痛,只要动之以爱国之情,讲明学生从军的优待办法,定会得到东大学生们的踊跃响应。"①

11月15日,在东北大学大礼堂举行总理纪念周之时,徐思平上台演讲,动员学生服役。"据说第一次动员反响非常一般,到会的东大学生也不多,礼堂内空了不少座位,除了刚从(伪)满洲国投奔东北大学的插班生赵惠中表示愿去前线杀敌之外,东大学生响应者并不多。"②这主要是因为当时的大学生是极为稀少的,而且中国尚未实行义务兵役制度,学生不一定非要当兵,东北大学的学生对参军也没有什么兴趣。

16日,徐思平再次发表演讲,将三台的中学生作为主要动员对象。徐思平的热烈演讲在以国立十八中学为主的三台中学生中掀起了一股从军热潮。徐思平用他的同学刘湘举例,生动地说明从军的前途。他说:"刘湘,个子矮小,人又邋遢,后来从军竟然成了四川的领袖。"借此激发大家从军求出路的热情。徐思平"虽是军人,但儒雅多才,一口四川话,引经据典,有些耳熟能详的古代故事,如木兰从军、班超投笔从戎、岳母刺字等都被他讲活了。他还联系现代名人事迹,说明只要努力,人人都有成功的机会"。③"当场请缨之男生二百余,女生三十余人,情况益形热烈。女生因被徐

---

① 张英霖著,苏州市档案局(馆)编:《一个远征军战士的从军日记》,第191页。
② 张英霖著,苏州市档案局(馆)编:《一个远征军战士的从军日记》,第192页。
③ 张英霖著,苏州市档案局(馆)编:《一个远征军战士的从军日记》,第194—195页。

参谋长婉谢，竟当场痛哭流涕，问：'爱国无分男女，女子何以不能抗战杀敌？'……当晚又在东北大学礼堂，应学生之请，作学术演讲，题目为'我的人生经验谈'。参加者三台各机关法团首长，及该校教授学生等八百余人，外来中学生等二千余人，毕后，群情感奋，国立十八中学女生林霖等三十人泣请从军，坚不可却。"①

徐思平的成功与他的策略有着直接关系。与大学生不同，流亡的中学生从生活上到心理上，都颇感痛苦。"特别是流亡中学的学生由于国破家亡，被迫流落异乡，生活的困苦自不必说，思家忧国之心极其深切。""当时物价飞涨，生活公费（国家发给学生的伙食费——自注）跟不上物价，我们天天喝稀粥、面片汤，已到了食不果腹的地步。当听到徐思平说到英美对远征军供应给养丰富的时候，老实说我们的心真的动了。"②

12月15日，三台和绵阳的从军学生413人到达成都。徐思平率领成都各界代表列队夹道欢迎从军学生。"在军乐队的引导下，徐思平走在队伍最前边，率领我们经鼓楼街、总府街、春熙路、东大街、东西御街、祠堂街至包家巷四川军管区司令部暂住。所到之处人山人海，盛况空前。徐思平那天穿了高统马靴，一路领头行进，以表示他对三台和绵阳地区从军学生的推崇和期许，由此可知他内心对我们发起从军的学生是怀有爱护和感谢之情的。"③

在徐思平的动员之下，四川省率先掀起了学生从军的热潮，并影响到了全国。在整个学生从军运动期间（1943年11月—1944年10月），"川省二十二师（管）区，志愿报名学生及公教人员达二万七千一

---

① 《学生从军纪实》，兵役部役政司编印，1945年，第14页。
② 张英霖著，苏州市档案局（馆）编：《一个远征军战士的从军日记》，第194—195页。
③ 张英霖著，苏州市档案局（馆）编：《一个远征军战士的从军日记》，第196页。

百二十九名。此外尚有重庆市报名者六千七百七十二名"①。

1943年12月19日,军政部转发各地《学生志愿服役办法》,规定:"凡中等学校以上学生志愿服役,应申请登记,并以年满十八岁以上为限。"②该办法对征召编练程序、优待、相关问题的处罚等作了相对具体的规定。

三、学生从军指导机构的设立

随着政治形势的变动和学生从军规模的不断扩大,学生从军指导机构经历了从学生服役小组、志愿服役学生报名处到学生从军指导委员会的演变。

(一)学生服役小组、志愿服役学生报名处

为了配合学生从军指导之工作,1943年12月初,兵役署役政司单独设立学生服役小组,受司长张敩濂指导,以副司长方秋苇兼组长。该小组选调了科长向震、李群英、熊硕桓等前往该组办公,另选调了专员1人、科员5人协助办公,专门设计和处理有关学生服役事宜。

12月中旬,役政司学生服役小组拟定并先后公布《学生及工作人员志愿服役办法》《教导团(营)编训办法》等。1944年1月,军政部下属的第一教导团和第二教导团陆续在四川成都和陪都重庆成立,有关学生服役的初步问题告一段落。该组工作在1月15日结束,并将所有业务移交役政司宣查科办理,善后公务改由科长李群英主持。为了简化行政与征补等手续,后续的学生从军征补事宜,

---

① 《学生从军纪实》,第26页。
② 《军政部拟订学生志愿服役办法》(1943年),中国第二历史档案馆藏,国民政府兵役部档案,775/18。

都由征补司移归宣查科办理,直到结束各教导团(营)工作移交至全国知识青年志愿从军指导委员会为止。

"宣查科李群英服务兵役署征募科有年,熟谙征补业务,兼擅宣传技术,前署长程泽润氏以之相委,盖欲配合学生服役之行政、宣传、训练、拨补等事于一个系统之下,使每一问题每一措施,均能适合需要,迅速解决实施,免致发生扞格迟缓,不切实际之弊。"[①]学生从军运动之所以能够顺利举行,正是因为其发动、训练、征补等工作都由宣查科而非征补司负责。该科负责之时,事权统一,协调工作也没有任何障碍。

学生从军风潮蔓延全国后,学生及公教人员纷纷来兵役署报名从军,兵役署在设立学生服役小组之后,于1943年12月又成立了志愿服役学生报名处,安排兵役署的兵役巡逻宣查队男女队员分工负责学生们的申请、口试、登记、体格会验等工作。其中,最主要的工作是体检。体检分男、女两部举行,检验标准是依军政部所颁发的《学生志愿服役办法》第三条之规定:

1. 男生身长一百五十公分以上者,女生身长一百五十公分以上者。
2. 体重四十六公斤以上者。
3. 胸围七十六公分以上者。
4. 五官四肢肺脏正常者。
5. 无重沙眼痔疾及精神病者。[②]

此外,各军师管区、各县市政府以及学校机关等征集机关,在征集从军学生时,应由其军医、校医生或卫医师,依照军政部所颁

---

① 《学生从军纪实》,第39页。
② 《学生从军纪实》,第40页。

之规定检验合格,并经派领队人员持公文与体格检验合格表前往兵役署报到。兵役署查核文件后再另发通知,令其向各教导团报到,再经教导团派军医检验填写回执报查。教导团复验不及格之学生,由军政部照规定发给同城车船旅费,并向交通部代洽车船票,交原领队人员尽先率领回籍。① 由此可见,当时体检要求比较高,比一般征兵体检复杂和严格(参见表1-2、表1-3)。

表1-2 重庆市自愿服役学生及公教党团人员登记人数统计比较表

类别	登记人数	百分比	备注
学生	2 154	44.24%	
公务员	1 639	34.43%	
党员	268	5.63%	
团员	35	6.63%	
教员	87	1.83%	
店员	113	2.39%	
技工	132	2.77%	
其他	53	1.11%	不属于上列各项者
总计	4 761	100%	

资料来源:《学生从军纪实》,第46页。
注:1. 本表截至1944年10月2日,以在兵役署学生报名处报名者为限;2. 原表有误,登记人数总计应为4 481,但因资料缺失,无法一一订正。

表1-3 重庆市自愿服役学生及公教党团人员体检合格人数统计比较表

等第	人数	百分比	备注
甲等	512	14.09%	
乙等	2 761	76.02%	

---

① 《学生从军纪实》,第49—51页。

续表

等第	人数	百分比	备注
丙等	359	9.85%	
总计	3 634	100%	
附记	（一）总平均分数在八十分以上者为甲等，七十分以上者为乙等，六十分以上者为丙等，不及60分者不合格，未列入本表范围。 （二）本表截至1944年10月2日报名处移交渝警局时。		

资料来源：《学生从军纪实》，第47页。
注：原表有误，人数总计应为3 632，但因资料缺失，无法一一订正。

（二）学生从军指导委员会

1944年初，蒋介石饬令学生从军运动由三民主义青年团主持。随后，1944年1月11日，在三青团的主持下，成立了一个包括教育部、军训部、政治部、军政部各部机关在内的学生从军指导委员会。该委员会由蒋介石任委员长，"聘请张治中、陈立夫、梁寒操、曾养甫、张定藩、顾毓琇、胡庶华、袁守谦、程泽润、陈良、王文宣、卢致德、周至柔、杜心知、康泽、郑彦棻、程思远为委员，并推定张治中、陈立夫、程泽润三人为常务委员"①。该会成立之时，即席通过该会组织及组织规程。

学生从军指导委员会下设主任秘书一人，秘书二人，及考核、服务、宣导等三组，各组设组长一人、副组长二人，分掌各项业务，其人员分工如下：

  主任秘书　　康　泽
  秘　　书　　余继忠（青年团宣传处副处长）
  　　　　　　张　桓（青年团训练处副处长）

---

① 《学生从军纪实》，第51页。

考核组组长　康　　泽
副组长　　　钱云阶(教育部训育委员会副主任委员)
　　　　　　梁客浔(政治部军务处科长)
服务组组长　顾毓琇
副组长　　　程思远(青年团服务处处长)
　　　　　　张敩濂(军政部兵役署役政司司长)
宣导组组长　郑彦棻
副组长　　　李焕之(教育部特种教育委员会常务委员)
　　　　　　陶滁亚(政治部第三厅科长)①

关于各省设立学生从军指导委员会事宜,该会经研究讨论规定:各省设立"某某省学生从军运动指导委员会",由军政部电各省政府军管区,依照组织通则,设立省学生从军运动指导委员会。该委员会由该省省政府主席为主任委员,"军管区参谋长、教育厅厅长、三民主义青年团团部干事长为常务委员"。② 1944年6月底前,全国除沦陷区因情形特殊,其余如川、赣、皖、鄂、湘、桂、贵、陕、甘、浙、粤、闽、滇、绥、豫等省区都已经陆续成立学生从军运动指导委员会。各县市根据地方需要及自愿服役学生人数多少,自行成立学生从军运动指导分会。

关于编训与政治工作事宜,该会经研究讨论规定:"志愿从军学生由军政部分省设立教导团,或教导营,统一编制,教导团设政治部,教导营设政训室,各连设指导员,其编制比照军事学校政治部之规定,人选由政治部袁副部长守谦、青年团康处长泽会商提出,政工经费由军政部列入教导团营预算之内。"③

---

①《学生从军纪实》,第51页。
②③《学生从军纪实》,第52页。

该会议还推定余纪忠、钱云阶、李国幹三同志,即日前往成都宣导,策动学生踊跃从军,并先由青年团中央干事书记长、教育部部长、兵役署署长联名分电各有关机关首长。

学生从军指导委员会发表对于指导学生服役之意见:

一、学生服役应按照兵役法一般之规定办理。

二、男生服役应拨补空军、陆军、机械化、炮兵、宪兵各部队担任勤务。

三、女生应按其体格学能赋予军事辅助勤务如政工、防空、通讯、交通、翻译、宣传、慰问等项工作。

四、女生服务应遴选有统帅能力之妇女领导,集体分配军中工作。

五、未满十八岁之初中学生及小学生不得令其服役。

六、学生在服役期中须规定通讯联络办法,使本指导委员会及兵役署得以明了学生生活状况。

七、兵役署负督导学生服役之责,指导委员会负指导学生进修之责。

八、学生在服役期中,其权益之保障除按照兵役法规办理外,各主管及指导机关,应随时予以物质之奖励及精神之鼓励。

九、关于学生精神食粮,应由各文化机关团体,会同负责供给。①

以上会议召开得十分顺利,会议内容较为全面、细致,大到各省各部首长沟通,小到女生服役应集中分配工作等事,都解决得比

---

① 《学生从军纪实》,第52—53页。

较好,这主要得益于长期从事民众组训工作的康泽。这也是学生从军运动能够顺利进行并进一步发展的主要原因,这些工作为后来全面动员中设立的全国知识青年志愿从军指导委员会提供了蓝本。

四、从军学生的组训与分拨

1943年12月,《教导团编练办法》出台,规定:"从军学生由各地教导团编训,以上等兵待遇,并参照中央训练团及中央军校设置营舍,按照新兵教育实施方案,训练二个月后再分发部队服役。"①这是国民政府第一次尝试建立知识青年的编练组织,这种方法也为后来的大规模从军知识青年编练做好了铺垫。

志愿从军学生自编组织以教导团(营)为单位,全国先后成立教导团八个,教导营三个,规定于1944年7月底以前入营者为第一期,8月1日以后入营者为第二期,以后每年2月、8月的1日至15日,为入营期间,使学生从军成为定制。军政部成立的各地教导团(营)简况见表1-4:

表1-4 军政部成立的各地教导团(营)简况

番号	成立时间	主办机关	团长 副团长	驻地	受训学生概数
教一团	1943.12.24	第二补训处	吴 琅 陈永立	江北鸳鸯桥	3 144
教二团	1944.1.1	中央军校	王化与	成都北较场	2 783
教三团	1944.4.1	第四十五补训处	曾 鲁 刘锡珍	北碚	5 423
教四团	1944.4.7	第七军分校	何沧浪	西安王曲	1 214

---

① 《学生从军纪实》,第55页。

续表

番号	成立时间	主办机关	团长副团长	驻地	受训学生概数
教五团	1944.2.1	三战区长官部	敖建畴	江西铅山	2 118
教六团	1944.6.1	广东军区	韩建勋	广东连县	1 230
教七团	1944.8.15	云南军区	周启贤	昆明	1 225
江西教导团	1944.4.1	江西军区	柳剑中	泰和	660
贵州教导团	1944.3.1	贵州军区	朱笃祜	贵阳	1 051
湖南教导团	1944.4.20	湖南军区	李义唐	耒阳	200
合计					19 048

资料来源：《学生从军纪实》，第55页。

各教导团（营）的训练，由军政部统一制定。"教育期间，定为三个月，分为两期，第一期两个月，教育日数五四日，计五〇四小时，完成各个班教练，第二期一个月，教育日数二四日，计二四〇小时，完成排教练之基础。""每日教育时间定为十小时，但在学兵入营之第一周减为七小时，第二周八小时，第三周九小时，以后即按十小时平均施行。""废除星期日，但不列入教育时间内，于是日举行纪念周后，实施检查补习教育或生活训练。"① 其教育科目时间及程度基准见表1-5：

---

① 《学生从军纪实》，第67—68页。

表1-5 军政部各教导团(营)教育科目时间及程度基准表①

期间 时间及程度 课目科别			三个月(三周)						
			第一期(九周)			第二期(四周)			
			时间			时间			
			每周时间(小时)	百分比	总时间(小时)	所要程度	每周时间(小时)	百分比	总时间(小时)	所要程度	备考

课目科别		每周时间(小时)	百分比	总时间(小时)	所要程度	每周时间(小时)	百分比	总时间(小时)	所要程度	备考
精神教育(含政治训练)		50	10%		抗战手本,三民主义浅说,总理精神教育,抗日意义,国民精神总动员,领袖言行(念抗战言论)概要,军歌。	24	10%		国民精神总动员纲领,新生活运动,日本侵华暴行,民族英雄史略(含抗战军人忠勇事迹),军民合作公约。	除规定时间教授外,兼随地利用机会教育之。
学科 军事学	步兵操典	6	20%	101	第一部,摘授纲领,士兵在战斗间应遵守事项,各个战斗教练。	4	20%	48	讲授对战车对飞机对炮兵协同战斗要领。	
	射击教范	6	10%		摘授射击学理,及握枪瞄准法要领,手榴弹投掷法。	5	10%		射击军纪,靶场勤务,及对空射击要领。	
	作战纲要	4			传令联络搜索警戒与教练有直接关系者。	3			行军宿营及辅助通信法等。	
	筑城教范	4			散兵壕交通壕各部之名称及机构要领。	2			伪装及障碍物之设置破坏要领,与敌并作业之要领。	

---

① 说明:此表中数字及统计多有误,但因资料缺失,无法一一订正,因此仅作了解之参考。

续表

课目科别		期间期次时间及程度	三个月(三周)							备考
			第一期(九周)				第二期(四周)			
			时间			所要程度	时间			所要程度
			每周时间(小时)	百分比	总时间(小时)		每周时间(小时)	百分比	总时间(小时)	
学科	军事学	夜间教育	4			着装法,视力听力之养成,行进法,测知方位及点火法。	2			联络、警戒、搜索、及射击等要领。	除规定时间教授外,兼随地利用机会教育之。
		防空(毒)教范	4			飞机之说明,防毒面具之使用,防空防毒,一般要领。					
		陆军礼节	3	10%	20%	101	摘授总则,军人敬礼,部队之敬礼,及升降国旗之礼节等,及军人交际概要。	2	10%	20%	48	卫兵之敬礼,步哨之敬礼。	
		军事法令辑要	3			陆海空军惩罚法,刑法,战时军律,连坐法,兵役法,妨害兵役治罪条例。					
		军队内务	3			总则,服从,称谓,风纪卫兵。	1			值日勤务交代规则。	

续表

课目科别		期间 期次 时间及程度	三个月(三周)						
			第一期(九周)			第二期(四周)			
			时间			时间			
			每周时间(小时)	百分比	总时间(小时)	所要程度	每周时间(小时)	百分比	总时间(小时)	所要程度	备考
学科	军事学	兵器及被服装具之保管法	2			兵器被服装具之名称,及一般保管之要领。				除规定时间教授外,兼随地利用机会教育之。
		卫生常识	2	10%	20%	101	平时战时卫生之常识,及传染病之预防与救急法。	10%	20%	48	
		英语	10			一般军事用语之讲解应用。	5			依第一期教育之结果,作进一步加深之教育。
术科		基本教练	41	8%		完成各个班基本教练。	19	8%		复习第一期课目,并完成排基本教练。
		战斗教练	12	24%	30%	403	完成各个班战斗诸动作。	58	14%	80%	192	补习第一期课目,并完成排战斗教练。
		射击教育	81	16%		习得目测距离之要领,熟练各种射击姿势,及据枪、瞄准、击发等动作,及手榴弹投掷,基本射击一至一四习会。	38	16%		复习第一期课目。

续表

期间 时间 课目 科别	期次 及 程度	三个月(三周)								备考
		第一期(九周)				第二期(四周)				
		时间			所要程度	时间			所要程度	
		每周时间(小时)	百分比	总时间(小时)		每周时间(小时)	百分比	总时间(小时)		
术科	阵中勤务	40	30%	403	1. 地形地物之识别及利用方法。2. 行军力之养成及渡河爬山等。3. 传达、联络、辅助通信,及斥候步哨,对空监视哨。	19	8%	192	1. 复习第一期课目。2. 尖兵小哨等勤务之大要。3. 行军宿营诸勤务。	除规定时间教授外,兼随地利用机会教育之。
	筑城作业	20			1. 熟练基本土工。2. 各种散兵壕之构筑法。3. 交通壕之构筑法。	10	4%		1. 各种地形,各种土质掩盖,散兵壕之构筑。2. 伪装法,及障碍物之设置与破坏。3. 攻击作业法。	
	夜间教育	40			徒手与武器之着装法,视力听力之养成,测方位,及点火法,各种行进法,紧急集合法。	19	8%		1. 复习前期课目。2. 联络搜索警戒动作。3. 射击设置,及射击之要领。	
	刺枪及体操	61			1. 预备用枪,持枪,前进,后退,直刺,返刺诸动作。2. 基本体操各动作。		12%		1. 复习前期课目。2. 连续刺。3. 应用体操动作。	

续表

课目科别		三个月(三周)							备考
		第一期(九周)				第二期(四周)			
		时间			所要程度	时间		所要程度	
		每周时间(小时)	百分比	总时间(小时)		每周时间(小时)	百分比	总时间(小时)	
新生活训练	见习	4			爆破实施，毒气实施。				
	新生活晚会	3				9			
	马术	4							
	游泳	2			讲解一般要领，并普遍下水练习。	4			使习会各种姿势动作，并增进其能力。
	器械教练	6			单杠双杠诸动作。				
	障碍超越	4	8%	41		4	13%	31	利用星期日实施，不计入教育时数内。
	营火会	2				3			
	联谊会	3				3			
	运动竞赛	4				4			
	演讲竞赛	4							
	国际礼俗表演	4							
	射攀竞技					4			

续表

课目科别	期间 期次 时间及程度	三个月(三周)								备考
		第一期(九周)				第二期(四周)				
		时间			所要程度	时间			所要程度	
		每周时间(小时)	百分比	总时间(小时)		每周时间(小时)	百分比	总时间(小时)		
时间统计			100%	504			100%	240		

1. 本表系依据新兵教育实施方案所示要旨厘定之。
2. 本表所订学术科各课目,为学兵入伍教育期间所必修之主要课目。其他未列入之辅助课目,由各主管教育者,视情形利用机会适宜教育之。
3. 本表军事学科时间,如感不敷,得利用术科时间,于实地补讲,俾能收设训即练之效。

资料来源:《学生从军纪实》,第69—73页。

从以上课程设置来看,教育时间和要求都划分清晰明确,既重视军事教育,又重视政治教育。另外,各教导团(营)的编练还划分了督练机关,督练机关分工如下:"第一、三团为军政部兵役署,二团由中央军校,四团由军校七分校,五团由三战区长官部,其余团(营)为驻地之军管区司令部。"①由此亦可见,整个教育流程也比较完善。

蒋介石、何应钦都对从军学生的训练比较关心。1944年1月10日,蒋介石在重庆召见了第一教导团志愿军学生。他自述了自己报考日本振武学校的经过,在日本的高田野炮兵联队的艰苦生活,以及由此所得到的经验:"第一,是军队官兵须认为服从国家的命令是军人天经地义的义务";"第二,是政治训练和中心信仰的重要";"第三,一般士兵都认军队为他最优良的职业学校"。他勉励

———

① 《学生从军纪实》,第60—61页。

大家"以无名英雄自居,亲爱精诚,团结一致,来完成我们抗战建国的使命"。①

军政部部长何应钦则"指示各生,学术训练须从最基本动作学起,如立正、稍息、据枪、瞄准、击发、劈刺,及士兵在战斗间应遵守之事项等,尤其演练娴熟,又各种动作,由二等兵至一等兵、上等兵而班长止,均须切实做到,不可稍涉疏忽。嗣又电一、二团规定:(1)严格加紧训练,按时完成预定教育,务使每一学兵,不仅熟谙新兵诸动作,并且能做总队之正副班长;(2)教育器材,应多方充实备用;(3)慎重遴聘,兼任之专科教官,教授学术科;(4)团长、副团长,不得同时离开团部;(5)除委员长及参谋总长莅团外,不得举行阅兵及迎送仪式,以免浪费教育时间,并减少些不必要之疲劳;(6)入营学兵,严禁越级报告,以肃军纪"②。

综上所述,军政部下属各教导团(营)已经形成了较为完善的编练体制。这些教导团(营)在后来的知识青年从军运动中陆续移交给了全国知识青年志愿从军编练总监部。正是在这种编练基础上改造而形成的新的编练机构,构成了日后从军知识青年编练的坚定基础。

从军学生在编练完成后,分别拨交给驻印军、远征军、空军、国内各部队、青年军等,截至1945年1月31日,共16 095名。其中,拨交给青年军的为1944年10月之后剩余部分学生。全国志愿服役学生及公教人员拨补人数统计见表1-6:

---

① 秦孝仪主编:《总统蒋公思想言论总集》第20卷,第444、318—319页。
② 《学生从军纪实》,第61页。

表1-6　全国志愿服役学生及公教人员拨补人数统计表
（自卅三年十二月起至卅四年元月底止）

区分 团营别＼人数	拨补人数					合计	百分比
	驻印军	远征军	空军	国内特种部队	青年军		
教一团	1 532		103	480	165	2 280	14.17%
教二团	2 117		119	38		2 554	15.37%
教三团	3 102	148	72	674	63	4 632	28.78%
教四团	675				587	1 262	7.34%
教五团				106	1 649	1 755	10.90%
教六团					985	985	6.12%
教七团	1 010				58	1 068	6.64%
贵州教导营	681	232		35		948	5.91%
湖南教导营	47				89	136	0.81%
江西教导营				355	120	475	2.96%
合计	9 164	380	294	1 968	4 289	16 095①	100.00%

资料来源：《学生从军纪实》，第82页。

注：原表有误，教二团拨补人数合计应为2 274、教三团应为4 059，国内特种部队拨补人数合计应为1 688、青年军应为3 716，拨补人数合计应为15 242。但因资料缺失，无法一一订正。

1944年10月，即知识青年从军运动发动之时，尚有部分从军学生还在编练之中，而学生从军运动过渡到知识青年从军运动后，相应的编练机构需要移交。从军学生一般都符合知识青年从军运动的征集标准，故他们随着各教导团（营）自然移交给全国知识青年志愿从军编练总监部。根据规定："各教导团（营）训练结束后，所有各团员之学兵及干部处置办法，悉数拨归全国知识青年志愿从军指导委员会，转拨编练总监部接收编训，干部学兵，分两批拨交，总共拨交青年军四千二百八十九名，占拨出学兵总数百分之二六点六七。"①他们非常幸运地参与到了知识青年从军运动中,自然享受相关优待,与其他同学或者从军学生有了区别,这是他们当时没有想到的。

五、余　论

学生从军运动和之后的知识青年从军运动的成功发动,很大程度上是因为得到了高等院校的支持。而国民政府成功在高等院校实行国防动员,实非易事。国民党和三青团在抗日战争全面爆发之后将触角伸入校园,在实施党化教育的同时,党团工作也得到了很大发展,教师日益国民党化。在抗日战争的压力下,强调民族主义的意识形态教育使得学生军训和训育工作得到了加强和完善。

学生从军的顺利组织有赖于战时教育机构的国防动员建设。学生从军受到广泛支持,这与战前政府与学校在紧张关系下形成的龃龉状况是完全不一致的,这一切与国民党在学校内进行党化教育、组织建构和实施学生训育有着密切关系。正是通过这一系列活动,国民政府奠定了在教育系统内的国防动员基础,并成功发动了学生从军运动。这一过程说明在高等院校原本缺失的国防教育和国防动员体制正在逐步建立。高等院校国防动员的建构则为全面发动学生从军做了极好的铺垫,并完成了法理支持、组织建构和相关机构初设。国民政府在高等院校创建和实践国防动员,是国民政府驾驭全局的能力不断加强的表现,也是战时高等教育发展的必然结果。

我们有理由相信,自由主义知识分子在这个过程中也无可奈

---

① 《学生从军纪实》,第81页。

何地发生了转变。比如在抗战初期激烈反对施行战时教育的王星拱和胡庶华,面对知识青年从军运动不仅哑然无声,而且王星拱本人成了全国知识青年志愿从军指导委员会的委员,胡庶华则在发动知识青年从军会议上当场签名从军,在日后的动员过程中亦十分积极,甚至成为可以说是急先锋式的人物。遗憾的是,从目前的史料中很难发现他们在这些事件中的心路历程,相关的史料和历史还有待进一步挖掘与研究。

第二章 知识青年从军运动的缘起

1944年10月,在学生从军运动的基础上,蒋介石发动了规模更大的知识青年从军运动。这次运动是在豫湘桂大溃败、中美军事合作冲突和整军建军的背景下发动的,主要目的是役政改良,进而刷新政治、改善国际形象、建立新军以为现代化军队之榜样。该运动由全国知识青年志愿从军指导委员会负责征集和输送至各师,主要由国民党和三青团组织推动。"一寸山河一寸血,十万青年十万军"成为当时流行口号,该运动发动之后,很快征集了15万知识青年参军,成功完成了征集与输送工作。

第一节 一寸山河一寸血:知识青年从军运动的缘由

关于知识青年从军运动的缘起,在运动发动不久之后就已经众说纷纭,目前的研究成果也基本依据当时人的说法,未做仔细考析。那么,蒋介石究竟为什么发动知识青年从军运动?显然,我们必须严格地回到历史情境中去,依据当时的历史背景来分析。该运动的发动是多种因素综合作用而成,较为复杂。其内因,主要是豫湘桂大溃败发生后,蒋介石要求各部主官检讨军事弊端,再次提出整军建军。而其间,军政部部长何应钦的不作为和"程泽润事件"的发生,使得役政改良成为此次整军的重点内容,发动知识青年从军成为促进役政改良的重要途径。其外因则是"史迪威事件"的发生,罗斯福不惜以中美军事合作破裂相要挟,再加上美、英等国对国民党军队腐败现象的严厉批评,促使蒋介石下定决心建立一支独立的现代化新军。

一、豫湘桂大溃败与黄山整军会议

1941年12月7日,太平洋战争爆发。随着太平洋战争的扩大,日军的处境不断恶化。中美之间展开了军事合作,美国的军事援助帮助中国军队不断提高战斗力,美国飞行员志愿援华抗日者还组成空军部队来华参战。美国空军还通过中国大陆的空军基地起飞,远距离轰炸台湾以及日本本土,对日本形成严重威胁。

（一）对日决战期盼下的豫湘桂战役

蒋介石对1944年充满了期盼,认为这是对日决战的关键一年。早在1942年5月,蒋介石在全国第三次参谋长会议、第四次军事教育会议上就讲道:

> 据我的观察,敌人将来的失败,一定与德国不同,轴心国家中第一个先失败的一定是日本。因为德国兵力的运用,完全在大陆,有铁路公路可供运输,不必使用海军……日寇现在所发展的地带,可以说都在太平洋上,他一切兵员物资的补给,完全要靠海军来维持,即如他现在要转移一个师团的兵力,至少要有四五十万吨的船只,而且要有军舰来保护,我们试看他的补给线如此绵长,且不说由他本国的长崎直达南洋缅甸,就是以台湾为运输的起点,敌国(日本)海军要能确保运输的安全,已经是难乎为力;一旦美国的海空军准备完成,则

日本根本无法与美国对抗。尤其是敌国造船所需的钢铁,过去都是靠美国供给,美国与他断绝商务,已经一年,在此以前,敌国虽有储存,但最多亦只能够一年之用。所以自今以后,敌国造船的力量,势必一天一天的低落!……我们可以肯定他目前的胜利,最多能维持到今年九月,过此必致节节失败,而终至彻底崩溃!……到了半年以后,美国海空军准备完成,他的海上补给线切断,那他还有什么办法能使他几十个师团的陆军不葬身中国?这是说我们对于敌军实在无所用其恐惧。不过我们一定要振作精神,一定要小心戒备,要知道!①

客观地讲,蒋介石对于太平洋战争之后的上述战局判断大体不错。虽然他提出的"轴心国家中第一个先失败的一定是日本"这一判断与现实不符,但是,蒋介石以海空实力与战略通道的掌控为依据,判断日本的钢铁等战略物资"虽有储存,但最多亦只能够一年之用",日本在一年后势必逐渐衰弱,这毫无疑问是正确的,日本的失败只是时间问题。

而蒋介石在这次会议上,也作出了另一个重要判断,即日本在黎明的黑暗前夕必定放手一搏。"他(日本)既然到了这个生死关头,就不能不死里求生,出于最后的一逞,这是必然的趋势,也是他唯一的出路。"②这可以看作对1944年日军"一号作战"的准确预言。

1943年11月23日,蒋介石赴埃及开罗参加开罗会议,正式以"四强"之一的身份在国际外交场合亮相。罗斯福关于对华援助的谈话给予了蒋介石和中国人战胜日本的极大信心。尽管后来的慕尼黑会议否定了开罗会议事先确定好的对日进攻战略,但是开罗会议毫无疑问极大地提振了中国人的抗战情绪,中国知识分子的

---

①② 秦孝仪主编:《总统蒋公思想言论总集》第19卷,第90—91页。

抗战信心也有了明显提升。当时,在知识界流行的《东方杂志》等刊物,就开始大量讨论战后重建、战后对日本的处置等议题。

1944年1月8日,蒋介石回国后没几天,就视察中央训练团、励志社,并在党政会报上讲道:"去年一年很快的过去了。在今年——民国三十三年之内,我们抗战必须获得胜利的结果。因此,我们今年一年的工作必须特别紧张,特别要有成效。"①虽然这次讲话是泛泛而谈,只是鼓舞士气的一般讲话,但也反映蒋介石的确对1944年充满了期盼。

2月初,第四次南岳军事会议召开,蒋介石一开始就讲这次会议的目的:"今天我们集合第三、四、六、七、九各战区的高级将领,在南岳举行第四次军事会议——也就是我们预备反攻,争取最后胜利的一次会议,其意义之重大,与任务之艰巨,都远超过前三次的南岳会议。"他在这次会议上对抗战局势之演进、决战阶段的战略特点、对敌反攻的方案都进行了详细的讲述,并提出:"将来失地规复,无论军事与政治皆恐治理乏人,希望大家充实学问技能。"②由此可见,这次南岳军事会议是着眼于对日决战的,蒋介石对1944年的期待正在逐渐落实。

既在预料之中,又出乎意料的是,日军在1944年很快就展开了"大陆决战"。1月24日,日军参谋总长杉山元奏请日本天皇批准实施"一号作战纲要",该"一号作战"以"摧毁中国西南要地的敌各个飞机场,以保本土及中国东海的防护安全为第一目的;打通大陆后,即使在海上与南方的交通被切断,也可经过大陆运输南方的

---

①② 秦孝仪主编:《总统蒋公思想言论总集》第20卷,第302页。

物资,以加强战斗力为第二目的"①。同日,大本营电召中国派遣军松井太久郎中将回东京受领作战命令。

豫湘桂战役是中日开战以来最大规模的战役,日本大本营所做决定令人十分震惊,而且意图比较明显。但是,中国军队的战场表现令人十分失望。

1944年4月16日夜,日军一部在开封方面渡过黄河,开始了战役的第一阶段。黄河本是天险,如果充分利用自然会起到重要的阻碍作用。而且,国民党在黄河一线部署40万重兵,日军仅仅投入了14.8万人。国民党军队理应有地利与人和之优势。但是,日军进攻之后,国民党军队一触即溃,接连丢城失地,损兵折将高达20万人,在一个多月时间内,郑州、许昌、洛阳等重要城市相继沦陷,中外震惊!

在作战之前,日军就大规模地在豫北等地征集民工,修复黄河铁桥,实施引黄入卫工程,但国民党军队对此视而不见,毫不在乎。4月上旬,日军向华北集结军队3万余人,并且连续向京水、中牟、底阁等地派出侦察部队进行试探。大战在即,第一战区各地毫无防范,洛阳城内依旧歌舞升平。直到第四十军军长马法五将缴获的日军密电交第一战区长官部后,第一战区司令长官蒋鼎文和副司令长官汤恩伯才慌张召开紧急军事会议,对日军的进攻进行仓促的防御布置。他们一厢情愿地认为日军只是虚晃一枪,主要目的是来掠夺河南的物资,而不是真正的进攻,更不可能进攻第一战区司令部所在地——洛阳,故而根本没有做实际大打的准备。可是当敌人渡河后,国民党军队望风而逃,不战而溃。汤恩伯甚至逃

---

① 日本防卫厅防卫研究所战史室著,天津市政协编译委员会译:《一号作战之一:河南会战》(上册),北京:中华书局1984年版,第18页。

到距离郑州前线五六百里远的鲁山下汤,悠闲地在温泉里沐浴。

1942年,河南大灾,粮食歉收,饿殍遍野,百姓甚至易子而食,可以说是惨不忍睹。但是,汤恩伯不仅走私、贩卖各种紧俏物资,还征收了大量苛捐杂税。一时间河南有"水、旱、蝗、汤(恩伯)"四害之说。汤恩伯野心膨胀,到处收拢拉编各种残兵败将,拼命扩大自己的势力,有限的军饷根本不足以养活那么多人。因此,他克扣军饷,军队中的士兵生活也十分困难,军纪自然混乱,甚至出现抢夺民间粮食的现象。

在日军进攻的同时,河南多地发生民变,这些参与民变的人将溃逃下来的国民党军队直接缴械。由此可见,汤恩伯的国民党军队已经完全失去了民心,其战败时非但得不到人民的援助,反而受到地方团队、民众的截击。如此不堪,舆论一片哗然!

5月26日,第一战区司令部所在地洛阳失陷。在第一阶段,国民党军队以绝对优势全面告负。

5月27日,日军又集中36.2万大军展开了长衡战役。6月,长沙失陷。8月8日,衡阳苦战48日后沦陷。10月1日,桂柳会战开始。11月10日,桂林失陷、柳州失陷。24日,南宁失陷。12月,独山失陷。①

从1944年4月16日到12月10日,震惊中外的豫湘桂战役历时8个月。在豫湘桂大溃败中,国民党军队损失了50多万人。6 000多万同胞和20多万平方公里国土在日军铁蹄之下沦陷。36个机场、7个空军基地被日军占领,日军兵锋直指重庆。正如蒋介石所说:"八年抗战之险恶,未有如今日甚者。"②

---

① 罗焕章、高培主编:《中国抗战军事史》,北京:北京出版社1995年版,第739—741页。
② 吴湘相编著:《第二次中日战争史》,台北:综合月刊社1974年版,第1062页。

（二）黄山整军会议

对于各个战场失败所暴露出的种种问题，不仅蒋介石不能容忍，社会舆论也无法接受。1944年5月，蒋介石因豫中战役情势危急，要求陈诚赴第一战区接任该战区司令长官及河南省主席，将原第一战区司令长官蒋鼎文撤职，蒋鼎文从此再没能执掌军权；将原第一战区副司令长官兼鲁苏豫皖边区总司令汤恩伯革职留用，以观后效。

对于第一战区的军风纪问题，各种报告纷至沓来。蒋介石向"救火队长"陈诚转来若干电报，要求陈诚提醒汤恩伯注意：

> 一、河南省临时参议会感（27日）电大意：（一）豫省作战，时未阅月，失县三十余，蒋（鼎文）长官汤（恩伯）副长官难辞其责，豫中各军多汤直辖，似更为甚。（二）汤逃避战场，致军失主将，闻风溃抢，鲁山李青店间最惨，汤犹毫无觉悟，诿过民众，以为屠杀豫民之张本。（三）汤平时霸占许昌之卷烟厂、宝丰之庙村煤矿、南召之沙坪造纸厂，以及其他之酒精厂、制革厂、制铁厂等。（四）汤令河防部队，勒收渡河费，包运违禁品出口。（五）汤好贪而不练兵，干政而不爱民，民不堪扰，有"宁受敌寇烧杀，而不愿汤军驻扎"之谚。
>
> 二、军风纪第二巡察团委员陈积善，辰寝（5月26日）电大意：（一）此次豫战，我军士气沮丧，纪律废弛，惰将骄兵，闻敌即逃。指挥官毫无部署，械弹沿途抛弃，触目皆是，团长以上，均应撤办。（二）卢氏西坪间公路，被水冲毁，汽车、汽油、弹药、银行钞票，巧日在横涧等地焚烧，火光冲天，伤心惨目。（三）豫民劫掠部队枪械辎重行李，及眷属行装，应令省府查办。
>
> 三、中统局报告：（一）十三军在襄城嵩县，大肆劫掠，并

强奸河南大学女生数人,至卢氏,将农民银行基金现洋及大车,全部劫去。(二)十二军在南召鲁山附近,劫掠衣物,并以刺刀刺伤人民,私卖枪支,临行时,并将枪支抢回。

四、军委会调统局报告:十三军溃兵一营,经卢氏以南之双槐树、五里川等地,沿途抢劫,盘踞深山,卢氏绅士潘世亭等,集合人枪千余,围攻该营,企图解除其武装。

五、监察院三十三年七月十二日机字二三二四七号公函大意:据监察委员马耀南、范争波,提劾第一战区副长官汤恩伯,贻误戎机,坐遭败衄,不严惩办,无以励士气,而平民愤。①

陈诚到任后,曾两次集合师长与师政治部主任以上将领以及后勤人员召开作战检讨会,听取大家的检讨、意见和建议。会议认为作战失败的主要原因有:战前疏于防范、兵站腐败、部队斗志低落、指挥不统一、命令难贯彻、长官部形同瘫痪、上下经营商业、军纪废弛已极、将帅不和、部队普遍吃空额、军队政工有名无实,等等。

7月10日,蒋介石手令各部主管研究整顿军纪、振作士气、充实兵员、加强战力等十事。12日,陈诚结合第一战区的检讨情况,签呈了对当前局势之观察及整顿军纪振作士气等意见十条,并提出关于整军的意见。"本在军言军之旨而论,欲求今日国军之改善,最低限度须仿照最近苏联之整军办法,不然,徒耗心力,徒费时间,终于实际无补也……今后对于现状能否维持下去,抑或必须痛下决心,断然改革,以争取最后之胜利,唯在钧座之善善恶恶当机立断耳。"②

---

① 陈诚:《陈诚回忆录——抗日战争》,上海:东方出版社2009年版,第549—550页。
② 陈诚:《陈诚回忆录——抗日战争》,第547—548页。

7月21日至9月9日,黄山整军会议在重庆召开,会议的主题很明确:"关于提高战斗精神,增强战斗力量,整肃军纪风纪,改善军事业务的各种问题,都要在此次整军会议中间求得解决的办法和实施的方案。其性质的重要,简直可以说是关系我们国家与军队的生死存亡,也就是我们彻底反省、雪耻图强的一次会议。"① 黄山整军会议召开的时候,正是豫中会战失败之后、长衡会战激战之时,社会舆论对此次整军的关注度也很高。

"这时正是汤恩伯的军队从河南垮下来的时候,汤恩伯带的队伍到处骚扰人民,当时河南的参政员中有好几位不怕死的,把汤恩伯军队的奸淫掳掠扰害人民种种的无法行为,在参政会中都说出来,又在重庆对着各界的人民说出来。"② 这无疑是火上浇油,蒋介石自然十分生气。

衡阳战役中,蒋介石对于守卫衡阳的第十军军长方先觉寄予厚望。方先觉在受领任务后邀请新闻界人士巡视衡阳并表示守城决心,也不断给蒋介石发电报表示誓与衡阳城共存亡之决心,社会上一片赞誉。6月28日,日军集中两个师团围攻衡阳。激战至7月6日,蒋介石要求其再坚守两个星期,援军必到。但是,由于种种原因,援军受阻,后又与城内守军配合不佳,作战一直未能取得进展。

蒋介石心急如焚,他在8月8日的日记中记述道:"五时十五分,衡阳电信断绝以后,即不复通,飞机侦察亦不见其城内人影,只在高地上见一断足股之伤兵,持杖以观我飞机而已。余于十时行政会议后得此消息,乃知衡阳之必已陷落无望矣。心裂神丧,不知

---

① 秦孝仪主编:《总统蒋公思想言论总集》第20卷,第444页。
② 冯玉祥:《我所认识的蒋介石》,北京:中国文史出版社2012年版,第210页。

所措。"①后又得知方先觉被俘,日军大力渲染其竖白旗投降的消息,蒋介石更是怒其不争。

无论是来自河南的弹劾,还是来自衡阳的战况,对于蒋介石来说,都是严重打击。他在黄山整军会议上大发雷霆:

> 我们今天在座的各位高级主官,大家都要成为国家民族千秋万世的罪人! 你们要知道现在外国人对于我们中国军人的心理,要知道他们对于我们中国军人的地位人格是一种什么看法? 不要以为他们把我们当作四强之一,就自己以为是了不得。须知他们实际上不仅不把我们当一个军人,而且简直不把我们当一个人! 这种心理,这种耻辱,不知道你们都已痛切感觉了没有? 长此因循下去,再不力求振作,不要说我们的力量不能消灭日本,就是日本应失败而灭亡了,也决不是我们的胜利。所以目前这个时机,真是我们国家生死存亡,千钧一发的时期。我们一切机构业务之需要改革,迫切到了极点,要知道时不我予,必须加紧努力,迎头赶上。②

陈诚尚在第一战区检讨河南会战和整顿军队,就让第一战区副司令长官郭寄峤将自己关于整军的意见和建议带到。陈诚提出意见,决心纠正前线的两大病根。一个是吃空饷的问题。前线经费不足,主要依谎报名额领取空饷来运行,滋生了大量腐败。他就提出提高部队待遇,"士兵的饷加四十倍,初级官的饷加二十倍,中级官的饷加十五倍,上级官的饷加十倍"。第二个是前线军队做生意的问题。前线部队依靠军车进行走

---

① 《蒋介石日记》(手稿),1944 年 8 月 8 日,美国斯坦福大学胡佛研究所档案馆藏。
② 秦孝仪主编:《总统蒋公思想言论总集》第 20 卷,第 444 页。

私生意，贩卖紧俏物资，甚至暗地里和日军进行交易，使得日军探悉第一战区军事部署。①

陈诚将意见书"叫副长官郭寄峤到重庆黄山整军会议上递到蒋介石手里，把这个案子一宣读，蒋介石问大家有什么意见？头一个站起来说话的就是何应钦，何说：'给官兵们多多加钱多多的加饷，这是很好的办法，不过自抗战以来，国家的收入太少，没有钱拿什么来加呢！这件事情恐怕办不到。'因为何应钦这样一说，会场里就没有说话的了"。

冯玉祥在此时以略带调侃的口吻向蒋介石建议下两道命令：一是奖励陈诚；二是通令全国文武官员，学习陈诚。"此后无论文武官员，见到什么事情，都要大胆地向中央陈述，凡能采纳的一定采纳，只要是合理一定有奖励，就是不对也没有过失。"冯玉祥肯定陈诚，实质是批评何应钦。为此，何应钦对冯玉祥非常不满。"这个会一散，何应钦脸很白，把他的眼珠移到眼角来看我。"

何应钦是军事委员会总参谋长、军政部部长，是军事中枢机构的"二号首长"，权力仅次于蒋介石，职掌军政部已经长达14年，负责全国的军需、兵工、兵役、军医等各事项。此次整军的两大事务——军需和兵役，都是其掌管范围。对于何应钦的态度，蒋介石也非常反感，黄山整军会议期间，蒋介石在日记中多次表达了他对何应钦的不满：

> 7月27日：本日上午九时至十二时，下午三时至五时半，皆全神贯注于整军会议，对敬之（何应钦）等畏难苟安之心理，力加纠正，未知以后果能改变其脑筋与精神否。
>
> 28日：到整军会议，关于军粮为弥补军费一节，余对敬之

---

① 本段及以下2段均出自冯玉祥：《我所认识的蒋介石》，第169页。

提议，痛斥其非，并规戒会中各主管官之脑筋与思想，再不可有此胡涂虚伪，以及畏难不行之恶习，乃引干部脑筋不能澈底觉悟、苟安怕行，为今日吾人心中最大之敌人，未知能刺激其一二否。

29日：上午与敬之谈整军与军费办法，彼之脑筋仍未有变更也，可痛。

上星期反省录：整军会议连开两日，指示要领已完，何部长仍无知耻发愤之决心，更使人抑郁烦闷矣。

8月4日：上午主持整军会议，训诫倍切，未知军政部（何应钦为军事委员会军政部部长）各主干，能否将其心理改革一二，以求进步乎。

12日：四时敬之来谈，对大局、对军事、对外交，皆不为大处与革命尽职着想，志气消沉极矣。

22日：与敬之谈整军问题，人怕无钱，不能整军，而彼则反怕有钱，不想整军，殊为可痛。①

除此之外，蒋介石还在黄山整军会议上多次训斥军需署、兵役署，并捎带上了其上级主官何应钦；另外还亲自带何应钦及其下属兵役署署长程泽润视察机房街运输队，实际上也是非常严重地警告和批评何应钦。（程泽润因此被蒋介石杖责，后被枪决。）

豫湘桂大溃败涉及诸多原因，而且这些原因也是国民党军队的痼疾，一时难以根治。由于军政部部长何应钦的不作为，黄山整军会议的议题发生了变化，蒋鼎文、汤恩伯和方先觉等人并没有受到更加严厉的惩处，而何应钦及其下属的军需署和兵役署则被蒋

---

① 《蒋介石日记》(手稿)，1944年7月27日—1944年8月22日。

介石多次训斥,几乎成为众矢之的。蒋介石在会上直接讲道:"这一次会议,我最注重的是军政问题。至于军令军训各种问题,我们以后也切实检讨,切实整顿,然后各方面才能齐头并进,达到我们整军与建军的目的。"①

11月20日,何应钦辞去担任了14年之久的军政部部长职务,由以整军闻名的陈诚取而代之。又过了不到一个月,何应钦再次辞去总参谋长职务,从此失势,远离军事中枢。同时,蒋介石对军政部下属的军需署和兵役署的主官也进行了调整。

二、役政弊端凸显与役政改良

黄山整军会议的目的是"提高战斗精神,增强战斗力量,整肃军纪风纪,改善军事业务",军队诸多问题亟待改革。但因为何应钦的消极态度与不作为,特别是后来发生的"程泽润事件",反而使得黄山整军会议的议题集中于兵役问题了。改良役政成为全国上下的共识,并在黄山整军会议的推动下逐步展开。

(一)役政弊端的凸显

在豫湘桂战役中,国民党军队最要紧的还不是丢失4个省会和146个城市,而是兵力损失高达五六十万。有生力量的折损比空间损失更重要,这些一线损失兵员必须得到有效的补充。而此时,国民党军队的兵源已经接近枯竭。

兵役问题一直以来都是国民党军队的老大难问题。虽然国民政府于1933年颁布了《兵役法》,但由于缺乏工作基础,加上该《兵役法》比较简略,征兵工作一直没有实行。抗日战争爆发后,兵源

---

① 秦孝仪主编:《总统蒋公思想言论总集》第20卷,第466—467页。

紧缺,国民政府于1941年春启动《兵役法》修改工作,由兵役署役政司副司长方秋苇负责。经过多次修改,新《兵役法》经国防最高委员会及立法院修正通过,于1943年3月15日颁布,国民政府开始实行征兵制。

兵役工作并不是单纯的军队建设工作,而属于国防建设范畴,需要军队和地方政府的相互配合才能完成。兵役制度由募兵改为征兵,更是需要基层保甲的全力支持。中国自古以来,"皇权不下县",主要依靠士绅和宗族势力来进行基层治理。1940年,行政院才通令全国开始实行新县制,加强基层治理。由于这是一项前所未有的开拓性工作,一直进展缓慢。1942年11月,国民党五届十中全会决定,严令各省县务须在1945年底完成新县制。

可以想象,缺少基层治理的国民政府办理兵役工作必多艰难。蒋介石是依靠军权对抗党权和政权而走上领袖地位的,在这个过程中,他形成了重军轻党的思想。基层党团工作的不完善,直接影响兵员的动员工作。而且蒋介石对军权的过分迷恋,分散甚至取代了他对党权和政权的注意力,这反而成为兵源问题的一大障碍。

国民党在实行"清党"后,在组织和宣传上一直忌讳发动民众,对底层社会的控制甚至远不如秘密社会和宗教力量,更谈不上与传统的宗族势力相比了。抽壮丁的工作通常由各种地方力量控制,他们往往漠视政府的公平要求。正如美国学者易劳逸所说:

> 保甲长在征兵中的作用受到了彻底的贬评……他们改变人口登记册,增减登录的岁数,这样他们的家人和朋友便能够逃避征兵……在湖南省东部的醴陵县,保甲长被说成地方豪绅的不幸工具。在那里,土豪劣绅和秘密社会控制了政府的所有方面。因此,当保甲长收到征兵命令时,他

们就必须召集一个地方权势者的会议以决定谁去应征、谁不去应征。①

广东省也曾上报:"其以钱买人替代者居百分之六十以上,且其抽签亦非公开,常有乡长从中渔利及强族欺压弱族之弊。"②更有甚者,1939年8月,四川巴县发现:"办理兵役之各地保长,对于本地应征壮丁或惮势力、或徇私情、或受贿赂,多予纵免,迨上级严令征送则于要路拦截商旅(甚至没收其财物)极尽毒打威吓之能事,使其充数于一时。"③

各接收部队也为劣质兵源大发牢骚。1942年9月,陆军第四十六军司令部致函兵役署:"卅一年度(即1942年)拨补之兵员,各征兵机关皆不能遵照上令实施,以致逃亡数不少于本年度之第二期交接之兵","征兵机关每逢交接之期即派警兵于县市回城要道,不问农工商学或无证件者即行捕入列为征额,尚有卖放等弊。……值此军队生活艰苦之际,凡能应份征集入营之壮丁尚乏服役心理,乘机潜逃,何况擅行捕入之壮丁心愤意怒,岂不逃乎。本军此次自柳移衡,逃亡之数固属惊人,虽有关部队管教与保健、防逃之忽略,其征兵机关不合征补法令关系亦大缘"。④

---

① [美]易劳逸:《蒋介石与蒋经国》,第189页。
② 《广东省办理各县保甲与兵役弊端情形的有关函电》(1939年6月1日),中国第二历史档案馆藏,国民政府行政院档案,2/8321-1。
③ 《巴县截劫外籍商旅充当壮丁以致人心惶惶呈文》(1939年8月12日),中国第二历史档案馆藏,国民政府军政部兵役署档案,25/11879。
④ 《各方陈述改善兵役意见》(1942—1945),中国第二历史档案馆藏,国民政府兵役部档案,775/25。

军人待遇非常差也是役政之碍。曾负责国民政府兵役工作的樊崧甫回忆:"除吃军米外,一个兵的月饷,连买柴火都不够,副食品和鞋袜都没有着落,食米也因层层克扣,每日不到一斤米,眼见得不是饿死就是冻死,人民谁还愿意当兵呢?"①

在这种情况下,各部队都发生了大量逃逸现象。根据兵役署《陆军各师逃兵数目及官长奖惩表》(1942—1943),陆军各师每月逃逸士兵数量在最多时高达四百多人,较少的也有几十人,详见表2-1。

表2-1 陆军各师汇报逃逸士兵人数表(1941—1944年)

部队番号	逃逸时间	潜逃人数	部队番号	逃逸时间	潜逃人数
第九师	1942.4	164	第一八二师	1941.10	122
	时间不详	190		1941.11	50
第二十六师	1941.7	50		1941.12	79
第二十八师	1941.10	227		1942.1	164
第四十七师	1943.2	19		1942.3	168
	1943.6	116		1942.4	186
	1943.7	169	第一八八师	1942.1	218
第四十八师	1941.8	192		1942.2	156
第四十八师一四二团	1941.10	15		1942.3	165
第七十五师	1943.5	31	第三十二军直属队	1942.8	182

---

① 樊崧甫:《抗战时期蒋管区兵役奇闻》,《档案与史学》1998年第1期。

续表

部队番号	逃逸时间	潜逃人数	部队番号	逃逸时间	潜逃人数
第八十师	1943.7	138	第十六军第一预备师	1941.9	78
	1943.9	109		1942.1	149
	1944.1	203	第七十五军第四预备师	1942.1	224
	1944.2	184		1942.2	105
	1944.3	111		1942.3	26
第一〇九师	1941.8	103		1942.4	116
第一二八师	1941.9	161		1942.5	42
第一四一师	1942.8	155		1942.6	38
第一五六师	1942.3	329		1942.7	71
	1942.5	247		1942.8	28
	1942.7	651		1942.9	38
	1942.10	238		1942.11	150
	1942.11	183		1942.12	237
	1943.1	205	新编第十三师	1942.4	12
	1943.2	238		1942.5	21
	1943.3	290	新编第二十六师	1941.8	49
	1943.6	124		1942年初	62（新兵）
第一七五师	1942.1	397	新编第二十七师	1943.1	415
	1942.2	270	新编第三十师	1941.11	172
	1942.3	338		1942.3	192
晋绥宪兵司令部	1941.10	0	工兵独一团	1941.7	78
重炮二旅五十二团	1941.12	64			

资料来源：《陆军各师逃兵数目及官长奖惩表》(1942—1943)，中国第二历史档案馆藏，国民政府兵役部档案，775/0263。

注：1. 本卷宗名为"《陆军各师逃兵数目及官长奖惩表》(1942—1943)"，但卷宗内档案实为1941—1944陆军部分部队汇报情况。2. 第九师1942年4月28日呈报补充团接领遵义新兵547人，逃逸190人，病故31人，住院96人，合计在驻地及沿途损耗317人。第一五六师1943年2月原呈报数为139，笔者经计算确认为238。第一八二师1941年11月卷宗不清，但从所报部分数据看，至少逃逸50人。新编第二十六师1942年新兵蒲城团管区逃逸62人。

从上表的不完全统计中可以看到,很多师与团级单位一个月少则逃逸十几人,多则逃逸几百人,士兵逃逸现象确实比较严重。"在1943年征集的167万人当中将近有一半——44%——在他们赶往所去的部队的途中死去或逃走。实际上,在战争中中国军队的一半——800多万人①——消失了而且原因不明。其中一些人无疑死于疾病,但有相当高比例的人是开小差了。"②

另外,军队中"吃空饷"问题十分严重,编制人数与实际人数常常不符。这与军队的待遇有关,也与军队的风气有关。从史料反映的情况来看,主要是因为军队之中贪墨横行,即使是当时装备最好、待遇最优的驻印军部队也大量存在此类情况。罗友伦将军曾经担任过四十九师师长,也在二〇〇师和青年远征军二〇七师担任过师长。他就回忆道:"一般指挥官很喜欢吃空缺,因为有钱好拿,这是很不好的一个风气。"③"民国三十四年一月二十二日,接掌了四十九师师长。那时兵源枯竭,这个师的兵,大部分是抓来的。其中有一个工程师也被抓来,我问他:'你为什么在这里当兵呢?'他说:'我在修飞机场时被抓来的。'……那时军中有一句谚语:'铁打的营盘,流水的兵。'有逃有抓,所以也形成了部队吃空缺的现象。当我们在缅甸作战时,所有补给均由盟军供应,按人头计发米

---

① 据易劳逸考证:1937年7月,国民党军队有近170万人,1937—1945年征集新兵14 053 988人。1945年8月的国民党军队人数据国民政府统计大约350万,而据美国统计只有270万。所有的伤亡数(伤1 761 355人,其中一些人无疑又重返军队)是3 211 419,另有大约50万人投降日本,而日军抓获的俘虏肯定不会超过50万人,简单的算数表明,至少有800万人,也许многом至900万人下落不明。参见[美]易劳逸:《蒋介石与蒋经国》,第193、201页。
② [美]易劳逸:《蒋介石与蒋经国》,第199页。
③ 罗友伦口述,朱浤源、张瑞德访问,蔡说丽、潘光哲纪录:《罗友伦先生访问纪录》,台北:"中央研究院"近代史研究所1994年版,第348页。

粮与副食品，每日清点人数，竟无一日是对的，主因空缺太多，无法确实计算，一笔烂帐，实感汗颜，因此我对吃空缺深恶痛绝。我当了师长之后，规定一律不准吃空缺，违者军法从事，终于肃清积弊，风气为之一振，在严管勤训之下，成为一支坚强的部队，担任了昆明的防务。"①

虽然兵役工作存在种种弊端，但是在豫湘桂大溃败中需要检讨的，首当其冲的应该是军纪问题、军队管理问题。兵役工作是间接为部队服务的，而且当时兵役工作实行管区制度，管区负责征兵，部队负责接兵、输送和训练新兵。兵役署只负责全国的统筹和征集工作，不负责兵员的输送和训练。战场上士兵的技术、战术水平的高低，与兵役署没有直接关系，而与野战部队的训练直接相关。但是，由于役政弊端不断，民怨最重，且兵役改革不力，所以在这次检讨中，兵役问题被突出地提了出来。蒋介石在黄山整军会议上讲道：

> 现在兵役办理的不良，实在是我们军队纪律败坏，作战力量衰退的最大的原因，兵役署主管人员要知道不仅是你们失职无能，而且是我们军委会全部的耻辱。我对于新兵如何征集，如何待遇，如何接收，应该怎么样考核，应该怎么样改良，一切具体的办法和步骤，五年以来，不知说了多少次，而到如今还是这样腐败，还是一点没有改进！前几天我看到红十字会负责人送来的一个在贵州实地看到的报告，报告新兵输送的情形，真使我们无面目作人，真觉得我们对不起民众，对不起部下！据报告人亲眼看到的沿途新兵都是形同饿殍，瘦弱不堪，而且到处都是病兵，奄奄待毙，有的病兵走不动了，就被

---

① 罗友伦口述：《罗友伦先生访问纪录》，第46页。

官长枪毙在路旁，估计起来，从福建征来的一千新兵，到贵州收不到一百人；这种情形，兵役署长知道不知道？现在军政部在贵州沿途都设有合作站，你们所派的站长干的什么事？这个责任究竟应归哪一个机关来担负？可知我们现在一般机构真是有名无实，内部一天一天的空虚，一天一天的腐败，长此下去，我们国家只有灭亡。①

黄山整军会议上，当谈到士兵伙食问题的时候，蒋介石将附近一个普通班长叫到会场上来，让大家问他士兵伙食情况。那个班长来到会场后，直接说平时吃不饱。蒋介石问："你们一人一天领多少米？"那个班长说："二十三两，除去砂子，除去折扣不过十八两米。"此时，后面军需人员和俞飞鹏就大声说："胡说，他一定有神经病，快快轰他出去！"②由此可见，即使是在整军会议上，即使是在蒋介石面前，军需人员依然不知收敛，十分跋扈。

可能是为了体现自己爱兵如子，可能是为了解决军队战斗力问题，也可能是为了整治军政部机关的官僚主义，蒋介石在黄山整军会议上对于兵源欠缺、衣食不足、士气低落的军队状况十分关切。其实，役政弊端是痼疾，冯玉祥、张治中、陈诚、鹿钟麟等人的回忆录中都对此大力挞伐，但也没有什么太好的办法。在对豫湘桂战场失利的检讨会议上，大家普遍认为这是由高级将领的诸多问题所导致的，同情当时一般士兵的遭遇和待遇。

---

① 秦孝仪主编：《总统蒋公思想言论总集》第20卷，第449页。
② 冯玉祥：《我所认识的蒋介石》，第170页。

1944年9月28日,即知识青年从军运动发动前一个月,军事委员会决定,兵役署升格为兵役部,由鹿钟麟担任部长,从军政部分离出来,直接隶属于军事委员会。当时军政部部长还是何应钦,其职务并未发生变动。役政已经成为众矢之的,原隶属于军政部的兵役署却升格成了兵役部,这让人不由觉得奇怪,但可以肯定的是,兵役工作不可能再由何应钦负责了。

(二)程泽润事件

"程泽润事件"是黄山整军会议中一件偶发但突出的事件,正好发生在蒋介石欲整顿军纪之时。事件发生后,重庆媒体大量报道,又引起了大众的高度关注,为后来的役政改良和动员知识青年从军奠定了舆论基础。

程泽润(1894—1945年),四川隆昌县人,幼时家境贫寒,为人勤勉,后考入保定军官学校,毕业后在川军中一步步从排长、连长、营长、团长升至师长。抗战初期,何应钦兼任军事委员会广州行辕主任,程调任该行辕参谋长,成为何应钦的亲信人物。1939年,经何应钦提名,程被蒋介石任命为军政部兵役署署长,中将军衔。程泽润担任兵役署署长时,位高权重,掌握着全国兵员的统筹和调配权力,为各个军事派系所瞩目。军事实力的大小直接关系到个人地位的高低,而兵员的多少又直接关系到军事实力,所以各个军事派系都想巴结兵役署署长。但权力是一把双刃剑,程泽润很快就陷入权力斗争的旋涡之中,如陈诚与何应钦、张群与何应钦等人的斗争。而他显然没有能力驾驭如此复杂的形势。再加上他自身并没有洁身自好,还有一个喜欢交际但实在是惹出了很多是非的"上海夫人"于惠芳,程泽润很快就惹上了杀身之祸。

关于"程泽润事件",可以说是众说纷纭。① 该事件的主要经过是:驻扎在陪都重庆的运输第二十九团虐待新兵的问题被人直接举报到蒋介石那里,蒋介石于是亲自赶赴现场视察,同时要求军政部部长何应钦、军政部次长钱大钧、兵役署署长程泽润到场。蒋介石当场用手杖痛打了程泽润,后将其禁闭,不久枪决。

根据蒋介石日记、当时陪同去机房街视察的兵役署役政司副司长方秋苇的回忆、审判此案的军法总监何成濬的日记,我们可以比较详细地了解其情况:

1944年8月30日,蒋介石在日记中记述:"昨夜闻机房街运输队,果有虐待新兵之事。"②"果有"二字在这句话中显得很突出,蒋介石的口吻令人琢磨,似乎是期待已久,又来得恰到好处,也很可能是他想借机整军,时机果然如其所愿,所以才有如此之言。这段话也说明,在8月29日,蒋介石已经得知机房街虐兵事件。

而根据方秋苇的回忆,该事则是国民兵司司长何志浩用电话向委员长侍从室主任俞济时告密引起的,主要报告的是程泽润在当天高调做寿的情况。何志浩与俞济时是浙江同乡,关系比较密切。蒋介石先是从蒋纬国那里知道了机房街虐兵事件,又得俞济

---

① 关于事件发生的时间,有的说是1944年8月29日,有的说是8月30日。关于事件发生的原因,有的说是蒋纬国在重庆机房街看到了运输二十九团(也有说是税警团,也有说是某补充团)一个军官毒打士兵,路见不平与之争论,但落得下风;也有说是戴季陶之子戴安国路见该情况后再告诉蒋纬国的;也有说是该队士兵在等待过江时占用了戴安国尚未修葺好的房子,便溺其中,致使戴安国大为不满;也有说戴安国、蒋纬国和他们打了一架,所以蒋纬国告诉了蒋介石;也有说是蒋经国转告蒋介石的。关于事件的结果,有的说是因为程泽润的妻子は惠芳请何应钦、程潜、白崇禧等军政员说情,引起了蒋介石的警觉,遂严厉处分之;有的说是因为要杀鸡儆猴,警告何应钦;有的说是陈诚系和政学系都推动了惩办兵役署之事;有的甚至说,程泽润在这之前找人算卦,说他在50周岁时必有一劫难,等等。
② 《蒋介石日记》(手稿),1944年8月30日。

时报告了做寿的事情,这无异于火上浇油。蒋介石要求俞济时到兵役署了解机房街虐兵事件的情况。俞济时到兵役署之时,兵役署署长程泽润刚刚卸任,工作尚未移交,兵役署内正忙着给程泽润庆祝五十大寿,锣鼓喧天,很是热闹。方秋苇当时正在署里,"我看见俞济时那副面目可憎的样子,真令人望而生畏"①。可见,俞济时对程泽润非常不满。

显然,俞济时给蒋介石的回复对程泽润产生了很不利的影响。"这天夜里,军统特务奉命进驻兵役署,把守住署长室、重要的办公室和档案库,似乎监视着一切动态。翌晨八时,程泽润等一群人到达军委会大礼堂的休息室。一刹那间,蒋的车队来了,蒋介石全副武装,从他的黑色披风里可以看到一只铁皮手杖,他怒气满面,容貌可憎。身后随着蒋纬国和俞济时。他们没有走进大礼堂,俞济时大声宣道:何部长、钱次长、程署长都到齐了吗?何应钦回答:都到齐了。"②

于是,大家一起跟着蒋介石的车队来到了机房街,"小巷内也挤满了居民,等着观看这场好戏"③。蒋介石询问过士兵的情况后,一怒之下就用铁皮手杖打了程泽润,程泽润的头部立刻流下鲜血。

蒋介石在日记中记述道:"今晨朝课毕,九时率领何敬之及兵役署长等,亲到当地视察其病兵,与被毒刑新兵之病痛,惨无人道之状,一如人间地狱。睹此惨状,不禁痛愤难忍,乃将兵役署长及最劣之排长,用杖当头痛击,并将其禁闭于原病房之中,使之一尝风味,以为此残忍无良者戒也。经此恼怒伤神之大事后,又觉自悔,不应以手打人也。"④

―――――――――――

①②③ 方秋苇:《抗战时期的〈兵役法〉和兵役署》,《民国档案》1996年第1期。
④《蒋介石日记》(手稿),1944年8月30日。

蒋介石杖责程泽润,可能是一时激愤,也没有注意手下力量,竟然"事后手股作痛,乃知杖击太力"①。程泽润头破血流,蒋介石走后,马上有人替他包扎起来,但蒋要他禁闭在这个屋子里。他被警察和军统看管在这个屋子里,后被送到军政部军法司进行审理而没有移交军法部。这应该是总参谋长兼军政部部长何应钦的主张,"家丑不外扬"。但事情在不断发酵,应该是有高人在背后继续推动。

9月11日,又有人向蒋介石举报,运输第二十九团的兵大多数都是强行抓来的壮丁,没有按照正常征兵程序征集。蒋介石立即下令将相关兵役行政人员,从师管司令、兵役科长到乡镇保甲长一律押解重庆,将程泽润在内的所有涉事人员全部移交给军法部,并限定军法总监何成濬在一周之内审结,十天之内拟判呈核。

何成濬很快就遇到了第一个麻烦:没有人愿意担任此案的审判长。根据惯例,审判长的职衔要比受审者的职衔高,而程泽润是署长职、中将衔,至少应该是军政部次长钱大钧这种级别的官员才能担任审判长。但是,由于案件有着明显的权力斗争的背景,没有人愿意揽这种事,最后何成濬无奈,只好以军法总监的身份亲自担任此案的审判长。

9月12日,他在日记中记载:

> 运输第二十九团团长钟士铮等,前因虐待士兵,押交本部讯办,奉谕须于一个星期内拟判呈核。昨日会审完毕,今午后,谭法官俊就携全案至部呈阅。该团长等不仅毒打士兵,且克扣军粮军饷太甚,一年以上未曾发饷,犯案后,始由军需发饷两个月;平时克扣军饷,复克扣军米、军服、药品等等,并对虐待致死士兵,任意抛弃野外,不为棺殓,其残酷毫无人性,实

---

① 《蒋介石日记》(手稿),1944年8月30日。

为痛恨。审判长、审判官、法官均主张将案内之团长、连长、排长、两班长一律处以极刑。阅后未稍游移,即署名于判决书及签稿上,此等人无异毒蛇猛虎,杀之不足惜也。①

机房街虐兵案件,以及后来遭举报的违法征兵案件,直接责任人应该是运输第二十九团团长钟士铮等。兵役署署长程泽润并非直接责任人,最多也就是管理监督不到位,应承担相应的领导责任,按理给一个处分即可。但是,谁也没想到,蒋介石在一个月后命令军法总监何成濬对程泽润"立案侦查"。

何成濬后来经调查取证查实,程泽润曾派人采购 20 万元的木材建筑兵役训练班的营房,后因物价上涨,程泽润将此批木材一半用于建造了自己的私房,一半用来报账。由于何成濬比较清楚此案的利害关系,他一直小心翼翼,等待合适时机签呈蒋介石。在立案后,先后有何应钦、程潜(何应钦辞职后,其代理参谋总长)、白崇禧、冯玉祥、戴季陶等要人为程泽润求情,但都遭到了蒋介石的拒绝。

1945 年 3 月 23 日,程泽润贪腐案正式开庭审理,庭审时间共计 3.5 小时,后拟定了判处徒刑九年的意见。

> 十时前,审判官厉尔康、刘祖舜同来部,承办法官说明侦查情形后,即开庭讯问。因被讯问者,除程泽润外,有兵役班工程处主任黄骐、总务纽长叶先勋、军需匡伯文、监工主任冷正五等,至一时半始毕,各审判官、法官即在本部便餐,餐后续开评判会议,均以程泽润营私舞弊事实甚为明显,不能逃避罪责,其余诸人可免予置议,辩论颇久,拟处以徒刑九年,呈报委

---

① 何庆华藏,沈云龙注:《何成濬将军战时日记》,台北:传记文学出版社 1986 年版,第 474 页。

座核示,但仍恐未必照案批准也。①

似乎案件审理一切顺利,但是何成濬担心的是审理结果并不能得到蒋介石的认可。果然,6月6日,蒋介石在军法部的签呈上签字:"枪决可也"。此结果是大家都没有想到的。因为在机房街虐兵案件中,程泽润并非负有直接责任。而且,如果将九年刑期直接改为枪决,这显然是严重的行政干预司法案例。

何成濬将此案搁置了一段时间,希望在蒋介石对于此案的态度缓解之后能有转机。不料,蒋介石不久又过问该事。他问委员长侍从室的钱大钧:程泽润的死刑执行了没有?钱大钧也有意帮助程泽润,以其有病敷衍了过去,并请何成濬等戴季陶说情后再依情而定。

7月4日,何成濬在日记中记述道:"(下午)三时余,在部接钱慕尹(钱大钧)电话,云今日随委座由西安返渝,问程泽润之死刑执行未,答因其有病尚未执行。复云:戴季陶函请委座贷其一死,明晨可呈候批示,准否再当电告。"②6日,"昨晚十时余,接钱慕尹电话云,戴院长季陶请予轻减程泽润之罪行,委员长仍不批准,似此实绝无挽回之望,可即执行,因转饬审判组遵办。午刻,据审判组报告,已于十时执行枪决。卒业大学,作事近卅年,官至中将,职任署长,不能谨慎自持,竟死于法,殊可惜也"③。

7月6日上午10时,程泽润被枪决。程泽润是当时役政腐败的一个重要代表,也最终为役政腐败付出了惨重的代价。这个代价是他该承受的,但又似乎不是他应该承受的,这一时成为大家谈

---

① 何庆华藏,沈云龙注:《何成濬将军战时日记》,第575页。
② 何庆华藏,沈云龙注:《何成濬将军战时日记》,第629页。
③ 何庆华藏,沈云龙注:《何成濬将军战时日记》,第630页。

论的焦点话题。此事发生在黄山整军会议之时,蒋介石杖责程泽润又发生在大庭广众之下,程泽润并非直接责任人却被枪决,当时社会舆论关注度极高,这对后来刷新役政起到了一定的推动作用。蒋介石希望通过知识青年从军运动来改良役政,也改变大家对兵役的认识。为此,他向全国知识青年发出号召:"以志愿从军为光荣,以规避兵役为耻辱,恢复我们民族尚武的德性,改造我们社会颓靡的风气,整我军旅,灭彼倭寇。"①

三、中美军事合作危机与建设新军

太平洋战争爆发后,美国人开始直接参与第二次世界大战。1942 年 11 月,宋美龄访美,中国获得了美国人的理解、好感和大量援助。

1942 年 1 月 3 日,二战盟军中国战区成立,推蒋介石任最高统帅。4 日,蒋介石电宋子文,要求罗斯福指定一名高级将领为中国战区参谋长。美国挑选了史迪威少将,并将其晋升为中将,令其出任蒋介石司令部的参谋长。"蒋介石答复说同意给予行政控制权……提出在缅甸实行双重领导。"②蒋介石向美方让渡出部分指挥权力,这是以往从来没有过的。1942 年以前,援助中国的苏联人就从没有得到过相应的权力。这表示蒋介石对美援充满了期待。

随后,史迪威和蒋介石及其将领开始了很不愉快的合作。当年 5 月,中国远征军和盟军一起在缅甸作战失利,史迪威没有和蒋介石沟通就直接下令向印度撤退,蒋介石对此非常气愤。美方还

---

① 《蒋委员长告知识青年从军书》(1944 年 10 月 24 日),中国第二历史档案馆藏,国民政府全国知识青年志愿从军指导委员会档案,781/68。
② [美]约瑟夫·W. 史迪威著,黄加林等译:《史迪威日记》,北京:世界知识出版社 1992 年版,第 28 页。

指控远征军第一路司令长官罗卓英临阵脱逃,事后证明罗卓英依然掌控在缅甸的部队,而史迪威早已离开此地。美国人的双重标准再次激怒蒋介石。

美、英、中三方通过协商谈判,达成了在1943年3月1日之后发动第二次缅甸战争的共识。蒋介石对第二次入缅作战非常积极,承诺在1943年2月15日前将云南的中国远征军补充完毕使之齐装满员,派邱清泉指挥中国驻印军、罗卓英指挥驻滇中国远征军,命令云南各师师长集训,并主动提出授予史迪威对于中国驻印军和驻滇中国远征军的全部指挥掌控权。但是,蒋介石同时也提醒他,这次缅甸作战的胜利取决于制空权和孟加拉湾的制海权。

史迪威非常感谢蒋介石的帮助,也承诺协调英军的海空军力量来保证制空权和制海权。但是,出于重欧轻亚战略的考虑,英国人出尔反尔,声明无法实现这个计划,要求收缩缅甸战争计划。1943年6月,史迪威又向蒋介石通报,美英参谋长联席会议已经同意使用海军来掌控缅甸近海。8月19日,罗斯福和丘吉尔在魁北克举行会谈,决定成立新的东南亚战区司令部,派英国海军上将蒙巴顿为总司令。英国仅同意在缅北发动攻势,并且要将作战推迟至1944年春天,美国被迫让步。美、英的一再反复以及这些背着中国的决定,毫无疑问地让蒋介石饱受刺激,不断愤怒而又无可奈何。11月23日,开罗会议召开,蒋介石第一次以"四强"之一的身份在国际场合亮相。他对开罗会议关于缅甸战场的讨论十分关心,然而经过不断的努力和讨价还价,缅甸问题依然没有进展。丘吉尔对他表示,没有办法在1944年5月前开展缅甸战役。11月28日,德黑兰会议召开,决定了首先解决欧洲战场再解决亚洲战场的最终战略,史迪威再也无法动员美、英首脑在缅甸实施全面战争。12月6日,罗斯福给蒋介石发来电报,建议将缅甸战役推迟到1944

年11月发动,因为即将对德国发动攻击,无法顾及缅甸战场。

史迪威对缅甸战役非常积极,他希望一洗第一次缅甸作战失利的耻辱。他认为蒋介石只有两个选择:一是1944年3月反攻缅甸,但没有海军在孟加拉湾作战;二是1944年11月反攻缅甸,会有强大海军支持作战。蒋介石表示同意后者。12月19日,罗斯福表示感谢蒋介石的理解。20日,罗斯福发来电报,主张即使没有英国海军参战,中国也必须立即开始在缅北的局部战斗。

其实,在1943年夏季,美国在太平洋地区的攻岛作战(由尼米兹负责)与西太平洋地区(由麦克阿瑟负责)相比,进展得要快一些。这就使得中国作为进攻日本的前进基地的重要性下降。"蛙跳"战术的成功、远程轰炸机的发展,都使得中国战区及附属的缅甸战场地位不断下降。在这种趋势下,美国自然同意英国人的想法而不断收缩缅甸战役计划。但是,美军也希望缅甸能够尽可能地拖住日军,从而减轻其在太平洋岛屿争夺战中的压力。史迪威也想一洗之前战败耻辱,故计划在1944年雨季到来之前迅速解决缅北日军。

蒋介石对于反复无常的美国人充满了怀疑,他将驻印军的指挥权交给史迪威后,再也不愿意让驻滇中国远征军加入战场。蒋介石对史迪威表示,只有在同盟国履行相关义务的前提下才能让驻滇远征军加入作战。中美之间的军事合作充满了不信任和挫折。

1943年底,盟军东南亚战区发动了反攻,希望在下一个雨季到来之前攻下缅北的军事要地密支那,并占领那里的飞机场。如此这般,中国的战略物资运输就不必通过非常危险的"驼峰航线"了。已经准备好防御工作的日军十分顽强,局势发展对盟军十分不利。

牵一发而动全身。1944年3月,日军已经威胁到印度东部地区的战略通道安全。蒙巴顿下令征用"驼峰航线"的运输机向英军空投补给物资。史迪威也飞往重庆,请求蒋介石下令驻滇中国远征军进攻日军以缓解局势。

4月2日,罗斯福给蒋介石发来电报,要求中国军队全面入缅作战:"惟阁下之远征军具有美国之装备,未能前进以致攻击现已力竭之敌第五十六师团,此实使余难以了解。余以为此时阁下之第七十军应即前进,不再展延……吾人装备并训练阁下之远征军现正当利用此机会,如彼等不能用之于共同作战,则吾人尽其最大之努力,空运武器与供给、教官,为无意义矣。"①

蒋介石在日记中记述:"欺凌之语,罗(斯福)之狰狞面目全显亦。近日心绪抑郁已极。"②5日:"再阅罗电,其措辞甚骄横,为其自直接通电以来之第一次。然非驳斥之时,应暂忍痛,亦不置覆,以观其后。"③宋美龄也严肃地告诉史迪威,这种电稿将严重破坏中美关系。④ 这种要求中国出兵的电报并不是请求的口吻,而是一种以上压下的威胁口吻,这是蒋介石所不能接受的。更何况,蒋介石一直表明,需要美、英的海军参与才能解决缅甸问题。

4月13日:"美国驻华军事机构,以奉其华盛顿军部之命,如我国滇西部队不向缅出击,则其对华武器之接济,即将停止云。此可忍,孰不可忍。余乃属敬之名义,答以中国抗战与出击,自有一定

---

① 《蒋中正总统档案·事略稿本56:民国三十三年一月至四月》,台湾档案部门2011年版,第610—611页。
② 《蒋介石日记》(手稿),1944年4月4日。
③ 《蒋介石日记》(手稿),1944年4月5日。
④ 《蒋夫人致史迪威电》(1944年4月7日),转引自[美]齐锡生:《剑拔弩张的盟友:太平洋战争期间的中美军事合作关系(1941~1945)》,第465页。

计划,决不以美国武器之接济与否,为转移也。"①蒋介石对于步步紧逼的史迪威十分生气。但到了22日,他还是无奈地下令驻滇中国远征军进行反攻作战。

5月29日,蒋介石在日记中写道:"半年以来,因对美国外交不慎与失态,以致心神不安……余与罗私人之感情,或因此丧失。但本来并无诚意可言,不过欲以吾国,为其利用而已。此时除积极力图自立自强,与立定不求不倚之志节以外,另无其他挽回今日外交与军事颓势之道也。"②

而此时,日军"一号作战"逐步地全面展开,河南、湖南、广西等地相继告急,蒋介石也面临着兵力十分紧张的局面。蒋介石两次发电报请史迪威回重庆商议军事,但史迪威并没有理睬。蒋介石生气地在日记中记述道:"史迪威当中国战事危急之时,两次电召皆置不答,此人诚非以情义所能感也。"③

7月7日,蒋介石收到了罗斯福的两封电报,一封是"贺我抗战七周年纪念",另一封电文摘要如下:

> 自日军进攻华中以来,形成极严重之局势,不仅使贵政府感受威胁,且使美国在华基础同受影响。倘欲挽救危局,余意应责任一人,授以调节盟国在华势力之全权,并包括共产党军在内。余深知阁下对于史迪威将军之感念,但余以为彼对优越之判断以及其组织与训练之能力等,业已有所表现,在华军作战方面,此尤为明显。余正将史迪威晋升上将……以统率全部华军及美军并予以全部责任与权力,以调节与指挥作战,

---

① 《蒋介石日记》(手稿),1944年4月13日。
② 《蒋介石日记》(手稿),1944年5月29日。
③ 《蒋介石日记》(手稿),1944年6月1日。

用以抵抗敌人之进占,此应请阁下速予考虑者也。①

这一电报无异于是对蒋介石的全盘否定,而且罗斯福明知这一天是中国全面抗战七周年纪念日,还发来如此电报,这对蒋介石的打击非常大。他在日记中记述:"局势至此,若不自立自强,国与族皆亡矣,能不奋斗?今日之事,惟有奋斗自强方能挽救也……下午拟复罗电稿,悲怆极矣。"②

史迪威认为蒋介石消极作战,宁可将20万精兵放在陕北围着共产党,也不愿帮助美军作战。他向马歇尔表示,共产党已经表示可以服从他的领导,而其他部队在日军的攻击下基本没有什么战斗力。如果由他来领导中国战区,情况可以得到好转。

史迪威在给夫人的信中对蒋介石阻挠缅甸战役做了淋漓尽致的描绘。他说:"他们在湖南丢掉了30万人连眼皮都不眨一下,而我在缅甸战役中为了得到1万人补充战斗伤亡却费尽周折。"③史迪威还对夫人讲道:"我必须小心行事,保护好我的喉咙(以免说破喉咙)。你知道我的意思是什么。"④寥寥数语,可以想见史迪威为了说服蒋介石所付出的努力。

史迪威在日记中描述了来到重庆的观感:"1944年夏天开始了中国漫长战争苦难的最后一个阶段。首都重庆散发着腐败的臭气,重庆的官员们完全是一派玩世不恭的样子。"⑤

而在河南战场上的美军顾问所反映的情况,更是让人大跌眼镜。后来,该情况反映到蒋介石那里,蒋介石也为此在黄山整军会

---

① 《蒋中正总统档案·事略稿本57:民国三十三年五月至七月》,第441—442页。
② 《蒋介石日记》(手稿),1944年7月7日。
③ [美]约瑟夫·W.史迪威:《史迪威日记》,第288页。
④ [美]约瑟夫·W.史迪威:《史迪威日记》,第268页。
⑤ [美]约瑟夫·W.史迪威:《史迪威日记》,第281页。

议上大发雷霆:

> 自从这次中原会战与长沙会战失败以来,我们国家的地位,军队的荣誉,尤其是我们一般高级军官的荣誉?可以说扫地以尽。——外国人已经不把我们军队当作一个军队,不把我们军人当作一个军人!这种精神上的耻辱,较之于日寇侵占我们的国土,以武力来打击我们,凌辱我们,还要难受!我们自己招致了这种耻辱,如果再不激发良心,雪耻图强,使我们中国的军队,能与世界各国并驾齐驱,那就无异我们出卖了自己的国家一样!
>
> ……
>
> 讲到这一次中原会战的情形是怎么样呢?有一些美国和苏联的军官和我们军队一同退下来的,据他们所见,我们的军队沿途被民众包围袭击,而且缴械!……这样的军队当然只有失败!①

7月22日,美军观察组来到延安。这个叫作"迪克西"的使团到达延安之后,美国政府和中国共产党开始了直接对话。毛泽东等人热烈地迎接了美军观察组,并明确表示愿意与美军合作。史迪威决心将美援分一部分给中共。他在一份可能是在1944年7月写下的分析中说道:"中国的药方是除掉蒋介石,使国家处于分裂状况的唯一事物就是他对失去控制的恐惧。他恨共产党人,决不会给他们以政府中的一席之地。……如果这种状况持续下去,中国在日本人离开后会马上爆发内战。"②由此可见,史迪威与蒋介石的矛盾已经十分突出了。

9月18日,衡阳沦陷后的第二天,罗斯福又给蒋介石发来一份

---

① 秦孝仪主编:《总统蒋公思想言论总集》第20卷,第445页。
② [美]约瑟夫·W. 史迪威:《史迪威日记》,第279页。

"逼宫"信,摘要如下：

> 在过去数月中,余曾屡次请求阁下采取断然步骤,以取消对于阁下个人及中国全局渐渐实现之危局,兹因阁下延搁委任史迪威将军指挥中国所有之军队,致损失中国东部之重要土地,其影响之大,殊非吾人所能臆测。日军陷桂林之后,吾人在昆明之空军站将受直接之威胁,而由印度之空运吨数亦不免因而锐减。
>
> 在世界各前线盟军虽已每战必克,但对于中国之直接影响尚需时日方能实现。盟军在太平洋之跃进诚属迅速,但除非阁下立即积极行动,在太平洋之迅速跃进对于中国战局之影响亦将不免有来不及之叹。阁下务希立实行动,方能保存阁下数年来英勇抗战所得之果实及吾人援助中国之计划,不然则在政治上及军事上种种之计划,将因军事之崩溃而完全消失……余与此间各最高人员均认为阁下及吾人对于援救中国所有之计划如再延搁犹豫,必将完全消失。①

9月19日下午5时,史迪威亲自将该电文送到了蒋介石手里。我们从史迪威的日记中就可以看出他那无法抑制的兴奋：

> 今天用红笔在日历上做了记号。终于,终于,罗斯福最终把话说明白了,差不多每句都是一挂鞭炮。"干起来,要么就拉倒。"火爆的鞭炮。我把这包辣椒面递给了他,然后叹口气坐了下来。这一枪打中了这个小东西的太阳神经丛,然后穿透了他。这是彻底的一击,但他没有脸色发青、失去说话的能

---

① 《罗斯福致蒋介石之备忘录》(1944年9月18日),秦孝仪主编:《中华民国重要史料初编——对日抗战时期 第三编 战时外交(三)》,台北:中国国民党中央委员会党史委员会编印,1981年,第658—659页。

力,他眼睛眨都没眨。他只是对我说:"我知道了。"①

蒋介石则在日记中记述道:

> 今年"七七"接美罗污辱我国之电以后,余再三忍辱茹痛,至今已有三、四次之多,然而尚可忍也。今日接其九一八来电,其态度与精神之恶劣,及其措辞之荒谬极矣。是可忍,孰不可忍。但余以上帝指示"不言"之旨对之,仍不出恶言,不露声色……上帝使我耻辱与苦痛,何一至于此……五时后史迪威来面递罗斯福电报,实为我平生最大之污辱,亦为最近之国耻也。②

第二天,蒋介石在日记中提到了自己的根本看法:

> 罗氏之电将来在中、美历史记载上,将为美国立国之民主主义与对世界平等自由之传统精神将留一污点,殊为美国惜也。又告其中国革民〔命〕军之特性……军阀遗孽之残部,尚留有百分之卅成分;如史迪威指导处置一有不当,难免引起对彼之危险不幸,至此则余之责任及中国军队在世界上永无地位,又以中国军队不能受外人之侮辱,中国人民不愿受外人之奴,视如今日史氏之所为者。③

蒋介石认为,中国的军队具有相当程度的军阀特征,很容易产生分裂与叛乱,而这一点是史迪威无法了解也无法掌握的,将军权交给他很容易引起危险。

9月22日,罗斯福在记者招待会上表达了对华军事不满。蒋

---

① [美]约瑟夫·W.史迪威:《史迪威日记》,第289页。
② 《蒋介石日记》(手稿),1944年9月19日。
③ 《蒋介石日记》(手稿),1944年9月20日。

介石收到情报后,在日记中记述道:"美国国内对华军之拙劣、纷乱等种种不堪之妄报,使其国人对华之侮辱,以为中国真绝望矣,加以打击。"①25日,蒋介石决定破釜沉舟,冒险向美方提出撤换史迪威,战时的中美矛盾此时达到顶点。罗斯福的决定忽视了中国的主权,特别是忽视了蒋介石所看重的军权,而这是蒋介石绝对不会交出去的。更何况,蒋介石还是一个强烈的民族主义者,史迪威颐指气使的态度使他无法忍受。10月,为了挽救濒临破裂的中美关系,罗斯福派总统特使赫尔利来华访问,最终也调停失败。

在中美军事合作从亲密到危机的过程中,蒋介石也深切地感受到整军及独立自主地进行军队现代化建设的重要性。他在黄山整军会议上讲道:

> 从前我们独力抗战的时候,我们的军队和社会,虽然有许多缺点,还不容易暴露出来,现在我们和盟军并肩作战,那一个战场都有外国的军队,我们一举一动,真是十目所视,十手所指,一切的缺点和错误,我统帅所看不到的,外国人都可以看得到。他们以同盟国之一员的眼光来要求我们,看到我们经过这种生死存亡的战斗,还不能凭借血的教训,以求改进,当然不能原谅!所以现在外国人对于我们的军人和军队,有种种极不满的批评。平心而论,他们之中,有许多并非故意诋毁,而是我们确有缺点,确是这样的腐败!我们现在再不能苟且拖延下去了!②
>
> ……
>
> 总之,我们这一次会议,是我们国家和军队起死回生的一

---

① 《蒋介石日记》(手稿),1944年9月27日。
② 秦孝仪主编:《总统蒋公思想言论总集》第20卷,第447页。

次会议。我自省我从事革命以来,从来没有受过现在这样的耻辱。现在国际舆论与社会心理,对于我们军官的看法,军队的批评,真使我们无法忍受!我们受了这种耻辱,如果再不觉悟,再不雪耻图强,还有什么面目立于现在世界?①

黄山整军会议上,蒋介石充分表达了中国军队的兵员素质必须提升、部队必须整编充实,这样才能够不被美国人所轻视、才能一洗"这种精神上的耻辱"的态度。而在1944年,中国驻印军全部使用上美械装备,驻滇中国远征军也大体使用上美械装备。但中国士兵多系文盲出身,接受现代军事训练极其困难,"教一普通士兵认阿拉伯数字,需2—3星期,认米尺需要2—3星期,讲弹道抛线也得2—3星期,要教到会射击,则往往需2—3个月"②。国民党军队迫切需要补充一批知识青年入伍,并需要他们掌握现代化武器。

在豫湘桂大溃败和学生从军运动如火如荼开展的时候,蒋介石正为中美矛盾头痛不已。那一段时间内的蒋介石日记主要关心的就是中美关系,并没有涉及知识青年从军运动。但是,蒋介石显然会将这些与"史迪威事件"联想到一起。在这些事件发生的同时,蒋介石也正与张治中、吴铁城和三青团的骨干人员商谈发动知识青年从军之事。由此可见,知识青年从军运动的发生与当时的国际背景有很大关联。

10月12日,蒋介石在发动知识青年从军会议上慷慨激昂地大讲了一番发动该运动的缘由:

我们此次发起知识青年从军运动的宗旨,昨天我已经说

---

① 秦孝仪主编:《总统蒋公思想言论总集》第20卷,第471页。
② 青年军人丛书编辑委员会编:《青年远征军剪影》,军事委员会全国知识青年志愿从军编练总监部印行,1945年6月,第135页。

过:第一要使一般社会民众改变其过去对于兵役的心理,从而踊跃应征,来充实我们作战的实力;第二是要使社会民众改变对于本党的态度,认识本党革命牺牲的精神,因之接受本党的领导,共同一致来完成革命的使命。①

对于具体原因,蒋介石解释道:

> 我今天要老实告诉你们,目前本党的环境,真是危险万分!简直是到了内外夹攻,岌岌可危的境地。现在共产党和一切反动派公开的诋毁我们,诬蔑我们,说本党是官僚、政客、流氓的集团,说我们政府里面无官不贪、无吏不污,犹如晚清末年的旗人一样。不仅反动派对我们是这样的侮辱,就是一般民众,也对本党抱一种怀疑观望的态度,甚至认为我们党员不是服务民众的,而是来剥削民众的,我们党部不是革命的团体,而是一个腐坏的衙门!由于国内的表现如此,在国际上就引起了盟邦对于本党的轻视。他们认为本党不足以代表中国革命的力量,因之,对于中国抗战的前途,亦起了怀疑。这种种纷至沓来的侮辱,我们一般同志有没有深切的感觉,沉痛的反省呢?……本党在这个生死存亡的关头,我们没有其他方法来提振我们一般同志的志气,现有唯一一个希望,就是此次所发起的知识青年从军的一个运动,只有这个运动成功,乃能振作我们一般同志的精神,重整我们本党革命的旗鼓,这真是本党起死回生的最后的机会。②

显然,这个讲话中所谓的"内外夹攻""诬蔑""侮辱"等,很大程

---

① 秦孝仪主编:《总统蒋公思想言论总集》第20卷,第520页。
② 秦孝仪主编:《总统蒋公思想言论总集》第20卷,第520—521页。

度上和美国人,特别是当时在华的史迪威、华莱士、赫尔利等人有关。蒋介石所谓的"提振志气",很大程度上也是来源于他的民族主义情绪。而且,蒋介石是依靠军权对抗党权和政权而走上领袖地位的,在这个过程中,他特别重视对军权的掌控以及整军问题。面对部队素质低下、待遇不高,且受到美国人鄙夷的状况,他自然认为军队亟待调整充实、建设现代军队。当然,蒋介石一向也是通过整军来扩大自己的嫡系部队、裁撤其他实力派的力量以排斥异己的。

四、余 论

现有研究成果还认为征调译员适应盟军援华需要、与共产党争夺青年、加强独裁统治、应付危急战局、稳定后方民心等是国民政府发动知识青年从军运动的原因,但从目前的资料看,我们有理由认为其出具的史料不足以证明以上原因占主导地位。

征调译员是国民政府在战时的一向做法,在知识青年从军运动开始之前就有大量学生被征调为译员。而且此次运动是"要我们知识青年来充当战斗的列兵"①,主要的目的并不是需要他们担任译员。

至于与共产党争夺青年,周倩倩的《抗战后期青年军的组建及其结局》②、孙玉芹的《抗战时期的知识青年从军运动》③都提出,蒋介石为与共产党争夺青年而发动该运动。孙玉芹所提供的证明是有人回忆说这是"争夺青年的最好办法"。还有作者认为,蒋经国在青年军复员时的讲话可以证实上述观点。当时,不少人对青年

---

① 《蒋委员长告知识青年从军书》(1944年10月24日),中国第二历史档案馆藏,国民政府兵役部档案,775/68。
② 周倩倩:《抗战后期青年军的组建及其结局》,《南京晓庄学院学报》2013年第2期。
③ 孙玉芹、沙友林:《抗战时期的知识青年从军运动》,《军事历史》2004年第3期。

军这么快就复员表示不理解,蒋经国则说:"我们虽然战胜了日本人,但和共产党的斗争,更为长期,更为艰巨。他们善于利用青年人,我们不争取青年人,就会为他们所用。过去三青团和学校军训对这方面工作作得不够、不好,因而采用以青年军统驭、团结青年人的办法……为了使青年乐于从军,一年复员的计划,必须实施。"①他们还认为,后来所发生的事实也再一次说明了青年军是蒋介石发动内战的工具。

然而,这些只是事后的推论,局势的演变并不能解释发动该运动的原始动机,而且对这种动机的理解是会随着时势发展而产生动态变化的。利用该运动与共产党争夺青年,这样的观点是难以证实也难以证伪的。但从科学的角度来讲,现有研究成果的相关证明是无力的,并没有足够的证据来证实作者的观点。

对于为了加强独裁统治而发动知识青年从军运动的观点,孙玉芹等则以蒋介石在发动知识青年从军会议上自陈的缘由(见本节前述)作为证明。这表明作者对当时的背景失于考察。1944年的军事失败,使得国民党饱受社会各界的批评。地方势力强烈反对中央独裁,甚至反蒋派系拟议成立西南联防政府推翻蒋介石统治。② 在这种情况下,国民党只能"刷新政治",万不能加强独裁统治。而且蒋当时是着重讲"知识青年从军运动与本党革命前途成败的关系",为了围绕主题并突出主题,他如此表达也是情理之中。因此,对这句话就不能不经分析地直接套用。蒋介石在党内一直是军事独裁者的形象,他对于国民党的党治一直是"恨铁不成钢"

---

① 赵秀昆:《青年军的组建和消亡》,《军事历史研究》1994年第3期。
② 参见刘馥、李薇:《论豫湘桂战役对抗战后期中国的影响》,《辽宁师范大学学报(社科版)》1995年第4期。

的态度。此番讲话，更偏重的是针对当时不利的国际形势，特别是美国人对国民政府的看法恶化。

陶涵认为蒋经国在其中可能起了作用。兵役署署长程泽润被毙和1944年8月重庆街头倒毙138名士兵的事件触动了蒋经国。他进谏父亲：中国迫切需要一支新军，由爱国知识青年组成，并由情操高贵、献身报国的忠贞将领领导。① 而且，蒋介石一直将青年远征军作为"太子军"来打造，想要为蒋经国培植私人势力。结合当时的历史，我们完全可以发现，蒋经国在知识青年从军的征集过程中涉足很少，后来在担任知识青年志愿从军编练总监部政治部主任的同时也担任了外交特派员，深度参与新疆问题和东北问题中与俄国人交涉的外交工作。而且，蒋经国1943年5月才出任中央干部学校的教育长，才开始正式走上全国性的政治舞台。直到1945年国民党六大召开时，他都没有进入中央委员的行列。在知识青年从军运动发起之时，他与陈诚、罗卓英、康泽等人还存在非常大的实力差距。青年远征军之所以会成为蒋经国军事崛起的一支重要力量，是后来政局演变的结果。蒋介石发动知识青年从军运动是为了培植蒋经国的势力，这一说法缺乏直接证据。

当然，由此也可见，知识青年从军运动的缘起是复杂的，很多因素掺杂其中。如果充分考虑到1944年的历史背景和国民党军队的整军运动，这些原因将被证实是不现实的或者不是根本原因。发起知识青年从军运动的根本原因是蒋介石一直关注的"整军"。蒋介石希望利用知识青年的蓬勃朝气来整顿军队、提高军队士气。

也正是出于这样的思想基础和历史经验，他在战后屡屡发动知识青年从军。在第一期青年兵复员后，国民政府又招收了第二

---

① [美]陶涵：《蒋经国传》，第129页。

期青年兵。1952年3月,蒋介石"号召全国青年第三次大集合,从事反共抗俄的救国运动"①。1954年,大陈岛事件后,在青年学生中开展了"建舰复仇运动"和"报国"从军运动。1958年,发起战地服务总队、输血、一人一元捐献运动、一人一信劳军运动。1964年,发起"毋忘在莒"运动,效法田单,厉行战时生活。从1961年到1981年,还持续开展了青年自觉运动、庄敬自强运动。②

第二节　十万青年十万军:知识青年从军运动的发起

知识青年从军运动的发动和组织,从整体上讲,是比较成功的。时任军事委员会政治部部长兼三青团中央临时干事会书记长的张治中在回忆录中就讲道:"国防科学技术运动、文化建设运动、新生活运动,这些都是青年团号召或协助的运动,但都没有什么表现,只有知识青年从军运动做得比较可以。"③虽然该运动是在学生从军运动的基础上发展起来的,但是由于规模更大、参与力量更多,组织难度更大。全国知识青年志愿从军指导委员会及其秘书处较好地完成了该运动的动员工作。而且,动员工作比编练工作做得好,征集工作比输送工作做得好。

一、发动知识青年从军会议的召开

1944年10月11日—14日,国民政府在陪都重庆召开了全国性的发动知识青年从军会议,共有127位国民政府各机关领导参

---

① 郭绍仪编著:《青年远征军志略》,第19—20页。
② 郭绍仪编著:《青年远征军志略》,第21页。
③ 张治中:《张治中回忆录》,第270页。

加。该会议主席团成员为陈果夫、吴铁城和张治中,由陈果夫(侍三处主任、国民党中央组织部部长)出任主席团主席。

会议召开期间,蒋介石两次到会并讲话,强调青年从军之意义与重要性。同时,全国知识青年志愿从军指导委员会宣告成立,主持全国知识青年志愿从军之策划、指导与考核。

会上首先由三青团书记长张治中报告发动知识青年从军运动的筹备经过,再由军委会东南训练团教育长罗卓英报告编练计划内容。而后进行分组讨论,审查征集计划和编练计划的内容。该会议审查组共分三组,第一组由余井塘召集,第二组由康泽召集,第三组由骆美奂、上官业佑召集。①

13日上午9时,各组由召集人向大会报告两天来的讨论情况。从各组汇报的情况来看,讨论十分激烈,而且大家对于该运动疑问比较多,归纳如下:

(一)关于该运动和新军的性质及待遇问题

三青团中央干事、视察室主任刘健群是党务理论家,他提出了一个重要问题,即该运动和新军的性质问题,以及由此问题带来的优待问题。按照原先计划的方案,参加此运动的知识青年是享有特殊待遇的,即在职人员可以留职留薪、学生可以优先升级和留学等。他们凭什么享受这样的特殊待遇?这个问题如果没有令人信服的答案,必然会引起很多人的不满:

> 究竟这个从军运动他的性质如何?有什么特殊意义?如果有特殊意义,应该有特殊办法,国家要有通盘计划。如果仍

---

① 《全国知识青年志愿从军指导委员会发动知识青年从军会议第一至第三次会议记录》(1944年10月),中国第二历史档案馆藏,国民政府全国知识青年志愿从军指导委员会档案,781/9。

是整军性质,那么:(一)知识青年从军如此优厚待遇,试问现在正在作战的部队中的连长排长,他们也是军官学校毕业,他们也是青年,是不是算是知识青年呢?他们能不能享受这个待遇呢?(二)现役军事机关的职员,如军政部军令部等机关职员,依照优待办法,从军以后,一切待遇薪给照拿,他们要求加入从军,也是合理合法的,军政部是不是准他的请求呢?(三)从军办法规定,将来退伍后,留学外国有优先权,那么现在在云南服务的大学生请求转到这里来,应该准许不准许呢?(四)远征军的党团同志特别优待,由优待委员会办理,是不是其他军队的党员团员也优待呢?现在军队的团连长,也是党员或团员,是否优待,如果只是远征军的党团同志优待,那也说不过去的。

我们今天要征集十万军队,如果有政治性的保党保国,当然可以甘冒不韪,打破军队系统,一切都特殊化,如果只是整军的运动,那对于名称、性质,军队系统必须有全盘计划,否则成立十个师、八个师,是有困难的。①

资深反对派、国民参政会参政员黄宇人则说道:

(关于新军的)名称问题,我看大家基本观念并不完全一致,今天要各地党团负责人来此开会,请多发表意见,我看整军是整军,现在在党员团员里召集十万人,那是另外一件事,如果拿整军观念来办,我觉得办不通,青年对国家□□对整军还看不到,我们现在是要为国家打仗,打仗完了要退伍,这和

---

① 《全国知识青年志愿从军指导委员会发动知识青年从军会议第一至第三次会议记录》(1944年10月),中国第二历史档案馆藏,国民政府全国知识青年志愿从军指导委员会档案,781/9。

充实国军是不同的,因此待遇优一点,也无所谓,因为他在国军里是没有地位的,国军有光荣历史,而这支军队的目的是很单纯的,如果把整军与此事合并讨论,兵役机关认为是对的,而党团工作则感困难。讨论方式,我主张用表决方式,否则二三个人操纵多数人意见,不合理。[1]

因为时间关系,黄宇人没有展开论述,也没有能向与会人员清晰地表达他的想法,或许他的想法还不够成熟。更大的问题是,在他还没有很好表达自己的意见且大家还没有听明白他的意思的时候,他就提出表决。显然,他落单了,他的提议没有得到响应。

但是,刘健群和黄宇人实际上提出了一个比较深刻的问题,就是关于此次运动及新军的性质问题。究竟是整军,还是整理党团工作?说到底,该军是作为国军,还是党军来建设?

如果是整军,这是一个单纯的军事行为,对于从军者进行优待也可以,但必须明确其职能和任务的特殊性,对其的优待必须和其他军队的待遇一并考虑。青年远征军的待遇问题必须在整个军队体系内通盘考虑,并进行更加深入的研究。

待遇的高低自然是通过比较产生的,但是待遇的多少并不能完全和知识挂钩。除了知识,青年远征军与其他部队的职能基本一致,所以,这种待遇在理论上是无法成立的。这也是刘健群等人反对过于优待青年远征军的主要原因。从劳动理论上讲,劳动收入应当与劳动价值直接相关。军人为国家提供安全产品,军人的劳动价值在于执行军事任务来保家卫国。应该根据军人所执行的

---

[1]《全国知识青年志愿从军指导委员会发动知识青年从军会议第一至第三次会议记录》(1944年10月),中国第二历史档案馆藏,国民政府全国知识青年志愿从军指导委员会档案,781/9。

军事行动任务来确定其待遇。青年远征军只有执行特殊的使命任务,才可以享受优待。这些区别应该是从该运动的一开始就要强调的,但是我们并没有看到这种使命任务的区别。

如果是新建国民党军队,这和以后必须落实的宪政理念相冲突。而且,整理党团也不必通过组织党员团员参军参战这样的形式来"刷新政治",党团组织介入过多会引起兵役行政工作的混乱。这次运动也形成了我们通常所说的"党政不分"问题。利用党团,在兵役系统之外重建了一个兵员的征集、输送和编练系统,这是典型的"体外循环",会引起诸多复杂问题。

后来,该运动在优抚问题、复员问题上的种种困境,正是党团力量强力介入,而且介入过深的一种反映。特别是在职人员留职留薪的优待,是超越当时的历史条件的,实际上也很难落实。而强大的党团力量介入后,这种优待的落实似乎成为必须,但很多优待问题又解决不了,徒增烦恼。如果没有党团介入,意欲参军的在职人员和学生事先必然要考虑利益得失,自然也不会有那么高的参与热情了。

黄宇人事实上从理论上提出了反对使用"青年远征军"称谓的理由,可惜没有表达好。纯粹理论的表达在当时乱糟糟的会场上可能也无法表达。从行政实施的角度上讲,"青年志愿军"的称呼确实比较好,也强调了自愿的性质,淡化了优待的色彩。

实际上,关于建立新军的性质问题,蒋介石与其身边个别高级将领早就已经谈过并确定下来。在决策的过程中,他所考虑的因素较多,包括"党军"与"国军"的性质问题,以及如何化解这对矛盾等等。

根据董必武在延安陕甘宁边区参议会第五次会议上的报告,蒋介石在1943年10月召开的党团干部会议上就提出要成立党军,其主要原因是日军的进攻削弱了国民党军队的力量、共产党的力量日增、国内许多人对国民党军队不满。

蒋介石曾有一个讲演,说到这么几点:目前日本还在内侵,"奸党"到处横行,党国已到了危急存亡的时候。挽救的关键,就是要恢复黄埔建军的精神,必须发动十万党团员从军。蒋的军队是集体入党的,号称五百万,已经是党军了,为什么还要成立党军呢?他知道军队中的党员是个虚数,不可靠,故另打主意。蒋以为国民党有两百万党员外,三青团还有六十几万团员,编成十万党团员的军队是容易做到的。蒋在讲演中说:"本总裁愿任该军军长。"而且还不止一次,说了三次。总裁是国民党内领袖的职衔,总裁任军长,这也说明他要组织的是他理想的党军,像德国希特勒的 SA 和 SS 一样。①

1944 年,中原会战失败,蒋介石派陈诚到陕西和河南视察,调查前线战局失利的具体情况。8 月 20 日,陈诚向蒋介石提出建议:

> 目前应即争取时间,集中全国之人力物力财力,作最后之努力,以求发挥最高之战果,其办法:(一)饬令党团,尽量选征党员团员,或另编劲旅,建立生力军,或补充各部队,提高士兵素质;(二)征借全国公私银行以及富豪资金,以裕军需;(三)尽我全国公私库藏物资,以充军实。但此种非常之举,尤需注意改正政府不满人意之事,与撤惩不惬舆情之人,以为刷新振导之先声。②

9 月 7 日,陈诚再次电呈蒋介石,提出关于召集党员团员的意见。

---

① 董必武:《大后方的一般概况》(1944 年 12 月 8 日),俞荣根主编:《董必武与抗战大后方——思想资料辑录》(上),重庆:重庆出版社 2016 年版,第 203 页。
② 陈诚:《电呈委员长蒋谨拟非常之举三项敬乞求裁核》,《陈诚回忆录——抗日战争》,第 549 页。

召集党员团员组织志愿军,事属创举,职研究结果,含义重大:
　　一、可转移全国对本党之观念;二、可提高党国之地位,树立建军之基础;三、可充实后方并养成有训练之干部,但顾虑亦多。国际对此有无误会,一也;国内对此有无曲解,二也;部队对此有无嫉妒,三也……然以今日党团之组织散漫、干部自私,除以钧座之精神,相感召外,恐难达成目的耳!当否?统乞钧裁夺!①

9日,陈诚再电蒋介石,再呈意见:

　　关于党团志愿兵案,再呈述数点:
　　(一)此举尤可诱少、青年出路,发挥党团组训力量,为后方之保卫;
　　(二)选集十万人,恐与事实与短时间所难能,召集过急,或生流弊,似宜以师为单位,次第成立;
　　(三)副军长及师长人选,应重视才能与吃苦者及富有革命之精神,不必拘泥官阶;
　　(四)团员素质为优,应尽可能装备近代新式兵器与科学兵器,以养成将来建立近代化军队之基干。②

可见,陈诚对于此事比较积极,他和蒋介石很深入地研究了该项事宜。陈诚自离开中枢赴鄂西后,再次获得蒋介石的高度信任。根据张治中的回忆录,负责军事委员会政治部及三青团工作的张治中对此细节并不知情。

陈诚提出组建新军可能会使得国际社会对此有误会、国内舆

---

① ②《陈诚电蒋中正关于召集党员团员组织志愿军研究意见二则》,台湾档案部门收藏,蒋中正总统文物档案,002/080102/00083/015。

论对此有曲解、部队对此有嫉妒的三点顾虑,直接指出了发动党员团员从军组建"党军"的后果。而董必武在陕甘宁边区参议会第五次会议上的报告,则更为详细地解释了发动知识青年从军组建"青年远征军"的具体原因。其报告如下:

> 为什么以后变了形态,号召青年知识分子从军而不限定于党团员呢?第一个便是内部的原因。在蒋介石宣布成立党军后,党部讨论了一下,认为从军是青年的事,大部分人应该是团员。团方面则说:那不是成了团军吗?而现在成立的是党军呢!争执的结果,决定党团两方面各分一半。但这决定,在中央党部,就引起党员的辞职,眼看着行不通,于是又决定党团员只按五万再折半各分二万五千名。其余五万则号召知识青年从军。因为只有一半是党团员,所以就不叫"党军",而改为现在的名字。
>
> 第二是外部原因。蒋对这个军队不仅是想在生活、训练上搞好,武器上也想搞得特别好。这就得向美国要,但美国最恼火的是中国法西斯化,它虽然愿意扶持蒋介石,但不愿中国法西斯化,因而对蒋介石成立党军是不愿意帮助的。美国对共产主义,固然不赞成,对法西斯更不赞成。前美国国务卿赫尔有一个著名演说,他说这次大战是反法西斯,哪一个角落里存在着法西斯,便要消灭它,不只美国人,中国人也感觉到这一点。孙科就说:美国跟苏联搞的很好,美国害怕的是法西斯主义,现在它并不怕共产主义,我国想用反共来争取美国的同情是大错而特错的,目前应把反法西斯放在前面。美国不赞成就不行。再就中国内部说,国民党内部聪明人也不赞成成立党军。①

---

① 董必武:《大后方的一般概况》(1944年12月8日),俞荣根主编:《董必武与抗战大后方——思想资料辑录》(上),第203—204页。

董必武的报告讲述了党团方面和美国方面对组建新军的态度,而对当时社会舆论有着重要影响的西南联大的教授们则直接给蒋介石上书,反对组建"党军"。1944年11月2日,西南联大常务委员会张伯苓、蒋梦麟、梅贻琦向蒋介石转呈了西南联大教授会关于知识青年从军的五条意见,其中第一条就是反对组建"党军":

> 重庆国民政府主席蒋钧鉴,捧读近日告知识青年从军书,敬悉政府已决定发动知识青年,组织新军,斯诚国家之大事,而与学校尤有密切之关系。教授等服务学校,忝列讲席,立即集议,谋以群力,襄此伟业。旋奉常务委员会传示有电(即发各校长电),承剀切明示,知识青年从军,旨在增加抗战反攻力量,确立现代建军基础。捧读之下,弥深感奋,佥谓此乃吾国二千年来之创举,现代强国之要图。而起始之规划,关系于将来至巨,设或考虑稍欠周详,推行即难免窒碍,竭诚精思,敢以愚者之一得仰佐高明于万一。
>
> 查服兵役乃国民之天职,每一青年责无旁贷,自抗战开始,即应效命从戎。今以国家之命令,主席之号召,凡属青年自应同声奋起,惟为避免党派纠纷计,窃谓宜本有电宗旨,将新军正名为知识青年国防军,重申军队属于国家之义,明示无强迫入党之说。军中如有政训,亦惟教以明耻复仇,保国家卫民族之大义,以社会中众望素孚之人,主持其事。俾政治与军事分开,为将来宪政下之军队立其基础,此其一。①

面对多方压力,蒋介石显然不可能一意孤行。关于该运动及

---

① 《国立西南联合大学常务委员张伯苓等电国民政府主席蒋中正关于知识青年从军本校教授会呈建议意见五点乞赐明察》,台湾档案部门收藏,国民政府档案,001/054500/00002/007。

新军的性质问题,他和陈诚等人多次协商,最后将该运动和新军定名为"知识青年从军运动"和"青年远征军",就是避免授人以柄。但是,该运动在具体的运作过程中,又是以发动党员团员从军和组建党军为重要内容。虽然蒋在发动知识青年从军会议上要求大家进行讨论,但是讨论的过程和最后结果早已被预定。这种两面手法,是蒋介石常见和熟稔的操纵办法,虽可以有效避免暂时的矛盾,但也为后面的种种问题埋下了伏笔。美国人后来就对青年远征军有非常大的意见,拒绝援助之,并且要求解散这支新军。

(二)关于该运动和新军的名称问题

在会议上,对于该运动名称是采用"知识青年志愿从军运动""青年志愿从军运动"还是"青年从军救国运动"、建立的新军其名称是采用"青年远征军"还是"青年志愿军"等其他名称,都有一些分歧。这个问题,也是由第一个问题,即该运动及新军的性质所引申出来的。

第一组召集人余井塘报告该组对于"知识青年从军名称问题,还有许多意见。远征军的名称不十分明白,我们决定拟改为青年志愿军"[1]。

这一报告也引起了大会其他委员的讨论,众人纷纷发表不同意见。发言速记稿摘要如下:

> 何会员浩若:本人主张维持远征军名称,不必用青年志愿军名称,因为青年的对象是老年,难道还有老年军吗?
>
> 马会员超俊:远征军这个名称,已有其历史,虽然我们作

---

[1]《全国知识青年志愿从军指导委员会发动知识青年从军会议第一至第三次会议记录》(1944年10月),中国第二历史档案馆藏,国民政府全国知识青年志愿从军指导委员会档案,781/9。

战是在国内,似乎不是远征,其实这是运用方法问题……如果不用远征军名称,收效很小的,本人主张维持原案。

杜会员均衡:用远征军名称号召青年从军,如果不远征,而近征,会使青年失望的,以前号召远征军到印度(共一期),所以一般青年都愿意从军,他们总是先问什么时候可到印度,后来这批人没有到印度,使他们失望了,第二期召集就没有肯去,后来兑现了,第二期从军的又增多起来,所以这个问题很严重。远征军是要远征的,不远征会使青年失望,我们要审慎考虑这个问题。

马会员超俊:如果仅为了到印度而远征,为了这个动机而从军,这个青年实在没出息,我们看用远征军名称,没有什么关系的。

曹会员叔实:国内国外作战,这是使用问题,作战不在乎地方的,只要是为了救国,我以为还是用远征军名称。

李会员俊龙:用远征军号召无妨,也说不上欺骗青年,这只是使用问题。

胡会员庶华:要求主席(即陈果夫)对名称问题不必再讨论,请付表决。

主席:名称问题今日不必硬性决定,把各种意见记录下来,推定同志整理,由大会授权给他,整理起来呈请总裁最后决定,我看各位意见无甚出入,不过技术上方法上大同小异而已。

梁会员寒操:可否从"精忠报国"意思来号召呢?

主席:不过志愿军名称,也是总裁决定的,后来军事委员会商论结果才变更,罗先生也说过因为美国租借法案关系,要用远征军。

> 罗会员刚：名称问题，经与兵役署商洽，他们说以前远征军第一次送印度，第二次再送美国，如果我们这次用远征军号召，不大好，最好不拿远征军来号召。
>
> 吴秘书长（即吴铁城）：现在有二个意见，一个是维持远征军，一个是用青年志愿军，二个主张都包括在内，这次从军运动，是一个运动。为什么要用远征军的名称呢？……因为待遇要优厚关系，用远征军名称可以不致使其他军队发生歧视心理，第二是租借法案□□，其三是避免反对党、共产党种种破坏，所以我主张还是用远征军名称。
>
> 曹会员叔实：远征军名称是对的，不过现在是国际战争，远征军是国际军队，我也赞成。
>
> 主席：赞成维持远征军名称者举手。（多数举手）①

其实，蒋介石在日记中对于这支新军的称呼是混用的，他经常使用的有"青年军""青年远征军""青年志愿军""志愿军""青远军"。但他的意见是倾向于"青年远征军"的。

虽然该会议确定新军之名为"青年远征军"，但是蒋介石建立新军的目的确实并不是为了远征。（这也为后人所诟病，多数人认为青年远征军欺世盗名，只是拱卫陪都，是蒋介石为蒋经国建立的私人军队，是一支"太子军"，等等。）从上述讨论也可以看出，兵役署并不赞成使用"青年远征军"的称呼。从此次建立新军的出发点来讲，或者从此新军的性质上来讲，使用"青年远征军"并不是很合适。

---

① 《全国知识青年志愿从军指导委员会发动知识青年从军会议第一至第三次会议记录》（1944年10月），中国第二历史档案馆藏，国民政府全国知识青年志愿从军指导委员会档案，781/9。

此外,按照租借法案的有关规定,取名为"远征军"也有利于争取美国人的军事援助。中国远征军第一次入缅作战失利后,转入印度后建立的中国驻印军受美军援助全部使用美械装备、转入云南后建立的驻滇中国远征军亦受美军援助部分使用美械装备。因此,蒋介石期望这支新军也能够得到美军援助。

(三)关于新军的番号问题

黄山整军会议上,蒋介石强调,国民党军队要进一步精简,一定要控制在200个师以内。但是,经过商议后决定,此次新军继续从200个师往后编,即编为第二〇一至二〇九师。

在该会议上,主席陈果夫解释:"远征军番号由国军二〇一师起,从后编列,这是和事实不符的(即原拟定裁军计划尚未实施),因为现在二〇一师以后都有部队,而且也很难现在来决定从某师到某师。请大家注意。"也就是说,目前要将即将裁撤部队的旧番号重新分配给这支新军来使用,这就引起了一些人的不同意。意见如下:

  邓委员文仪:本席不赞成以旧番号给远征军,理由是:"第一,一个老打败仗的军队番号给人家印象不好,也难提起士气。第二,旧番号没有号召力量。所以即使二〇一师以后现在没有部队,也不能这样编上去,应该有一个师就用一个新番号。"

  任会员觉五:本席附议邓文仪同志意见,远征军应该用新番号,不能用旧番号。

  陈会员子明:本席不知道中美租借法案密约是否有规定番号,如果有,当然要考虑,否则,应该用新番号,不然就不能号召起来。

  罗会员才荣:本席也赞成用新番号,我们这样,并不是否定国军过去光荣的历史,而是要明白青年心理……就号召不起来。

王会员文俊:补充一点意见……现在有打溃的军队,这些军队的番号又□拿给远征军,就不甯说,远征军是补充各部队缺额的,如果是这样,我们地方同志就多不了征集的责任,与其征集知识青年不如请兵役署发令去征壮丁的好。

陶会员林英:本席附议刚才几位同志的意见,像最近被枪决的陈牧农,如果他们军的番号给远征军,我们就没有办法去号召。

主席:罗教育长有说明。

罗会员卓英:刚才大家意思,归纳起来,都是怕军事当局把被打溃的不好的军队给远征军,不好号召,这点要说明:第一,原文已经说明,战绩优良,缺额最多的师番号才给远征军,军事当局当然不会拿毫无历史,不好的部队番号配给远征军。第二,被打溃的军队,不能一律说不好的军队,我们已经内定拿第十军给远征军,你们说这个军队不好吗?他们死守衡阳四十七天,写下最光荣的一页。比如最近攻下腾冲龙陵的两个师,人是完了,他们不行吗?第三,我们虽然说是用旧番号,但原是旧瓶装新酒的意义,用这一个番号未必就用这批人,不行的还是要换。①

在罗卓英的强调下,番号问题就按照原定计划通过了。但是,蒋介石突破他自己在黄山整军会议上宣告的只编200个师的计

---

① 《全国知识青年志愿从军指导委员会发动知识青年从军会议第一至第三次会议记录》(1944年10月),中国第二历史档案馆藏,国民政府全国知识青年志愿从军指导委员会档案,781/9。

划,使得整军再一次失去公信力,实力派更加相信整军只是蒋介石排斥异己的一个借口而已。

（四）关于该运动的征集对象问题

第一审查组主要讨论征集计划。根据他们的讨论,关于征集对象的主要原则要点确定如下:

  1. 凡适龄之本党党员均有服兵役义务;

  2. 逾龄党员应率先送子弟应征,其若子弟者□少,应介绍一个知识分子应征;

  3. 就适龄党员依配备名额抽签决定;

  4. 本党干部应首先应征,以身作则;

  5. 凡党员拒绝应征,无疑议开除党籍,同时停止其一切职务;

  6. 根据以上主要原则另订实施办法;

  7. 关于各省市党员从军配备名额表（由组织部提出,根据各省市党员人数及其他种种条件而订）,小组审查会已照案通过。①

其中,关于第4条中"干部"确切含义和如何界定的问题,讨论比较激烈,最后得出结果:(1) 凡是县以上各级党部工作同志及政府机关公务人员,教育机关公务人员,公营事业机关公务人员中之本党同志都是干部;(2) 县级的干部,即县以上党务委员,行政机关科长以上人员;(3) 每一党政教育及公营事业机关中之适龄干部应

---

① 《全国知识青年志愿从军指导委员会发动知识青年从军会议第一至第三次会议记录》(1944年10月),中国第二历史档案馆藏,国民政府全国知识青年志愿从军指导委员会档案,781/9。

以抽签方法征集五分之一。①

关于县级党部工作人员是否属于干部,该组辩论了很长时间。因为国民党县级党部基本属于基层,县以下党员很少。"有的人说狭义的干部,应该首先站起来。"在最后表决时,县级党部工作人员就没有算"干部"。

宋宜山提出,征集对象"不限于党与团",他请政府在这个时候发布紧急命令:(1) 知识分子应该志愿从军,不志愿从军即取消其缓役权;(2) 如来从军给予种种便利,反之,即丧失公权、公职或学籍,虽私人机关亦不能用。

另外,会上有人提出:"请调回中央委员及党政军高级官吏现在外国留学或寄住之适龄青年回国服务,以资倡导示范";"请政府规定,凡兵役适龄青年无论公费自费,在抗战未结束前,均不得出国,暨在国外适龄学生一律回国服役"。后经过讨论,分别修正为:"现在国外留学已满三年,或寄住国外之适龄青年,均应回国内服役";"请政府规定在抗战未结束前,凡兵役适龄青年无论以公费自费出国求学者,除政府已与盟邦商定派遣或经政府核定者外,以后暂停派遣,如有特殊需要时,应尽先就志愿从军青年中选定之"。

这几个提案将组织知识青年从军的范围从原先的国民党和三青团直接扩大到全社会,使该运动具有了更广泛的意义,也减轻了党团的压力,受到与会者的好评。

---

① 本段及以下 3 段均出自《全国知识青年志愿从军指导委员会发动知识青年从军会议第一至第三次会议记录》(1944 年 10 月),中国第二历史档案馆藏,国民政府全国知识青年志愿从军指导委员会档案,781/9。

(五) 关于该运动的组织方式问题

由于国民党和三青团都在力争该运动的主导权,所以如何组织该运动也成为大家讨论的焦点。讨论的结果是:

> 关于实施办法,昨晚主席团开会时,党部及青年团都在倡导,认为党团办这件事,大原则方面不分彼此,共同进行,但对于实施办法,许多技术方面,不尽相同的。因此,主张分别订,党部订党部的,团部订团部的,既然分别去做,不一定由大会通过决定。不过希望发表意见,记录下来,将来参考,整个办法下午提出来,不希望作硬性的规定。①

也就是说,国民党与三青团各自组织,相互之间只进行有限合作。但这毫无疑问是有利于三青团的。这种办法没有妨碍康泽等人的既得利益,而三青团已经取得学生从军运动的主导权,康泽必将在这个基础上继续扩大其在该运动中的主导权。

(六) 关于战区与沦陷区的征集问题

关于战区与沦陷区的征集问题,与会人员没有太多分歧,主要是提出补充意见:

一是建议"在东南各省再增加一个训练班,因根据名额分配,在东南各省须征集党团员三万五千人,今日交通不便,无法运至四川,在东南各省另设一训练班,可减少交通困难"②。该运动也是按照此建议的基本精神确定建立军委会干训团东南分团,由黄维负责。

---

① 《全国知识青年志愿从军指导委员会发动知识青年从军会议第一至第三次会议记录》(1944年10月),中国第二历史档案馆藏,国民政府全国知识青年志愿从军指导委员会档案,781/9。
② 本段及以下4段均出自《全国知识青年志愿从军指导委员会发动知识青年从军会议第一至第三次会议记录》(1944年10月),中国第二历史档案馆藏,国民政府全国知识青年志愿从军指导委员会档案,781/9。

第二章　知识青年从军运动的缘起　　135

二是建议在沦陷区就地组织武力。"在今日状况之下，无论后方或沦陷区，均缺乏交通工具，往往须步行。同时，以需要而论，发动知识青年从军，为提高国军素质，充实反攻力量，且敌人对我们军事压力加强，沦陷区域扩大，为了交通关系，为了掩护我们党团发展，为了在沦陷区摧毁敌伪的统治，都有就地编组武力的必要，使当地党与团在沦陷区有武力掩护，成为游击队，再由游击队成为我们志愿军或者远征军，使我们远征军成为最精锐部队。"这条建议没有被采纳。

三是建议中央指导委员会派员到沦陷区重要交通线上设站。"全国知识青年志愿从军指导委员会应于[沦]陷区内来往各重要交通线如阜阳、老河口、孝义、西安、屯溪、兴宁、思平等地派员设站，专门办理战地应征青年接送转运招待等事宜。"

四是建议给沦陷区从军青年发放代金。因为无法设置接待处进行后勤保障，"战地征集期间所需各费用于者应折合当地流通券发给之，由沦陷区到达后方集中地点之旅费，由中央核实发给"。

五是建议在接近沦陷区的地方集中训练。"大家认为，沦陷区青年输送到后方来，大量征求比较困难，如果在接近的地方集中训练，我们一号召，陷区青年抗战情绪比后方高，容易收到效果，当时有几位提出说明，即以山东、河南、安徽、河北等四省，短期间就可以征集十万人。"

以上问题属于征集过程中的组织与指挥问题，没有政治色彩，所以很容易通过。除了在沦陷区就地组织武力意见没有被采纳，其他意见都被采纳了。

（七）关于建立新军中的政治工作问题

建立新军，也是对于过去军队痼疾的反思。国民党军队政治工作在1927年"清党"之后就完全异化和边缘化了。为此,蒋介石和一些军政要员认为加强政治工作非常有必要,希望新军能够做好榜样。虽然张伯苓、蒋梦麟、梅贻琦等人转呈了西南联大教授会希望政治与军事分开的意见,但是在党政军官员的一致意见下,国民政府还是作出了加强政治工作的决议,只是在决议中强调尽量避免使用党团字眼,以免授人以柄。

一些与会人员就该新军的政治工作提出的相关意见和建议如下:

陈会员克明:知识青年从军,党员团员不在少数,如与党团的领导脱节,两无好果,则以党团方面干部,应多参加领导工作。故在第五条修正文内可否加"应就党部团部有军事学识经验者选拔充任"一句。

郑会员彦棻:应加"并应注重政治训练"一句。

宋会员恪:一般部队的缺点,为在官长与士兵之生活,距离太远,致使官兵无感情,知识青年军每单位之士兵与兵官,应为同一籍贯,俾感情融洽,生活相仿,其次要特别注重政治训练。

谷会员正纲:政治干部与军事干部,应用(多字无法识别)注重政治训练,所以要特别注重政治精神训练,该文件如系公开,不能有党部团部字样,只能以政治训练为掩护,以贯彻此种精神。

汪会员观之:过去之管理训练不免还有压迫之处,以后可否增加党的活动项目,俾能以党的活动方式作□□之辅导,求得改进,如采纳此意,可在第三项后加"在训练期间,应加强党的活动组织及活动"一项。

曹会员叔实:从前军队有党代表,其职高于一切,但事实上发生许多摩擦,足见党代表制不善,纯由军官来带兵,困难较少,不要有特别的名目。①

可见,在以往的国民党军队之中,政治工作非常不理想,很多官员也并不希望加强政治工作;而强调需要加强军队政工的官员中,很多人也还有顾虑,要求在公开文件中避免使用党团字样。

(八)关于新军的优待问题

该次会议中,对于新军的优待问题讨论很多,这在前述关于新军的性质及待遇问题的讨论中就有。

在会议结束前,刘健群等人还是语重心长地表达了担忧。刘健群说道:"这个军队政治性强、科学性强,待遇合理化,当然对,但是全国军队必须有通盘整理计划,否则,将来麻烦甚多。"而新军的实际领导人罗卓英则回答:"全盘所虑,很难解决。现在痛苦只有忍受,远征军待遇即比一般好,但不及驻印远征军,仍由部队采办,驻印军令发实物。"②这也显示出其无奈,因为上述规定也是蒋介石早就和党团以及罗卓英商议确定好的,而且这次运动和建设新军纯属应急性质。

虽然刘健群等人的担忧非常重要,但是由于该运动尚未进入实施阶段,大家对于优待问题的复杂性和尖锐性还没有一个完整的认识,也都缺乏更加深刻而全面的思考。这也是该次会议对这个问题关注度不足的一个重要原因。

---

①②《全国知识青年志愿从军指导委员会发动知识青年从军会议第一至第三次会议记录》(1944年10月),中国第二历史档案馆藏,国民政府全国知识青年志愿从军指导委员会档案,781/9。

二、全国知识青年志愿从军指导委员会的成立

10月14日,在发动知识青年从军会议的闭幕式上,主席团奉蒋介石谕宣布:"一、全国知识青年志愿从军指导委员会应于会议闭幕前成立。并经商定请张伯苓……等二十八人为委员。军政部部长何应钦、国民党中央党部秘书长吴铁城、军委会委员长侍从室三处主任陈果夫、军委会政治部部长张治中、军训部部长白崇禧、国民党组织部部长陈立夫、军政部次长张定璠、三青团组织处处长康泽、兵役部次长徐思平等九人为常务委员。并即日宣告成立。"蒋介石兼任该会主任委员,党、政、军各部门所有主要负责人为委员。该会设常务委员,由军委会、军政部、中央党部秘书处、中央组织部、中央团部、教育部、兵役部、政治部推出委员中充任之。另设主任秘书一人,由三青团组织处处长康泽担任。①

会议决定在全国成立各级知识青年志愿从军指导委员会,作为该运动的组织机构。全国知识青年志愿从军指导委员会,直接隶属于军事委员会,负责该运动的规划、指导和管理;省(市)县(市)等成立各级知识青年志愿从军征集委员会,负责具体征集工作。全国从军指委会对省(市)县(市)从军征委会实行领导,从上到下形成了一个实施征集、优待、输送和后勤保障等工作的新体系。与之前的学生从军指导委员会相比,该体系在规模上更庞大、在职能上更齐全,而且是独立于兵役系统的。表2-2为全国知识青年志愿从军指导委员会各级职员表。

---

① 《全国知识青年从军指导委员会组织办法、编练计划等各种法规》,中国第二历史档案馆藏,国民政府全国知识青年志愿从军指导委员会档案,781/5。

表 2-2　全国知识青年志愿从军指导委员会各级职员表

职别	姓名	年龄(岁)	籍贯	代表机关	原机关职别
主任委员	蒋介石	58	浙江奉化		
驻会常务委员	吴铁城	57	广东中山	中央党部	秘书长
常务委员	何应钦	54	贵州兴义	军事委员会	参谋总长
常务委员	陈立夫	45	浙江吴兴	组织部	部长
常务委员	张治中	51	安徽巢县	三青团	书记长
常务委员	白崇禧	50	广西桂林	军训部	部长
常务委员	朱家骅	45	浙江吴兴	教育部	部长
常务委员	钱大钧		江苏吴县	军政部	次长
常务委员	康泽	40	四川安岳	三青团组织处	处长
常务委员	徐思平		四川	兵役部	次长
委员	张伯苓		天津	南开大学	校长
委员	蒋梦麟			西南联大	校务委员
委员	莫德惠		吉林	参政会主席团	参政员
委员	梅贻琦			清华大学	校长
委员	于斌			天主教	主教
委员	周钟岳		云南	内政部	部长
委员	王星拱			武汉大学	校长
委员	张厉生	44	河北	行政院	秘书长
委员	廖世承			国立师范学院	院长
委员	金曾澄		广东	中山大学	校长
委员	徐永昌	55	山西崞县	军令部	部长
委员	罗卓英		广东大埔	编练总监部	总监
委员	竺可桢			浙江大学	校长
委员	李蒸			西北师范学院	院长
委员	鹿钟麟	60	河北宝县	兵役部	部长

续表

职别	姓名	年龄(岁)	籍贯	代表机关	原机关职别
委员	程天放	46	江西新建	中央政治学校	教育长
委员	于飞鹏	56	浙江奉化	后方勤务部	部长
委员	熊庆来			云南大学	校长
委员	臧启芳			东北大学	校长
委员	黄季陆	45	四川永宁	四川大学	校长
委员	谷正纲	43	贵州	社会部	部长
委员	梁寒操	46	广东高要	宣传部	部长
委员	段锡朋		江西	训练委员会	主任委员
委员	何炳松			暨南大学	校长
委员	贺国光		湖北	军委会办公厅	主任
委员	顾毓琇			中央大学	校长
委员	余井塘	48	江苏兴化	组织部	副部长
委员	狄膺	50	江苏太仓	中央秘书处	副秘书长
委员	张定璠	52	江西南昌	军政部	次长
委员	赖琏	44	福建永定	教育部	次长
委员	章益			复旦大学	校长
委员	张洪沅			重庆大学	校长
委员	张凌高			华西协和大学	校长
委员	萧蘧			中山大学	校长
委员	刘季洪			西北大学	校长
委员	张廷休			贵州大学	校长
委员	袁守谦			政治部	副部长
委员	李惟果		四川奉阳	三青团政治处	处长
委员	郑彦棻		广东	三青团宣传处	处长
主任秘书	康泽	40	四川安岳	中央团部	处长

续表

职别	姓名	年龄(岁)	籍贯	代表机关	原机关职别
副主任秘书	潘公弼	50	江苏嘉定	中央党部	秘书
秘书	邹志奋	39	广东梅县	中央党部	秘书
秘书	高宗禹	42	安徽	组织部	秘书
秘书	涂公遂	40	江西修水	中央团部	副主任
秘书	陈凤韶		浙江	军政部	副署长
秘书	方秋苇	37	四川	兵役署	副司令
秘书	张超	45	湖南长沙	后勤部	中将高级参谋
第一组组长	宋宜山	38	湖南湘乡	中央秘书处	处长
第二组组长	罗刚	43	安徽合肥	宣传部	处长
第三组组长	俞松筠	47	浙江吴兴	卫生署	处长
第四组组长	李介民			后方勤务部	处长
第五组组长	邹志奋	39	广东梅县	中央党部	秘书

资料来源:《全国知识青年从军指导委员会所属各征集委员会成立日期、地点、人事配备、委员名单等》,中国第二历史档案馆藏,国民政府全国知识青年志愿从军指导委员会档案,781/4。《全国知识青年志愿从军指导委员会名单》,中国第二历史档案馆藏,国民政府全国知识青年志愿从军指导委员会档案,781/67。

最初的指委会名单并没有高等教育机构的院校长们,后来在运行过程中发现大学的参与对于该运动具有重要的引领作用,所以增聘了一些院校长。他们的积极发动对于该运动帮助非常大:不仅大学生,而且大量社会各界人士也在他们的带动下报名参加青年军。在抗战初期,许多院校反对学生直接参战:这不仅是一种浪费,而且教育比救亡更重要。尽管蒋介石号召"地无分南北,人无分老幼,皆有守土抗战之责",但国民政府最终还是宣布了"战时须作平时看"的教育政策,下令学校西迁,学生免役和缓役。这并不能说明国民政府和学校达成一致共识,而是反映了国民政府高等教育战时动员体制的缺失和无奈。1944年底,战局促使国民政府最终发动了知识青年从军运动。而此时,大学校长们一反以前之态度,一致表态支持政府国防动员。显然,国民政府通过抗日战争已经完成了高等教育战时动员体制的建立。

在人事安排上,蒋介石任用了声望较高又勤于党务的国民党元老吴铁城为驻会常务委员。而三青团的康泽则担任主任秘书,并直接对蒋介石负责。这样既平衡了党团关系,又使三青团得以顺利主持这次运动,而国民党充分参与其中。

吴铁城曾任国民党中央海外部部长、国民党中央秘书长,长期负责国民党党务工作。同时,他"早年在孙科任广州市市长时,做过广州市的公安局长,有太子派之称"[1],也是政学系的重要人物,与时任四川省主席张群关系密切。四川是抗战时期兵源最充足的省份,张群的支持对该运动也是很重要的。

康泽对吴铁城的印象也很好,他在回忆录中记述道:

> 全国知识青年从军运动正在酝酿期间,国民党中央党部、三青团中央团部以及军委会不时开会,讨论这一问题。吴铁城经常是穿很考究的西装或者中山装出席,与众人不一般。有一天下午在中央党部开会,他上身穿一件美国式的军便衣,下身穿一条西装裤,把领扣敞开,衣袖卷到手拐弯以上,神气十足地站起来,有时双手叉腰,有时手叉腰,筋炸骨响地在座位前,发表他的高论。[2]

其实,当时指导委员会仓促成立、百端待举,而且事务烦琐无比,何应钦、白崇禧等人常常请假不来开会,但吴铁城对此工作充

---

[1] 康泽:《康泽自述》,北京:团结出版社2012年版,第228页。
[2] 康泽:《康泽自述》,第228—229页。

满热情,开拓精神很强,而且认真细致,从内到外都很讲究,所以大家就给他起了一个"老摩登"的绰号。吴铁城不负众望,很好地组织与指挥了此次国防运动。他还提出了"一寸山河一寸血,十万青年十万军"这么一个激动人心的口号。① 这句口号,对于宣传知识青年从军运动作出了很大贡献,至今仍广为流传,是抗日战争中国民党留下的最响亮的一句口号。

康泽,毕业于黄埔军校第三期,曾留学苏联莫斯科中央大学,后成立南昌行营别动总队,长期从事特务工作。1932年后,康泽作为黄埔系重要成员,担任过中华复兴社中央干事,后升任书记。抗战爆发后,他根据蒋介石的指示,为三青团的创立出力甚多,担任三青团组织处处长,长期从事政治工作和组训工作,是后来所谓的蒋介石的"十三太保"之一。他也是学生从军指导委员会的负责人之一。康泽具有丰富的政治工作和组织工作经验,因此,在全国知识青年志愿从军指导委员会中负责秘书处工作,实际负责整个指委会的日常工作。

三、各级知识青年志愿从军征集委员会的设置

除了在军事委员会下成立指委会,各省、市、县和大专院校也成立了征集委员会以便各级党团和行政进行指导和征集工作。根据规定,省(市、县)知识青年志愿从军征集委员会设主任委员一人,副主任委员二人,委员若干人,主任委员由省政府主席(市长、县长)兼任,副主任委员及委员由省(市、县)政府从本省(市、县)的有关机关、学校、民间团体或者地方士绅中聘任。另外,各级征委会还设总干事一人,由主任委员自有关机关人员中调派充任。各

---

① 方可:《国民党元老吴铁城的宦海浮沉》,《炎黄春秋》2002年第12期。

级征委会下设机构分为总务、宣传、编组、招待各科组。省（市）设科，县（市）设组。"县（市）征集委员会组织以适用于地方各县（市）为原则，如情形特殊之战区县（市）得斟酌变更或不设组。"①

虽然从军指导委员会是临时性协调议事机构，但也形成了从上到下的相对完整的行政体系：全国指委会负责规划、指导和管理，整个征集工作主要依托各省（市）县（市）的征集委员会来进行。

该动员体系的建立主要依托既有行政体系，缺点也是显而易见的：一是存在机构重叠，二是存在县以下机构空白、社会团体和流动人口动员空白等问题。

该运动在全国、省（市）、县（市）都建立了指导委员会或者征集委员会，但是具体的动员工作仍然是由县以下公务人员和役政人员来完成。在动员的时候，对于县以下役政人员来说，动员知识青年也好，动员普通壮丁也好，工作性质没有发生改变，都是兵役工作。他们对于来自陪都重庆的各种指示并不是特别在意，而是主要关注自己的分配数额以及是否能够完成任务；在落实优待政策的时候，基层保甲对于知识青年与普通壮丁的区别也难以认识到位，他们关心的依然是军粮和劳役的征集数额多少以及能否完成任务。优待问题是次要的，更何况优待政策一向是模糊的、具有弹性的。

以下是县以下征集与优待落实工作中众多案件中的两个典型案例，较好反映了该运动中基层役政的状况。

1944年12月25日，就在知识青年从军运动还在热烈的征集阶段时，全国知识青年志愿从军指导委员会就收到四川涪陵强拉

---

① 青年军人丛书编辑委员会编：《征集概况》，军事委员会全国知识青年志愿从军编练总监部印行，1945年6月，第43—44页。

青年军为壮丁的控告。

> 事由:为志愿从军之易成模返乡被拉恳予电转涪陵县政府令饬第四区严家乡乡长陶卓哉、保长邹德全交还藉便入营训练而资造就青年由。
>
> 窃民子易成模自服务市财政局第二稽征所,惟该子成模于本年参加知识青年军,曾经检验登记合格在卷,俟成模已离乡日久,及告征返乡,省视一切,殊知三日竟被保长邹德全以征丁题目拉至乡公所扣押,动谓在外作事多年,很有办法,非要谢金用费三万元,始可以释放,现有从中调解人龚忠志可质。民本农业,当无余资可供求,且当内民子成模申明早已参加知识青年军,本十二月二十五日入营,该保长不由分说,反谓假造,不理。似此在乡保长名曰土皇帝,该保长绰号为饿财狗。敢于藉公估拉知识青年军肆行勒搳,其愚内之乡民坐于涂炭者,何可胜计是。……查知识青年从军为国效劳,政府准予优待并热烈欢送,该保长擅敢藉势横拉知识青年军,实有影响从军将来之可能。①

1945年,青年军入营不久,反映原籍政府不落实优待的信件纷至沓来。而此时征集工作已经结束,指委会只能转兵役部,请兵役部下令依法落实。

二〇二师列兵关传鉴入营后不久,来信反映原籍不落实优待的情形:

> 呈为"呈请令饬天柱县政府转饬依法减免杂款劳役并惩

---

① 《青年远征军士兵控告原属省县、乡政府人员贪污安家费、不按优待办法优待远征军家属及请求保留原职原薪的文书》(1944.12—1946.2),中国第二历史档案馆藏,国民政府全国知识青年志愿从军指导委员会档案,781/47。

暴吏以维征属事"。

前兄呈请县府依法减免杂款及劳役，经县长批准减免，尚有批示执稽。殊料于六月五日该乡长袁尚贤到达本保开会，父当时将县长批示向伊说明，请求减免杂款劳役。该乡长蔑视法令，视批示为具文，尚谓本乡出征军人众多，如各个伕子出征免款，我乡长亦不要吃饭。无论藉青年军名义或其他均难免其派项。①

对于此类案件，兵役部一般都是"转咨各省（市）政府暨通饬各军师团管区应随时注意纠正"，但也不时强调"优待条例第廿三条之规定，其减免字义，本具有弹性，惟富有征属自不应要求全部豁免"。②

由此可见，该运动的推动和发展除了依靠国民党和三青团，更是必须依靠原有的役政系统，大量申诉信函都是寄递到兵役署（部），再从兵役署（部）转交到全国知识青年志愿从军指导委员会的。不仅是县以下公务人员和役政人员，很多军政要员都分不清楚该运动与一般兵役工作有什么区别，也分不清楚学生从军运动和知识青年从军运动有什么区别，很多人都将此说成第二期学生从军运动。

该运动的基层工作实际都由县以下公务人员来完成。而且，优待政策的落实必须依靠基层公务人员。全国知识青年志愿从军指导委员会和各省（市）县（市）的征集委员会只是临时机构，在征集工作完毕后，就基本取消了。而优待的落实，则是在入营以后以及服

---

①②《青年远征军士兵控告原属省县、乡政府人员贪污安家费、不按优待办法优待远征军家属及请求保留原职原薪的文书》（1944.12—1946.2），中国第二历史档案馆藏，国民政府全国知识青年志愿从军指导委员会档案，781/47。

役期限结束以后,这就存在时间差。更何况优待的政策一向是模糊的、具有弹性的,这就更依赖基层役政人员的理解与执行了。

征委会的设置,对于社会团体和流动人员的动员与征集也是空白。10月30日、10月31日和11月2日,全国从军指委会分别收到河北同乡会请设冀籍知识青年从军筹备会、海员党部请另成立征集委员会、中国劳动协会请成立劳动知识青年征委会等各种请求。最后研究决定:"社会团体一律不单独设征委会","不必另设机构,凡志切报名青年在校者向各校征委会申请登记。在机关服务者,向原机关申请登记。居住本市者向重庆市征委会申请登记"。①

但是,国立和私立各高等院校则全部单独设置征集委员会,由全国知识青年志愿从军指导委员会直接指导。国立和私立各高等院校相对独立于行政体系,但是由于是知识青年从军运动的重要兵源地,所以采取了直接设置征委会的方式以加强这方面的动员工作。在征集办法中,全国知识青年志愿从军指导委员会明确指出:"境内专科以上学校征委会不属该会(各省市征委会)管辖,但应切实联系。"②高等院校的征集委员会由全国知识青年志愿从军指导委员会直接指导,这保证了高等院校的征集工作高效、具有针对性,并利于指委会掌握从军情况以及反馈信息。

从参军人数上看,学生的比例也是较高的,人数紧跟国民党和三青团,党团员和学生成为兵源主体。这从陕西和重庆两地的统

---

① 《全国知识青年志愿从军指导委员会秘书处谈话会记录及该处与中央执行委员会秘书处联合办公记录》(1944.10—1944.11),中国第二历史档案馆藏,国民政府全国知识青年志愿从军指导委员会档案,781/15。

② 《陕西省知识青年从军征集委员会报告从军人数、集训情况等来往文件》,中国第二历史档案馆藏,国民政府全国知识青年志愿从军指导委员会档案,781/90。

计表(表2-3)中就可见一斑。这也说明,该运动充分发挥了学校对学生的组织作用。

表2-3 陕西、重庆从军知识青年党团员及学生比例表

来源	陕西		重庆	
	人数	比例	人数	比例
党员	4 241	43%	4 672	67.5%
团员	5 384	54.6%		
非党团员	243	2.5%	2 250	32.5%
学生	5 362	54.3%	4 218	60.9%

资料来源:《重庆市知识青年从军征集委员会青年从军籍贯、人数统计表及女青年从军规划、调查表等材料》,中国第二历史档案馆藏,国民政府全国知识青年志愿从军指导委员会档案,781/75。《陕西省知识青年从军征集委员会报告从军人数、集训情况等来往文件》,中国第二历史档案馆藏,国民政府全国知识青年志愿从军指导委员会档案,781/90。

综上所述,知识青年从军运动在发起时就具有临时性、应急性特征。虽然全国自上至下都设置了相关征集机构,抛开了原有的兵役体制,以便于刷新政治,但机构设置并不完善,非常依赖党团和高等院校而忽视县以下的动员实际状况,实际工作偏重于征集而忽视优待等后续工作。该运动存在着欲求脱离兵役体系而实际必须依赖于兵役体系的困境。

第三章　从军知识青年的征召与输送

从军知识青年的征召与输送,是全国知识青年志愿从军指导委员会领导的主要工作,也是此次国防动员的最重要的工作,受到各界广泛关注。全国知识青年志愿从军指导委员会及各省(市)县(市)征集委员会对此也颇为用心,取得了很大的成功,顺利并超额完成了征召任务。

这一阶段可谓是抗战时期知识青年从军运动的高潮。之所以称为"高潮",是因为这次从军热潮,无论是从规模人数上来讲,还是从宣传造势上来讲,确为这一时期民众参与抗战之最"高潮"。知识青年从军时的动员、征集、输送和入营都让参与者印象深刻,甚至往往激动人心。并且,当时的报刊资料对这些活动记载较多,内容也较为丰富多彩,从历史遗留下的资料与目前的研究状况上来看,与编练、复员等工作相比,征召与输送也实属知识青年从军运动之"高潮"。

第一节　组织与宣传

全国知识青年志愿从军指导委员会的组织与宣传工作十分成

功,这使得报名从军的人数不断攀升,各地报纸和地方电文不时传来踊跃报名的好消息,有国民政府军政要员送子参军,有女生泣请从军,有情侣携手从军,还有寺庙的僧尼报名从军,等等。最终,各地征集委员会合计征集登记的参军总人数高达 151 516 人,远超原定征集 10 万知识青年从军的计划人数。

一、组织工作

1944 年 10 月 18 日,全国知识青年志愿从军指导委员会常务委员会召开第一次会议,何应钦、吴铁城、陈果夫、张治中、白崇禧、陈立夫、张定璠、康泽、徐思平等九位常务委员出席该会议。[①] 会上推举吴铁城为驻会常务委员,主持日常工作。会议主要决议摘要如下:

> 本会常务委员会每星期六上午十一时在中央党部礼堂会议室开会[②];
>
> 推吴委员铁城、陈委员果夫、张委员治中会商决定本会秘书处组织案;
>
> 各省(市)县(市)从速成立征集委员会,各地征集委员会成立后,请军政部明令撤销原有之"学生从军指导委员会";

---

① 该次会议,白崇禧请假。笔者所见资料中,白崇禧缺席了常委会所有会议,一般都是请假或者派代表来参会。笔者推断其主要原因如下:一、当时桂柳会战,中日双方正在激战,白崇禧无暇他顾;二、因病请假;三、青年远征军的编练,是蒋介石抛开军训部、另起炉灶,蒋将东南干训团改编为该军编练总监部,直接隶属于军事委员会,军训部在该运动中参与程度较低,作为军训部部长的白崇禧对此不满。另:12 月 1 日,全国知识青年志愿从军指导委员会常务委员会第七次会议通过决议,接受陈果夫辞去常务委员的请求,并推陈诚、朱家骅为常务委员。
② 全国知识青年志愿从军指导委员会常务委员会第四次会议通过决议,将每周例会时间改为每星期五。

由中央密电各省政府，对于省（市）县（市）征集委员会副主任委员人选，应就当地党团部负责人中聘任。①

10月26日上午十时，该常委会秘书处成立，并召开秘书处第一次谈话会。康泽（原学生从军指导委员会主任秘书、三青团中央组织处处长）担任主任秘书。该秘书处负责落实全国知识青年志愿从军指导委员会及其常委会的决议，实际负责指委会的具体运行工作，主要包括该运动的规划、宣传、征集工作以及优待政策的制定、指导和考核，还有输送工作中的指导、协调、后勤保障和考核等。

该秘书处共设置五组，各组职掌如次：

第一组掌理关于征集之规划指导及考核事项。由中央秘书处、中央组织部、中央团部、兵役部派员组成之。

第二组掌理关于宣传慰劳之规划指导及考核事项。由中央宣传部、中央团部、政治部、社会部、文化运动委员会派员组成之。

第三组掌理关于征集经费粮秣医药卫生之筹划配给及指导考核事项。由军需署、军粮局、军医署、卫生署、中央团部派员组成之。

第四组掌理关于交通输送之规划指导及考核事项。由后勤部、中央秘书处、交通部、中央团部、中央组织部派员组成之。

第五组掌理关于文书事务及其他不属于各组之事项。由

---

① 《全国知识青年志愿从军指导委员会常务委员会第一至十三次会议记录草稿及第一至第十二次常会决定事项一览表》（1944.10—1945.2），中国第二历史档案馆藏，国民政府全国知识青年志愿从军指导委员会档案，781/11。

中央秘书处、中央组织部、中央团部派员组成之。①

该处各秘书由相关单位选派,虽说是专任,但实际都是兼职。因为是兼职无给薪,该秘书处工作人员酌予津贴,其办法如次:

> 各秘书与其他每日到处办公人员月各支交通费三千元。
> 第五组常川驻会办公人员,月各支给补助费三千元。
> 其他各组人员(推测为撰稿、接待、缮校等辅助人员)月各支给交通费一千五百元。②

当日,还对办公秩序规定如下:

> 各秘书每日上午十时,准时到秘书处集中办公。但星期日可以秘书一人轮值。
> 第一、二、三、四各组(以上均为业务组)工作可携带回本机关办理,在限定期间内,如期达成交办与分配之任务。第五组工作人员须常川驻会办公(该组为综合组并处理该处日常事务)。
> 在办公时间外,以电话取联系。③

30日,该处规定了内部会议规格、名称和出席人员:(1) 秘书处各组负责人全体出席,称"处务会议";(2) 秘书及各组组长每日之集会,称"联合办公"。是否参加联合办公,根据工作需要来确定。比如在征集阶段,第一、二组工作任务较重,第三、四组工作相对较轻,则"第一、二两组长副组长现工作较多,每日参加联会办公,三、四两组长副组长暂规定每星期二、四参加联会办公"。④

---

①②③④《全国知识青年志愿从军指导委员会秘书处谈话会记录及该处与中央执行委员会秘书处联合办公记录》(1944.10—1944.11),中国第二历史档案馆藏,国民政府全国知识青年志愿从军指导委员会档案,781/15。

从会议记录来看,康泽的确是一位资深的党务工作者,对文件的记录和整理要求较高。该处的每一次会议记录都比较规范,康泽本人也会审定整理稿。他对部属的要求是宽严相济的,在联合办公会议上多次提过办公秩序问题,自己也能很好地听取大家的意见和建议,让人感觉他的驾驭能力比较强。这可能也是学生从军运动和知识青年从军运动都能成功发动起来的一个重要原因。

关于地方征委会的组织工作,中央既有征集办法,对于规章制度、组织机构、负责人员也都有规定,但是这些都只是大体规定,各地再依据具体情况灵活设置。我们以重庆市为例,对地方征委会作概略介绍。重庆贵为陪都,也是党政和军事机关以及院校集中之地,从军配额最多,征集工作也最为繁重。该市征委会具体设置情况如下:"业务机构,设总务、编组、宣传、招待、女青年五科,复按科务性质,分别设股办事,以专责成。但从军运动,事属创举,为力求适合业务需要,于市区内各适当处所或机关学校内,同时设立32个登记处,并请市民医院等7个卫生机关,代本会检查体格,以便利从军青年办理登记、报名、检查等手续;集中招待时,又先后成立8个大队,以便指导与管理;入营时,更于行军路线上,设立青木关、北碚、磁器口三个食宿站,以资接待。总之,本会组织除照规定所设之各科外,其余机构,悉应实际需要而创设,然均已充分发挥其效用。"①

依托党团组织,中央既有原则又有能人,地方既能灵活又有资源,上下互动,协调配合,这是该运动能够成功发动的重要基础。

---

① 《重庆市知识青年志愿从军征集委员会工作总报告》(节录,1945年4月),重庆市档案馆、重庆师范大学合编:《中国战时首都档案文献·战时动员》(下),重庆:重庆出版社2014年版,第1005—1006页。

二、宣传工作

1944年10月11日,发动知识青年从军会议召开,蒋介石到场演讲,希望党员团员以身作则,并当场指定蒋经国、蒋纬国首先应征从军。张治中即席表示立电其在美国的儿子回国从军。国民党中央宣传部部长梁寒操、副部长马超俊、三青团副书记长胡庶华、中央干事何浩若等,也当场签名从军。之后,张群、罗卓英、顾祝同、杨森、祝绍周等国民党要员纷纷送子参军。① 委员长侍从室所有合格青年也均报名应征。

尽管这完全是一场政治秀,但确实极大地推动了知识青年报名参军的潮流。各地报刊纷纷报道以营造热烈气氛。

10月12日,军政部颁发《全国知识青年从军征集办法》,规定征集标准如下:

甲、

知识青年(男性)年龄在十八岁以上三十五岁以下者,其依法缓征缓召及应征服役者均得志愿参加。

1. 超过三十五岁如经特准者亦得志愿参加;
2. 女青年征集办法另订。

乙、

受中等以上之教育或具有相当知识程度者。

丙、

体格标准合于下列各条件者:

1. 身长一百五十二公分以上者;
2. 体重四十六公斤以上者;

---

① 赵秀昆:《青年军的组建和消亡》,《军事历史研究》1994年第3期。

3. 胸围七十六公分以上者；

4. 五官四肢及肺脏正常者；

5. 无重沙眼、痔疾及精神病者。①

11月12日，全国知识青年从军登记正式开始。18日，中国远征军政治部通电全国，欢迎知识青年从军。② 19日，军政部通饬全国各省、市、县政府，党团部及学校，要求按照规定成立各级志愿从军征集委员会，实施从军青年的征集工作，并规定在临近沦陷区之交通口设立征集站，办理战地应征青年转送及招待事宜。"一寸山河一寸血，十万青年十万军"的口号迅速响遍全国，各地青年踊跃报名，沦陷区的青年也开始向大后方聚集。

当时，社会和学校也出现了一些不太协调的声音："报纸常有不妥消息发表，此后关于知识青年从军新闻，交第二组（即宣传慰劳组）办理。"③从整体上讲，全国知识青年志愿从军指导委员会高度重视宣传工作，该运动的宣传慰劳工作主要有以下特点：

（一）注重掌握宣传舆论的主动权

为了掌握宣传主动权，在秘书处成立之初，康泽就要求第二组落实以下几件事，强调对舆情的关注和管控。

一是由该组对舆情实施跟踪和监控："第二组每周星期五应将

---

① 《全国知识青年从军指导委员会组织办法、编练计划等各种法规》，中国第二历史档案馆藏，国民政府全国知识青年志愿从军指导委员会档案，781/5。《全国知识青年志愿从军征集办法》，中国第二历史档案馆藏，国民政府全国知识青年志愿从军指导委员会档案，781/67。

② 《欢迎知识青年从军 报名青年入伍期近》，重庆《大公报》，1944年11月18日，第3版。

③ 《全国知识青年志愿从军指导委员会秘书处谈话会记录及该处与中央执行委员会秘书处联合办公记录》（1944.10—1944.11），中国第二历史档案馆藏，国民政府全国知识青年志愿从军指导委员会档案，781/15。

舆论及报□□□□□□应汇集检讨，提出报告一次。有特别情形随时提出报告，对宣传之应特加注意。"①每周六的常务会上，该组都要汇报舆情。

二是拟在该会交际科设询问处，回答送来该会的各种问题。同时召开记者招待会，采用新闻发言人形式公布相关计划和规定。

三是"请中央、大公、扫荡、商务各报设询问处"，"依本会现有法规答复多方询问。其余经本会明文规定者，送由本会解答之"。后来，由于到报馆询问的人太多，报馆对有些问题也无法解释，就想请全国知识青年志愿从军指导委员会派人前去常驻。但由于种种原因，全国知识青年志愿从军指导委员会决议："各报馆询问处由各报馆自行派人负责，本会仅将有关法规送去，不另派人。"

四是出台《知识青年志愿从军运动宣传计划纲要》，并要求各级征委会因地制宜地制订相应的宣传计划。《知识青年志愿从军运动宣传计划纲要》十分具体，包括发动宣传形式、认定宣传对象、注重精神鼓励、兼顾理智启发、民间动态宣传、配合组织工作、把握各种时机、运用宣传机能等各方面，而且列举了宣传口号、解释说明的主要内容、注意事项等等，非常实用。

（二）注重宣慰工作的针对性

由于国民政府在局部动员阶段做了大量工作，知识青年从军运动可谓是热火朝天。但是，初澜过后，校园很快平息了下来，似乎难以再起高潮。学生踊跃报名参军参战的态度值得高度肯定，但是这种态度在某时某地也会受到其他因素的影响，学生也会因

---

① 本段及以下3段均出自《全国知识青年志愿从军指导委员会秘书处谈话会记录及该处与中央执行委员会秘书处联合办公记录》（1944.10—1944.11），中国第二历史档案馆藏，国民政府全国知识青年志愿从军指导委员会档案，781/15。

此而考虑到种种利益问题。

军统的一份名为"知识青年从军运动真相"的情报显示,在渝各大学态度冷淡,摘要如下:

(一)中央大学:中大知识青年从军征集委员会已于10月31日成立,由校长顾毓琇兼主任委员……此项组织虽已成立,同学中之态度则极为冷淡,四年级学生认为苦了几年,转瞬即可毕业就职政府机关,目前待遇虽薄,但可较抒数年寒窗之苦。如此时从军,则将再苦两年或竟两年以上,且有生命危险。二、三年级学生,则以为不从军即可读书,可以早日完成学籍,从军则两者均不能矣。总之,该校学生对此不生兴趣,缺乏信心,且认政府要员等之签名倡导,系沽名钓誉举动,无人真去从军,其作用不过号召我等及一般低级公务人员而已;即如从军优待办法,亦殊难以置信。故全校教职员及学生,多视若无闻,报名者虽亦有二三人,但一为图书室职员,一为原在军校毕业之学生,其余则尚无一人。又如顾校长之签名从军,同学竟出布告欢送,后虽将此布告撕毁,但已啼笑皆非矣。闻该校最近将开征募大会,再度征求志愿学生。但由该校一般学生如此态度观察,是其结果亦可以想象也。

(二)重庆大学:该校学生认为当局对青年均系诱骗,改善役政缺乏诚意。前有志愿参加教三团之该校学生王成义,曾回校与人谈及从军问题,谓"在陪都所在当兵,仍是吃不饱穿不暖,吃空缺,干部知识低下,当兵无好处"等语,影响颇不小。又如同学间常与以前被征调之译员通信,字里行间,每多带来不满政府待遇及有关不良消息,因此相互传播,全校周知,影响一般学生心理,非但不乐从军,甚至视为畏途矣。

（三）复旦大学：该校情形及学生间之心理，亦与中大、重大相同。是以学校当局虽多方鼓励，校长章益且亲自送子入营，许训导长亦以身作则首先报名，但学生则均无动于衷。闻已报名者，初仅几人，现在已有英语专修科9人，华侨先修班2人，会计室1人，连训导长在内已得13人，较中大、重大略胜一筹而已。①

在此基础上，如何进一步推动知识青年从军运动的各项工作？全国知识青年志愿从军指导委员会针对大学生的心理，主要做法如下：

一是"召集陪都附近专科以上学校校长教授及学生代表座谈以减少征集工作进行之阻碍"，重庆区"拟请罗卓英将军、梁寒操部长赴各校讲演"。②

二是请军事委员会政治部巡回赴各校放映远征军生活电影片，并酌加入美国军队生活情形。

三是"军政部存有数箱远征军服装具拟借来展览"③。

四是积极参加军政部教导团从军学生出征仪式，协助其举办以引起广泛社会关注。

"好风凭借力，送我上青云。"1944年11月11日的从军学生出征仪式，主要是为军政部教导第三团从军学生飞赴驻印军送行，但对当时正在发动阶段的知识青年从军运动起到了很好的宣传效果。该活动是学生从军运动的一部分，由负责编练的

---

① 重庆市档案馆、重庆师范大学合编：《中国战时首都档案文献·战时动员》（下），第994—995页。
②③《全国知识青年志愿从军指导委员会秘书处谈话会记录及该处与中央执行委员会秘书处联合办公记录》（1944.10—1944.11），中国第二历史档案馆藏，国民政府全国知识青年志愿从军指导委员会档案，781/15。

军政部主办。但是，很少有人能清楚地说出，学生从军运动和知识青年从军运动的区别和联系。这次出征仪式的目的也很清楚："为鼓励学生踊跃从军并扩大宣传以配合发动十万知识青年从军运动。"①这将当时正在热烈发动的知识青年从军运动推向了一个新高潮。

该出征仪式的参与单位有：

> 新运（即新生活运动）总会、中国电影制片厂、重庆市国民兵团、后方勤务部、中央广播事业管理处、社会部、卫戍总部、市商会、青年团重庆支团部、重庆市丝绸呢绒布工会、青年团中央团部、重庆市警察局、重庆市电影戏剧业公会、重庆市新兵服务社、教育部、军事委员会政治部、重庆市党部、宪兵司令部、中央通讯社、市政府、市社会局、妇女指导委员会、慰劳总会、银行公会。②

邀请的军政要员有：

> 何（应钦）总长、刘（峙）总司令、张（治中）部长、贺（耀祖）市长、方主任委员（疑为方秋苇）、陈（立夫）部长、梁（寒操）部长、康（泽）主任秘书、胡（庶华）副书记长。③

活动分工如下：

> 教三团曾团长担任会场警卫，请宪兵司令部派兵担任（警卫）；

---

①②③《全国知识青年志愿从军指导委员会接管军政部教导第三团、怀太、柳庆师管区等志愿从军人员、设备情形》，中国第二历史档案馆藏，国民政府全国知识青年志愿从军指导委员会档案，781/28。

妇女慰劳总会转请十位夫人及女孩十位向远征□□兵代表献花；

赠旗由各机关团体制赠；

慰劳品计分毛巾、牙刷、牙粉（膏）、黑袜、手帕多种，每种应以一千份为原则，除毛巾由全国慰劳总会筹集外，余由市商会同公会先行筹集；

慰劳金由银行公会募集；

会场由兵役署供给材料，新运总会协同布置；

车辆（四十辆）及汽油由后勤部拨发；

沿途干粮约需五天食量，由后勤部拨发；

由社会局发动人民团体参加欢送；

国民兵团于行列经过时领导民众欢呼鼓掌燃放鞭炮；

邀沙坪坝青木关各校派学生代表参加大会；

邀国民兵义勇、警察及机关代表参加大会；

摄制新闻片由中央电影摄影场、中国电影制片厂、国际宣传处担任；

大会及游行时须用之播音器函请中央广播事业管理局借用并派员装置；

大会及游行时所需乐队请卫戍总部、宪兵司令部、警察局及本部乐队担任。①

虽然各地都有欢送知识青年从军出征的相关仪式，但是，这次出征仪式在目前的档案资料中是最大规模的一次，可谓是知识青

---

① 《全国知识青年志愿从军指导委员会接管军政部教导第三团、怀太、柳庆师管区等志愿从军人员、设备情形》，中国第二历史档案馆藏，国民政府全国知识青年志愿从军指导委员会档案，781/28。

年从军运动的高潮,也在社会上产生了重大影响。

高等院校的征委会则是做了很多宣传与慰劳工作。例如,中央大学举行了盛大的欢送仪式,在入营之初四次派人慰劳从军学生,并分发纪念证章,校长夫人还赠送各位从军学生手帕一方以为纪念。① 在一系列针对性宣传的推动下,到1944年12月,中央大学的报名数竟达在校生的1/3,动员效果十分明显。

(三)注重宣传的艺术性

在全国知识青年志愿从军指导委员会刚启动工作之时,就有人提出制作相关的艺术作品,这也是宣传慰劳工作中强调"激发青年之爱国心,责任心及荣誉感,极力避免以物质待遇为宣传主要题材"的具体工作。

11月1日,该秘书处第二组联合办公会议提出:"请宣传部、政治部、教育部、青年团各附属剧团编拟剧本。于十一月廿日前,征求有关青年从军剧本,以便知识青年入伍后宣慰之用。以指委会名义举行剧人、文艺作家座谈会,征求优良剧本,及其他有关青年从军歌词,稿酬可较一般稍高。"②

但是,3日,第二组提出:"关于请宣传部等各附属剧团编拟剧本,已经通知。惟恐不能如期办到。又召集剧人、文艺作家座谈会,经研究后,认为无多大效果,拟请以指委会名义,以二十万元登报征求剧本(限一月内应征)为有效。"该提议很快通过。

---

① 《国民党中央大学知识青年从军征集委员会呈报该会成立、从军学生名册及有关发动青年从军之会议报告等文电》,中国第二历史档案馆藏,国民政府全国知识青年志愿从军指导委员会档案,781/121。

② 本段及以下3段均出自《全国知识青年志愿从军指导委员会秘书处谈话会记录及该处与中央执行委员会秘书处联合办公记录》(1944.10—1944.11),中国第二历史档案馆藏,国民政府全国知识青年志愿从军指导委员会档案,781/15。

这次艺术作品的征集确实是重酬。"征求剧本、歌曲奖金二十万元,拟分配如次:(一)剧本分三等,一等一名,奖金五万元。二等二名,奖金各三万元。三等三名,奖金各一万元。(二)歌曲分三等,一等一名,奖金二万元。二等二名,奖金各一万元。三等三名,奖金各五千元。"

该征集见报后,重金之下应征者众多,稿件不断寄来,评审日期一再推迟,评审经费也在增加。"关于应征剧本及歌曲之审查,前经决定于十二月十日截至收件,兹为便利远道者之应征起见,拟展延至十二月二十五日截止,并以邮戳为凭,已收各件,先由第二组陆续作初步评审,再于三十四年元月四日,交陪都青年馆组织评审委员会开始评审,预计一星期评审完毕,□需食宿交通等费计十二万元,由本会照发。""秘书处报告:关于审查剧本歌曲之经费,经上次常会核定为十二万元,兹以不敷开支,拟准增拨四万五千元。"

经过评审,"计剧本取录五名、歌曲取录七名","入选之歌曲仍须定期请国立音乐院及中华交响乐团试奏……歌名剧名改定及歌曲试奏后再评定发表"。①

非常遗憾的是,此次工作完成时,征集工作(除女青年外)早已结束,输送工作已经开始(自1月1日起,各地青年开始入营)。此次花费重金征集的作品没有在动员和征集阶段发挥作用。

(四)注重解决从军青年的实际需求

在宣传与慰劳工作中,全国知识青年志愿从军指导委员会比较重视解决从军青年的实际需求。特别是在慰劳阶段,指委会颁

---

① 《全国知识青年志愿从军指导委员会常务委员会第一至十三次会议记录草稿及第一至第十二次常会决定事项一览表》(1944.10—1945.2),中国第二历史档案馆藏,国民政府全国知识青年志愿从军指导委员会档案,781/11。

布了《从军知识青年慰劳办法》,并协调了相关的社会团体和知名人士帮助慰问。

《从军知识青年慰劳办法》规定,知识青年集中和入营后应进行慰问,具体规定如下:

(一)集中期间,机关长官负责人或校长约从军者个别谈话或茶叙、餐叙并函慰各该青年家长;各县市、各学校应举行盛大欢送会;当地机关、法团首长参加并赠献纪念或慰问物品;各车站、码头等准备临时休息处所及供应茶水等设备;各接送站于从军人员到达时,先飨以红糖姜开水,继供之以粥,晚间供暖水洗脚及炭盆烘雨淋之湿衣,各卧榻均须铺干燥之稻草。

(二)入营期间,从军青年到达各集中训练地点入营时,当地各界应举行盛大欢迎会;入营时从军青年整队游行,通衢发动民众热烈欢送并分区接受民众之慰劳仪式或献花献旗。

(三)训练期间,应注重平时慰劳与季节慰劳;经常办理电影、戏剧、歌咏、音乐等娱乐活动;发动各界各业入营慰劳,敦请青年平日信仰之社会人士赴各集训处所访问从军青年并予勉励。①

1945年2月,青年远征军二〇一师来信请求发给从军青年皮鞋,"情辞迫切,究应如何办法,请公决"。该会秘书处决议:"关于该师请求自可同情,但各师事同一律,故应作七师之统筹打算,可

---

① 《全国知识青年从军指导委员会组织办法、编练计划等各种法规》,中国第二历史档案馆藏,国民政府全国知识青年志愿从军指导委员会档案,781/5。

由会函商全国慰劳总会及妇女慰劳总会征募。"①后来,这些从军青年的愿望实现了,全国慰劳总会及妇女慰劳总会给大家都发了皮鞋。给普通的战斗列兵配发皮鞋,这在当时是破天荒的事情,一般部队的军人对此都十分羡慕。

第二节 征集与优待

征集工作是国防动员的关键环节。对于知识青年从军运动来说,因为知识青年从军可以享受优待,所以征集工作非常顺利。但是,该运动征集阶段的主要问题也是优待引起的。优待是征集的双刃剑,处理得当是有助于征集的,但处理不当,反而对征集工作有相当不利的影响。

一、征集对象与优待政策

在知识青年从军运动发起之后,国民政府和所属各部发布了一系列的法令以优待从军青年及其家属。10月11日—14日,发动知识青年从军会议召开,审议通过了《全国知识青年志愿从军征集办法》。该办法对于相关优待有两条规定:

六、待遇:除照远征军之待遇办理外,副食费酌量增加。

八、优待:入伍期间家属之优待及退伍后就学就业之奖励另行规定。②

---

① 《全国知识青年志愿从军指导委员会与中央执行委员会秘书处联合办公记录》(1944.11—1945.4),中国第二历史档案馆藏,国民政府全国知识青年志愿从军指导委员会档案,781/14。

② 重庆市档案馆、重庆师范大学合编:《中国战时首都档案文献·战时动员》(下),第944页。

10月18日,全国知识青年志愿从军指导委员会常务委员会第一次会议召开。该次会议"依照《全国知识青年志愿从军征集办法》第八项之规定,订定《知识青年志愿从军优待办法》,提由本会第一次常务委员会议修正通过,送由钧会(即军事委员会)提国防最高委员会核准备案"①。

28日,全国知识青年志愿从军指导委员会常务委员会第二次会议召开。该次会议针对如何施行该优待办法进行讨论,力求避免如此优待可能产生的大量社会问题。该次会议在原拟方案上,对最重要的三条进行了修正,而后提交国防最高委员会核定施行。具体修正情况如下:

"三、知识青年志愿从军自入伍之日起其本人得享有下列之优待"的"(一)原任职于各级党政教育机关者保留其职务,并按月照发其薪津及其他给与"更改为"(一)原任职于各级党政教育机关者保留其职务";"(二)原从事于国营公营商营事业者由原机关保留其职务,并照发其薪及其他给与"更改为"(二)原从事于国营公营商营事业者由原机关保留其职务"。

"六、知识青年因作战阵亡或受伤残废与积劳病故者,除由政府照规定从优抚恤外,其家属得由原机关学校优恤救济:(一)有子女者至其子女成年为止;(二)无子女者至其配偶死亡为止;(三)无配偶者至其直属父亲母亲死亡为止。"更改为"六、知识青年因作战阵亡或受伤残废与积劳病故者,除由政府照规定从优抚恤外,其家属得由原机关学校优恤救济。"

---

① 《全国知识青年志愿从军指导委员会与中央执行委员会秘书处联合办公记录》(1944.11—1945.4),中国第二历史档案馆藏,国民政府全国知识青年志愿从军指导委员会档案,781/14。

"七、知识青年志愿从军得于服务完毕后,由原学校、原机关刻碑列名,以示崇敬。"更改为"七、知识青年志愿从军得于服役完毕后,由原学校、原机关刻碑列名,以示崇敬。"①

该次会议决定:"本办法经照上列各点修正后送请军事委员会命令公布";"原经国防最高委员会核准备案之优待办法中不可公布之上列各点,应分别由行政院军事委员会命令各机关照办"。②

这两次会议之间间隔了10天,而这段时间也正是知识青年从军运动发动的关键时间。社会对优待条文的关注度非常高,而且相关条文也已经流传出去。通过爬梳相关史料,我们可以见到该优待办法的几种版本,与最终修正案都有一定出入,这也说明当时社会已经知晓相关条文内容。

11月3日,教育部公布《志愿从军学生学业优待办法》③,对从军学生除了一律保留学籍,还采取退伍时免试升学、减少学期、优先录取等优待办法,推动学生从军。

14日,国民政府行政院公布《知识青年志愿从军优待办法》④,这是国民政府第一次正式发布面向全体知识青年的法令。行政院公开颁布的是修正案,对于所删除的优待条文则用密电通知各行政机关照办。相关删除内容不对外公开,避免引起不必要的麻烦。

---

①②《全国知识青年志愿从军指导委员会常务委员会第一至十三次会议记录草稿及第一至第十二次常会决定事项一览表》(1944.10—1945.2),中国第二历史档案馆藏,国民政府全国知识青年志愿从军指导委员会档案,781/11。

③《志愿从军学生学业优待办法》(1944年11月3日),朱汇森主编:《中华民国史事纪要(初稿)——中华民国三十三年(一九四四)十月至十二月》,第332页。

④《全国知识青年从军指导委员会组织办法、编练计划等各种法规》,中国第二历史档案馆藏,国民政府全国知识青年志愿从军指导委员会档案,781/5。

该《办法》规定了参军者本人享有下列之优待：

原任职于各级党政教育机关者和从事于国营、公营、商营、私营者，由原机关保留其职务；原肄业于各级学校者保留其学籍。

同时规定了其家属享有下列优待：

（一）继续享受原服务机关有关优待职员家属之各项待遇；

（二）领取入伍补助金，其不愿领者，可另给名誉奖励。（入伍前由本人或家属具领其应得之奖励金五千元。）

另外还规定参军者退伍后享受下列优待：

（一）原任职于各级党政教育机关及国营、公营、商营、私营者，得依本人志愿仍由〔回〕原机关服务，该机关不得藉任何理由拒绝其服职，并须给予升迁之优先机会；

（二）学生得依本人志愿，仍回原校，其原系公费生免费生及领有奖学金者一并恢复。并特许参加升级考试；

（三）凡参加留学考试及各种考试应予以优先录取之机会；

（四）凡志愿参加国内外军事学校以及出国研究深造者由政府择优优先保送之。

11月20日，考试院颁布《从军知识青年退伍参加考试优待办法》①，对退伍人员在资格、年龄、考试科目、成绩等方面予以优待。

---

① 《从军知识青年退伍参加考试优待办法》（1944年11月20日），朱汇森主编：《中华民国史事纪要（初稿）——中华民国三十三年（一九四四）十月至十二月》，第508—509页。

30日,行政院又颁布《从军青年家属优待办法》①,总计10条,通令各机关予以执行,为从军青年解除后顾之忧。

12月8日,兵役部公布《优待征属改进办法》②,鉴于物价上涨过快,要求发给征属的优待金均以实物兑现;入伍军人的家属,如系赤贫,以4人为限,国家每年发给黄谷2市石或小麦1市石;对有耕作能力的征属,对现住保内的土地享有优先租佃权等。

在各方的努力下,知识青年积极报名从军,应者如潮。西南联大曾有一日间187人报名从军之事,中央大学三日内有一千余人从军,其中工学院报名者达半数以上。1944年11月1日起,每日前去征集委员会登记处报名应征者达七八百人,而兵役署十日内登记报名总数达4 970人,其中合格者为3 485人。③ 1944年底,各地报名体检合格人数已逾10.5万。据12月初的一次统计,中央大学、重庆大学两校报名数竟达在校生总数的1/3④,这与军统调查情报中征集之初的情况截然不同。公务员、教师、工人、农民、商人,甚至宗教界人士也纷纷参军。

郭绍仪在40年后回忆道:"各地从军青年纷纷向指定地点集中,其时我们一批人自重庆取道成都去汉中,沿途一车一车的从军青年,彼此逆向而过,每一车上都插有临时制作的'青年远征军'的旗帜,两边悬挂'一寸山河一寸血,十万青年十万军'的标语,大家

---

① 《从军青年家属优待办法》(1944年11月30日),朱汇森主编:《中华民国史事纪要(初稿)——中华民国三十三年(一九四四)十月至十二月》,第600—601页。
② 《国内动态:兵役部规定优待征属改进办法,赤贫者每人年发谷二市石》,福建永安《民意》1945年第2卷第1期,第53页。
③ 《本市知识青年从军集会工作进展》,重庆《中央日报》,1944年11月14日,第3版。
④ 《中大重大从军高潮》,重庆《中央日报》,1944年12月6日,第3版。

碰到了,彼此抛赠纪念品,高呼口号。在休息时碰到了,则彼此自报姓名,用力握手,互相祝福,那种气氛,简直就是壮士出征,慷慨壮烈,无怪乎青年从军运动有如迅雷,震撼了祖国的原野。"①可见当时场面之热烈,以及动员征集工作之成功。

二、特定对象的征集与优待

特定对象的征集及其优待政策的制定不仅牵扯了全国知识青年志愿从军指导委员会秘书处的大量精力,也直接关系到役政的公平与否。该运动中的优待政策在一些地方是超越历史且不太可能完全实现的,这个问题是因为该运动的局限性而形成,也反映了该运动的局限性。

(一)对女青年的征集

国民政府依靠党团组织领导和动员知识青年参军,在原定征集10万知识青年从军的计划人数中,规定党团各占半数,并把名额分配下去。其中并没有考虑到征集女知识青年的问题。但是,在实际动员过程中,妇女组织也表现出了极大的热情。

对于女知识青年的征集,国民政府则考虑再三。早在1943年11月15日,兵役署副署长徐思平在各学校演讲时,就有一些女生哭求参军。1944年1月19日,军政部在《学生志愿服役办法》中特地对女青年从军作了明确的规定,女青年从军开始有了法律规定。

1944年10月14日,就在发动知识青年从军会议闭幕式当天,《中央日报》发表社论呼吁要考虑女知识青年从军:"予志愿到前方

---

① 郭绍仪编著:《青年远征军志略》,第36页。

服务的女青年以看护伤病兵的训练,让女青年也与有服务国家的光荣,这是值得考虑的问题。因为同为国民一份子,在为国家服务中本不应有男女之分,仅有何事以男子担当为宜,何事以女子担当为便的区别,过去把知识分子看作特权阶级的观念已经需要彻底的改正,现在既发动男青年从军,则女青年到前方服务也成了合理的要求,前方本需要大量的白衣战士,由知识女青年去做白衣战士,何尝不是最合理的处置?"①

10月27日,陪都各妇女团体组织了女青年从军谈话会,并推请女界代表面陈潘公弼副主任。她们还组织了陪都各妇女团体推进知识女青年从军运动联席会议,以期推动该事宜。

不久之后,11月10日,陪都各妇女团体联席会议代表趋谒秘书长吴铁城,提交意见书。她们说,女青年军工作范围一项,仍有扩大必要:"拟请仍将军需、情报、卫生工作列入,以妇女秉性细密,宜于担任此类工作也。至于缝纫工作以普通妇女均可担任,似可不必列入。""查妇女从军涉及问题颇多……此事由女性处理较为适宜,故曾请贵会增设女性委员若干人,并祈予以实际工作机会,俾有所建树,又各省市及各专科以上学校征集委员会中亦请设女性委员。征集之际,并请指派富有认识、富有经验之女性工作人员,与应征女青年个别谈话,将各种实际问题详加指示,务使应征者慎重考虑,藉以避免各种纠纷。"②后来,全国知识青年志愿从军指导委员会就听取了她们的建议,要求中央组织部妇女运动委员会、妇女指导委员会和青年团中央团部女青年处派高级人员参加

---

① 《知识青年从军运动的方案》(社论),重庆《中央日报》,1944年10月14日,第2版。
② 《重庆市知识青年从军征集委员会青年从军籍贯、人数统计表及女青年从军规划、调查表等材料》,中国第二历史档案馆藏,国民政府全国知识青年志愿从军指导委员会档案,781/75。

联合办公。①

经过各方讨论,同意征集女知识青年从军。但是,关于女青年从军资格一项,规定须受中等以上教育,她们认为:"初中女生血气未完,认识不够,稍一不慎易生事端,拟请明确定为高中毕业,藉以提高素质。"②11月24日,军政部发布《女青年服务队征集办法》,规定征集标准为:

  甲、知识女青年十八岁以上三十五岁以下者,均得志愿参加(后加:无子女负累)。

  乙、受中等以上教育或具有相当程度者。

  丙、体格合于下列条件者(后改:体格健康无怀孕现象者):

  (一)身长一百五十公分以上者;

  (二)体重四十公斤以上者;

  (三)胸围七十二公分以上者;

  (四)五官四肢及肺脏正常者;

  (五)无重沙眼痔疾及精神病者;

  (六)无怀孕现象及妇科病者。③

---

① 《全国知识青年从军指导委员会成立、申请各单位派员参加办公及中央各机关征委会成立组织办法、委员名单等》,中国第二历史档案馆藏,国民政府全国知识青年志愿从军指导委员会档案,781/3。

② 《重庆市知识青年从军征集委员会青年从军籍贯、人数统计表及女青年从军规划、调查表等材料》,中国第二历史档案馆藏,国民政府全国知识青年志愿从军指导委员会档案,781/75。

③ 《全国知识青年志愿从军指导委员会常务委员会第一至十三次会议记录草稿及第一至第十二次常会决定事项一览表》(1944.10—1945.2),中国第二历史档案馆藏,国民政府全国知识青年志愿从军指导委员会档案,781/11。

上述要求与男青年征集标准的不同之处,在于强调征集对象是成人女青年,并以"胸围七十二公分以上"来衡量。后来规定的女青年服役时间也短于男青年,仅仅服役两年。(男青年原本应该服役三年,后来由于抗战结束,知识青年要求复学的情绪激烈,服役时间由三年变更为两年,实际服役时间仅有一年半。)

女青年征集主要由三青团来负责,"应征知识女青年应先向各学校各地三民主义青年团分团部填具申请登记表,再由征集委员会举行简易常识测验及体格检查征集之"①。

除了法定的优待内容,在具体征集过程中,对女青年也是十分优待的。12月21日,全国知识青年志愿从军指导委员会秘书处联合办公会议决定:"关于女青年之征集经费,各依照普通给与,省征委会标准以每人贰拾元计算,似量过少,经高秘书与魏副组长会商,拟以每人贰佰元计算,另编预算,在预备费项下开支,由第一、三组核明分别汇发。""女青年服务总队所需杂兵伙夫不在女青年原定二千名额内……服务总队杂兵伙夫容以男性担任为宜,抑以女性担任为宜,征召女性是否可能,请女青年代表先会商研究于下星期二提出报告。"②后来,由昆明到重庆报到的女青年"请求搭乘中航机来渝报到入营",指委会秘书处立即决定"由本会派员与中航公司洽商"。③ 由此可见,预算、杂役、交通等各方面都考虑周到,

---

① 《全国知识青年从军指导委员会组织办法、编练计划等各种法规》,中国第二历史档案馆藏,国民政府全国知识青年志愿从军指导委员会档案,781/5。
② 《全国知识青年志愿从军指导委员会常务委员会第一至十三次会议记录草稿及第一至第十二次常会决定事项一览表》(1944.10—1945.2),中国第二历史档案馆藏,国民政府全国知识青年志愿从军指导委员会档案,781/11。
③ 《全国知识青年志愿从军指导委员会与中央执行委员会秘书处联合办公记录》(1944.11—1945.4),中国第二历史档案馆藏,国民政府全国知识青年志愿从军指导委员会档案,781/14。

尽可能给予优待。这在以往的役政中是很难想象的。

根据《全国知识女青年志愿从军服务队征集实施办法（1944年11月）》："全国应征之知识女青年2 000人,由重庆、成都、西安、贵阳、昆明等地区之征集委员会及该地区内专科以上学校征集委员会征集……各地征集分配数额如下:重庆800,成都500,昆明300,贵阳200,西安200。"以上五处均为西南地区和西北地区最重要之城市和交通要道,也是学校和知识青年比较集中的场所,按照设想是能够很好地完成征集定额的。上述规定还明确了超额的办法:"各地应征合格,如超过分配数额时,以抽签方法决定之,其未中签者,可保留名额,待下期征集之。"①

出乎意料的是,由于种种原因,后方原定2 000人的征集定额,在报名时已经超额,但是到了具体集结时,只报到了700余人。在前方的第三战区,另行计划征集800人,到报到时只有400余人。由此可见,无论前方还是后方,女青年的征集计划只完成了一小半,未能全额征集。

"各地征集时间,自三十三年十二月十五日起至三十四年一月十五日止","集中地点及日期,以重庆、成都、西安为集中地点,集中日期定于三十四年二月一日"。②该时间迄止,也由于交通等种种原因,被迫延后。

---

①② 重庆市档案馆、重庆师范大学合编:《中国战时首都档案文献·战时动员》(下),第981页。

以上种种困难,既有征集工作(负责报名)和编练工作(负责集结)衔接的问题——各地交通没有能够有效保障,也有来自家庭和社会的阻力——女青年一时冲动,报名非常踊跃,但思前虑后,最终成功应征奔赴军营者并不多。

(二)对军人的征集

由于知识青年从军运动中优待条件里的留职留薪待遇颇为诱人,各方报名热烈,在其他军中服务的人员报名也比较踊跃。10月30日,军委会军令部通讯总所总所长方砚农来函询问如下:

> 事由:本总所官兵纷请从军,其待遇如何,请解释,并检赐从军办法一份。
>
> 迳启者:自中央倡导拾万知识青年从军运动后,全国有识之士莫不热血沸腾,踊跃投军,近据本总所官佐亦纷请投军远征,其志殊为可嘉,惟以详细办法不明,是否与党政机关一律待遇,相应函请赐予解释并检赐投军办法一份,以资参阅,至纫公谊。①

国民党军队没有实行军籍制度,而战争时代党政军一体化现象明显,穿军装、戴军帽、佩戴军用符号的人所在多有。那么,究竟谁才算是军人? 这是一个非常棘手的问题。11月27日,后勤部驻川粮秣处的刘建秋来函如下:

> 事由:本人现在后勤部驻川粮秣处工作,是否为现役军人? 从军后可否仍留原职薪?
>
> 迳启者:本人于十一月十六日在中华路六十号业已登记报名,经体检合格,仍回原机关服务,待命集中入营受训。阅

---

① 《全国知识青年志愿从军指导委员会接管军政部教导第三团、怀太、柳庆师管区等志愿从军人员、设备情形》,中国第二历史档案馆藏,国民政府全国知识青年志愿从军指导委员会档案,781/28。

> 本(廿七)日报载 贵会解释"从军疑问数则",内有(现任军用文职人员,为视同现役军人,必须辞去原有职务,始能志愿从军,自不能享受留职留薪)一则。
> 　　查本人现服务于后勤部驻川粮秣处,是否现任军用人员,或现役军人?请详为解答,至留职留薪由否?本人毫不过问,不过刻为家属所累,每日生活,全赖区区应得薪津供给,若一旦他去,则生活无着。本人原为抗战军人,已服务前方数载,经各省抗日之役,达六年之久。因在湘集训,奉令返川接兵。适值母病故,请假返里治丧。安葬后,因家庭无人统系,乃送子剑云入伍于辎汽团学习驾驶,尚余妻女各一,生活堪虞,故暂谋技于粮秣处,以待时机,现有此从军机会,正其时也。但本人决心已定,自不能待长官准否,绝对入营,所可虑者,万一不能留职留薪,贵会能否在未入营前给以相当证件,使妻有职业营生,女能不断入学,得此公私两尽,以上数点,敬祈详答为荷。①

指委会秘书处将此类问题交予兵役署役政司副司长方秋苇(临时兼该秘书处秘书)研究。10 月 31 日,方秋苇报告:

> 　　关于现役军人应征,拟照左列解释:1. 现任陆海空军军官佐,为现役军人,非依法退伍,不能脱离现役。2. 现在军事机关军佐军属人员,应视同现役在营论,已具有军人身份,应充志愿兵为要。②

---

① 《全国知识青年志愿从军指导委员会接管军政部教导第三团、怀太、柳庆师管区等志愿从军人员、设备情形》,中国第二历史档案馆藏,国民政府全国知识青年志愿从军指导委员会档案,781/28。
② 《全国知识青年志愿从军指导委员会秘书处谈话会记录及该处与中央执行委员会秘书处联合办公记录》(1944.10—1944.11),中国第二历史档案馆藏,国民政府全国知识青年志愿从军指导委员会档案,781/15。

但是，关于"军事机关"范围之解释，与会者讨论认为不明确，"仍请方秋苇同志研究提出具体解释报告"①。11月1日，方秋苇报告：关于"军事机关"之解释，请多提问题，以便研究。由此可见，"谁是军人"这样一个今天看来十分简单的问题，在抗战时期，却连负责兵役设计委员会工作的役政司副司长也难以说清。

经过多次研究和讨论，徐思平秘书长（后为兵役署署长）最后报告，有关现任军事机关之官佐及军人的志愿从军办法如下：

（一）现任军事机关及陆海空军官佐与士兵，为现役军人，非依法退伍，不能脱离现役，自亦不能参加志愿从军。

（二）军事机关之军属人员（即军文人员，如军简、军荐、军委等），如经原机关主管人员许可者，得志愿从军。

（三）非军事机关之军职人员（如训练机关之各级队长与各学校之军事教官等）已具有军人身份者，视同现役，如第一条之规定。

（四）非军事机关之非军职人员，其具有军人身份者，亦得志愿从军。此项人员，于从军入伍后，经考核合格，亦得按其资历能力，以军官佐任用。（失业军官佐亦照此规定办理）②

该规定后来由该会常委会通过，向社会公告。

但上述办法，对于很多军中文员来说，确实有不平之处。兹有军政部无线电总台报务员高天俊来函摘要如下：

---

① 《全国知识青年志愿从军指导委员会秘书处谈话会记录及该处与中央执行委员会秘书处联合办公记录》(1944.10—1944.11)，中国第二历史档案馆藏，国民政府全国知识青年志愿从军指导委员会档案，781/15。

② 《全国知识青年志愿从军指导委员会接管军政部教导第三团、怀太、柳庆师管区等志愿从军人员、设备情形》，中国第二历史档案馆藏，国民政府全国知识青年志愿从军指导委员会档案，781/28。

指导先生：

　　自这次发动十万青年从军的热潮掀起后，全国各地的青年，正热烈的响应着这伟大的号召……我也是被这热潮的掀起者，我是服务这军政部无线电总台的一个公务员（现充任无线电报务员），我很热诚的响应了这个号召以后，就直接的向我们的主管长官申请报名。但据我们的主管长官说：我们已属服役的军人，尤其我们是军事机关，并不是一般党、政、学校等类，可以不必参加。据报纸的载露，在这次应征的青年公务员，对其原职原薪，应以保留，并有另外对家属优待等，反正经我们长久时间的谈话，我猜想他，也不知是怕麻烦，也不知是怕要他的钱，或者怕人员不够用。总之，你一定要去，是可以的，但留原职原薪及优待家属等，那是不可能的……这不是有志者事不能成吗？若说我们是军事机关，不能报名，那么天天可以看到今天某处长或课长，或军委会的参议，这不都是服务这军事机关的吗？缘何他们又能由机关保送去呢？或志愿去呢？何况我们又并不是一个军队，我相信我们是有资格参加的，关于提到留职留薪及优待家属问题，这是政府里的一种规定，设若准予从军的公务员，就必定有享受这种规定的权利……翌请指导先生给予我一个详细的答复，以便今年者再呈请我们的主管长官给予我一个圆满的结果。①

　　以上信中所述，实际涉及两个问题：一是对军人征集相关规定本身的疑问，二是对军中征集不平等现象的疑问。前者是法规问

---

① 《全国知识青年志愿从军指导委员会接管军政部教导第三团、怀太、柳庆师管区等志愿从军人员、设备情形》，中国第二历史档案馆藏，国民政府全国知识青年志愿从军指导委员会档案，781/28。

题,后者是作风问题,后者显然对前者也有着较大的影响,会放大和加剧前者。

(三)特准逾龄人员应征办法

由于蒋介石在发动知识青年从军会议上当场指定蒋经国、蒋纬国从军,故会场上许多国民党军政要员也纷纷要求从军。"中央机关首长、社会领袖名流,如梁寒操部长、马超俊副部长、胡庶华副书记长、参政员孔庚等……均以逾龄之年,首先签名从军。中正大学教授袁昂、徐量如、王麟祥、辰溪岳麓中学校长,浙省府视察程一林,诸暨县长税连河,重庆工作竞赛委员会组长耿承、科长宋化群、专员熊曼、总干事万华柏,广州大学校长王志远等,均先后响应报名。"[①]委员长侍从室全体人员也要求从军,除此之外,蒋介石还特批了一些逾龄人员从军。

这种政治作秀,给征集规划工作带来了一些麻烦。如何安排这些逾龄人员?这个麻烦也交给了兵役署役政司副司长来研究。

11月10日,方秋苇报告对特准逾龄人员应征办法之意见。与会人员指出,首先,必须解释"逾龄"二字之定义;其次,对人数不必限制,惟"任务"及"标准"应严予规定。

从任务和标准上来对逾龄人员进行限定,这确实是高明的处理办法。后,秘书处拟定逾龄志愿从军者处理办法,提交指委会常会审议通过(全委会已经授权常会,通过即可公布):

  1. 逾龄志愿从军者之特准标准,以年在三十六岁以上,四十五岁以下,经原服务机关许可,体格合格于全国知识青年志愿从军征集办法所订标准及具有合于军事需要之特殊技能者

[①] 重庆市档案馆、重庆师范大学合编:《中国战时首都档案文献·战时动员》(下),第991页。

为合格;

  2. 此项人员之使用以派充军中辅助勤务为原则;

  3. 各地逾龄应征者由各地征集委员会登记检验合格后另立专册层转全国知识青年志愿从军指导委员会按实际需要数额遴选征集入营。①

对于"合于军事需要之特殊技能者","函请编练总监部将需要人数及须具何种技能见告,并详加研究,提出具体意见"②。按照这种处理,逾龄从军者得首先取得军事委员会全国知识青年志愿从军编练总监部的认可才行。

之后,由于较多逾龄人员报名,监察院也感到难以处理,来函建议:"凡逾龄党政高级干部人员请求从军请勿接受以符事实。"秘书处请示常会,"关于逾龄志愿从军者处理办法经决议有案应否再加限制",最后决议"凡年逾四十五岁者不必应征,卅六岁以上四十五岁以下者仍照本会第四次常委会决议办理",③即不再加以更高的限制。

即使不再加以更高的限制,在方秋苇的设计下,逾龄人员报名从军事宜际已与全国知识青年志愿从军指导委员会及其秘书处脱离关系了。要想从军,必须征得编练总监部同意,并要有"军事需要之特殊技能"。可以想象,应者寥寥。

---

①③《全国知识青年志愿从军指导委员会常务委员会第一至十三次会议记录草稿及第一至第十二次常会决定事项一览表》(1944.10—1945.2),中国第二历史档案馆藏,国民政府全国知识青年志愿从军指导委员会档案,781/11。

②《全国知识青年志愿从军指导委员会与中央执行委员会秘书处联合办公记录》(1944.11—1945.4),中国第二历史档案馆藏,国民政府全国知识青年志愿从军指导委员会档案,781/14。

（四）对工厂工人及商店店员的征集

对工厂工人及商店店员的征集，主要工作是解释优待规定和协调落实该规定。

11月11日，全国知识青年志愿从军指导委员会常务委员会决定，经秘书康泽加以研究，拟其意见如下：

> 一、在工厂服务之知识青年志愿从军后原工厂之职位及应有权益可依"知识青年志愿从军优待办法"第三条第二款之规定办理，但在工厂原无固定职位，如承包工匠等不得适用；
>
> 二、商店店员亦得援用上项规定由社会行政机关令饬各同业公会办理；
>
> 三、俟退伍时如原服务之工厂或商店停业后，由社会行政机关按各所业优先介绍其就业。①

按照优待办法，工厂工人及商店店员均应享受留职留薪优待，但这显然不切实际。机关公教人员的职务与薪水主要由国家和党团负责和负担，而工厂工人及商店店员的职务与薪水则由工厂和商店负责和负担，这直接牵涉到工厂与商店的利益问题。

1945年3月13日，中国汽车制造公司向国防最高委员会呈函，摘要如下：

> 查敝公司职员及技工参加知识青年从军者颇多，敝公司深为嘉尚，当经遵照钧会核定施行之知识青年从军优待办法第三条第二款之规定，保留其职务以符钧会优待爱国青年之至意。惟其中有要求继续照发原有薪金及各种津贴之全部

---

① 《全国知识青年志愿从军指导委员会常务委员会第一至十三次会议记录草稿及第一至第十二次常会决定事项一览表》(1944.10—1945.2)，中国第二历史档案馆藏，国民政府全国知识青年志愿从军指导委员会档案，781/11。

者，窃敝公司绝对赞同立即积极改善吾国军人待遇之原则，惟应如何群策群力以实施优待办法，则似有须斟酌之处。

敝公司事业为国防工业之一，最愿在增加生产及减低价格方面致力，以贡献于国家。敝公司员工大多数属从军年龄，假定半数从军，统须照领薪工津贴则生产量减半而开支则照旧，成本价格自须增加，倘各工厂从军员工多少不一，则多者之成本势必超出少者。如果政府对于因此而负担多成本大之工厂出品，全数照价收买，自无问题，如其不然，则优待军人军属之办法，似应采加重税收方法，良以税捐规定，一视同仁，至盈利多者则有过分利得税以征取之。

敝公司对于纳国家各种税捐之义务，向来绝对奉行，今对于该条文所称，由原机关保留其职务之规定解释为祇留其职位矣。从军归来时，仍给予原有职务工作，但在未返工期内，其薪津全部概行停给不审此解释有无错误，上述政府颁布之优待青年军人办法是否包含应继续照发薪津全部或一部分之意义，理合备文呈询敬请赐予解释，俾便祇遵。①

蒋介石将此呈文转批"送全国知识青年从军指导委员会"。该委员会原拟优待办法确实是"原从事于国营公营商营事业者由原机关保留其职务，并照发其薪及其他给与"，但是后来对外公布时删除了后半句，也就是对外公开要留职。同时，该委员会以密电形式通知各地行政与党团机关"并照发其薪及其他给与"，主要也是考虑企业发给薪水的复杂情况，这具有弹性的规定实际是希望企

---

① 《全国知识青年志愿从军指导委员会接管军政部教导第三团、怀太、柳庆师管区等志愿从军人员、设备情形》，中国第二历史档案馆藏，国民政府全国知识青年志愿从军指导委员会档案，781/28。

业自己根据情况把握。因此,对于中国汽车公司的问题,该委员会实在无法回答,也无任何办法解决此类问题。中国汽车制造公司是国营大型公司,连他们都对此优待表示无能为力,更何况其他私营工厂和商店。

还有另一个问题,各个工厂和商店发放薪水的方式方法是不同的,有的按照定额定时发放,有的按照多劳多得发放,有的按照底薪加分成发放,有的按照底薪加劳动量折算发放等等,那么留职留薪者应该如何处理?这完全没有先例。兵役部转来中国纺织企业特种公司代电如下:

> 去年各地青年响应十万青年从军运动,纷纷志愿从军,本公司亦有员工应召入伍。惟服役人员保留职薪办法,系按原支额,抑或照在职员工随时调整。迄尚未奉明令规定,致本公司无所适从。①

全国知识青年志愿从军指导委员会回复:"应照在职员工随时调整。"如此模棱两可的回复,并不会让人满意,但指委会确实也无法回答这样的问题。

尽管国民政府用心良苦,但优待规定毫无疑问是脱离实际的。从大量反映未能领到规定之补助的来信中可以看出,地方政府、工厂、商店对落实优待也是力不从心。以上情况既说明了方秋苇在规划先前优待政策时删去"并按月照发其薪津及其他给与"的高明处理,也说明了该优待办法是超越时代而很难实现的。

---

① 《全国知识青年志愿从军指导委员会接管军政部教导第三团、怀太、柳庆师管区等志愿从军人员、设备情形》,中国第二历史档案馆藏,国民政府全国知识青年志愿从军指导委员会档案,781/28。

（五）对超额从军青年的处理

由于知识青年从军运动报名者众多，很多地方的征委会出现了一些超额现象。如何处理超额从军青年，使该征集工作圆满成功？这就需要征集时使报名从军的青年既感到合理，又能感到公平。

在该运动发动的初期，中央政治学校教育长程天放在集会时当众宣布发起知识青年从军运动的消息，并当场征求各员生意见。"因当时并无学生出面反对，学校当局遂以全校从军消息公诸报端。其实该校学生中究有若干人志愿如此，则尚不得而知也。以是散会后，志愿与不愿者遂发生冲突而大演武行，学校当局事后乃以纪律制裁分别罚处，事件遂暂告一段落。"后来，学校当局将"全体学生一致从军"签呈蒋介石，蒋对此批示："全体从军，其志可嘉，造具名册，听候检验。"而中央党部自然会考虑征集名额分布问题，下令其"除志愿从军已签名者外，如不足五分之一人数，应以抽签决定"。① 也就是说，该校所在征集区域不足之数，可由中央政治学校补足，如果报名者超额就抽签决定征集人员。

当然，中央政治学校只是一个极端案例，但有一些地区的征集工作确实出现超额现象。这不仅是征集问题，还牵涉到经费、粮秣、主副食供应、运输等各方面。为此，全国知识青年志愿从军指导委员会第四次会议决定：

一、各省市于规定配额内超出二成以上者，其超额之青年内由各省市征集委员会斟酌情形以抽签方法或其他方法暂予登记保留另候征调；

二、各沦陷区征集超额青年应全部接收；

---

① 重庆市档案馆、重庆师范大学合编：《中国战时首都档案文献·战时动员》（下），第995页。

三、各专科以上学校征集超额青年应全部接收。①

该会议记录还特别注明:"上述办法作为处理之依据,不发表。"②

对于有些征委会规定由抽签解决问题,指委会专门解释:1. 全国知识青年之征集,完全根据志愿;2. 如应征人数超过配额时,以抽签方法决定其先后;3. 党团员应积极倡导,率先应征,必要时得举行抽签,但仍以志愿为主。据此指示各地征委会。

无论是不足额还是超额,都通过抽签的方法来决定,这是一种原始的民主方式,也是在基层民众之中可以采取的最简便易行、最公平的方式。当然,这必须要排除作弊的可能性。只有基层的民主政权公平有序才能真正通过抽签实现公平,而这在新县制尚未完全落实的广大乡村是难以达到理想状况的。

三、征召效果

知识青年们是自愿从军还是被强迫从军的?究竟征集了多少知识青年?这是在动员过程中,大家特别关心的重要问题。从史料来看,这些问题并不容易回答。

(一)征召党政军人员

1944年10月11日—14日,国民政府在陪都重庆召开了全国性的发动知识青年从军会议,国民党中央有关部会及各省市政府党部团部各级政工人员暨教育界人士参加,蒋介石亲自参加会议,"指示知识青年从军之意义与重要性,不仅在增强国军战斗力,促成抗战胜利,且可提高青年爱国家民族,救国家救民族之热情,转

---

①②《全国知识青年志愿从军指导委员会常务委员会第一至十三次会议记录草稿及第一至第十二次常会决定事项一览表》(1944.10—1945.2),中国第二历史档案馆藏,国民政府全国知识青年志愿从军指导委员会档案,781/11。

移社会对于当兵不正确之观念,而造成'军事第一,军人第一'之新口号与新风气,并殷切期望政府公教人员及党部团部工作同志能以身作则,首先倡导、发扬国父当年牺牲奋斗之革命精神"①。

除此之外,蒋介石还在会场上即席发言,"诉本身少年从军经过,认为当兵为生平最快乐之事,复宣示指定经国、纬国两公子首先应征从军"。蒋介石送子从军的即席发言效果很好,"与会者恭聆后甚为兴奋"。虽然其子蒋经国、蒋纬国并非担任战列兵,必定身居高位,但是依然引起了轰动效应。国民党中央宣传部部长梁寒操、副部长马超俊、三青团中央副书记长胡庶华等虽然"皆已逾服兵役年龄,因受蒋主席精神感召,即时签名志愿从军"。"其他出席人员一时纷纷参加,张部长治中且宣布即日电召其留美公子,返国从军。会场情绪,至为振奋。"②

在发动知识青年从军的热潮中,发往全国知识青年志愿从军指导委员会的电报和报纸上不断涌现其他国民政府党政军学机构官员报名从军者,以及党政要员送子从军者。这其中,广东省最为突出。"(广东)省府李(汉魂)主席之夫人吴菊芳女士,已电请应征外并电谕其三公子李斌、李焕、李敢善,体其志执干戈代其行,现李斌等经已登记应征。""(广东)省党部方(觉慧)主任委员陶(林英)书记长均齐送其姪方锦如、陶杏春从军。"③"(重庆)市长贺耀祖,中委王正廷、李烈钧,参政员王晓籁,次长顾毓琇,中央社社长肖同兹等,亦先后送其子辈从军,允为难能可贵。参政员胡木兰、陈逸云等,尤为妇女界之领

---

①②《中央连日举行会议发动知识青年从军,蒋主席两临致训,首令公子应征,梁寒操、马超俊等即席签名入伍》,重庆《中央日报》,1944年10月15日,第2版。
③《全国知识青年志愿从军指导委员会秘书处谈话会记录及该处与中央执行委员会秘书处联合办公记录》(1944.10—1944.11),中国第二历史档案馆藏,国民政府全国知识青年志愿从军指导委员会档案,781/15。

导人物,亦莫不签名从军,此不但一时传为佳话,而对于倡导知识青年从军,更收到莫大之号召作用。"另外,"中正大学教授袁昂、徐量如、王麟祥,辰溪岳麓中学校长,浙省府视察程一林,诸暨县长税连河,重庆工作竞赛委员会组长耿承、科长宋化群、专员熊曼、总干事万华柏,广州大学校长王志远等,均先后响应报名"。①

全国发动知识青年从军会议闭幕之后,各地纷纷根据规定成立了各级知识青年志愿从军征集委员会,对报名征集活动进行具体组织。10月18日,重庆市党部"召集全市各区党分部书记举行联席会议,对发动知识青年从军,规划甚详","通令全市各区党分部,自十月二十六日起至二十八日止,分别举行党员大会,由本会分派委员前往参加,积极发动,切实督导,以期普遍热烈响应。又策动市教育局于十月十九日召集全市各中等学校校长及训导主任,举行知识青年从军问题座谈会,并商请教育部于十月二十四日召集渝市附近各专科以上学校校长举行知识青年从军问题谈话会。此外,本会复经常聘请社会名人,分赴各校演讲,倡导从军,发动各业党团同志在各机关团体内多方策动,响应从军,举办陪都中等学校知识青年从军演讲竞赛,举办青年从军宣传大游行;在本市分区分期举办知识青年从军通俗宣传大会,并指定本市重要地区及迁建区之各区党分部,成立知识青年从军登记分处20处,举办从军登记事宜。经两月余之努力宣传与督导,本市知识青年响应从军,前来登记者极为踊跃"。②

以上情况为重庆市党部在该运动结束之后的报告,描述了该党部组织该运动的大概情形,可见其主要的发动对象实际多为普

---

① 重庆市档案馆、重庆师范大学合编:《中国战时首都档案文献下·战时动员》(下),第991页。
② 重庆市档案馆、重庆师范大学合编:《中国战时首都档案文献下·战时动员》(下),第1003—1004页。

通党员和社会青年。而党政军机关的情况则颇为复杂。根据军统在知识青年从军运动发动后进行的调查，该运动在政府机关内部并没有特别热烈之情形。截至1944年11月中旬，政府机关最集中的重庆市，各机关的公务人员响应者并不多。其中，报名人数最多的政府机构是粮食部。据统计，报名的机关及下属单位的公务员和工友共计135人，最少的仅有1人，还有不少机关没有人报名。①

而粮食部报名从军的实际情况，也很复杂。由于战时粮食问题比较严重，粮食部机关公务人员待遇可谓优渥。据当时在该部所属某仓库担任临时工的章开沅回忆道："我自己无法开火做饭，三餐都在仓库食堂解决。大概因为是属于粮食部的关系，伙食价廉物美。虽然要交一点伙食费，但食堂肯定拿了仓库补贴。饭是

---

① 具体报名情况如下：1. 国民政府：于十月二十八日府内举行从军运动大会后，当场签名者，计有职员赖孔辉等12人。2. 粮食部：上月二十二日徐部长在纪念周上报告从军问题后，当有科长周材斌，该部四川储运局科长程绍彭等3人签名志愿从军，嗣后继起者颇为踊跃，至目前为止，该部连同四川储运局之47人，工友11人，女职员1人，已达135人（内有女职员13人）。3. 财政部：包括该部盐务总局6人，国库总署9人，田赋管理处3人，直接税局1人，总计已达130余人（内有处长科长各1人、女职员7人）。4. 经济部：有技士秦忠钦等5人。5. 社会部：包括该部劳动局、合作事业管理局，截至上月二十八日止已有56人。6. 海外部：截至上月二十八日止已有18人。7. 军政部：该部汽油厂宿译电员4人。8. 交通部：1人。9. 铨叙部：1人。10. 参军处：5人。11. 考试院：1人。12. 中央训练委员会：6人。13. 中央设计局：8人。14. 中央广播事业管理处：2人。15. 渝工作竞赛委员会：18人。16. 中央党史史料编纂委员会：7人。17. 行政法院：2人。18. 中央文化驿运站总管理处：5人。19. 考选委员会：5人。20. 地政署：科长1人。21. 地方法院：女职员1人。22. 中央银行：2人。23. 交通银行：13人，又工友9人。24. 中央日报：5人。25. 中央通讯社：1人。26. 中华海员工会渝分会：1人。27. 贸易委员会：女科长1人。28. 中央图书杂志委员会：28人。29. 重庆市政府：18人。30. 复兴商业公司：3人。31. 国际问题研究所印刷厂：2人。参见《知识青年从军运动真相（1944年）》，重庆市档案馆、重庆师范大学合编：《中国战时首都档案文献下·战时动员》（下），第992页。

最好的大米煮的，菜呢，一般都有两荤一素，还有一个汤。食堂伙食对我而言，可以算是天堂一般的生活。但是很奇怪，除了中餐，仓库职员在食堂用餐的并不多，可见战时粮食部系统的公务员，生活其实并不差。"①而时常见诸报端的恶劣役政肯定会使得这些公务员望而生畏。由于章开沅的五弟投奔于他，章氏兄弟的生活实在窘迫。"讨债无果，我们兄弟实在是熬不下去了。恰在此时，青年远征军招兵。于是，我投笔从戎，带着不满17岁的五弟报名当兵去。那时城里年轻人志愿从军者并非十分踊跃，所以招兵的人对我们兄弟俩睁一只眼闭一只眼就都收录了。仓库公务员系统生活比较优越，几乎无人愿意当兵，我主动报名，而且一入伍就是两个人，领导很高兴，正好借此应付上级敦促，立刻把我转为正式职员，表明他们单位响应了蒋委员长'一寸山河一寸血，十万青年十万兵'的号召，入伍前还为我举办了欢送仪式。"②粮食部将临时工突击转为正式公务员，使得参军人员能够享受更好的待遇，并能够在从军期间继续领取薪水。这种做法，既使得分配的从军动员任务可以完成，又使得被动员对象获得较好的利益，皆大欢喜。但毫无疑问，这种灌水充数的手法，并不符合该运动的初衷。这也说明，粮食部的报名从军人数并不能够真实反映当时党政机关公务人员报名情况。

11月8日，为了进一步督促党政机构人员报名从军，蒋介石向各军事委员会所属战区、各绥靖公署和各直属司令部发电，要求积极响应知识青年从军运动的号召，电文曰：全国知识青年从军运动

---

① 章开沅口述，彭剑整理：《历史记忆：章开沅口述自传》，北京：北京师范大学出版社2015年版，第62—63页。
② 章开沅口述，彭剑整理：《历史记忆：章开沅口述自传》，第64页。

办法已普遍推行,"惟本会各机关所属各级官佐均无率先送其子弟从军,其无子弟可送或本人非正式军人出身者,均应趁此报国良机,率先请求从军,以为全国各界倡导,除分电外合行电仰遵照,并转饬所属遵照为要"①。

这份发给军委会下属各战区、各绥靖公署和各直属司令部主要领导的电报分量是非常重的,是直接点名要求各领导率先送其子弟从军,或本人直接从军。虽然早在抗战初期,国民政府及役政机关、国民参政会等就曾经呼吁国民政府机关负责长官应以身作则率先送其子弟服役②,但应者寥寥。不过,此次与以往不同,在蒋介石已经率先垂范的情况下,他直接点名各位大员并发电报要求,显然,这次给各位大员的压力是比较大的。军事委员会直属的成都行辕主任张群、第三战区司令长官顾祝同、军委会干训团教育长

---

① 发电对象为:南郑第一战区司令长官陈诚、兴集第二战区司令长官阎锡山、铅山第三战区司令长官顾祝同、柳州第四战区司令长官张发奎、老河口第五战区司令长官李宗仁、恩施第六战区司令长官孙连仲、曲江第七战区司令长官余汉谋、兰州第八战区司令长官朱绍良、郴县第九战区司令长官薛岳、陕坝第八战区副司令长官傅作义、保山远征军司令长官卫立煌、兴集太原绥靖公署主任阎锡山、宜山广西绥靖公署主任李宜煊、曲江广东绥靖公署主任余汉谋、昆明滇黔绥靖公署主任龙云、贵阳滇黔绥靖公署副主任吴鼎昌、成都川康绥靖公署主任邓锡侯、阆中川陕鄂边区绥靖公署主任潘文华、雅安川康边防总指挥刘文辉、南邓第一战区长官部并译转鄂陕甘边区总司令部、昆明行营主任龙云、成都行辕主任张群、西昌行辕主任张笃伦、沙镇溪长江上游江防总部总司令池峰城、贵县粤桂江防司令部、永安战区军风纪第一巡查团主任委员张贞、老河口战区军风纪第二巡查团主任委员金汉鼎、宜山战区军风纪第四巡查组主任委员石敬亭、西安战区军风纪第五巡查团主任委员樊崧甫。参见:《蒋中正电陈诚等全国知识青年从军运动办法已普遍推行 惟本会各机关所属各级官佐均无率先送其子弟从军 现不论是否军人出身均应趁此良机从军报国以为表率》,台湾档案部门收藏,蒋中正总统文物档案,002/090106/00002/153。

② 朱汇森主编:《中华民国军事史史料(一)·役政史料(修订版)》(上),台湾档案部门1990年版,第363页。

罗卓英等,贵州省主席杨森、陕西省主席祝绍周、重庆市长贺耀祖、中委王正廷和李烈钧、参政员王晓籁、教育部次长顾毓琇、中央社社长肖同兹等,纷纷送子参军。中央和地方各种报纸对此的热烈报道,也在各级机关形成了热议,对社会和党政机关产生了较大的直接推动作用。

1944年10月,国民政府除了拟制了征集办法、编练办法、优待办法等,还出台了《发动知识青年从军运动督导须知(1944年10月)》以推动国民党内部的动员工作。督导人的主要任务如下:

一、出席各区党部党员大会或区分部书记联席会议:区党部党员大会或区分部联席会议开会地点,请督导人先至该单位负责人通讯地址洽询。

二、发动党员志愿从军:① 于党员大会中鼓动到会党员踊跃响应从军运动,自动签名登记。② 指导区党分部随时将志愿从军登记之党员名册呈报本会。

三、收取各区党分部最近党员名册:① 此项名册格式早已送达各区党分部填缮,本会须收取党员名册2份,由督导人随身带回,交登记科。② 如因故未能收到此项名册式时,由督导人补发,交由区党分部当日填交或限期(最多三日)造送。

四、发交适龄党员名册:适龄党员名册由督导人带交区分部,于三日内填报本会。

五、指示调查游离党员:① 指导区分部分派党员切实调查所在地区之游离党员,通知限期到区分部报到,使纳入组织。② 区分部随时将纳入组织之党员补到名册,一面呈交本会。

六、指示区分部暂停党员移出登记:在办理知识青年从军登记期间,区分部暂时停办党员移出登记。①

在各种力量的推动下,国民党发动党员从军的效果还是比较明显的。在3个月的时间内,拥有200万党员的国民党,动员了73 146人报名从军。各党部、各学校与职业党部发动报名从军的人数如表3-1所示:

表3-1 各级党部发动知识青年从军情况统计表

地 区	登记从军人数	备 注
重庆市	3 473	全系党员
四川省	21 243	尚未据分析统计
贵州省	5 207	尚未据分析统计
云南省	2 929	全系党员
湖北省	5 316	尚未据分析统计
湖南省	1 760	全系党员
陕西省	3 723	全系党员
浙江省	2 131	全系党员
福建省	6 307	全系党员
河北省	150	全系党员
江苏省	311	全系党员
山西省	455	全系党员
绥远省	416	全系党员
西康省	158	全系党员

---

① 重庆市档案馆、重庆师范大学合编:《中国战时首都档案文献·战时动员》(下),第959—960页。

续表

地　区	登记从军人数	备　注
河南省	1 663	全系党员
甘肃省	2 222	全系党员
宁夏省	279	全系党员
青海省	1 000	尚未据分析统计
广东省	3 919	全系党员
江西省	5 897	尚未据分析统计
安徽省	数字无法辨识	全系党员
上海市	数字无法辨识	全系党员
汉口市	数字无法辨识	全系党员
各学校、职业党部	3 040	全系党员
总计	73 146	

资料来源：《中国国民党中央执行委员会组织部部长陈立夫呈军事委员会委员长蒋中正为呈报各级党部发动登记知识青年从军人数统计表请鉴察》，台湾档案部门收藏，国民政府档案，001/054500/00003/002。

　　1945年1月30日，国民党中央组织部部长陈立夫签呈蒋介石，汇报国民党在知识青年从军运动中的主要工作："三(个)月以来，从军热潮，蔓及全国，迭据各省市党部各学校职业党部电报，由党部主持登记之从军青年计73 146人，超出原额23 146人，就数量而论，以甘肃、四川、福建、江西、重庆五省市最为踊跃；以编组而论，则青海省堪称迅速、确实。"①相对社会组织而言，国民党的党团组织较严密，动员比较得力。在各种努力之下，原定5万人的定额

---

① 《中国国民党中央执行委员会组织部部长陈立夫呈军事委员会委员长蒋中正为呈报各级党部发动登记知识青年从军人数统计表请鉴察》，台湾档案部门收藏，国民政府档案，001/054500/00003/002。

任务,是相对容易完成的。

(二) 征召学校与社会的知识青年

发动知识青年从军会议闭幕后,作为天之骄子的大学生们反应普遍比较冷淡,尤其是中央大学、西南联大等学校的学生。

相比之下,反应最为积极的是中央政治学校。但是,由于组织不当,造成学潮,反而使得动员工作陷入被动,很快沉寂下来。董必武在陕甘宁边区参议会第五次会议上报告国统区的知识青年从军运动情况时介绍:

> 中央政治学校是国民党训练科长以上的干部[的学校],各地党团员还经严格的考试,每年入校数百人,现共四千多人。为着响应国民党的青年知识分子从军的号召,中政学校有二百余人报名。该校党部觉得这个学校是国民党最高学校,应该全体响应才好,党部开了三天会,决定政校全体自愿从军。十月十九日开全校党员大会,特区党部负责人作报告后,宣布了那个预定的决议,并说大家考虑一下,要么赞成,要么反对,不准讨论。有一人举起手来要求讲话。主持人说有人举手赞成,好,就算通过了。马上宣布散会。但散会后,许多人不服,留在里面的还有一千多人,大家另组主席团,自己讨论,认为决议不民主,推定代表去找教育长程天放,说明大会主席团宣布通过决议的不合法。程天放是国民党中央监察委员,他说我去查一下,你们散去。代表回来报告,大家仍不散,程派萨孟武去解释,萨在会上把国民党这次组织党军来对抗共产党的意思畅发一番。反对的人不听,把萨哄走了。这时赞成决议的二百余人就闯进会场乱打一顿,大家就被闹散了。第二天停了课,说有"奸党"造谣,捉了四个人,才把风潮

压下去。但全校全体从军的消息也消沉了。①

由于出现了学潮，蒋介石在10月24日发布《告知识青年从军书》。该文告显然对不愿从军的知识青年进行了批评，进一步策动他们报名从军。蒋介石在文告中批评道：

> 我们中国过去知识分子向以温文儒雅自命，重文轻武，好逸恶劳，造成今日文弱颓靡的风气，因而造成了国家衰弱，遭受了"东亚病夫"的讥评，召致了如此空前的外侮，这实在是我们国家民族莫大的耻辱！……如果我们知识青年至今还是漠视国家的安危，坐视将士的浴血牺牲，而不痛改其本身已往苟且偷安贪生怕死的恶习，仍以社会上的特殊分子自居，则亡国的惨祸，无可幸免，而中华民族世世子孙，势将万劫不复了。②

蒋介石在文告中不断对知识青年进行激励，并保证其参军的优待，以绝他们的后顾之忧。他说道：

> 当前形势的紧急和重要，远过于辛亥革命和北伐的前夕，我知识青年要对得起过去为革命而牺牲的先烈，对得起七年余为抗战而殉难的军民，就要认识现在正是你们效忠报国的唯一时机，踊跃入伍，以身许国，发扬革命青年的一贯精神，克尽其为民前锋的责任……中央并已选拔优良的干部从事领导，务使这次从军知识青年们获得实益，蔚成劲旅，而过去一般军队编练中的缺点，亦已详加检讨，切实改革，务使过去一切征集训练的弊端，彻底的拚除。至于军中待遇，则参照驻印军及远征军

---

① 董必武：《大后方的一般概况》（1944年12月8日），《董必武与抗战大后方——思想资料辑录》（上），第205页。
② 重庆市档案馆、重庆师范大学合编：《中国战时首都档案文献·战时动员》（下），第950页。

的办法。将来编练成军以后,我必将这个部队使用于发挥最大战斗效能的方面。其他实施办法,均在积极进行之中,而我对于这件事,必亲自督导,尽其心力,来做极周到的准备,使知识青年们从军以后,得为国家作最大的贡献……我们知识青年,却还是大都视从军为畏途,逡巡却顾,瞻望不前,迄今我们在前线作战的士兵,受过中等教育的,可说是占绝对的少数。这样,不但我们部队的素质无法提高,而外国人士,对我国家的观察,认为现在还有这种特殊偏颇的现象,无不表示讶异和轻蔑,我们国家的地位和荣誉,也因此而受到最恶劣的影响,这实在是我全国知识青年的耻辱。所以我知识青年如果要挽救国家,洗雪耻辱,如果要转移风气,复兴民族,就一定要争先入伍,自动从军,方能无愧于你们慷慨许国知耻自强的志愿和抱负。①

明显是在有关部门的授意之下,当日,国立中央大学校长顾毓琇等24位大专院校的院校长②联合代电蒋介石,表示:"恭读告知

---

① 重庆市档案馆、重庆师范大学合编:《中国战时首都档案文献·战时动员》(下),第951—953页。
② 即国立中央大学校长顾毓琇、国立交通大学校长吴保丰、国立复旦大学校长章益、国立重庆大学校长张洪元、国立东北大学校长臧启芳、私立中华大学校长陈时、国立上海医学院院长朱恒璧、国立江苏医学院院长胡定安、国立社会教育学院院长陈礼江、国立音乐学院院长吴伯超、四川省教育学院院长顾歗、私立朝阳医学院院长孙晓接、私立东吴沪江联合法商学院院长盛振为、私立金陵大学理学院院长魏学仁、国立药学专科学校校长陈思义、国立国术体育师范专科学校校长张之江、国立艺术专科学校校长潘天寿、国立中央工业专科学校校长魏元光、国立边疆学校校长王衍康、私立文华图书馆专科学校校长沈祖荣、私立立信会计专科学校校长潘序伦、私立求精商业专科学校校长杨重熙、私立华西工商专科学校校长胡仲宝、私立乡村建设育才院院长晏阳初等24位大学校(院)长。参见《军事委员会委员长蒋中正电各大学校长为阐明发动知识青年从军希特别重视鼓励学生响应》,台湾档案部门收藏,国民政府档案,001/054500/00002/000。

识青年从军书……决本职责,指导青年,踊跃应征,以渑雪国耻,与同盟国共同争取最后光荣之胜利,肃电奉陈。"①

29日,即五天之后,蒋介石代电教育部部长陈立夫和各大学校长,并要求该电"不必见报纸为要"。电文如下:

> 教育部陈部长勋鉴,报载国立中央大学等二十四所院校响应知识青年从军,电已阅悉。兹复该校长等一电,即希速为转达,但不必见报纸为要。电文如下:阅报载近日来电响应知识青年从军运动之号召,甚为嘉慰,中央发动此举,不仅所以增强抗战力量,确立现代建军基础,而于挽救过去文弱之积习,创造今后强毅之学风,尤有莫大之关系,务望多方鼓励,俾各该校学生踊跃报名参加,并希于纪念周或集会时,将中正近日发表之告知识青年从军书,对全体学生详为阐明,以激发其自动参加之自愿,而圆满达成此次号召之目的,不胜切盼。②

该电文要求直接发给32个大专院校的院校长(实际发33位大学院校长,西南联大发蒋梦麟、梅贻琦两位校长)③,这些院校长均

---

①②《军事委员会委员长蒋中正电各大学校长为阐明发动知识青年从军希特别重视鼓励学生响应》,台湾档案部门收藏,国民政府档案,001/054500/00002/000。

③ 即:四川大学校长黄季陆,国立西北大学校长刘季洪,金陵大学校长陈裕光,华西大学校长张凌高,燕京大学校长梅贻宝,齐鲁大学校长汤吉禾,光华大学校长张寿镛,西南联合大学校长蒋梦麟、梅贻琦,云南大学校长熊庆来,中法大学校长李麟玉,武汉大学校长王星拱,浙江大学校长竺可桢,国立贵州大学校长张廷休,大夏大学校长王伯群,贵阳师范学院院长齐泮林,贵州医学院院长李宗恩,湘雅医学院院长张孝骞,国立交通大学贵阳分校校长罗忠忱,国立西北大学校长刘季洪,西北师范学院院长李蒸,甘肃学院院长宋恪,西北工学院院长潘承孝,西北医学院院长侯宗濂,湖南大学校长李毓尧,中山大学校长金曾澄,河南大学校长张传芳,国立师范学院院长廖世承,暨南大学校长何炳松,厦门大学校长萨本栋,中正大学校长肖蘧,中正医学院院长王子玕,英士大学校长杜佐周。

未在蒋介石《告知识青年从军书》发布当日联名以表示响应号召，可能后来也未曾公开地明确表态。蒋介石再一次通过这种"点名"式的发电，表示对前 24 位联名响应号召之院校长"甚为嘉慰"，对后 33 位院校长"不胜切盼"。这是蒋介石批评、督促和希望大专院校发动知识青年从军的重要行动，必然对后 33 位院校长产生很大的压力，直接推动各学校的动员工作。

又过了两天，即 31 日，中央大学知识青年从军征集委员会成立。位列 33 位被点名院校长之首的中央大学校长顾毓琇立即展开相关工作。董必武曾经略带戏谑地说道：

> 在中央大学也闹了一桩故事，蒋曾兼过中大校长，蒋的号召应该得到很好的回响的，可是蒋告青年书发表后，中大全没声响。校长顾毓琇急了，自己打冲锋先报名，学生说："好，校长从军，我们欢送。"顾曾编《荆轲》一剧，剧中用了荆轲的两句歌词"风萧萧兮易水寒，壮士一去兮不复还"。中大学生就把这两句歌词改为"风萧萧兮易水寒，校长一去兮不复还"。直到后来，敌人侵入贵州独山，顾放出风声说敌陷贵阳，中大就要解散，学生想不出别的出路，于是才有两千多人报名从军。①

除了蒋介石亲自动员外，国民党还派出许多军政要员和社会名流参加动员工作。国民党元老、早年跟随孙中山先生的国民党中央宣传部副部长马超俊虽已超龄，但依然带头报名从军，还到各地发表演说，动员学校与社会上的知识青年从军。他回忆道：

> 知识青年从军运动展开后，我先后到重庆郊区的中央大

---

① 董必武：《大后方的一般概况》(1944 年 12 月 8 日)，俞荣根主编：《董必武与抗战大后方——思想资料辑录》(上)，第 205 页。

学、重庆大学、南开中学、四川省立教育学院、中央工业职业学校，以及成都、万县各地发表演说，鼓励青年学生踊跃参加。我对他们说："我是参加'三·二九'黄花岗之役的老兵，当年幸得不死，苟延生命，至于今日。现在大敌当前，外患日迫，国家存亡，在此一战。大家都是青年知识分子，民族的精英，国家的栋梁，富有国家观念，民族意识，一定热血沸腾，志切报国。我虽已年老，仍愿追随诸君之后，参加从军工作，效命疆场。"当我在中央大学礼堂讲演完毕后，学生深受感动，当场签名参加者即有三百七十余人。与我同赴各学校讲演者，尚有教育部长陈立夫先生，陈氏能言善辩，谈话深刻动听，也给青年们很大的鼓励。①

新任兵役部部长鹿钟麟、原役政司副司长兼兵役署新闻发言人方秋苇、第二方面军司令长官张发奎、国民党中央宣传部副部长兼《中央日报》总主笔潘公展、湖南大学校长兼三青团中央副书记长胡庶华等军政要员纷纷在报端发文呼吁知识青年从军。其中，方秋苇的《知识青年从军与今后兵役》最有特色、最实在。他在文章开头就进行了自我批评："我是服务兵役行政机关的人，今天兵役出了轨道，受各方面的责难；我自己也感到惭愧，有什么话可说，虽然我自己并无失职的情势。"②他认为知识青年从军运动必定会对今后兵役有重要影响：一是转移人民当兵的心理，二是提高士兵的待遇，三是提高军人的地位，四是出征军人家属优待的改善，五

---

① 马超俊、傅秉常口述，刘凤翰整理：《马超俊、傅秉常口述自传》，北京：中国大百科全书出版社2016年版，第118页。
② 方秋苇：《知识青年从军与今后兵役》，《三民主义半月刊》1944年第5卷第11期，第28页。

是彻底实现文武合一的精神。

尽管大学生整体从军热情并不是特别高,但依然有不少学校与社会上的知识青年积极参军,主要集中在动员工作做得比较好的地区,以及中学生群体。另外,新闻报道中比较突出女青年的报名热潮,实际上女青年的入营报到情况与新闻报道中的报名情况有较大差距。

11月16日,阜颍师管区司令鲁崇义在征集一线向军政部发来电文:"部长何(应钦),从军女生意志坚决,不愿回。除饬随从军男生送渝外,请准饬收为裤。"①(鲁崇义尚不清楚该运动是由全国知识青年志愿从军指导委员会临时负责,而非军政部兵役署负责。)

29日,西昌团管区也给军政部部长何应钦(该部尚不知何应钦已于11月20日辞去军政部部长兼职,就任中国战区中国陆军总司令,也不清楚该运动是由全国知识青年志愿从军指导委员会负责)发来密电,反映西昌地区知识青年积极报名情况。"职团为响应十万青年从军积极发动,情况极为热烈,仅西昌县,数日以来,登记已达百余人,预计全区各县普遍发动后,人数当不止此。惟职部鉴于以往办理学生从军登记人数确多,公什经费实着,每次送到蓉教团不及三分之一,为顾虑青年热烈加强效力,拟请钧部派员来此设教导营,以资编训。"②

早在知识青年从军运动的动员阶段,各地女青年报名就比较踊跃。例如,在12月16日,重庆市征集委员会负责人就对记者称:"迄今为止,报名人数已达2 000余人,故须提高学历及体格之审查

---

①②《全国知识青年志愿从军指导委员会接管军政部教导第三团、怀太、柳庆师管区等志愿从军人员、设备情形》,中国第二历史档案馆藏,国民政府全国知识青年志愿从军指导委员会档案,781/28。

标准,如仍有超额,则只能采取抽签办法解决之,其集中时间为1945年2月1日。"①12月31日,重庆从军女青年报名成功人数已突破三千,远远超过八百之应征名额,"届时因名额所限,势将提高标准选拔"②。

1945年1月,女青年征集计划分配下去之后,仍出现女青年积极要求参军的事情。全国知识青年志愿从军指导委员会秘书处决定:"查湖北省原无女青年征集之配额,兹以该省女青年纷纷请求应征,拟准配给一百名额,由昆明原定配额内拨出,谨报请备案。"③

或许以上报告不真实、不准确,或许报名后无法入营报到,总之,由于种种原因,女青年的报名情况与实际入营情况有较大差距:"预订召集二千八百人,后方预定二千人,前方八百人,到四月时,后方报到了七百三十人,东南报到四百余人,共有一千二百余人。"④

1944年11月,该运动经过一个月的深入发动,征召效果逐步显现。根据《大公报》报道:"截至十一月三十日止,各省市及各专科以上学校征集委员会所报名登记之总人数,已达67 270人。"而且,"中央知识青年从军指导委员会,除已督促各地提早结束登记外,至因战事或交通影响开始登记过迟者,则酌予延长登记日期"。⑤ 此时,全国知识青年志愿从军指导委员会对于圆满完成任

---

① 《从军女青年将于二月一日集中》,重庆《中央日报》,1944年12月17日,第3版。
② 《渝女青年三千从军》,重庆《中央日报》,1944年12月31日,第3版。
③ 《全国知识青年志愿从军指导委员会常务委员会第一次会议议程》,中国第二历史档案馆藏,国民政府全国知识青年志愿从军指导委员会档案,781/11。
④ 青年军人丛书编辑委员会编:《女青年服务总队训练与生活》,军事委员会全国知识青年志愿从军编练总监部印行,1945年6月,第3页。
⑤ 重庆市档案馆、重庆师范大学合编:《中国战时首都档案文献·战时动员》(下),第983页。

务显然已经胸有成竹。

根据《中央日报》的报道,到了 12 月底,"据各级征集委员会报告:截至本月三十日为止,登记从军人数已达 122 572 人,因交通通信关系,各地从军人数尚未报齐,故实际尚不止此数。现各省市从军青年均已于本月二十五日起分别前往指定编练地点集中,开始征途生活,沿途欢送,均甚热烈。在抗战第八年,交通阻塞,邮电滞积,种种困难情形之下,短短三月不足期间,竟能达成蒋主席十万青年军之伟大号召,实为抗战胜利建国成功之有力保证。兹探得各地区各学校应征人数,表列如后:重庆市 8 020 人;四川 16 196 人;贵州 1 800 人;云南 2 389 人;河南 10 000 人;湖北 7 440 人;广东 9 090 人;江西 8 500 人;福建 11 759 人;三战区 2 872 人;安徽 1 040 人;陕西 10 150 人;甘肃 9 037 人;青海 1 500 人;宁远 279 人;绥远 793 人;山西 502 人;西康 150 人;沦陷区 10 400 人;专科以上学校 10 648 人;总计 122 572 人"①。根据档案,1944 年底,国统区各地报名及体检合格入伍者达 151 516 人,超过预定数额(10 万人)50%以上。② 而康泽在全国知识青年志愿从军指导委员会第三次大会报告时则汇报从军青年超过 15 万人。该会议于 1945 年 2 月 20 日—21 日在国民党中央党部召开,主要内容是报告发动经过和检讨工作效果,并且宣布征集工作告一段落,今后主要集中精力办理编练工作。康泽报告:"兹查各级征集委员会报告登记之从军人数,总计十五万余人,与原定十万青年从军之预定,数额已超出百分之五

---

① 重庆市档案馆、重庆师范大学合编:《中国战时首都档案文献·战时动员》(下),第 988 页。另,总计数字疑有误,据所列计算应得 122 565。
② 全国知识青年志愿从军指导委员会秘书处编:《全国知识青年志愿从军指导委员会秘书处工作报告》,中国社会科学院近代史研究所、中国人民抗日战争史学会编:《抗日战争史料丛编·第二辑》第 26 册,北京:国家图书馆出版社 2015 年版,第 116 页。

十以上。其中，如重庆、四川、甘肃、陕西、福建、广东、湖北各省市以及同济、朝阳、中央政校、中央工学院、西北大学等校皆超过配额甚多。"①

对于人数模糊不清的问题，康泽解释道："本会曾经再三电饬各级征集机构将登记检查合格人数，分性别、年龄、籍贯、学历、职业、党团籍等项表报，现除少数专科以上学校业已寄到外，各省市大概因人数较多、计算需时，且须俟各县市将检查合格人数统计表报告到省后，始能汇报。本会又以战时交通阻滞、邮电迟缓，刻下各省市尚未将检查合格人数及合格统计报告到会。"而全国知识青年志愿从军指导委员会秘书处工作报告也明确指出了人数的问题，其中讲道："刻下各省市尚未将检查合格人数及合格统计报告到会，兹查各级征委会报告登记之从军人数，总计 151 516 人，与原定十万青年从军之预定数额，已超出百分之五十以上。"②

因此，对于很多人关心的知识青年从军运动的征集人数问题，可以明确：截至 1945 年 3 月，根据不完全统计，各省市上报全国知识青年志愿从军指导委员会的登记检查合格人数不少于 151 516 人。

经过全国知识青年志愿从军指导委员会的全力组织、宣传、动员、协调和保障，最终征集的从军人数超过原定的 10 万人，高达 15 万人。在短短 3 个月内，完成如此任务，这在以往是不可想象的，当然其中确也经历了许多困难。

---

① 《全国知识青年从军指导委员会第三次大会 报告发动经过·检讨工作效果，蒋主席亲临参加并致辞》，重庆《中央日报》，1945 年 2 月 22 日，第 2 版。
② 全国知识青年志愿从军指导委员会秘书处编：《全国知识青年志愿从军指导委员会秘书处工作报告》，中国科学院近代史研究所、中国人民抗日战争史学会编：《抗日战争史料丛编：第二辑》第 26 册，北京：国家图书馆出版社 2015 年版，第 116 页。

第三节　运输与后勤

知识青年从军运动中的输送工作，由全国知识青年志愿从军指导委员会拟定运输计划纲要，作为各地接运从军青年的依据。然后由该会分函军事委员会战时运输管理局及军事委员会后勤总部，转饬至所属各县运输主管人员，令其遵照相关规定限期实施。

全国知识青年志愿从军指导委员会负责运输、粮秣和卫生等各项经费的保障，各省（市）县（市）知识青年志愿从军征集委员会负责组织地方人员设立接待站，由接待站负责粮秣和卫生保障，经费由全国知识青年志愿从军指导委员会划拨。

一、运输工作

根据全国知识青年志愿从军指导委员会秘书处的决定："后方七个师经核定于三十四年一月一日起至三月底止入营，经根据各地征集人数、路途远近及运输状况，核定各线之运输起讫时间，以一个月为标准，至多不得超过一个半月。"因此，《知识青年志愿从军运输计划纲要》规定，由全国知识青年志愿从军指导委员会设置若干接运地点，于人数汇合众多地点，开始接运。"但以现通轮船、火车、汽车路段内为限，如届时因战事影响，或人数涌到，而影响原定计划时，并得相机请派飞机协助。"如果从军青年必须"通过沦陷区域，或各省起程段内，无本会设立之运输站者，概由各该省区自行负责，运送至本会指定之接运地点"。①

各省人数分配与集中路线之规定，指定各区开始接运站，及预

---

① 青年军人丛书编辑委员会编：《征集概况》，第99页。

定计划人数与路线如下：

1. 赣县（集训一〇三二名）

曲江站，接运广东省广州市湖南省一部分，及粤境各专校青年，共一〇七九三名，连同护送人员四三一名，用汽车运至赣县。

2. 瑞金（集训一一七一名）

永安站接运福建及专校以上学校青年，及护送人员，共九〇一六人，用汽车运至瑞金。

3. 上饶（集训一〇九五〇名）

屯溪站接运浙江皖南及京沪两市青年，连同护送人员，共五一四八名，酌情分由下列二线运送：

"甲线"用汽车运至上饶，假定为二五七四人；

"乙线"经玉山转火车至上饶，假定为二五七四人。

4. 汉中（集训一一六七一名）

西安站接运苏皖及鲁晋察冀平津各省市青年并护送人员，四七一一名，用火车运至宝鸡；

宝鸡站接运上列人数，用汽车运至汉中；

宁夏站接运绥远宁夏青年及护送人员八三二名，用汽车运至汉中；

兰州站接运青海陇西及兰州专科以上学校青年并护送人员四五一五名，用汽车运至天水；

天水站接运青海陇西及陇东青年并护送人员共六五九五人，用汽车运至汉中。

5. 昆明（集训一〇九二〇名）

西安站接运陕西及西安专科以上学校青年□□□□名，用飞机运至霑益；

汉中站接运陕西及城固专科以上学校青年□□□□名，用飞机运至霑益；

霑益站接运上列空运到霑青年八六五〇名，用火车运至昆明。

6. 扎佐（集训一〇一三名）

晃县站接运湘西及专科以上学校青年并护送人员共六三三二名，用汽车联运至扎佐。

7. 綦江（集训四三六五名）

贵阳站接运贵州及专科以上学校青年及护送人员共四五二四名，用汽车运至綦江。

8. 万县（集训一〇一一名，内河南省及专科青年，连同护送人员六八〇四人，采用老河口经保康舆山至巴东驿道，由接待处另办，不在本计划内）

巴东站接运河南及专校与湖北汉口及专校青年，连同护送人员一〇五一七人，用运输船运至万县。

9. 璧山（集训九六一〇名）

万县站接运四川东南部青年及护送人员，假定为六三四人，用轮船运至重庆，再徒步璧山。

10. 泸县（集训一〇二三三名）

成都站运送川西一部分及西康青年，并护送人员，假定为七一七六人，用汽车运至泸县。①

运输的调度指挥，由全国知识青年志愿从军指导委员会委托军事委员会后勤部主办，"在接运从军青年期间，各区运输主管人，对所辖县内军公商车船，有尽先征租调配之权，各军警宪机关应力

---

① 青年军人丛书编辑委员会编：《征集概况》，第99—102页。

予协助,所有征租之车船运付各费,悉按规定支付"。各区运输主管人,"应就各该路段起讫及中途照料站,指定负责人,并将名册报会"。"各运输起点,应与当地接待处切取联系,秉承该运输主管人,妥为调配车船,务于接获接待处之起运通知三日内,转运出口,并于车船开出后三小时内,用急电将人数,车站名号,开出时间,到付运费,分别通知一宿站,及终点站,暨本会(全国知识青年志愿从军指导委员会),如所用汽车须放回利用时,并应先电终点站知照。中途各站,接获出发通知后,应即洽知接待站准备食宿事宜,并于开行后,随即电知出发站,及次一宿站,或终点站。"①

由于各地普遍反映转运任务重、时间短,请求延期或者将该运动部分征集工作分期实现,12月9日,指委会秘书处主任秘书康泽在联席办公会上报告:"昨日午后五时,奉委座召往询问本会近来工作情形,除分别陈述外,并报告昨日上午常会未经决定之两大问题:一为展期入伍,二为交通运输。当奉指示:仍又电报交通运输,仍应尽可能车运或空运,与各主管机关会商办理。"②

9日,蒋介石再次指示:"一、天水从军青年在兰州集中用飞机送至重庆或昆明,集中日期仍照原议于十二月二十五日左右开始集中;二、老河口集中之青年由飞机送至重庆;三、其他各营均于可能范围内尽量利用汽车输送;四、运输经费可另拨发;五、在运输期间之补给如有运粮机关者由军粮机关补给,无运粮机关者由粮政

---

① 青年军人丛书编辑委员会编:《征集概况》,第99页。
② 《全国知识青年志愿从军指导委员会与中央执行委员会秘书处联合办公记录》(1944.11—1945.4),中国第二历史档案馆藏,国民政府全国知识青年志愿从军指导委员会档案,781/14。

补给,至沦陷区无粮食现品可补给者,折发代金经费另拨。"①

知识青年从天水运送至昆明、从老河口运送至重庆,为运输计划中最困难的两处,虽然经蒋介石助推,但受客观条件影响,并未能实现全部空运。"天水集训之甘青宁绥四省从军青年八四二四人,因兰州机场设备与运具尤以油料取给困难,其在兰集中者租用中国银行西北运输车一百二十辆车运宝鸡,并在宝鸡集合之青年约千人乘火车至西安后,航运至霑益,再改乘火车至昆明集训。"②因为缺少油料,只从天水空运1000余人至昆明,后全部租用汽车转火车实现运输计划。

"由老河口接运之河南皖北鄂北苏北各地从军青年约一三五〇〇人,因航运安全问题,不易达成任务,改用徒步行军经保康舆山至巴东约三百六十余公里,改乘轮船至万县集训较为安全。"③1945年1月25日,"据闻老河口飞机场近已扩大,每日均有运输机约四五架担任运输勤务,及回空情事,请彭专员(军委会战时运输管理局彭立可专员)根据此种情形,面报龚副局长学遂,请其转请航空委员会仍派遣飞机运送老河口青年至梁山或成都"④。但是,在相关材料中并没有看到后文,基本可以断定此事无法实现。

老河口地区转运的都是沦陷区和战区的从军青年,运输问题非常突出。老河口属于湖北省襄阳市,西接武当山、大巴山,东接大别山,长江及汉水从中穿过,又处于南阳盆地的南侧,是中国中部地区的重要通道,有"襄渝要道、秦楚通衢"之称。抗战时期第五战区李宗

---

① ② ③《全国知识青年志愿从军指导委员会常务委员会第一至十三次会议记录草稿及第一至第十二次常会决定事项一览表》(1944.10—1945.2),中国第二历史档案馆藏,国民政府全国知识青年志愿从军指导委员会档案,781/11。

④《全国知识青年志愿从军指导委员会与中央执行委员会秘书处联合办公记录》(1944.11—1945.4),中国第二历史档案馆藏,国民政府全国知识青年志愿从军指导委员会档案,781/14。

仁长官司令部驻枥六年之久。苏鲁豫皖等地的从军青年需要从此通过,从鄂北进入鄂西,然后同往四川和重庆的集训地点。

1945年初,日军逼近第五战区机关所在地老河口,难民与从军知识青年汇聚于此,前往鄂西再至重庆的交通全部被管制起来,从军青年主要依靠步行。而此时,老河口向西至巴县的大山里,正值雨雪纷飞的寒冷冬季,从军青年的输送问题已经转化为后勤问题了,粮食和被服的后勤保障至为重要。

二、后勤保障

根据全国知识青年志愿从军指导委员会的决议,从军青年在输送过程中的粮食补给程序是:由各省府先行拨发粮食,在1945年度的军粮配额中抵销;全国指委会将该决议签呈蒋介石,再由军事委员会及粮食部通饬有关省府及粮政机关遵照办理。征集期间的军粮补给原则如下:

一、征集粮食由中央统筹,分由地方补给;

二、品种定量按现行陆军给与规定(即中熟大米廿四市两或面粉二十六市两,磺米二十五市两);

三、补发总额以一个月为准,但为顾虑集中路线过远,应准备十五日之预备粮(即共为一个半月)准由各省军粮配额内拨余;

四、沦陷区粮源缺乏者得酌情改发代金;

五、粮食补给计划依据集中运输计划拟呈核定后送请后勤部粮食部会同办理。①

除此之外,军医署还拟具了知识青年从军有关卫生事项之建

---

① 《全国知识青年志愿从军指导委员会常务委员会第一次会议议程》,中国第二历史档案馆藏,国民政府全国知识青年志愿从军指导委员会档案,781/11。

议及营养表,对每餐的营养成分都提出了建议。实际上,在粮食都已经成为问题的时候,这些都只是一纸空文。沿途事实上是由各省市县征集委员会"邀省市卫生处及县卫生院参加筹划,办理从军青年之体格检查,及沿途医药暨护送事宜","凡沿途中心或地方卫生机关,及私立医院或开业诊所,均有为各该地从军青年免费诊治之义务。各接运站,应配合设置卫生站,由当地卫生机关,或驻地军医机关负责"。根据规定,"凡[路]程在一日以上,人数满一百人时,须派医师及护士,携带药品随行,至次一站止,以后按照接替……患病者,必须留站疗养,病重者送当地医药卫生机关诊治,病愈再另启程,所需病人医药单费,准予据实报销"。① 沦陷区的从军青年,集中期间在沦陷区内无法领得粮食和其他后勤物资,所以发给代金,以便于他们自行购买,共计发出 11 674 500 元。

由于知识青年从军享有优待,而且全国知识青年志愿从军指导委员会要求"根据运输计划及各地副食费分配口份,从宽筹划",又在原计划的基础上,"另加二成准备粮,由各省市征集委员会统筹领发",所以从军青年在从接运地出发时,"得由该地接待处斟酌情形,预发一日至三日份之携行预备,如中途动用,而前途无法补给时,应就当地随时补充之,到达集训地入营时,此相携行食粮如有剩余,应缴交当地军粮机关接收"。② 途中炊灶事宜,由各地接待处站负责办理,从军青年协助炊灶做饭。

老河口至巴东一段需要从军青年徒步跋涉,所以原先的军粮补给不敷使用。1月11日,负责该路线的鄂北行署主任徐会之发来求援电:

---

① 青年军人丛书编辑委员会编:《征集概况》,第13页。
② 青年军人丛书编辑委员会编:《征集概况》,第11—12页。

从军指委会,老巴路沿途系穷乡陬,道路崎岖,从军青年长途旅行,每日大米 25 两,仅敷午晚两餐之用。在严寒天气,清晨枵腹前进,颇感痛苦,兹规定每日三餐,发大米 30 两或面粉 31 两,除已饬各站照办外,谨电请转后勤食粮部核销并电示鄹。①

后经指委会同意,该线路后勤补给按照日食三餐、每日发大米 30 两或面粉 31 两的标准配给。由于人数众多,加上山路崎岖难行,从军青年与当地政府派出的后勤人员叫苦不迭。"老河口至巴东一线,预计将有河南青年六千五百人,鄂北青年一千人,汉口及专科以上学校青年暨护送人员约五百人,共八千人,过境全程的七百华里。"②针对此情况,指委会专门制订了沿途食宿、警卫及粮食储运等事项计划:

(一)发站:沿途每隔三十里设一食站,六十里设一宿站为原则,全线计设食站十一处、宿站十一处,由鄂北行署调派人员负责管理。

(二)每日出发人数以二百人计算。

(三)运送被服:从军青年自备行李,每人以十公斤为度,除尽可能自行携带外,雇夫挑运。每五人配挑夫一人,每挑夫以挑二十五公斤为度,计共需雇用挑夫拨四百四十人,每站配备四十人(挑夫如何接运由鄂北行署配定),挑夫每人每日工资以三百元计算,共需经费五百二十八万元。

(四)函请军政部饬军需署,借用军毯三千套分配各站应用,并于三十四年一月十日前借拨。

---

①②《全国知识青年志愿从军指导委员会南阳、老河口、阜阳等接待处呈报组织成立与接待转运从军青年情形、请发经费等事项的文书》(1945.01—1945.05),中国第二历史档案馆藏,国民政府全国知识青年志愿从军指导委员会档案,781/152。

（五）食粮：从军青年及挑夫共八千四百十四人，每人日食米五十二两计算，每人在途十一日，连同休息候船时间，以十五日计算，共需食米一九七八一二斤，由粮食部后勤部分别转饬各该地军粮仓库或县政府公粮中配拨各站，并由各接待所负责领运，此项运粮经费暂拨三十万元，交由鄂北行署办理统筹并准实报实销。

（六）沿途警卫：鄂北行署妥为保护。

（七）各站管理：各站设干事一人，助理干事一人，办理左列各项事宜：

1. 准备食宿设备。
2. 验收各站食粮。
3. 指定伙夫，准备燃料。
4. 指挥力伕担运行李。
5. 登记过境青年（由第一站印就表式递交各站签注）。
6. 注意卫生环境及临时急救。
7. 每晚准备温水洗脚及红糖姜汤饮料。
8. 其他运行注意办理事项。

（八）经费：综计沿线接待约需力伕费五百二十八万元，粮食、运费三十万元，各站管理费一百万元，准备费一百万元，共需七百七十八万元即日汇拨济用。

（九）负责主持人：沿途接待事宜及人员调派统由鄂北行署主任徐会之主持。

（十）本计划寄递鄂北行署，或有延误，甚不能了解，似可指派本会职员一人前往协助，并电湖北省政府转饬遵照以期迅速确实而免贻误。①

---

① 青年军人丛书编委员会编：《征集概况》，第106—108页。

上述计划规定:挑夫日付工资三百元。1月8日,第五战区兵站总监部来电:"查前规定日付工资三百元,据各站报告尚不敷挑夫维持伙食之用"①,请求增拨费用。

1月25日,鄂北行署主任徐会之再次发来电报:"力夫费及招待各费不敷甚巨,恳再加发一千万元。"主要因为:"(1)从军青年行李多超过规定重量,且因山路崎岖、跋涉艰难,并有青年常因足伤,不愿住院,强索派夫抬送,原发夫费,不敷开支;(2)各站管理费依原预算分配,每食站仅300 000元,每宿站仅50 000元至80 000元,现□百物昂贵,杂项开支,动辄巨万,按事实需要不敷甚巨等情,经查属实,除通饬本撙节原则,就事实需要先行垫用外,拟恳暂再加发1 000万元以便转发济用。"并建议:"如无法追加预算,即恳转电鄂省府谨由各县筹款弥补如何?乞核夺电示。"②

指委会对此爱莫能助,拟办:"从军青年不得乘滑竿代步,携带行李须严格限制,拟增拨力伕费伍拾贰万捌仟元,食宿站壹佰万元,共壹佰伍拾贰万捌仟元(原拟四百万,后删去)如何?仍请□核夺。"③后经同意,拨给老河口接待处150万余元。

老河口接待处办理后勤确实困难重重,但是徐会之办理得力,组织较好。多份电文汇报了相关情况,摘要如下:

> 查本处前以未奉到前项编制表,加以主管之老巴路线700余里,均系崇山峻岭地带,人烟稀少,办理供应困难,且经过六县中内有兴山、秭归、巴东三县,非鄂北行署辖区,又非第五兵站管区,仓卒间指挥设站问题尤多,为指挥灵便,特先加强组

---

①②③《全国知识青年志愿从军指导委员会南阳、老河口、阜阳等接待处呈报组织成立与接待转运从军青年情形、请发经费等事项的文书》(1945.01—1945.05),中国第二历史档案馆藏,国民政府全国知识青年志愿从军指导委员会档案,781/152。

织,故本处前定编制设主任、副主任各一。由职等分任。另设总干事兼总务组长,一调鄂北行署警保处长王子江担任副总干事兼粮服组长,一调第五战区兵站兼官处副处长赖秉钧担任卫生组长,一调兵站卫生处长方游担任下设副组长。干事及粮服卫生站务管理等三项督导专员各一人。

……老巴沿途食粮五战区境内系由各县就当地应交军粮项下提前催收,每接待站大米2 000市斤屯储备用,以后按日保持此数,盐系由兵站按每两站先发400市斤备用。六战区境内,经电请白总监,仿照办理。各县对此项食粮均能充足准备。不至有缺憾。豫省过境青年多不能体谅南北产品不同,事实常将米饭泰弃地面,强索面食接待,困难除极力劝告外,谨电呈察核。

……当以天寒需用甚急,经电商请第七军需局提前拨借1 000床(棉被)应用。嗣准军需局电告久未奉到配发命令……军政部丑(二月)巧(十八日)需补电示从军青年需用棉被应有地方供给,饬将原借棉被收回等因,查老巴沿途多系人烟稀少之穷乡山陬,尽量向民间强借或租用之棉被不敷分配,前借军需局棉被1 000床,已分发兴山40,保康各站400,穀城各站300,光化站260,现山地各站尚积雪甚深,暂难收回,谨再电恳速转函军政部,体念从军青年少带行李,无法御寒之苦及本处办理接待困难,准电饬局配发以完手续,俟接待事宜结束,当负责报缴如何?乞电示遵。[①]

[①]《全国知识青年志愿从军指导委员会南阳、老河口、阜阳等接待处呈报组织成立与接待转运从军青年情形、请发经费等事项的文书》(1945.01—1945.05),中国第二历史档案馆藏,国民政府全国知识青年志愿从军指导委员会档案,781/152。

除此之外，其他多地也因各种原因难以保障从军青年的粮秣。例如，1945年4月，贵州省向指委会发来电文，摘要如下：

> 贵州黄平为湘黔公路要站，近来湘省及黔东各县青年军纷纷过境，大半在县城息宿，每日约二三百人，湘省青年军过境时均根据该省举行办法纷向地方请拨食粮。据县府云，黔省对过境青年无供给食粮规定，且因县境内驻军特多与修建巨大机场关系，实无粮供给，故过境青年军因发生粮荒时有引起纠纷之虞。①

在战时，粮食问题是军事行动能否顺利实施的重要条件。甚至在很多时候，粮食属于紧俏物资。由于徐会之等地方公务人员积极作为，努力筹措粮食、被服等后勤物资，知识青年的输送工作比较顺利地完成了。

三、冲突事件

在知识青年的输送途中，多次出现了知识青年与当地官员、军队之间的冲突。这些冲突的责任在当时和现在都很难区分。但是，这种冲突反映了知识青年从军与历来的被动征兵完全不同，有着很强的独立性，这和他们的独立人格和平等意识有关，有时也与他们对军营的陌生与懵懂有关。

1945年1月16日，重庆一品场地区发生了青年军和一品场检查站的冲突事件。从军青年由于运输仓促，没有携带好相关证件材料，被重庆一品场检查站扣下。"到了一品场，这里是进入重庆

---

① 《青年远征军士兵控告原属省县、乡政府人员贪污安家费、不按优待办法优待远征军家属及请求保留原职原薪的文书》(1944.12—1946.2)，中国第二历史档案馆藏，国民政府全国知识青年志愿从军指导委员会档案，781/47。

的检查关卡,运输统计局的检查站,对每个旅客都要严格检查。"①随后,中央党部徐竹漪、中央团部张铭传、重庆支团部书记罗才荣(此三人同时负责知识青年从军相关业务)正好经过此地,便对此事件进行了调查并向全国知识青年志愿从军指导委员会汇报。该报告摘要如下:

一、据青年军云:上午十时到达一品场,接受检查,当由值星官将市征集委员会[公文]持往交涉,因无准行证,检查站延至下午二时,尚未放行,同学等不耐,乃派代表前往交涉,检查站督察长吴蓉永,态度骄傲,遂生冲突,该督察长即跑回队部,旋即有士兵数人持枪出击。

二、据宪兵班长汪健云:排长不在,彼闻枪声,即赴车站调查,悉系青年军与检查站发生纠纷,当赴巡检二分队制止开枪,再回车站,又闻枪声,即有青年军受伤倒地。

三、据巡检二分队督察长吴蓉永云:青年军不耐检查,不守秩序,卫兵加以制止,发生冲突,彼即前往劝阻,被青年军殴打,即逃回队部。

四、据另一宪兵云:彼在车站服勤务,制止纠纷,被人将手枪夺取。

五、据重伤青年军徐志成云:彼在面馆吃面,未参加纠纷,甫出馆门,即被枪伤倒地,左脚中两弹,伤势甚重,李国常亦重伤左腿,李隆轻伤左手,均在面馆附近受伤,面馆主人李世昌所称亦同。

六、职等去巡查二分队时,见队员王远义小腹受伤甚重。

---

① 胡守礼:《雪泥偶留——我的回忆录(一九一四——一九四九)》,北京:开明出版社2016年版,第199页。

七、据该大队长报告:检查人数,除受伤者外,失踪学生苏正义一人,青年军等均认为系被伤死亡,被巡检队拖去灭迹。①

由于刚刚启动青年军的入营输送工作,就在陪都附近发生了如此严重的事件,康泽对该汇报立即批示:

一、摘报委座(文稿拟好后,又批示:已失时效,不发);

二、即函卫戍区即查办;

三、提常会报告;

四、派员慰问受伤青年;

五、将见来渝代表,听取报告。②

他又以学生身份草拟书信一封给重庆卫戍总司令刘峙,尊称其为"刘经师"(刘峙,字经扶,担任过黄埔军校教官,时任重庆卫戍总司令,该检查站为其职掌范围),请求其调查此事。

蒋介石知道此事后,非常生气地说道:"青年志愿军集合都市,而未入营受训之时,管理不得其法,准备多未完备,以致散漫零乱,骄横闯祸,到处发生乱子。昨日在西安戏馆与前日重庆至綦江途中一品场以及重庆各戏馆车站屡有殴斗枪杀之事,而其在各处乘车购物不付价钱,任意欺诈与殴辱军警人民皆不胜其扰。呜呼,吾国青年之人格与教育如此,殊不胜为国家前途悲痛也。"③

由此可以看出,社会各界和军政要员对知识青年从军运动与

---

①②《全国知识青年志愿从军编练总监部呈报天水警备司令部与青年军冲突、河南泌阳县中山镇公所被粤东从军知识青年毁坏、从军青年在重庆各商店滋事等事项的文书》,中国第二历史档案馆藏,国民政府全国知识青年志愿从军指导委员会档案,781/58。

③ 政大人文中心:《民国三十四年之蒋介石先生》(上),台北:政大出版社 2015 年版,第 50 页。

第三章 从军知识青年的征召与输送

青年远征军都比较关注,蒋介石从各种渠道都可以了解到相关情况。尽管此次冲突中从军青年并非负主要责任,但是,由于从军青年与其他人员冲突之事屡发,已经给蒋介石和社会各界形成了一定的负面印象。

从军青年在运输途中也闯了不少祸。1944年12月24日,浙江大学从军学生在遵义强行搭乘银行运钞车,与宪兵发生冲突,绑去卫兵四人、司机一人;1945年2月2日,河南第七中队从军青年在老巴路线上强拉卫生站看护上等兵贾贵明充伕;3月9日,益阳从军青年恃蛮殴打司机并强迫其退运费;4月5日,湘乡及安化蓝田知识青年60余人要挟免费搭车而将烟溪汽车站毁损,并强逼司机驶去,等等。当然,这些事情的发生在正常范围之内,也说明知识青年血气方刚,与过去孱弱的新兵完全不一样。所以,这些事件既出乎意料,也在意料之中,属于正常的非正常事件。

与前一案例相反,另一则案例则是从军知识青年被奸人利用,领入歧途——他们随着带队长官沿途打砸抢,借着从军人员身份胡作非为,这完全是由于从军青年对于未来的军营生活十分陌生和懵懂,不明就里所致。

1945年4月14日,军政部收到泌阳县县长晁伟青发给陈诚部长的代电,反映鄂东从军知识青年在泌阳县"声言地方招待不周,由其大队长王学煌、总队长潘定周及柴自新、周雅各等亲率从军青年二百余人,先将中山镇公所捣毁,继又闯入县府,逢人便打,除警士李书堂头部受有重伤性命堪虞外,刘聚、崔正富等亦均负伤,复将本府所有公私款项、长短枪支抢掠一空,门窗什物砸坏,文卷亦多烧毁,而各职员警士衣服被褥轻便者席卷而去,粗重者撕毁焚烧,约二小时始行散去。残破之状、惨不忍睹"。这些知识青年造成泌阳县"公款损失合计洋九万六千零七十元、私人损失合计洋七十一万六千一百元,统计洋八十一万二千一百元,手枪七枝,步枪二枝,其余什物若干"。县长等人对此只得忍气吞声,"职以该队均系从军知识青年,事前不惟未敢抵抗,事后尤未稍加留难,次早仍行征拨车辆运送离境"。后来,经当地驻军高级长官陆军二十九师荣师长、蔡副师长交涉,"追回步枪四枝、手枪一枝、八音枪一枝、手枪子弹三粒、八音子弹十粒外,其余短枪九枝、公私款洋八十余万元及衣物等件拒不交还"。而且,这些知识青年非常嚣张跋扈,"惟查该队当捣毁县府之时,曾大声疾呼:我们在新蔡张总指挥的医院也敢捣毁,何况小小县府"。经过泌阳县县长晁伟青调查了解,豫南挺进军的护送人员对鄂东知识青年的放话"亦云属实"。由此可见,鄂东从军知识青年200多人,"不特在本县为然,早成该队惯技,似此沿途寻衅、到处捣乱,有奸伪份子参加其间"。①

4月16日,兵役部役政司又向全国知识青年志愿从军指导委员会秘书处发来代电,不仅将上述泌阳县的反映情况转述,还反映了该队鄂东知识青年在四川万县的不良情况。他们是到驻扎在万县的二〇四师报到的,但是"迨抵万县后,该队长(即王志扬,又名学煌)又唆使附有学兵二十余名(每均带有大量现款,有多至二十万者,最少者亦七八万),藉口该师青年军待遇不良,要求退伍"。他们借口要退伍,直接来到陪都重庆,"声言将来或往成都或赴昆明,均有正大办法。学兵均为所惑,现住中正路三民旅社中,已一周。初到时花天酒地、大吃大喝大玩,该王志扬见一般学兵款已将尽,正蓄意骗得一二较有钱者同往昆明,谒见杜(聿明)总司令,找

---

① 《全国知识青年志愿从军编练总监部呈报天水警备司令部与青年军冲突、河南泌阳县中山镇公所被粤东从军知识青年毁坏、从军青年在重庆各商店滋事等事项的文书》,中国第二历史档案馆藏,国民政府全国知识青年志愿从军指导委员会档案,781/58。

寻自身出路,而弃此一般无知青年于不顾,听其流荡在渝,不知伊于胡底等情"。① 对于此种情况,全国知识青年志愿从军指导委员会只得请求监察院处理,别无他法。

除此之外,另有一案例反映了知识青年自身的问题。1945年1月31日,湖北宜昌兴县征集委员会的杨敬之、田子英向全国知识青年志愿从军指导委员会发来电报,反映河南知识青年违反军风纪等情况,电文摘要如下:

> 豫省过境青年秩序不佳,常有违反军风纪情事,沿线接待站因时间太迫,设备欠周,已急电徐(会之)主任改善,民夫供应因军运频繁,大感困难,现由甲长、警士等为学生负行李。又军毯三千条,请速通知军需局转电至兵站借用。豫省滥收青年,未派领队人员,有怂恿学生嫖赌图利情事,请电万县注意接收,并严格检查验格。豫尚未停止征集,请急电制止。该省以推卸责任为能事,每日迁八九百人至老河口以致接待线壅塞,请急电豫省每日仍按照二百人出发为祷。②

由于组织问题和知识青年自身问题,从老河口到兴县的道路又非常艰难,主要靠人力运输,但是,"由甲长、警士等为学生负行李"实是以往难以想象的。

征兵工作的运输与后勤历来为大家所诟病。在正常的兵役工作中,兵役署只是负责全国征兵的统筹、征集和分配,各征兵部队负责接收、运输和训练。运输问题在其中特别突出,主要是因为交

---

①②《全国知识青年志愿从军编练总监部呈报天水警备司令部与青年军冲突、河南泌阳县中山镇公所被粤东从军知识青年毁坏、从军青年在重庆各商店滋事等事项的文书》,中国第二历史档案馆藏,国民政府全国知识青年志愿从军指导委员会档案,781/58。

通运输实行战时管制，飞机、轮船、火车和汽车，都受到战时运输管理局不同程度的管制，各征兵部队几无协调的能力，无法全国统筹，只能各自负责。于是，征兵后士兵一般都需要步行至各部队。在经费、食物、药品缺乏的情况下长途跋涉往往导致较高的死亡率，而运输途中也经常出现逃亡现象。为了补充兵员，各征兵部队只能通过抓壮丁的方式。为了防止沿途逃跑，他们用脱光衣服、绳索捆绑等方式解决。有的征兵部队甚至出现枪杀、活埋患病士兵的丑闻，这些也使得从军真正成为畏途。因此，知识青年从军运动吸取教训，对于运输工作及其粮秣、卫生等后勤高度重视。

但是，新的问题又出现了。在运输新兵的过程中，从军青年成了强势一方，出现了诸多违法乱纪的事件，或者由于年轻气盛、不甘委屈而与军警及社会人士发生冲突，或者受人欺骗、误入歧途，借着从军青年的身份欺压地方。当然，换一个角度来看，这些事件的发生也纯属自然，也正说明了青年远征军的确与先前的诸多部队不一样，它刷新了役政的一些弊端，使得新兵的身心素质得到了一定的提高。

四、余　论

1945年2月1日起，因征集工作大部分结束，全国知识青年志愿从军指导委员会秘书处联合办公时间改为每星期两次。2月23日，指委会常委会传达了蒋介石的手令："知识青年从军指导委员会应继续设置并希研拟第二期青年军召集之计划呈报为要。"由此可以看出，蒋介石对于这次知识青年从军运动是满意的，希望继续发动下去。

具体负责该项工作的全国知识青年志愿从军指导委员会秘书处的工作人员对蒋介石的主张并不是很认同。3月23日，吴铁城宣布：秘书处工作，除女青年部分外，均应于3月底告一结束。并布置了善后工作。4月6日，吴铁城宣布："本会秘书处将以四月十五日暂告结束，故本月十三日为最后一次之联合办公，各出席代表均须一律参加，中午并举行聚餐。"①

全国知识青年志愿从军指导委员会至此活动结束，虽然没有宣布取消，但基本没有再行使职权，名存而实亡。而各级征集委员会则根据要求更改为知识青年从军服务会。

知识青年从军服务会是为鼓励从军青年革命情绪及安定其家属生活服务，主要掌理下列事务：

甲、关于调查报道者。

（一）从军人员之有关人事事项；

（二）从军人员之编配异动事项；

（三）从军人员家属职业住址之变动事项；

（四）其他应行调查报道事项。

乙、关于协助者。

（一）从军人员家属依法应享受各种优待权利之代办事项；

（二）从军人员家属就业升学之介绍指导事项；

（三）从军人员家属书信之缮写寄递事项；

（四）从军人员家属一切法律行为之委托代办事项；

（五）其他应行协助事项。

丙、关于救济者。

---

① 《全国知识青年志愿从军指导委员会与中央执行委员会秘书处联合办公记录》(1944.11—1945.4)，中国第二历史档案馆藏，国民政府全国知识青年志愿从军指导委员会档案，781/14。

（一）从军人员家属生活特殊困难者经济上之补助事项；

（二）从军人员家属生育疾病死亡或遭受意外灾祸之救助慰问事项；

（三）从军人员如有伤亡对其家属生活之补助及未成年子女之救济事项；

（四）其他应行协助事项。①

根据规定，服务会设委员五人至十一人，以相关机关学校团部负责人为主任委员，各部门主管人及党部团部负责人为委员，由主任委员遴聘之；委员会下设总干事一人、干事若干人，均就该机关学校团体职员中遴派，其业务纷繁者并得分组办事；从军服务会每月至少应举行委员会议一次。

全国知识青年志愿从军指导委员会以及各级征集委员会属于临时协调议事机构，发动知识青年从军是在兵役部、军训部之外重新构建"体外循环"。这样的工作是无法长久的，也没法真正解决役政弊端。而其优待规定更是增加了退役军人复员工作的复杂性。即使该机构继续运行下去，发动知识青年从军也是临时性、应急性的，无法成为惯例，该机构序列也会因平时无事而名存实亡。

---

① 《全国知识青年志愿从军指导委员会常务委员会第一至十三次会议记录草稿及第一至第十二次常会决定事项一览表》(1944.10—1945.2)，中国第二历史档案馆藏，国民政府全国知识青年志愿从军指导委员会档案，781/11。

第四章 青年远征军的组建与训练

从军知识青年到达集训地点后,由军事委员会全国知识青年志愿从军编练总监部负责军事训练;由军事委员会全国知识青年志愿从军编练总监部政治部负责政治训练;另成立女青年服务总队,负责女青年的集训。

第一节 青年远征军的编练机构

全国知识青年志愿从军编练总监部及其政治部,直接负责从军青年的军事和政治训练。实际上,这也是掌控青年远征军军事和政治权力的基础,了解其组织情况对于进一步研究青年远征军有重要作用。

一、全国知识青年志愿从军编练总监部

1944年11月4日,全国知识青年志愿从军编练总监部在原军事委员会督训处基础上改编成立,此乃青年军最高编练领导机构,由曾任中国远征军司令长官的罗卓英出任编练总监。

罗卓英(1896—1961),字尤青,广东省大埔人,1922年毕业于

保定陆军军官学校第八期炮科,与陈诚是同班同学,据说两人还是同桌。罗卓英早年参加东征、北伐及中原大战等役,从基层连队干起,直至第十一师师长、第十八军军长。抗日战争时期,先后参加了淞沪会战、南京保卫战、武汉会战、南昌会战、长沙会战、仁安羌大捷、平满纳战役等重大战役,后任第九战区副司令长官兼国民革命军第十九集团军总司令、中国远征军第一路军司令长官、国民政府军事委员会军令部次长。他被人称为"二老板",意即他是陈诚军事系统中的第二号人物。

在长衡、桂柳会战之前,罗卓英任军委会军令部次长兼该会驻桂林督训处处长和东南干训团教育长,直接向蒋介石汇报(蒋介石亲自兼任东南干训团团长)。这是独立于军训部的又一个军事训练机构。罗卓英的工作主要是负责督训驻滇中国远征军,按照美式训练方式训练装备了美械的各军、师,对其将领进行轮训。桂林陷落后,处于云南的各单位陆续内迁,该督训处和干训团都奉命迁至重庆大坪。为了编练青年远征军,蒋介石下令军委会东南干训团更名为"军委会干训团",罗卓英担任教育长,着手培养各级军官、军士和政工干部;督训处更改为"青年军编练总监部",罗卓英担任编练总监,该部随即着手准备青年远征军的营房、设备和训练工作。另外,蒋介石任命黄维为其副手。后,黄维调派到第三战区建立东南干训分团,彭位仁、霍揆彰、郜子举被任命为副总监。

二、全国知识青年志愿从军编练总监部政治部

1944年11月初,全国知识青年志愿从军编练总监部奉命成立。12月10日,蒋介石"手令经国负责筹备成立青年远征军政治

部并主其事"①。16日,全国知识青年志愿从军编练总监部政治部"奉命筹备成立于陪都之复兴关,负领导推动全军政治工作之任务,乃即开始设立机构,训练干部,展开工作","以俞季虞同志担任主任秘书,陈元楚、崔秋雨同志协助秘书业务,至第一、第二、第三、第四各组则由朱瑞元、谢然之、王杰成、范魁书等同志分承其责,令设设计委员会、视导室,请由邓雪冰、张一清两先生分别主持,于是规模粗具,进而成立各师政治部"。②

蒋介石为使蒋经国摆脱国民党军队老政工系统,开设了青年军政工人员训练班,由蒋经国任主任。根据《远征军各级政工干部甄选训练办法》:"各级政工干部甄选标准如左:一、学历相当于大学程度者;二、具有坚定信仰与领导能力者;现任党团干部及军队政治工作卓有成绩者。"另外,该《办法》还规定:"中央训练团专设政工干部训练班分两期训练。每期训练六百人,时间六星期(第二期如为时间所许可得延长训练时间为两个月)。"③

作为一个政坛新星,蒋经国资历较浅,在军队中也无任何根基。上述两条规定对于他控制青年远征军实际缓不济急。为了组成一支能由他个人支配的政工队伍,蒋经国利用其三青团中央干部学校教育长的特殊身份,使政干班的受训人员主要来自三青团干部学校,以至于原三青团干部学校毕业生占了其中的1/3还多。④ 青年军各师政治部主任全由蒋经国核派。原来军中的政

---

①② 青年军人丛书编辑委员会编:《政工概况》,军事委员会全国知识青年志愿从军编练总监部印行,1945年6月,第5页。

③《军事委员会政治部、全国知识青年从军编练总监部组织部有关政工干部、远征军政工干部甄选、训练办法》,中国第二历史档案馆藏,国民政府全国知识青年志愿从军指导委员会档案,781/19。

④ 王金海、佐恩:《蒋经国全传》,第191页。

治部主任,以军校出身的居多,而青年军各师政治部主任,除钟焕臻外,均系文职人员出身。而且钟也是因参加了青年军政干班训练工作才得以出任。①

三、各师编成、人事选调与士兵入营

青年远征军原定编成 10 个师,后来成立 9 个,另余第六三八团和第六三九团,就直接编入了二〇八师和二〇九师。② 各师组建、征集、接收工作同步进行。各师的组建仍是沿用以前的一贯做法,撤销一个陆军师并以此为基础新建,然后编练总监部重新调配各级军官。在新建师中,除从军知识青年外,共有 3 万多名充编官兵,他们都有着丰富的战争经验。充编部队选留的军官必须经过干训团培训,而选留的士兵在青年军中主要从事辎重、担架、炊事等任务。③ 表 4-1 为青年军各师与原师的番号对照和驻地情况表。

表 4-1　青年远征军各师与原师的番号对照和驻地情况表

青年军	司令部所在地	原师番号
二〇一师	四川璧山	九十四师
二〇二师	四川綦江	暂三十四师
二〇三师	四川泸县	新五师
二〇四师	四川万县	暂五十六师
二〇五师	贵州扎佐	新二十三师

---

① 王金海、佐恩:《蒋经国全传》,第 194 页。
② 原青年远征军二〇八师六三八团政治部干事、黄埔军校十六期毕业生蒋术先生口述,蔡宏俊记录,时间:2005 年 9 月 3 日。
③ 郭绍仪编著:《青年远征军志略》,第 63 页。赵秀昆:《青年军的组建和消亡》,《军事历史研究》1994 年第 3 期。

续表

青年军	司令部所在地	原师番号
二〇六师	陕西汉中	中央军校一分校
二〇七师	云南昆明	二十八师
二〇八师	江西黎川(后改移赣州)	一四四师
二〇九师	福建上杭(后改移瑞金)	七十五师

资料来源:赵秀昆:《青年军的组建和消亡》,《军事历史研究》1994 年第 3 期。郭绍仪编著:《青年远征军志略》,第 63—64 页。原青年远征军二〇八师六三八团政治部干事、黄埔军校十六期毕业生蒋术先生口述,蔡宏俊记录,时间:2005 年 9 月 3 日。

当时青年军是异军突起,蒋介石特别重视,广大干部都以为青年军将有特别好的前途,便多方活动参加进来,所以调训和选用干部相对还是比较顺利的。① 但是,究竟使用哪些人来担任青年远征军的各级军官? 人事关系历来都是与军队派系密切相关的,人事选调必须考虑能力、资历和派系,以及各派系之间的平衡,相当复杂。何况,这次选调青年远征军各级军官,可谓万众瞩目。

国立西南联合大学校长蒋梦麟和梅贻琦、张伯苓等直接向蒋介石转来该校教授会的五点意见,其中关于新军统领的意见如下:

> 战略战术之应用,随乎兵器;兵器之革新,必引起战略战术之革命。此次欧战,法国之败溃,论者谓由于其多用宿将墨守成法之故。数年以来,各国无不竞用后起优秀将领,盖重经验则用老成宿将,重新法则用后起英杰,胜败之数,殷鉴不远,窃谓统帅部中新陈代谢,不可或缺,而新军虽有主席亲自统帅,然一日万机,岂能尽顾,实际负责由于何人。窃谓宜明令

---

① 王金海、佐恩:《蒋经国全传》,第 189 页。

宣布,俾从军之士知所托命,以坚其心而壮其气。①

为了促进知识青年从军运动,蒋介石在 1944 年 10 月 24 日的《告知识青年从军书》中承诺:"中央并已选拔优良的干部从事领导,务使这次从军知识青年们获得实益,蔚成劲旅,而过去一般军队编练中的缺点,亦已详加检讨,切实改革,务使过去一切征集训练的弊端,彻底的拦除。"②

为此,国民政府出台了《知识青年从军干部选调办法草案》③对干部资历作出明确规定:

  初级军官:以陆军军官学校各兵科正期毕业者充任为原则;

  中级军官:以军校毕业而受过各兵科专门学校教育者充任为原则;

  高级军官:以军校毕业而受过陆大教育而卓有战绩者充任为原则。

显然,这个标准拒绝了当时相当一部分行伍出身的人。1944 年,国民革命军陆军中地方军校及行伍出身的,军长中有 31%,师长中有 32%(地方军校为民国时期地方军阀举办的军校,认可度不

---

① 《国立西南联合大学常务委员张伯苓等电国民政府主席蒋中正关于知识青年从军本校教授会呈建议意见五点乞赐明察》,台湾档案部门收藏,国民政府档案,001/054500/00002/007。
② 《蒋委员长告知识青年从军书》(1944 年 10 月 24 日),中国第二历史档案馆藏,国民政府全国知识青年志愿从军指导委员会档案,781/68。
③ 《全国知识青年从军指导委员会组织办法、编练计划等各种法规》,中国第二历史档案馆藏,国民政府全国知识青年志愿从军指导委员会档案,781/5。

第四章 青年远征军的组建与训练

高)。① 但"军校正期毕业者"这个标准依然是比较粗泛的,具有很大弹性。这并不能帮助我们深入认识青年远征军的人事选配问题。

1944年秋是国民党高层进行大调整的转折点,由于豫湘桂大溃败和役政问题,蒋介石决定将何应钦调任中国陆军总司令,陈诚接任军政部部长职务并收拾残局。何应钦本人对军队的控制力并不强,人称"武甘草"的他,性格温和、颇具人缘,各派系的人员对他都比较尊重,此次调整使得他远离中枢,在青年远征军的人事问题上没有任何发言权。陈诚身为军政部部长,位高权重,直接负责编练青年远征军的统筹工作。

军训部部长白崇禧因属桂系,对青年远征军的编练工作几无插手可能。在国民党军队嫡系的实力派中,汤恩伯因为豫中会战被蒋介石痛骂,并被撤职留任,后调往贵州前线。陈诚取代蒋鼎文、汤恩伯,主持第一战区各项工作。地处西北的胡宗南,因为西南危急,其部分主力被调往贵州,青年远征军原定在西北地区成立两个师,后更改为西北与贵州扎佐各成立一个师。地处东南的第三战区司令长官顾祝同,对于下属的整治相对平稳,可谓深孚众望,该战区地处前方,地理位置特殊,青年远征军在此地成立两个师。

由此可以预见,陈诚、胡宗南和顾祝同对青年远征军的人事工作有着重要的发言权。

当然,也有其他高级将领主动投奔,希望攀上这支新军以实现个人愿望。1945年2月23日,第四十九军军长王铁汉在浙江江山给蒋经国发出密电,向其询问蒋介石原拟令其充任青年军师长是

---

① 《陆军军官佐资历成绩簿》(1944),张瑞德:《抗战时期的国军人事》,台北:"中央研究院"近代史研究所专刊,1993年第68期,第8页。

否属实,"或有决定敢请电示"①。3月7日,他再次向蒋经国发电:"弟得以厚爱,感奋殊深,为效忠党国,以期发挥更大力量计,弟亟欲欲任驻第三战区青年军师长或兼师长以副雅望,务恳吾兄就近向委座恳切转呈玉成,不胜盼切之至。"②从电文内容来看,蒋经国应该是给王铁汉回电了的,而且给了他一定的希望。王铁汉身居第四十九军军长高位,而且是九一八事变中拒绝执行不抵抗命令、"打响抗日第一枪的人",早在1933年就已升任少将,但是现在却愿意委身为青年远征军的师长。由此也可见,青年远征军的师长职位的确比较热门。

其实,早在1944年9月,知识青年从军运动尚未发动之时,蒋介石与陈诚就已经开始商量青年远征军的人事问题了。9月7日,尚在河南南郑第一战区视察的陈诚给蒋介石发来关于召集党员团员组织志愿军研究意见二则,电报中提出:"至于副军长、师长之人选,谨举敢任副军长者,四人:胡宗南、罗卓英、王东元、郭寄峤;可任师长者,十二人:刘戡、宋希濂、王耀武、彭位仁、黄维、李仙洲、张卓、梁华盛、范汉杰、方天、黄涛、董钊,以凭采择成军。次第,拟恳首组师部,俟有两师成立后再组军部,惟不知能否使之补充现有部队之缺额,以提高部队之素质,而充实战力,然以今日党团之组织散漫、干部自私,除以钧座之精神,相感召外,恐难达成目的耳!当否?统乞钧裁夺!"9月9号,陈诚再次发电,提出:"选集十万人,恐与事实与短时间所难能,召集过急,或生流弊,似宜以师为单位,次

---

① 《王铁汉电蒋经国委座蒋中正原拟令弟充任青年军师长是否属实或有决定敢请电示》,台湾档案部门收藏,蒋中正总统文物档案,002/080200/00650/021。
② 《王铁汉电蒋经国亟欲任驻第三战区青年军师长或兼师长以副雅望务请就近向委座蒋中正恳切转呈玉成》,台湾档案部门收藏,蒋中正总统文物档案,002/080200/00650/025。

第成立；副军长及师长人选，应重视才能与吃苦者及富有革命之精神，不必拘泥官阶。"①陈诚所举荐的人员，除胡宗南外，全部为陈诚派系重要成员。

因原定由蒋介石亲自担任青年远征军军长，所以陈诚举荐的是副军长的人选，共计4人。其中，罗卓英和王东元（即王东原）是陈诚军事集团的骨干，陈诚和郭寄峤关系亲密（两人分别是保定陆军军官学校第八期、第九期炮兵科学员，郭后任第一战区副司令长官，为陈诚副手）。胡宗南主持西北大局，几乎不可能出任青年远征军副军长，如果担任，则连降三级，正中陈诚下怀。罗卓英是陈诚军事集团中偏军事的人物，长期从事军事训练工作；王东原是陈诚军事集团中偏政治的人物，担任过军事委员会政治部副部长，在党团机构中也多有兼职。陈诚的举荐名单，明显带有倾向性，其主要是想推荐罗卓英主持青年远征军的编训工作。

陈诚举荐的师长名单，共计12人。其中，刘戡、宋希濂、黄维、李仙洲、梁华盛、范汉杰、董钊为黄埔一期学员；方天为黄埔二期学员；王耀武为黄埔三期学员；仅有3人为非黄埔系，即保定六期的彭位仁、日本陆军士官学校的张卓、云南讲武堂的黄涛。

关于在胡宗南辖区内成立的青年远征军两个师的师长人选，陈诚举荐的应该是刘戡、张卓、范汉杰、董钊。刘、董、范三人都是胡宗南在黄埔一期的同学；董、范、张也都曾经担任胡宗南所辖的第三十四集团军的军长。然而，刘、董、范三人虽然是胡宗南部最重要的高级将领，但与胡宗南关系不睦；胡宗南深耕西北多年，是蒋介石的黄埔学生中发展最快最好的，也为蒋介石所忌惮，蒋介石

---

① 《陈诚电蒋中正关于召集党员团员组织志愿军研究意见二则》，台湾档案部门收藏，蒋中正总统文物档案，002/080102/00083/015。

将刘戡派到胡宗南部的主要目的就是"掺沙子";董钊与胡宗南也有过激烈的冲突,胡宗南在陕西想要排除异己,董钊也想通过扩军来壮大自己的势力,因此两人之间一直有矛盾;范汉杰在黄埔一期当学员之前,官阶已是少将身份,后又留学日本、德国学习军事,在军中号称"文武双全",他对于顶头上司胡宗南这个才不堪用的"后起之秀",自然心有不甘。张卓出身于日本陆军士官学校,在黄埔系把控的胡宗南部自然不受待见,他本人也不喜欢参加派系活动,一生俭朴、公私分明,1944年3月与日军潼关作战失败之后,被免去军长职务,调黄埔军校第七分校任副主任。让上述四人出任青年远征军的师长,胡宗南显然都不会满意,事实上他们后来也都没有能够入选。

关于在顾祝同辖区内成立的青年远征军两个师的师长人选,陈诚举荐的应该是梁华盛、黄涛。这两人都出生于广东,梁华盛是黄埔一期学员,蓝衣社"十三太保"之一,是国民党少壮派将领,曾经任委员长侍从室参谋,一直是蒋介石的心腹;黄涛毕业于云南讲武堂,历任国民革命军第四军营长、团长,第一五七师少将师长兼厦门警备司令。这两位与顾祝同的交集都不多,顾祝同也都不会满意。

这反映了陈诚的这份推荐名单怀有很重的私心,甚至别有用心。蒋介石对此也很清楚,他肯定也听取了胡宗南和顾祝同的意见和建议,最后精心设计了青年远征军各师师长的人事选配方案:由罗卓英出任青年远征军的编练总监;由陈诚军事集团的骨干、第十八军副军长戴之奇出任青年远征军二〇一师师长,在四川璧山编练;由胡宗南的参谋长罗泽闿出任二〇二师师长,在四川綦江编练;由宋希濂军事集团骨干、第七十一军军长钟彬出任二〇三师师长,在四川泸县编练;由关麟征军事集团骨干、原第五十二军副军长覃异之出任二〇四师师长,在四川万县编练;由胡宗南军事集团骨干、第五十七军军长刘安祺出任青年远征军二〇五师师长,在贵州扎佐编练;由原军事委员会委员长侍从室中将参谋、中央军校第七分校西安王曲干训班教育长、第七十一军副军长杨彬①出任二〇六师师长,在陕西汉中编练;由原第十军军长方先觉②出任二〇七师师长,在云南昆明编练;由福建省保安处处长黄珍吾③出任二〇八师师长,在江西黎川编练;由曾任第十八军第六十七师副师长、第三战区将校训练团教育长、第三战区参谋长、第二十师师长的温鸣剑出任二〇九师师长,在福建上杭编练。

据康泽自述,这些师长不是陈诚所保(如戴之奇、钟彬、罗友伦)④,便是胡宗南所保(如罗泽闿、刘安祺、杨彬)。⑤ 但是,从总体上可以看出,青年远征军的师长并不完全出自各派系首领的推荐,戴之奇、杨彬、罗友伦、温鸣剑等人确实非常优秀,各方面素质相当之高。青年远征军初期各师领导成员见表4-2。

---

① 杨彬,浙江诸暨人,先后毕业于黄埔二期、德国炮兵学校、德国陆军参谋学院及陆军大学,在侍从室、王曲干训班和中国远征军宋希濂部都有经历,能够为蒋介石、胡宗南、宋希濂等各方所接受,也是能够为社会人众所接受的新军将领代表。
② 方先觉,毕业于黄埔三期,在常德会战和衡阳保卫战中名声大噪,一直被薛岳、陈诚和何应钦拉拢。
③ 据说黄珍吾比较跋扈,福建省主席刘建绪与其有较大矛盾。1944年9月,军统局局长戴笠有任务来建瓯,刘建绪屈尊往见,面诉情状。戴笠深知黄珍吾非刘建绪所能驾驭,答应将黄调走。适值军方拟议论成立青年军10个师,戴笠趁机向蒋介石推荐黄珍吾担任二〇八师师长。参见任仲泉:《炉边谈故》,福州:福建人民出版社1998年版,第31页。
④ 1945年4月,罗友伦接替方先觉担任二〇师师长。
⑤ 潘嘉钊:《康泽与蒋介石父子》,北京:群众出版社1994年版,第140、141页。

表 4-2　青年远征军初期各师领导成员表

番号	师长	副师长	参谋长	政治部主任
二〇一师	戴之奇	邹轸善	王寓农	俞季虞
二〇二师	罗泽闿	潘华国	方懋锴	杨柏森
二〇三师	钟 彬	姚秉勋	赵秀昆	余纪忠
二〇四师	覃异之	吴啸亚	唐肇谟	刘炳黎
二〇五师	刘安祺	刘树勋	刘理雄	钟焕臻
二〇六师	杨 彬	肖 劲	王果夫	谢仁剑
二〇七师	方先觉	李修业		葛建时
二〇八师	黄珍吾	王晏清	贺锄非	詹纯鉴
二〇九师	温鸣剑	喻英奇	吴万玉	刘汉清

资料来源:赵秀昆:《青年军的组建和消亡》,《军事历史研究》1994 年第 3 期。

青年远征军编练总监罗卓英就任后,接受专访时说道:"怎样编? 完全按照远征军的编制,照国军的番号,团长以上的人选,最高统帅部正在严格的物色,选择的标准以有丰富军事学识及作战经验,而作为青年表率为合格,大部将有陆军大学资格毕业者充之;连排长和士兵最为接近,除学识经验以外,又需要有修养的人去担任;班长为士兵群之长,则拟从从军青年中去遴选,选择方法以先经选择而训练,在训练中选择之。"①

由于很多人向蒋介石和罗卓英保荐青年军的军官,蒋就命令罗卓英在干部训练团设立干部研究班(也称将官班或将官队),以培训、选拔青年军的团以上干部,由副监黄维(后由彭位仁接替)任主任,方天、金典戎为副主任。这些干部研究班学员,一部分是由

---

① 《罗卓英将军谈:青年新军训练要点——依投军青年所学编分兵种绝对适合现代要求》,《四川知识青年从军专刊》1944 年第 1 期。

蒋介石亲自指定调派而来,一部分由各部队、机关保荐而来(实际由陈诚、胡宗南、顾祝同等推荐而来)。第一期参加培训的共 40 余人,训练时间为一个月。根据要求,青年军军官的官阶高配一级,一般都是少将团长、中校营长、少校连长、上尉排长。① 对于团以上军官,蒋介石亲自核定。结业之后,蒋介石在官邸分别接见了他们。次日,即传出蒋介石在召见的几十人中圈出 18 人留任青年军师、团长。不几日,编练总监部就公布了青年军各师、团长的任命命令。②

由于各地征集进度不一致,交通状况也不尽相同,这直接影响了编练工作的进行。有地方征委会提出时间紧、任务重,要求延期入营或者分期举行,对此,全国知识青年志愿从军指导委员会常委会决定:

  1. 西南区五个师及西北区之汉中一个师征集集中日期不变更。

  2. 东南区之瑞金一个师定期三月一日入伍。

  3. 东南区之赣州及横峰两个师定期五月一日入伍。

  4. 西北区之天水一个师定期四月一日入伍。③

为避免与已经宣布的 1945 年 1 月 1 日入营的公告不符,"本案应保秘密不发表"。

在各地从军青年陆续入营之后,各师首先对入营青年进行了

---

① 原青年远征军二〇八师六三八团政治部干事、黄埔军校十六期毕业生蒋术先生口述,蔡宏俊记录,时间:2005 年 9 月 3 日。
② 赵秀昆:《青年军的组建和消亡》,《军事历史研究》1994 年第 3 期。
③ 《全国知识青年志愿从军指导委员会常务委员会第一至十三次会议记录草稿及第一至第十二次常会决定事项一览表》(1944.10—1945.2),中国第二历史档案馆藏,国民政府全国知识青年志愿从军指导委员会档案,781/11。

甄别,甄别办法主要包括身体检查和文化考核。

从卷宗《青年远征军各师报告接收从军青年学生情形及甄别、通讯等办法文电》看,各师在入营后自行规定了甄别办法。

1945年2月28日,二〇七师汇报了自订的甄别标准:"1. 身患重花柳病或肺病者在短期内无治愈之希望者;2. 身体羸弱及有暗疾不堪服役者;3. 意志不坚定,生活与行动不能遵从者。"①仅有如此三项标准,可见,甄别的标准还是比较低的。但据8月18日电文,青年远征军二〇七师共接收12 014人,淘汰809人,死亡12人,潜逃694人,可见,入营后有相当一部分知识青年被淘汰了。②

文化考核,一律采用笔试的形式。所有笔试,以初中一、二年级程度,或同等学力为准。笔试科目如下:

国文(三百字以上),以50分以上为及格。

党义,以50分以上为及格。

数学,以50分以上为及格。

常识,以50分以上为及格。③

在甄别的过程中,各师在尺度把握上具有弹性,"惟念青年之热忱可嘉,及兵源之由来困难,仍放宽甄别尺度,加以甄别,各师先后共计遣回六四五三名"④。

由于准备仓促,编练工作在生活与管理上确实还存在不少问题。因为营房有限,二〇五师甚至以淘汰为名,剔退了大量从军青

---

①②《青年远征军各师报告接收从军青年学生情形及甄别、通讯等办法文电》,中国第二历史档案馆藏,国民政府全国知识青年志愿从军指导委员会档案,781/27。

③ 青年军人丛书编辑委员会编:《编练概况》,军事委员会全国知识青年志愿从军编练总监部印行,1945年6月,第41页。

④ 青年军人丛书编辑委员会编:《编练概况》,第7页。

年。4月3日,新任兵役部部长鹿钟麟对此不满,给康泽寄来信函,内容如下:

> 兆民(康泽,字兆民)主任吾兄钧鉴:
>
> 据报黔省青年军中央配额四千名,规定二千名送綦江,二千名送扎佐二〇五师。其送綦江者,已于上月送足,并无剔退情事。其送二〇五师驻贵阳之六一三团者,亦无剔退。惟扎佐马家桥及麦架桥之六一四团,因营房设备未齐,该二〇五师曾要求黔省征委会缓期一月再送,惟省征委会因仓卒不及通知各县缓送,致日来有安龙等县经二千里长途跋涉,送到之青年八百人,竟予剔退三百余人,流落筑市,状极凄惨,中央似应饬令该师负责人,不得因设备未充,故意剔退,致各地青年闻而灰心,视从军为畏途,拟恳提请全国知识青年志愿从军指导委员会,设法补救等情。特此函达,即请吾兄酌办见复为荷!①

国民政府的内部情报也反映,部分地区入营后编练工作组织较差。一份主要针对璧山营部的情报摘要如下:

> 据报:青年军第一、二两大队,于上月间开赴璧山正式入营,迄今多日,一切尚无秩序,亦未开始训练,管教不严,纪律欠佳,兹将近况分志如次:
>
> (一)管教方面:事前未有妥善筹划布置,设备甚为简陋,装备亦欠整齐,至今未开始训练,学生终日闲游,营房附近之街头巷尾,茶店酒馆,终日为学兵三五成群之消遣场所,秩序散漫,管理完全未入正轨。

---

① 《青年远征军士兵控告原属省县、乡政府人员贪污安家费、不按优待办法优待远征军家属及请求保留原职原薪的文书》(1944.12—1946.2),中国第二历史档案馆藏,国民政府全国知识青年志愿从军指导委员会档案,781/47。

(二)干部质劣:现一、二大队之干部军官,皆系二〇一师之老干部,大多行伍出身,知识水平较低,无教育经验,学兵咸抱轻视与不理态度,因此官兵相当隔阂,例如团长赵德树曾集合学兵训话,略谓:"志愿兵入营后,已不需要知识,只要学如何开枪"等。颇引起学兵之反感,多表不满。

(三)待遇与给养:关于待遇问题,迄今未能规定,亦无消息。给养方面,如伙食系按人发给食米及副食费,质量均差,不惟营养不够,且不够饱,而经济亦不公布,咸表不满。

(四)训练问题:学兵鉴于干部官长素质过低,及装备欠佳,咸认训练问题,难合理想,对于有无新式武器及机械化之配备,尤觉怀疑,日来学兵等均以此为讨论中心,深冀上峰对此能早日予以解释。

(五)精神食粮:璧山青年营中毫无书面设备,即每日报章亦无阅览,咸以璧山距离近在咫尺,汽车半日途程,但连报章均付缺如,其见该营管理毫无计划,深感不满云。①

由上可见,知识青年从军运动发起确属仓促,在后勤保障的准备和各级干部配备上相对迟缓。而且,在管理上,没有从一开始就实行比较规范的管理,使得刚刚入营的从军青年大失所望,严重影响了编练效果。

---

① 《全国知识青年志愿从军编练总监部呈报天水警备司令部与青年军冲突、河南泌阳县中山镇公所被粤东从军知识青年毁坏、从军青年在重庆各商店滋事等事项的文书》,中国第二历史档案馆藏,国民政府全国知识青年志愿从军指导委员会档案,781/58。

第二节　军事训练

社会各界对这支新军是充满期待的。在知识青年从军运动发动之时，国立西南联合大学校长蒋梦麟、梅贻琦、张伯苓等直接向蒋介石转来该校教授会的五点意见，其中关于新军训练的意见如下：

> 新军配备既租借自盟邦，则新军教练宜多用盟军将领，以其配备得充分利用。现代战争为科学战争，尤其宜充分动员全国科学专家与盟国专家通力合作，新军训练地点亦设置于盟军集中，大学所在之地，如昆明、成都俱为上选。俾盟军将领均可就近施教，大学专家可以就近合作。①

青年远征军编练总监罗卓英在接受专访时，也向社会公开了他的想法：

> 怎样"训"？编是纵的，按知识能力的高下，而定级职；训是"横"的，按着各人所学习的学科而区分兵种。譬如，学土木工程的可以研究架桥筑路，以及现代化的公司工事；学习机械工程的，或学物理的，可以研究构造及其效力之发挥；学数学的，可以研究各种军事测量；学化学的，可以研究各种军用化学，使各人所学的，不仅不至于因入伍而荒废，更可以做高度的研究，将来退位之后仍可接原校课程。不过与普通学校不同地点即军中一切的学习都是为了杀敌效果，因为我们有武

---

① 《国立西南联合大学常务委员张伯苓等电国民政府主席蒋中正关于知识青年从军本校教授会呈建议意见五点乞赐明察》，台湾档案部门收藏，国民政府档案，001/054500/00002/007。

器,敌人也有武器,我们有爱国心,敌人也不见的就没有。怎样杀敌? 效果就不能不求之高度的学术了,青年的要求如此,军事的要求更是如此,这是训练的最高原则,必须以最大的努力达到训练目的。浅薄的教育,固非青年所希望,呆板的教育,也非青年所欢迎。教育方法,将以热忱负责、活跃确实为原则;精神训练,则以废弃消极的管理,采取积极的启发,使青年人能养成自动性,发展创造力。①

青年远征军的整个军事训练过程,基本都采用了美式训练方法,对从军青年进行短时集中训练,在编练效果和生活待遇中既有突出的优秀表现,也存在种种问题。

从军青年于1945年元旦入营,距编练总监部成立还不到两月,可谓是"仓促筹备,百端待举,经集中全力,日夜从事,幸能如期完成各项准备,未至愆期"②。而东南分团处于战区,筹备更加困难。"溯分团自受命筹备以来,以罗致庞大从教人员,完成各项教育设备,物质条件大受限制,教育械弹请领不易,兼之战区交通梗阻,受训人员报到迟延,所历困难,影响编训,诚非浅显。"③

编练总监部决定各师驻地后,分别指派高级官长一员,会同军政部营造司派出的技正及各师代表,组织设营委员会,然后才开始分赴各地主持营房营具等设备事宜。而从军青年入营时及入营后之服装、装具、粮食等问题,"经与军政部各有关署司,积极筹商,各负责部门无不视为急务,竭为筹办,使各项准备,均能顺利完成,俾

---

① 《罗卓英将军谈:青年新军训练要点——依投军青年所学编分兵种绝对适合现代要求》,《四川知识青年从军专刊》1944年第1期。
② 青年军人丛书编辑委员会编:《编练概况》,第3页。
③ 《东南分团工作概况》,军事委员会全国知识青年志愿从军编练总监部印行,1945年6月,第1页。

从军青年得以如期入营"①。从以上描述中,可以想象当时编练的准备工作是非常仓促的。

根据《全国知识青年志愿从军编练计划纲要》,青年远征军干部训练自 1944 年 11 月 1 日开始,青年兵入伍自 1945 年 1 月 1 日起至 3 月底止。② 随后,即进行青年军士兵入伍训练。

一、编练内容

从军青年的编练根据需要大体区分为以下几种类型:编组教育、一般教育和复习教育。另外,为适应形势需要,还设置了特种教育和预备军官教育。③

新兵入伍后,在编组上分入伍预备及编组建制部队两步程序。入伍后,首先"编为预备连,加以调查考核,以为建制部队编组之准备"④,在预备连内实行编组教育(实际为新兵教育,预备连即今日所说之新兵营);而后,预备连解散,重新按照专业划分,编组建制部队,再实行一般教育。

编组教育,在青年初入营时实施,"其目的为适应从军青年陆续入营之实际状况,提高其军人生活兴趣,坚定其从军自愿,并授予军事基本知识,认识军中纪律之重要"⑤。主要进行内务整理、军队礼节、基本动作等教育,并对其学历、经验、体格及受军训之程度

---

① 青年军人丛书编辑委员会编:《编练概况》,第 4 页。
② 《全国知识青年从军指导委员会组织办法、编练计划等各种法规》,中国第二历史档案馆藏,国民政府全国知识青年志愿从军指导委员会档案,781/5。
③ 仅限于抗战时期,抗战结束后还有特种教育和预备军官教育。郭绍仪编著:《青年远征军志略》,第 119—121 页。赵秀昆:《青年军的组建和消亡》,《军事历史研究》1994 年第 3 期。
④ 青年军人丛书编辑委员会编:《编练概况》,第 5 页。
⑤ 青年军人丛书编辑委员会编:《编练概况》,第 12 页。

加以考察。同时选配兵种,调整入伍连队以及淘汰病残、老弱等。时间为两周。但因为从军青年入营时间不一,只好采取随到随编、随编随训的弹性方式。

一般教育,亦即部队的正规教育,在编组完成后实施,共分两期实行,在部分训练时间充裕的部队中,其间还夹杂复习教育。

"第一期为三个月,其目的为培养青年军人之战斗性格,树立部队严肃军纪,熟悉射击技能,完成各种战斗教练,使新兵能迅速成为健全之战斗员,各级及各单位能迅速成为精炼之战斗体,俾能随时参加作战。"①

训练过程中,学员对于兵器的期待较高。大家也普遍认为,这是新军能否具有现代化的武器装备和战斗力的重要问题。

但是,"青年远征军各师之装备,原定计划,系按照驻印军,陆军师暂行编制数配发,然在交通运输困难,空运力量不敷,美械无法内运供给之情形下,为争取时间,求得新军之训练早日完成,并随时能配合盟国反攻作战起见,实不能坐待美械到来,乃决定尽先完成国械装备,虽以国内军需生产数量有限,且需兼顾一般作战部队之补充,仍难按编制数于预期之时间内配发,但青年军训练时期,所必要之装备,经军政部后勤部之努力,按照暂行配赋数配发,以完成步兵武器国械装备"②。也就是说,该新军各师在训练期间暂时按照国内一般部队进行教学和训练。

"至各师应配备之山炮及战防炮,因库无存品,亦经商请军政部,每师增加配发一个营份八二迫击炮十二门,以行代替。此外各种武器之弹药,则按照武器配弹基数表发足,工作器具,防毒器材,

---

① 青年军人丛书编辑委员会编:《编练概况》,第12页。
② 青年军人丛书编辑委员会编:《编练概况》,第22页。

亦按暂行配赋表配发,普通工兵用之器材,经照一个营之配赋数配发,通讯器材,系尽按库存现有器材种类,配发大部,于平时尚敷各师应用……虽未达成吾人理想,然与国军一般部队相较,实有过之无不及。"①由此可见,一般的步兵武器,武器及配弹基数已经发足。但是,属于大口径武器装备的山炮及战防炮,只能少数配给,以便正常的教学训练工作能够运转。

从武器装备的角度来说,青年远征军各师的学习和训练内容并不是最新式的武器装备,而且较重要的炮兵武器也未能足额配备。这也是之后很多学员不满的主要原因。

因为各师从军青年入营有先后之别,所以,各师教育进度有所不同。第二〇一至二〇六师,于七月底前先后完成第一期教育。事后,为了"检讨过去之缺点,及未臻熟练诸科目,复策定两个月之复习教育计划,迄八月抄〔底〕,皆实施完毕"②。

第二〇八、二〇九师属于东南分团负责,因为属于战区,从军青年入营较迟,所以"第二〇九师第一期教育于九月底方告完成,第二〇八师则于八月间方开姓〔始〕实施"。

"第二期教育,亦为三个月,其目的在继续加强前期教育,增进青年军之战斗精神与技能,完成营团战斗教练,并施行师以下诸兵种联合演习,俾能加强部队之作战力,其教育计划业已颁发各师,以备衔接实施。"

一般教育要求从军青年经训练后能达到作战要求的单兵战术动作以及班、排、连的战术训练要求。在完成规定的训练后,再进行复习教育。这主要是在训练时间相对充裕的部队中进行,目的

---

① 青年军人丛书编辑委员会编:《编练概况》,第22页。
② 本段及以下2段均出自青年军人丛书编辑委员会编:《编练概况》,第12页。

是在经过一般教育之后,针对考核中的不足之处,将有重点地复习和全面复习结合进行,时间约为两个月。

第一期教育结束之后,日本宣告投降,青年远征军由于文化知识水平较高,有可能出境担负受降任务或占领军任务。"为使青年军能适应当前国内外之情势及将来任务之需要,规定自九月一日至三十日,实施一个月之特种教育,经拟具特种教育实施纲要,颁发各师,并加授国际公法、卫戍及谍报务,宪兵服务须知,占领区军政府工作要领,宣抚纲要,美苏军备,及日韩、台湾、东北各地现况,各种语文摘要等课目,以为服务之准备。"①

此外,由于蒋介石对非战斗人员训练比较强调,为了改善非战斗员兵的训练情况,加强其战斗力,编练总监部要求:"对非战斗人员编制教育,应与列兵轮流对调服务,一律施以战斗兵教育。在最初三个月,新兵战斗教练未完成以前,各师应以团或营为单位,由主官负责督导,指定军官严格训练之。本部遵即拟定非战斗员兵教育计划,颁发各师切实施行,以树立坚强之战斗体,必要时能参加战斗。"②

在一般教育和复习教育期间,军事理论教育和政治教育按照时间比例相互搭配进行,政训工作由政工人员负责,军事训练由各级军事干部担任,互不影响。

二、训练方法

青年远征军的训练采用美军训练方法,既有课堂教学,也有野外教学,侧重于实践性的技术和战术训练,一般教育阶段的时间规

---

① 青年军人丛书编辑委员会编:《编练概况》,第12—13页。
② 青年军人丛书编辑委员会编:《编练概况》,第13页。

定为四个月。

该训练方法实施要领如下:

　　1. 确定以团(独立营)为教育单位,连为教育实施最小单位;

　　2. 将训练课目区分为八大部门,分设八个教练区——体育训练,基本教练,战斗教练,阵勤演习,射击教育,土工作业,夜间教育,特业教育;

　　3. 每部门内之每一课目,选定一教练场,加以设备,使与战场实况相近;

　　4. 教练场之使用,采轮带方式;

　　5. 各种教育单位,应拟定轮次,使用教练场计划实施之;

　　6. 澈底执行预定计划,确实把我教育时间,以及全体干部之热心毅力,为实施轮带教育之重要条件。①

这种训练方法的不足之处主要有:

　　1. 因管教分离,对建制单位官兵士气团结及纪律,须特加注意;

　　2. 勿使因一部训练发生支〔滞〕障,影响全体教育;

　　3. 因天候不能在野外活动时,应作有效之补救;

　　4. 无教育预备时,可利用休假日补助之。②

但是,这种训练方法适用于短时间内的突击训练,具有"教官固定、易求精熟;课堂野外,忙成一片;器材使用经济,一切把握时间;每一教育单位之每一课目,仅需要一个教练场,设备容易,可期

———————
① 青年军人丛书编辑委员会编:《编练概况》,第17页。
② 青年军人丛书编辑委员会编:《编练概况》,第18页。

达成操场战场化之要求"等优点。

第三节　政治训练

国民党军队的政治工作是在国民革命军建军之初就仿照苏联模式建立起来的,随着国共分道扬镳,该工作在国民党军队越来越不受重视,政工人员地位低下。长期在国民党军队内从事政治工作的邓文仪就曾说道:"军队政治工作,是极难做的工作,尤其在长期抗日战争的末期,全国人心士气都已十分消沉疲困,一般政治工作人员,虽已竭尽忠党爱国敬军爱民的努力,但以条件不够,环境不佳,政治作战的武器,早已成了强弩之末,政工干部的人选,十分困难,政工方法的改善,毫无办法,我受命于危难之际,最初几个月,真是一筹莫展,毫无贡献,幸喜抗日战争胜利结束的时机迅速来临,其间我又曾两度随部长(即政治部部长张治中)远去新疆,担任调解中俄边境冲突,阻止苏俄对我西陲侵略的谈判,及宣慰视察西北军民的工作,我在政治部第一厅任内,只是潦草应付敷衍塞责而已。"[①]

邓文仪是军事委员会政治部第一厅厅长,担负的是全国军事政治工作的参谋任务,竟然对于军队政治工作情况毫无办法,"只是潦草应付敷衍塞责而已"。

蒋介石认为,军队政治工作的恶劣,也是国民党军队腐败无能的重要原因之一,于是有意让从苏联回国、熟稔苏式军队的蒋经国来主持青年远征军的政治工作,将这支新军打造成模范军。因此,青年远征军对于政治教育非常重视,由军事委员会全国知识青年

[①] 邓文仪:《老兵与教授》(下),台北:龙文出版社股份有限公司1994年版,第309—310页。

志愿从军编练总监部政治部主持青年远征军的政治训练。由于是蒋经国担任全国知识青年志愿从军编练总监部政治部主任，编练总监罗卓英不仅不干涉政治工作，而且尽量给予方便。青年军的政治训练时间占全期教育时间的15％，从时间比例上看，可以说是非常重视政治工作了。这已经与中国共产党领导下的军队政治工作的教育、训练时间完全一致。

一、政工组织机构

为了保证政治训练的组织有力，军事委员会干部训练团先后举办了三期政工班，训练青年远征军的基层政工干部。"征选大学或专科学校毕业，从军之优秀青年施以一个月至两个月之短期训练，以为推动工作之基本干部，计第一期于三十三年十二月开始训练，毕业学员六百名，第二期于三十四年二月间开始训练，毕业学员四百名，第三期于同年四月开始训练，毕业学员一百四十名，以上三期共计毕业一千一百四十名，除小部分留部服务外，余均派充各师各级干部。"[1]

另外，军委会干训团东南分团在江西莲荷也成立了政工训练班东南分班，"由刘汉清兼主任，专训第二〇八、二〇九师政工人员。举办两期，共计训练五〇五人，其开训、结训时期，相当于班本部之第二期、第三期"[2]。在江西举办的东南分班与在重庆举办的军委会干训团政工训练班在教学内容、教学时间上都保持一致，略有不同。

青年远征军就依靠政工班的学员建立起了各级政工机构组织，其组织范围远远大于政工机构，详见图4-1。

---

[1] 青年军人丛书编辑委员会编：《政工概况》，第6页。
[2] 郭绍仪编著：《青年远征军志略》，第129页。

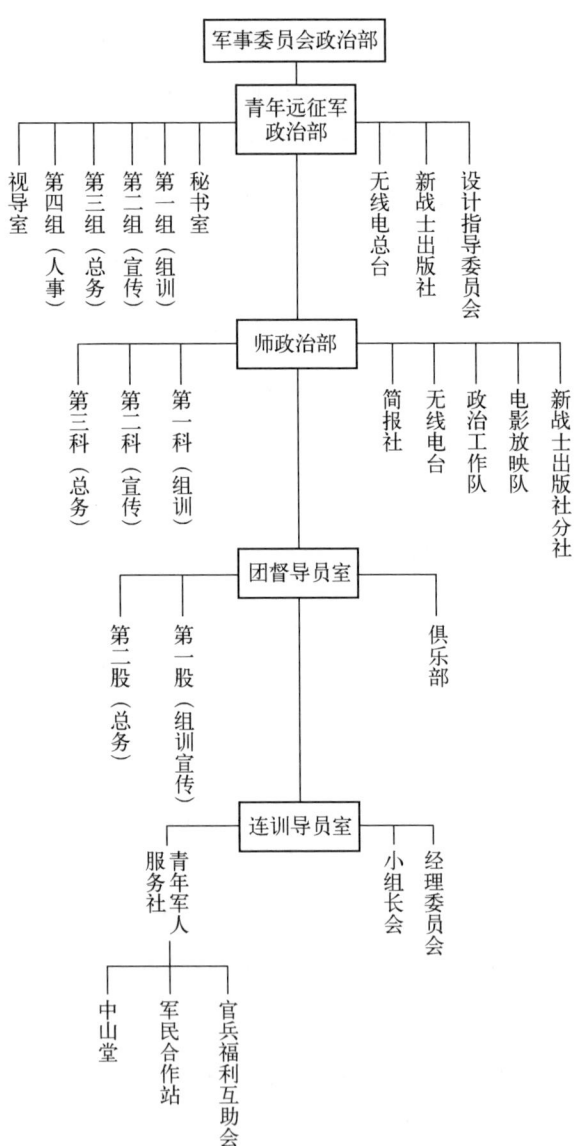

图 4-1 青年远征军政工机构组织系统结构图
资料来源:郭绍仪编著:《青年远征军志略》,第 127 页。

在以上机构中,与其他部队政工系统最突出的不同就是青年远征军专门设置了设计指导委员会。这是青年远征军政治部的咨询顾问机构,"其委员均为一时人望":主任委员为邓文仪,委员为罗家伦、程天放、顾毓琇、黄季陆、章益、刘季洪、张洪元、张廷休、陈时、萧同兹、黄少谷、王芸生、胡健中、贺衷寒、刘健群、萧赞育、康泽、何浩若、袁守谦、刘咏尧、李惟果、郑彦棻、柳克述、谢然之、邱昌渭、卜道明、胡秋原、季灏、朱光潜、萧孝嵘、陈雪屏、郝更生、徐培根、严灵峰、张维桢、李曼瑰、王政、白瑜、伍俶、沈刚伯、任卓宣、西门宗华、杜建时、蒋子英、汪洪法、钟焕臻。①

青年军政治部经常将这些设计指导委员请去给政工班学员演讲,开拓他们的眼界、激发他们的训练热情,很好地推动了政训工作。

二、政训计划

青年远征军的部队政治训练工作主要分三期进行,其概要如下②:

1945年2月,第一期计划开始实施,以针对士兵初入军营为主,故其重心为:

第一个月:安定军营生活,了解士兵心理,注重生活训练,革除不良积习。

第二个月:加强政治教育,统一官兵意志,推行劳动服务,养成勤劳风气。

第三个月:完成组织工作,巩固部队力量,培养战斗精神,

---

① 郭绍仪编著:《青年远征军志略》,第128页。
② 本部分所引内容均出自青年军人丛书编辑委员会编:《政工概况》,第6—7页。

准备参加作战。

1945年6月,第二期计划开始实施,以准备参加作战为主,故其重心为:

第一个月:发扬集团荣誉,加紧教育实施。
第二个月:充实作战准备,坚定必胜信念。
第三个月:提高战斗精神,完成作战部署。

1945年8月,日军宣布无条件投降后,正好第二期计划完成,因为可能需要进驻收复区,于是将第三期计划重心修改为:

一、融洽军政感情。
二、充实士兵智能。
三、发扬忠党爱国精神。
四、完成拱卫管制任务。

从以上计划安排来看,青年军政训工作阶段性特征明显、层次分明,整体计划比较合理。

三、政训内容

(一)调查统计:主要由各师政治部在士兵入伍一个月内完成,其目的在于"认识对象,为推进工作之前提",主要内容是"负责完成士兵年龄,籍贯,学历,经历,特长,职业,来源,及家庭状况等各项统计,并利用各种方式调查考证,务臻翔实,以便选拔人才,展开业务"。[①]

(二)政治教育:这是政治工作的重心所在,其目的在于"启发士兵正确思想,培养士兵战斗精神,以及增进其学识修养和工作智

---

① 本部分所引内容均出自青年军人丛书编辑委员会编:《编练概况》,第8—16页。

能"。该项工作尤为详细,"对于有关士兵政治教育问题,如教材之蒐集,人员之编配等等,莫不擘画周详,期臻完善"。其概要如下:

关于教育时间:

1. 士兵入营之初之两个月内,军事训练尚未正式展开,每日几乎大部分时间皆为政治课程,我各级政工人员,皆能不惮辛劳,殷勤施教。

2. 正式训练展开以后,政治训练与军事训练时间,始有一定之比例与限度,其时间为全部训练时间百分之十五,平均每周有四至六小时之政治课程。

3. 日本投降以后,军事训练稍形减少,大部分时间皆由政工人员施行特别训练,其忙碌情形不逊入营初期。

关于教育人员:

团连政治工作,政工同志,为实施政治教育之基本人员,每团按照规定时间,讲授课程,且于师政治部设政治教育委员会,内设兼任委员三人,专任委员五人,皆系延聘学有专长卓著荣誉之人士担任,从事较深学理之阐述。

关于教育特点要求:

本部为恢宏政治教育之实效起见,对政治教育之内容及方法,特别注意,综其特点,约有数端:

1. 学理与实际结合,不空洞,不玄奥!
2. 以真理扑灭谬误,不束缚士兵思想,不强迫士兵信仰!
3. 提高教育性,减低训话性!
4. 专门课程,由专家讲授,不做"万能教师"。
5. 注重士兵之了解程度,随时施教、因材施教。

关于课程内容：

甲、基本课程

1. 国父遗教（占政治教育时间20%）——包括三民主义，建国方略及军人精神教育。

2. 领袖言行（占政治教育时间20%）——包括领袖革命史实，革命哲学，革命言论，对于抗战之历次指示，及行的道理，政治的道理等，使士兵受领袖伟大人格之感召，坚定其革命人生观，与忠党爱国，献身革命之决心。

3. 政治教育（占政治教育时间20%）——包括政治学，中国政治问题，国际政治问题等。政治学着重阐明政治一般基本知识，民权主义之特质，为其讲授重点。中国政治问题着重阐明中国政治现势与抗战建国需要一个主义、一个政府、一个领袖、一个国策之领导，并遵照领袖"政治重于军事"之训示，对于政治如何配合军事以及行政机构与行政效率诸问题，提出具体说明。国际政治问题着重说明国际间之错综关系及其外交政策，从而说明吾人不可专恃外援，应力图自力更生。

4. 经济教程（占政治教育时间10%）——包括经济学，经济政策，国际经济问题等。

乙、补充课程

1. 法律教程——包括普通民刑法常识，军法常识，战时法规大要等，国际公法大要等。

2. 史地教程——包括东亚历史及东亚地理。

3. 青年远征军之使命。……

4. 教〔敌〕情研究——包括日本军事，政治，经济，社会各项问题之研究，着重阐明现阶段中暴日军事外交经济之危机，及其国际环境日益险恶，从而证明其必然崩溃，坚定我国抗战必胜之信念。

5. 国际问题研究。……

6. 国家总动员。……

7. 军队政治工作。……

8. 世界民族复兴史。……

9. 青年修养问题。……

丙、特别课程

1. 东北及台湾概况——说明该两地区与我国之历史关系,及其在国防经济上之重要地位,以及沦陷后敌人经营建设情形,及在日寇长期剥夺压榨下的我同胞生活情形,进而说明光复后我政府对于重建该两地区政治经济文化应有之措施及吾人应有之努力。

2. 宣抚要领——说明收复区同胞八年来所受日寇压迫之惨痛情形,以及收复后之天灾兵燹秩序混乱等之状况,从而指示国军开驻收复区后,对同胞精神上物质上应有的安慰与协助。

3. 日本概况——说明日本之历史地理及其近年来军事,政治,经济,文化各项设施之实际情形,尤其着重于风俗习惯,民情社会之介绍与分析,进而说明国军参与占领日本时,应有之态度及其应有之注意事项。

4. 美苏概况——说明美、苏二国立国精神,及政治,经济,教育,社会详细情形之介绍,进而说明与我国之外交关系及其交互之影响。

从以上课程内容来看,主要教授内容是意识形态方面的,以及为受降和接收沦陷区服务的,具有很强的目的性。与一般部队相比,教学内容确实比较多,而且比较强调党军思想。国民党军队的党军思想灌输在一般部队比较弱化,希望弱化"国家化"或者"党化"以强调"私属性"。但是,青年远征军作为一支新军,而且是由蒋经国负责政治工作的新军,如此强调"党化"完全合情合理,这也为他未来建立个人威望与个人势力奠定了基础。

第四节　女青年的编训

女知识青年的征集和编练,由于是知识青年从军运动计划之外的事项,而且从军女青年人数较少,社会上对此事还有一些顾忌和反对的声音,所以该项工作开展较迟。

一、编训的组织机构

早在知识青年从军运动的动员阶段,各地女青年报名就比较踊跃。例如,在1944年12月16日,重庆市征集委员会负责人就对记者称:"迄今为止,报名人数已达2 000余人,故须提高学历及体格之审查标准,如仍有超额,则只能采取抽签办法解决之,其集中时间为1945年2月1日。"①12月31日,重庆从军女青年报名成功人数已突破三千,远远超出了原定的八百个名额,"届时因名额所限,势将提高标准选拔"②。

这些女青年报名从军之后,根据全国知识青年志愿从军指导委员会的计划,"预订召集二千八百人,后方预定二千人,前方八百人,到四月时,后方报到了七百三十人,东南报到四百余人,共有一

---

①《从军女青年将于二月一日集中》,重庆《中央日报》,1944年12月17日,第3版。
②《渝女青年三千从军》,重庆《中央日报》,1944年12月31日,第3版。

千二百余人"①。她们主要来自四川、陕西、甘肃、云南、贵州、湖北等后方省区。关于在东南战区征集和训练的女青年,具体情况如下:"东南地区从军女青年,计四九二人,由青年远征军编练总监部东南分部接收,训练内容与女青年服务总队相同,编成两个大队,分发第二〇八、二〇九师工作。二〇八师之女青年大队,计一七八人,二〇九师之女青年大队,计三一四人。"②

以上人数与知识青年从军运动发起之初的报名盛况有很大差距,原因种种。其中,女知识青年的集结和编练计划迟迟难以出台,远远落后于知识青年从军运动各阶段时间节点,是重要原因之一。集结工作,主要是由于全国知识青年志愿从军指导委员会与编练总监部衔接不力,而编练总监部是主导方;编练工作,则完全由编练总监部负责。这些工作的滞后对女青年报到和入营人数产生了一定的不利影响,这也反映了从军女青年编练工作的组织不力。

1945年4月1日,全国知识青年志愿从军编练总监部在重庆大坪马家寺成立了"女青年服务总队"。该总队成为对从军女青年进行编练的司令部,主要负责女青年的编组与训练的具体业务工作。该总队由全国知识青年志愿从军编练总监部政治部进行具体指导,由陈逸云担任总队长,庄静为副总队长。女青年服务总队组织系统如图4-2:

---

① 青年军人丛书编辑委员会编:《女青年服务总队训练与生活》,第3页。
② 郭绍仪编著:《青年远征军志略》,第115页。

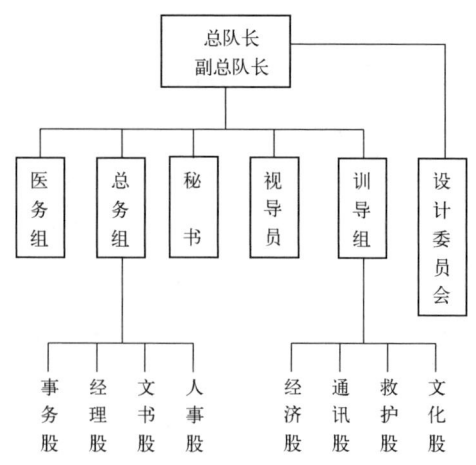

图 4-2 女青年服务总队组织系统结构图
资料来源：郭绍仪编著：《青年远征军志略》，第 112 页。

女青年服务总队的干部，由重庆妇女界介绍，选送军委会干训团训练。第一期毕业 32 人，第二期毕业 40 人，其中大部分是由从军女青年中选拔而来的。此外还有聘请委任的，共有干部 120 余人。

二、编练概况

女青年入营编队后即开始训练，共分文化、救护、通讯、经济四个部门，"训练是根据各部门需要制定的，前六星期是军事基本知识与技术，并授以简单武器操作与射击。以后十二周分四部门训练，综合起来约有二十个星期"①。

具体训练内容如下：

第一阶段为一般教育训练，为期 6 周，其内容包括政治训练、军事讲话、基本教练、兵器教练、阵中勤务、战斗教练等。

---

① 郭绍仪编著：《青年远征军志略》，第 5 页。

第二阶段为专业教育训练,为期 12 周,分为文化、救护、通讯、经济四组实施,各有其不同课程。根据编练总监部的计划安排,通讯队交干训团通信大队负责,经济队由总监部军需处负责,救护队由卫生署转托中央卫生实验院负责,文化队由青年军政治部负责。

(一) 文化队的训练

1945 年 5 月底,女青年服务总队和青年军政治部政工班接洽时,政工班已经准备结束,不肯接受新训任务。文化队的编练就突然产生了两个不可克服的困难。"第一是缺乏专门人才,文化队将来的工作,是偏重于宣传和教育方面,因此,写作、演说、辩论、绘书、歌咏、戏剧等就成了重要的科目,而这种人才,编练总监部就很缺乏,总队部呢,本身既非训练机构,当然无法负起这个责任。第二是交通工具的缺乏,如果单是人才缺乏,只要有交通工具,也可设法在重庆或其他训练机关聘请教官,但总队部既无汽车,又无轿马,总监部汽车量不多,实际上不能满足我们训练的需要。"①

文化队后经过多方交涉,于 7 月 15 日迁往磁器口四川省立教育学院办学,由编练总监部聘请该学院院长颜歊为班主任,设置社教组和音剧组。"社教组着重组训、宣传、绘书、说辩、撰述、民众领导之理论与实际工作;音剧组着重歌咏、乐理、音乐指挥、戏剧理论、舞台经验及实际表演之训练。"② 9 月 29 日,文化训练班结束,迁回大坪。

(二) 救护队的训练

"关于救护训练,本部因为人力财力和设备关系,承军医署、卫

---

① 青年军人丛书编辑委员会编:《女青年服务总队训练与生活》,第 29 页。
② 青年军人丛书编辑委员会编:《女青年服务总队训练与生活》,第 30 页。

生署的协作,分在歌乐山和新桥训练,时间达三个月之久。"①歌乐山部分,由卫生署委托中央卫生实验院负责训练;新桥部分,由卫生署委托新桥卫生站负责训练。

歌乐山救护训练班由中央卫生实验院护理组主任徐蔼诸担任班主任,4月19日开始训练,共计训练20周。其中,授课及示范10周,在国立上海医学院附属医院实习3周,在璧山青年军二〇一师野战医院和璧山卫生院实习7周。

新桥救护训练班由新桥卫生站主任相德权担任班主任,5月3日开始训练,共计训练18周。教学完毕后,分别在重庆中央医院和江北陆军医院实习。

(三) 通讯队的训练

通讯队由军委会干训团通信组负责,教官是该部专门人才,器材也由该部提供。该队主要学习课程有电码收发、电学、无线电学和有线电学理论,电报机及应用,无线电报话机及应用,各种总机及交换箱说明、应用及检修等。由于该专业的技术性较强、学习强度较大,除整日上课外,每晚尚抽出自修时间,补行上课一小时。最后数周为专业实行,分短距离、长距离两种,由教官指导实施。

(四) 经济队的训练

经济队由编练总监部参谋处和军需处主办。大部分教官由军需处和会计室官佐兼任,小部分由参谋处和女青年服务总队官佐兼任,另外还聘请了少量专家充任教官。6月1日开始训练,共计训练12周。

另外,女青年服务总队还将各队成绩较差的学员集中起来,在8月1日,重新组建了一个新的经济队,由于人数较少,又招收了部

---

① 青年军人丛书编辑委员会编:《女青年服务总队训练与生活》,第3页。

分新学员。该队施行了短期的军事训练,在 9 月 10 日转入经济队的专业训练。其所学课程与前期经济队所学相同,共计训练 4 周,10 月 15 日结业。

女青年的训练管理、生活及纪律管理,是根据军队的纪律来严格要求的。而且,从史料和相关经验来看,该部淘汰率也是相对比较高的。

女青年入营后,在最初的军事训练中,很快就发现部分人员身体存在明显问题。按照常规的征集程序,在众多报名的女青年中会进行各种选拔和测试,而且一些地区因为超额太多还会提高选拔标准。但是,显然部分征集机构没有履行相应的程序。"间有疏忽,尤其昆明和西安来的,也许有一部分未曾检查过体格——当然好的仍占多数——以致入伍后发现许多患病的,甚至有患癫痫病的,她们无法接受严格的军事训练,只好淘汰资遣回籍,为了这个缘故,曾于五月间,举行一次体格总检查,凡有肺病象征的,就请重庆陆军医院用爱克司光透视,以作去留标准。"①

在训练期间,女青年服务总队"死亡学生三名,淘汰六六名,开除四五名,潜逃三四名。此外尚有学生一二四名考入政治部政工班,三六名考入干训团的第二期女干班。分发服务时尚有学生四四六名"②。

而且,女青年的生活及纪律管理,是根据军队的纪律来严格要求的。编练总监部罗卓英总监在结业仪式上就讲道:"这般年轻的女孩子,正是天真活泼的时候……一到这里,就都变成了战场上的队伍,而是一个严肃的女军人了。我们本着训练军人的要求来训

---

① 青年军人丛书编辑委员会编:《女青年服务总队训练与生活》,第 13—14 页。
② 青年军人丛书编辑委员会编:《女青年服务总队训练与生活》,第 18 页。

练他们,纪律一天天进步,生活一天天整饬而合理,身体一天天康健,对于少数不守纪律,但我们也并不因她们是女孩子而宽恕她们,这期间也有几个受了处分的。"①

由此可见,女青年服务总队的训练及日常管理还是比较严格的。除了考入政工班和女干班,主动淘汰与被动淘汰的学员共计148人,约占总数的20%,这在训练机构中并不常见。

1945年9月中旬,女青年服务总队训练结束,后分发至第二〇一至二〇九师工作,主要从事军中辅助勤务工作。

第五节 训练效果

从目前的史料来看,关于训练效果,全国知识青年志愿从军编练总监部对于训练的总结认为效果比较好,但学兵们的反馈并不一致。

一、训练成绩

从军青年的训练,属于实际操作性质,并非完全的理论学习。当然,理论学习有助于实际操作的训练。无论是历史还是现实,知识青年从军都会遇到一个比较普遍的问题,就是从理论向实践的转化问题。当时,知识青年在训练之初,难免也会遭受这样的挫折,但经过一段时间的磨炼,逐渐好转,并体现出知识青年从军的优势。

   军事技术之精良,在务实际,不尚空谈,重熟练,不尚渊博与新奇,而一般青年,每多好高骛远,不求实际,青年军中亦难

---

① 青年军人丛书编辑委员会编:《女青年服务总队训练与生活》,第4页。

免遭遇此种阻碍,但经过适宜开导后,青年士兵,均能正确认识,实事求是,以赴事功,用能于短少之数月内,完成各个班排连基本及战斗教练,熟练各种武器之操作射击,器材之运用,战斗诸法规之理解,并养成军人之革命精神,姿势、态度、战斗性格与坚强体魄,尤以一般技术,超越过去练兵纪录,实属难能可贵。①

从目前看到的资料来说,从军知识青年训练成绩比较优秀,但这既很难证实也很难证伪,还有待进一步研究。现对记录其优异训练成绩的内容抄录如下:

关于战术:

当本部检阅万县第二〇一师时,有实弹战斗演习之一课目,青年士兵在轻重机关枪、步枪、冲锋枪、迫击炮之射击火力掩护下,实施前进运动,其景况完全与实战相同,结果毫无伤亡。又第二〇一及第二〇二师实弹战斗射击之情形,亦复如是。在国军一般部队中,即训练较长时间而有同样成绩者,尚不多见。

关于队列:

每当最高统帅检阅各师时,官兵均全副武装于赤日之下,接受阅兵和训话,肃立两小时之久,始终精神贯注,保持正确的姿势。最高统帅对此极表愉快,备致嘉许。

关于射击技能:

各师士兵对射击特感兴趣,进度甚速,成绩极佳。

---

① 本部分所引内容均出自青年军人丛书编辑委员会编:《编练概况》,第19—21页。

甲、步枪之二〇〇公尺距离，射击人形跪姿目标，射手每人一发，有95％均可命中。

乙、轻机关枪之四〇〇公尺距离，射击人形跪姿目标，射手每人发弹三发，有77％可以命中；

丙、迫击炮在五〇〇公尺距离，射击人形立姿掩蔽目标，（之山岗或村庄后面，射击手不可见者），射手每人发弹一发100％命中。假若将此种射击技术表现于战场上，定可获致攻必克守必固之战果。

关于体能：

各师士兵全副武装游泳、渡河、爬山、越野，大都习以为常。在五〇公尺高度，三〇〇公尺斜面距离的山岗，士兵全武装（包含武器弹药装具军毯衣物等重约三十斤），爬山竞赛，平均两分半钟到达山顶；在五〇公尺的河幅，士兵全武装游泳渡河比赛，平均亦约两分半钟到达彼岸。

关于行军能力：

在綦江检阅第二〇二师时，该师一团驻于江津县礼义滩，距綦江一八〇里，之泸县检阅第二〇三师时，该师一个团驻之隆昌，距泸县亦一三〇里，当奉命调集校阅，当日即全副武装，强力行军，且因尚未领得马匹，所有较重武器，如重机枪及迫击炮等，均用人力负荷，结果行进甚速，秩序井然，所经市镇秋毫无犯，按照计划，到达目的地。

以上各项成绩，除了射击具有可衡量的标准外，其余均不能以数据衡量，难以考察其具体训练效果。单就射击技能一项，其成绩十分优秀。但以相关经验来看，这种射击成绩是不太可靠的。

二、学兵反馈、逃逸与淘汰

从训练内容的衔接来看,安排是比较紧凑的,这主要是因为采取了美式轮训制度。当时身为学兵的章开沅回忆道:

> 训练分学科和术科,但二者又不是分得那么清楚。比如说筑城,在课堂上学就是学科,到野外去做防御工事就是术科了。又比如射击,在课堂上学习射击学,那是学科,练习射击,就是术科了。训练抓得很紧,并且是完全围绕着军事的,党化教育的东西几乎没有,那些仪式化的货色甚至还没有中学多,军官们没有整天卖狗皮膏药似的灌输"蒋委员长伟大"之类的肉麻话。①

从训练的教风、学风来看,基层军官与知识青年在教与学的问题上时有冲突。知识青年的知识基础和认知能力都比较高,甚至高于一般军官学校的学员。而从事教学的基层军官和军士,特别是直接从事教学帮带的军士,知识水平尚不及知识青年。甚至有一些出身行伍的教员,没有文化,更不懂教学规律,教学工作简单粗暴,很容易导致矛盾冲突。1945年8月,国民党陕西执委会向全国知识青年志愿从军指导委员会转发了二〇七师陕籍从军青年来函,来函中关于训练部分摘要如下:

> 现正作班、排、连战斗教练,因编练之排、连、营长素质太差,战斗经验缺乏,学术科一知半解,无法教练士兵。故上下常起纠葛,反感过甚,因之集体反对,互相击斥。据考察所得,团长以下干部,均系调派驻滇第五军淘汰之附员充任,从军青

---

① 章开沅口述,彭剑整理:《历史记忆:章开沅口述自传》,第66页。

年中比其优秀者尚不乏人,故影响受训者不能澈底学习,上下敷衍,进度虽速,所获效果甚微,斯乃最伤心之点。①

而且由于种种原因,这些在二〇七师的陕籍从军青年度日如年,几乎无法再继续下去。因为当时的青年远征军二〇七师已经拨归新六军,全国知识青年志愿从军指导委员会和编练总监部对这些从军青年也爱莫能助。

其实,在社会经济困窘、失学失业严重之时,从军青年享有如此生活待遇还是不错的。而且,青年远征军在蒋经国的领导下,文体生活形式多样、内容丰富,每个师都有电影放映队,按照放映计划排放影片,各单位还经常组织球类竞赛、戏剧表演等。但是,依然有不少青年军军人不适应军营的刻板生活,出现了一些潜逃事件。在逃亡之后,各师将具体情况汇报编练总监部,并转全国知识青年志愿从军指导委员会,"请指委会停止优待",然后再由指委会"转饬原征集机关停止其优待权利",并根据情节"转请治安机关缉究"。

档案中所见的青年军逃亡记录,整理为表4-3:

表4-3 青年远征军逃亡记录表

收文时间	逃亡月份	师别	逃亡人数	备注
	12月23日	达县青年集体逃亡	8	
4月2日		二〇一师	149	
		二〇二师	381	

---

① 《陕西省知识青年从军征集委员会报告从军人数、集训情况等来往文件》,中国第二历史档案馆藏,国民政府全国知识青年志愿从军指导委员会档案,781/90。

续表

收文时间	逃亡月份	师别	逃亡人数	备注
4月2日		二○一师	1	
4月3日		二○一师	李振国等	
4月5日	2月	二○二师	邢先琼	
4月6日		二○五师	28	
	1—3月	二○三师	208	
4月13日		电讯大队	李桂珍	
4月19日	1月	二○一师	132	
5月1日	2—4月	二○五师	58	
	3月	二○五师	潘瞬等	
5月28日	1—3月	二○六师	129	
6月9日	4月	二○六师	35	
	4月25日	河南青年集体逃亡	26	
	5月	二○五师	30	
6月20日	4月	二○一师	148	
	1—3月份	二○二师	311	
	4—5月份	二○五师	6	
		二○五师	1	5月24日指委会代电贵州军管区

资料来源：《青年远征军陆军第二○一至二○六师逃兵名册》，中国第二历史档案馆藏，国民政府全国知识青年志愿从军指导委员会档案，781/60。

注：笔者对该档案中的逃亡人数进行了统计，空格为无法辨认的时间或单位。需要特别说明的是，该表为不完全统计表，表中逃亡情况仅为实际逃亡情况的部分反映。

对于逃亡原因，编练总监部总结如下：

1. 入营以前，对于从军青年之待遇，过存奢望，入营后认为不能满足者。

2. 意志不坚定，平日习于散漫，一旦接受严格管教，身心均感不安，而意志发生动摇者。

3. 于入营后,因家中发生重大事故,或原服务机关经办及交代手续未清,屡次请假,以格于规定未蒙批准,遂致不告而去者。

4. 体格不强,难胜劳苦,或原有疾病入营后,操作增剧,自感力不从心,畏难而退者。

5. 原属失业份子,为生计所迫,勉强从军,一旦获得机会,即图另行发展者。

6. 程度甚低,或原系冒名顶替而来,自觉相形见绌,恐被轻视或淘汰,乃自行离去者。

7. 本无诚意从军,仅为骗取个人及家庭之优待,既得优待之后,即无所留恋者。

8. 入营后,因屡犯纪律,而遭处分,对连上官长发生恶感,遂不愿继续服役者。

9. 本身虽有从军之志,但为家庭多方阻难,恐骨肉乖离,有失亲心,遂放弃初衷者。

10. 有别具用心而来入营,后阴谋发现,或同党中已落法网,恐被株连畏罪释逃者。①

从相关的档案材料来看,编练总监部对于逃亡的总结并不全面,也有避重就轻之嫌。很多从军知识青年逃亡是由于知识青年自身的问题所产生的,也有一部分逃亡是由于基层军官所导致,即由于士兵保育问题导致的士兵逃亡,这主要是因为缺乏科学的训练指导,加上基层军官过于强调集权、军阀作风、故意打骂欺辱学生等等,直接导致知识青年在身体上和心理上产生不可抗的压力,无法继续训练下去,只得逃亡。

章开沅及其五弟,作为当时从军的知识青年,入营时非常高

---

① 青年军人丛书编辑委员会编:《编练概况》,第8—9页。

兴,积极训练,但是反而出了问题,被迫逃逸。章开沅后来回忆道:

  初入伍时,五弟的干劲也很足。他个子高,被排在前面。我个子矮,排在后面。排在前面的是一等兵,排在后面的是二等兵。没想到,排在前面反而出了问题。
  原来,训练的时候,排在前面的一等兵要扛迫击炮。有的扛炮筒,有的扛炮架。五弟虽然个子很高,但实际上不足入伍年龄,加上原先就病弱,结果,训练的强度超过了他的承受能力,他的身体吃不消,吐血了。
  因为不在同一个排,平时大家训练都很紧张,兄弟俩接触很少,我最初并不知情。幸亏一排的排长人不错,虽然是行伍出身,但一向爱兵如子,他向张连长反映了。张连长马上找我谈话:"章开沅,你可能还不知道吧,你弟弟吐了几次血了。不能再这样拖下去了,再拖下去要出大事的。"
  我一听,心头一紧,但不知该怎么办,只好说:"那该怎么办呢?我也没有办法啊,我们的家也不在这里。"
  张连长说:"不管怎么样,只要有条件,还是应该找个亲戚家借住一下,治病第一,生命是最重要的。"
  我问:"那么,就让我弟弟请假吧。"
  他说:"请假是不可能的。才入伍呢,怎么可能准假!"
  那该怎么办呢?
  他接着说:"干脆叫他离开部队算了。"
  这不是叫我弟弟开小差,当逃兵吗?我越发疑惑了:"这样做真的可以吗?"
  他说:"放心吧,我负责任,并且营长已经同意。"[1]

---

[1] 章开沅口述,彭剑整理:《历史记忆:章开沅口述自传》,第 69—70 页。

在基层军官的帮助下，章开沅携五弟抽空外出，他的五弟换上便服后就离队了。当时军营中基层军官的军阀作风普遍比较严重，章开沅五弟逃逸的事故会给基层军官带来压力，营连级军官能够帮助他们担当下来，这已经属于非常好的状况了。

相比之下，青年远征军二〇二师的一位名叫卢诚彬的知识青年，运气就没有这么好了。1945年3月，卢诚彬向《大公报》发来求救信，其内容摘要如下：

编辑先生：

我是志愿青年军中的一个，我自从在贵阳经录取后就被送到綦江入营。临来的时候，汽车驶到贵阳市的威清路口，我不幸跌下车底，如死相似，等清醒后始知腰部跌伤（内部亦微伤），车内的同志皆要我留筑住院，但我不愿为小伤而失去志愿。当被同志抬到车中，随车来綦，沿途中医治多次，内部之伤虽好，但腰部仍未愈，现伤期已二十八天，大部已好，小部还不知须要多少时期也会复原。现训练期已到，数日后就正式训练了，但我仍须休养，轻的工作可以做，但劳动太重的，我仍不能做，心中焦急甚矣……请先生给我一个正确的指告，并请刊在贵报的读者信箱内，实感激甚矣。

第一，我之伤在未好期内，不能立时受训，连长要把我赶出营门，使我淘汰，这是应该的吗？这对军法上合法吗？而我之伤并不是从前碰的，是入营途中碰的，如把我赶出营门，对我是否有罪于国家。

第二，连中还有几位同志入营后，因受潮湿全身生出恶疮，暂亦不能接受训练，连长也是同样的要赶出营门，大家为此伤心极矣，这也是军法中应有的吗？

第三，我们的伤和病，并不是永远不会好的，而最多也只是再休养数日就可痊愈了,连长不顾一切,拿官长的帽子盖住我们的志愿,我们为什么不在温暖的被褥里安眠,跑到军营中受这严厉的管制呢,我们是为了国家、人民以及委座的号召,我们全体同志(十万同志)的身体是自愿交给国家的,假若国家不顾怜这青年们,那又顾怜谁呢?

先生,请你指示我吧,以及这十万从军的青年们吧!①

军队的行动一般都是集体行动,作战与训练任务的完成一般以集体为标准,而不是以个人为标准。个别人的成绩很可能对集体成绩产生影响。正因为如此,基层军官对于士兵集体训练的要求是严格的。但是,只有更好地保育士兵,并施以科学训练,才能取得优秀的训练成绩。如果基层军官没有担当、急功近利,再加上军阀作风,自然会加剧士兵们的身体和心理障碍,而士兵不能正常参加训练,训练成绩就不能提高。由于军官素质的低劣,他们对这种问题的认识一般都是简单粗暴的,谈不上关心士兵,而是急切地要解决相关问题,所以往往容易做出过激的事情,逼士兵逃逸、淘汰,甚至是其他更出格的事情。这也与当时不重视人的基本权利和尊严有关,国民党军队中长期不重视士兵保育,缺乏相关制度保障。

1945年9月6日,为了填补相关制度空白,行政院颁布了《知识青年志愿从军潜逃及裁汰办法》,规定:

(一)知识青年志愿从军入伍前潜逃者,应追回一切费用;入伍后潜逃者,应即停止应享优待权益,并应受军法处分。至入伍后被裁汰者,除因知识不足、信仰不纯者外,应即由服务

---

① 《青年远征军士兵控告原属省县、乡政府人员贪污安家费、不按优待办法优待远征军家属及请求保留原职原薪的文书》,中国第二历史档案馆藏,国民政府全国知识青年志愿从军指导委员会档案,781/47。

部队给予证明书,仍回原服务机关或学校,给予复业或复学机会,并停止优待。其原机关或学校于接获被裁汰从军人员请求复业或复学时,不得拒绝。

（二）关于前项被裁汰或入伍潜逃青年,由全国知识青年志愿从军编练总监部转饬各师或由该部随时通知其原服务机关或学校,依照上项规定办理。①

该办法既是对恶意逃逸者的严惩,也是对无奈被迫淘汰者的保护。除了因知识不足、信仰不纯外,被裁汰者可以"仍回原服务机关或学校,给予复业或复学机会",这也给了很多被淘汰者一条非常好的选择路径,只可惜该办法颁布之时,青年远征军各师的军事训练已经结束。

根据时任青年远征军团长的赵秀昆所述,青年远征军在编练过程中,对实在不堪服役的、老弱病残和没有文化的,进行了相应的淘汰,共有 6 453 人被淘汰并遣返原籍。当然,这里也包括部分因对国民党军队充满失望而主动淘汰自己的。国民党军队其他各单位也从青年军中"挑选 7 000 多人,去有关单位接受训练。计有：中央军校 700 人；中央军校七分校 296 人；赴印学习驾驶汽车 4 467 人；赴美学习民航 180 人；昆明突击总队 1 000 人；昆明无线电训练班 200 人；军委会外事局译员 133 人；特种宪兵 200 人"。②

根据编练副总监霍揆彰呈给陈诚的各师青年士兵概况统计表,共计淘汰 8 601 人,逃逸 5 263 人,死亡 52 人,送考 4 958 人,另有 3 440 人奉令改编入宪兵教导团。③ 具体情况如表 4-4 所示：

---

① 重庆市档案馆、重庆师范大学合编：《中国战时首都档案文献·战时动员》（下）,第 1020—1021 页。
② 赵秀昆：《青年军的组建和消亡》,《军事历史研究》1994 年第 3 期。
③ 《霍揆彰呈陈诚青年远征军各种统计表》,台湾档案部门收藏,陈诚副总统文物档案, 008/010704/00017/016。

第四章 青年远征军的组建与训练

表4-4 青年远征军各师青年士兵入营概况统计表(1945年10月22日)

区分\部别	指委会配额数	接收数	异动数 选考 印缅	异动数 选考 译员	异动数 选考 军校	异动数 改工	异动数 不堪服役遣回	异动数 逃亡	异动数 死亡	现有数
201D	9 610	8 106	543	64		103	1 122	851	3	5 420
202D	6 465	7 272		30		74	863	706	10	5 589
203D	10 233	8 591	250	34		80	1 416	890	5	5 916
204D	10 114	10 127	1 074			16	876	449	4	7 708
205D	8 245	5 913				141	488	305	6	4 973
206D	11 631	10 780			296	84	1 255	493	9	8 643
207D	10 920	12 035	2 600			16	1 244	860	5	7 310
208D	16 450	13 700		5		25	1 992	407	9	11 262
209D	16 332	10 567				72	245	302	1	9 947
合计	100 000	87 091	4 467	133	296	611	9 501	5 263	52	66 768

附记:1. 第二〇七师已奉拨归新六军建制;
2. 第二〇八、二〇九两师为四团制师;
3. 第二〇二、二〇六两师接收青年3 440名已奉令改编笕兵教导团。

资料来源:《霍揆彰呈陈诚青年远征军各种统计表》中《青年远征军各师青年士兵入营概况统计表》,台湾档案部门收藏,陈诚副总统文物档案,008/010704/00017/016。

注:原计第二〇六师接收数、总接收数、不堪服役遣回人数分别为9 880、86 191、8 601,笔者经计算确认为10 780、87 091、9 501。

由于编练总监部属于军事委员会下设临时机构,在 1945 年抗战胜利前夕,蒋介石一度考虑如何安排该部及罗卓英。他曾经考虑让罗卓英出任湖南、浙江,最后决定让他回广东比较合适(罗籍贯广东),于是任命其为广东省主席。编练总监部由副总监霍揆彰主持工作。1945 年 10 月,蒋介石下令撤销青年军编练总监部,青年远征军已经成军。

第五章　青年远征军的日常生活与情感世界

抗战时期的从军知识青年是一个特殊的群体。他们与其他部队的士兵有很大的不同,留下许多史料,记录他们的所见、所闻和所思,也丰富了抗战军事史的内容。以往抗战时期的知识青年从军运动研究集中在历史人物、派系斗争、动员方式等问题上,这就导致了知识青年的"被隐身"。通过研究知识青年的日常生活与情感世界,还原他们的日常生活,可以更为真实地触摸历史,丰富我们对这段历史的认识。

第一节　群体概况

青年远征军中知识青年的文化程度和知识水平究竟如何？其中的性别比例又是如何？这些问题是大家所关心的,也决定了他们在当时历史条件下对很多问题的普遍看法、知识基础和认识水平。

一、年龄和性别

1945年10月22日,即青年远征军编练成军之时,青年远征军

编练总监部军务处对各师青年士兵的年龄进行了统计,见表5-1:

表5-1 青年远征军各师青年士兵年龄统计表(1945年10月22日)

区分 部别\数目	17岁以下(未及龄)	18—19岁(国民兵初期龄)	20—25岁(现役龄)	26—30岁(正役龄)	31—35岁(续役龄)	36岁以上(超龄)	总计
二〇一师	43	2 523	2 113	487	254		5 420
二〇二师	95	2 067	2 573	670	173	11	5 589
二〇三师	165	2 895	2 283	461	103	9	5 916
二〇四师	69	4 316	2 915	362	45	1	7 708
二〇五师	39	1 844	2 296	700	87	7	4 973
二〇六师	212	2 617	4 673	885	192	64	8 643
二〇七师	51	2 935	3 086	1 144	94		7 310
二〇八师	19	4 485	5 850	788	120		11 262
二〇九师		2 851	5 872	1 030	189	5	9 947
合计	693	26 533	31 661	6 527	1 257	97	66 768
百分比	1.1%	39.8%	47.4%	9.8%	1.9%	0.1%	100%

附记:1. 二〇七师已奉拨归新六军建制;
2. 二〇八、二〇九两师为四团制师。

资料来源:《霍揆彰呈陈诚青年远征军各种统计表》中《青年远征军各师青年士兵年龄统计表》,台湾档案部门收藏,陈诚副总统文物档案,008/010704/00017/016。

该表一共统计了66 768人,应该都是青年远征军中的知识青年,不包括充任杂役的普通兵。其中,超80%是18—25岁,也就是说,绝大部分是青春期刚过,可谓血气方刚。这也决定了他们的相对勇敢、易冲动、感性等特点。

青年远征军原计划在后方(西南、西北片区)征集女青年2 000人,在前方(东南片区)征集女青年800人。但是,女青年实际入营编练者共计1 225人,其中在重庆成立女青年服务总队训练733人(后来又有经介绍入队者5名,8月1日考入16名,共754名);在第二〇八、二〇九师成立女青年大队训练492人。详情见表5-2：

表5-2 青年远征军接收女青年情况统计表

区别	征集接收								合计
	地点	征集名额	合计	地点	时间	队别	接收名额	备注	
西南西北区	成都	500	2000	重庆	1945.3.15或1945.4.15	女青年服务总队	733		1225
	昆明	200							
	重庆	800							
	西安	200							
	兰州	100							
	贵阳	100							
	湖北	100							
东南区	广东	300	800	东南区	由该区决定	各师女大队	492		
	江西	200							
	浙江	100							
	福建	100							
	皖南	100							

资料来源：《全国女青年接收统计表》，青年军人丛书编辑委员会编：《女青年服务总队训练与生活》，第19页。

女青年服务总队"在训练期间，死亡学生3名，淘汰66名，开除45名，潜逃34名。此外尚有学生124名考入政治部政工班，36名考入干训团的第二期女干班。分发服务时，尚有学生446名"①。

1945年9月11日，重庆女青年服务总队举行毕业典礼。12日，服务总队被派遣前往西南、西北各师。她们按照文化、救护、通讯、经济等专业分别被派遣至第二〇一至二〇六师（第二〇七师已

---

① 《青年军史》编辑小组编：《青年军史》，第267页。

转隶新六军),每师六七十人。"因文化队人数太少(集训时调拨政治部100余人),只能编成3个区队,不敷分配。不得已,只好先把3个文化区队分派在二〇二、二〇四、二〇六三个师去服务,两个月后,再调派到二〇一、二〇三、二〇五三个师去服务,轮流往复,以补救上述的缺陷。"①

表5-3 女青年服务总队女青年年龄构成表

区别	数目	名额	百分比	备注
年龄	18—19岁	572	57.8%	
	20—25岁	358	36.2%	
	26—30岁	56	5.7%	
	31—35岁	3	0.3%	
	合计	989	100%	

资料来源:《女青年服务总队女青年素质调查表》,《青年军史》编辑小组编:《青年军史》,第267页。

注:原计18—19岁、20—25岁女青年所占百分比分别为67.3%、36.7%,笔者经计算确认为57.8%、36.2%。

根据女青年服务总队的统计(表5-3),18—25岁的占94%,她们的年龄普遍比男知识青年要小。由于年龄较小,很多尚未涉世,感情容易冲动,在几乎全是男人的军营中,相对容易引发诱骗及性侵害等事件。当然,这些女青年的医护、经理、文化、通讯等技能,也在军营中起到了良好的作用。

二、籍贯地区

受交通因素、动员力度、学校布局等因素影响,知识青年从

---

① 《青年军史》编辑小组编:《青年军史》,第283页。

军可能会产生局部聚集效应;在从军知识青年的籍贯结构上,也可能会产生"反作用力",相应地反映出该籍贯地区的交通因素、动员力度和学校布局等问题。另外,在传统社会中,地缘纽带在人际交往时起到重要作用,从军知识青年或多或少受其影响,甚至有时还会故意强化地缘纽带关系。

根据青年远征军各师知识青年士兵籍贯统计(表5-4),知识青年中来自四川和福建的比较多,分别占17.6%、10.7%,这表示西南西北片区中四川发动的知识青年最多,东南片区中福建发动的知识青年最多。其余发动从军人数比较多的省份依次是河南、广东、江西、湖南、湖北、陕西等。

四川全省与河南、湖南、湖北的部分地区为西南知识青年的主要来源地,福建、广东、江西的部分地区为东南知识青年的主要来源地,这与以往普通兵员的来源一致。这也反映出,当初发动知识青年从军运动的人数分配方案应该是军政部兵役署役政司精心设计的。

三、教育程度

作为新军,青年远征军为人所看重主要是因为知识青年的文化水平比较高。在抗日战争时期,这种高素质的官兵,会很好地提升军队形象、战斗力和军人地位。

根据青年远征军各师青年士兵学历统计表(表5-5),来自初中的占61.2%,来自高中的占22.8%,来自专科以上学校的占6.3%。

另外,女知识青年的学历水平还高于男知识青年,女青年来自初中的占65.1%,高中占20.7%,专科以上学校占14.2%(参见表5-6)。

表 5-4 青年远征军各师知识青年士兵籍贯统计表

区分\数目\部别	二〇一师	二〇二师	二〇三师	二〇四师	二〇五师	二〇六师	二〇七师	二〇八师	二〇九师	合计	百分比
四川	3 759	2 834	4 774	69	64	70	24	20	11	11 625	17.6%
福建	43	22	11	2	15	9	11	3 829	2 795	6 737	10.7%
河南	124	134	82	3 614	74	1 119	757	14	26	5 944	8.9%
广东	140	170	23	8	49	18	58	85	5 371	5 922	8.9%
江西	43	72	17	15	34	27	24	4 162	959	5 353	8.1%
湖南	173	443	82	67	3 849	74	175	71	101	5 035	7.5%
湖北	368	240	107	3 557	54	78	136	31	31	4 602	6.7%
陕西	26	16		5	4	631	3 578			4 260	6.3%
甘肃	5	10	2	1		3 557	13			3 588	5.4%
安徽	146	156	35	138	98	327	124	1 104	84	2 212	3.3%
浙江	134	145	55	22	29	53	107	1 228	356	2 129	3.2%
江苏	222	165	88	46	24	106	114	679	173	1 617	2.4%
贵州	40	843	11	1	566	9	24		1	1 495	2.2%
河北	75	115	35	77	19	572	271	20	20	1 204	1.8%
云南	14	21	36	2	20	5	930		2	1 030	1.5%

续表

区分＼数目＼部别	二〇一师	二〇二师	二〇三师	二〇四师	二〇五师	二〇六师	二〇七师	二〇八师	二〇九师	合计	百分比
山西	16	16	47	15		612	207		9	922	1.4%
青海		1				831	1			833	1.3%
山东	54	70	55	46	24	378	193	5	3	828	1.7%
广西	11	92	12	10	48	10	412	14	1	610	0.9%
西康	6	5	431	1						443	0.6%
绥远	3	5			1	136	4			149	0.2%
辽宁			13	9			37		2	61	0.1%
察哈尔		1				15	3			19	
吉林		3		3	1	4	5		1	17	
热河	2						4			6	
黑龙江	1	2				1	2			6	
宁夏							6			6	
新疆	3									3	
其他	12	10				1			1	24	
总计	5 420	5 591	5 916	7 708	4 973	8 643	7 220	11 262	9 947	66 768	100%

资料来源：《霍揆彰呈陈诚青年远征军各种统计表》中《青年远征军各师知识青年士兵籍贯统计表》，台湾档案部门收藏，陈诚副总统文物档案，008/010704/00017/016。

附记：1. 第二〇七师已奉拨归新六军建制；2. 征集各师区之士兵籍贯表未列入。

注：原计四川、湖南的士兵总数分别为 11 715、5 033，笔者经计算确认为 11 625、5 035。笔者经计算确认青年远征军知识青年总人数据此表中数字计算为 66 680，但根据相关其他统计表推测应为 66 768。青年远征军知识青年总人数分别为 5 591、7 220。原计第二〇二、二〇七师的士兵总数分别为 5 589、7 310，笔者经计算确认为 5 591、7 220。但因资料缺失，百分比数字无法一一订正。

表 5-5 青年远征军各师青年士兵学历统计表

部别\数目\区分	专科以上	高中	初中	小学	军事学校	总计
二〇一师	547	1 143	3 373	259	98	5 420
二〇二师	473	913	3 390	653	160	5 589
二〇三师	360	112	3 919	479	47	4 917
二〇四师	285	2 230	4 703	470	20	7 708
二〇五师	264	1 184	3 173	303	49	4 973
二〇六师	509	1 589	5 314	1 033	199	8 644
二〇七师	274	1 427	4 470	802	337	7 310
二〇八师	974	2 903	6 807	513	65	11 262
二〇九师	579	2 777	5 695	674	222	9 947
合计	4 265	14 278	40 844	5 186	1 197	66 768
百分比	6.3%	22.8%	61.2%	7.7%	2.0%	100%

附记:1. 二〇七师已奉拨归新六军建制;2. 军事学校栏系包括中央军校各短期训练班警官学校及军医学校。

资料来源:《霍揆彰呈陈诚青年远征军各种统计表》中《青年远征军各师青年士兵学历统计表》,台湾档案部门收藏,陈诚副总统文物档案,008/010704/00017/016。

注:原计第二〇三、二〇六师青年士兵人数分别为 5 916、8 643,笔者经计算确认为 4 917、8 644。原计高中、小学学历士兵人数分别为 15 277、5 185,笔者经计算确认为 14 278、5 186。青年远征军青年士兵总人数据此表中数字计算为 65 770,但据相关其他统计表推测应为 66 768。但因资料缺失,百分比数字无法一一订正。

表 5-6 女青年服务总队女青年受教育程度调查表

区别	数目	人数	百分比
学历	专科以上	140	14.2%
	高中	205	20.7%
	初中	644	65.1%
	合计	989	100%

资料来源:《女青年服务总队女青年素质调查表》,《青年军史》编辑小组编:《青年军史》,第 267 页。

以当今的军队学历水平来看,这个学历结构并不高。但是,如果和抗战时期一般部队的士兵受教育程度来比较,这支新军的知识水平则是非常高的。以1945年第十四军的士兵受教育程度为例,该部接受过初中教育的仅有3%,没有士兵接受过高中及以上教育。1946年统计的陆军荣誉第二师情况则更差,该部接受过初中及高中教育的合计仅有0.8%。然而,青年远征军所有知识青年都是来自初中及以上学校,甚至有不少专科以上学校的学生(参见表5-7)。

表5-7 抗战时期国民党军队士兵受教育程度统计(部分)

	陆军第十四军(1945年)	陆军荣誉第二师(1946年)
文盲	29%	5.2%
初识字	46%	45.0%
小学	22%	49.0%
初中	3%	0.5%
高中	0%	0.3%
统计	100%	100%
备注:初识字指能认识五百单字表者。		

资料来源:《陆军第十四军军务处三十四年年度工作报告》,收于《陆军第十四军军务处三十四年年度工作报告书》(重庆:陆军第十四司令部,1946年,第214页)。同仇党丛刊社编:《陆军荣誉第二师三周年纪念特刊》,海防:陆军第二师政治部,1946年,附表。

即使是一般部队的军官,其平均文化水平也不及青年远征军。根据1944年度陆军各部队中下级现役军官素质统计(表5-8),行伍出身的军官依然占比较大,他们中几乎没有接受过初中以上教育的。行伍出身的军官在有些兵种占比甚至高达76.1%。

表 5-8　军训部 1944 年度调查陆军各部队中下级现役军官素质统计

程度 兵种	已受养成 教育者	已受召集 教育者	行伍	其他	统计
统计	31 772 (27.0%)	44 185 (37.6%)	38 704 (32.9%)	2 968 (2.5%)	117 629 (100%)
步	25 876 (27.3%)	42 322 (44.6%)	26 662 (28.1%)	0	94 860 (100%)
骑	227 (33.8%)	264 (39.3%)	181 (26.9%)	0	672 (100%)
炮	1 772 (48.4%)	423 (11.9%)	1 410 (39.7%)	0	3 605 (100%)
工	780 (29.0%)	499 (18.6%)	1 410 (52.4%)	0	2 689 (100%)
辎	288 (6.8%)	0	967 (22.9%)	2 968 (70.3%)	4 223 (100%)
通	2 198 (21.6%)	234 (2.3%)	7 734 (76.1%)	0	10 166 (100%)
机	631 (44.6%)	443 (31.3%)	340 (24.0%)	0	1 414 (100%)

备注：其他系指其他非中央军、各分校及各兵科学校出生者。

资料来源：《军事委员会军训部中华民国三十三年统计年鉴》，总务厅编印，1945 年，第 43 页。

注：原计已受养成教育者、已受召集教育者人数分别为 31 724、44 283，笔者经计算确认为 31 772、44 185。原计炮兵人数为 3 555，笔者经计算确认为 3 605。原计总调查人数为 117 579，笔者经计算确认为 117 629。但因资料缺失，百分比数字无法一一订正。

也正是因为这个原因，青年远征军的官兵才为大家所重视，深受蒋介石、蒋经国器重，多有关怀，待遇也与其他军队不同。各级军官都希望调到青年远征军中任职。但是，这也使得他们受到其他部队官兵的嫉妒，双方甚至因此发生激烈的冲突。

第二节　衣食住行

青年远征军是在"改善士兵待遇"的呼吁声中编练而成的。编练新军,其目的之一就是改善士兵生活、改变军队形象,并由此提高军队战斗力。以往军队的衣食住行实在太差,以至于新兵入伍后必须保育几个月才能训练。尽管1942年国民党军队就开始试行军需独立,但是效果不佳,痼疾依旧。

在当时,知识青年是民族菁华,他们的生活状况好于贫苦壮丁,身体健壮。入伍之后,他们能否得到较好的待遇,既是知识青年关心的问题,也是社会各界关心的问题。作为意见领袖,西南联合大学教授联名向蒋介石提意见:"近年以来,各军部队待遇太坏,流弊所致,可为痛哭,固由国家财政困难,而军需经理不善,亦为一大原因。新军之待遇,虽称提高,然军需经理之弊端,仍应严防于事先。窃谓宜用社会中众望素孚之人,监督军需经理,使从军之士,知其可死于战场,而必不死于道路;可死于炮火,而必不死于饥寒。"①蒋介石、罗卓英等对此都作了承诺。蒋介石要求必须实物供给青年远征军,以防止各级克扣和物价影响,罗卓英也下令单独编制青年远征军经理规程,标准要高于一般部队,大家对此拭目以待。

一、衣

根据青年远征军经理规程:"被服之补给:青年军官兵服装较

---

① 《国立西南联合大学常务委员张伯苓等电国民政府主席蒋中正关于知识青年从军本校教授会呈建议意见五点乞赐明察》,台湾档案部门收藏,国民政府档案,001/054500/00002/007。

一般部队服装之工料稍优,品种亦较多,女青年则有特制服装。三十三年冬服,概由军需署送达各师。三十四年夏服,除交通方便,如第二〇一师,第二〇二师,由师部领运外,余或由军需署运送或由当地仓库拨发,皆能如期换季。"①依照季节需要,一律发给新制服,军常服"冬夏各三套"②。根据二〇一师的知识青年介绍,被服的具体内容如下:"服装分冬夏两季。冬服是灰色的棉布军服,质料和式样都很好,白衬衫裤和皮带绑腿等都很齐一精美,黑布鞋布袜也很朴实耐用,预计中每人还有一双皮鞋,正在赶制中。夏服是一套草黄斜纹军服,两套草黄布军便服,另外有棉背心一件,式样都是力求美观,质地也是力求结实经久,另外有草鞋棉鞋,也是适合国情和实地的需要的。其他如灰军毯、白被单被罩、木面盆、钢漱口缸、洗脸布、针线包、水壶背包、干粮袋,等等,应有尽有,每个人每年所消耗的被服当为国币'万元',可见国家是如何的厚爱这一批青年啊!"③

以上标准已经远超一般部队,甚至普通士兵都配发了皮鞋。这是知识青年入营后积极要求的,首先是二〇一师反映给全国知识青年志愿从军指导委员会,该会对"关于二〇一师请求发给皮鞋,情辞迫切,究应如何办法,请公决案"进行了讨论,决议:"关于该师请求自可同情,但各师事同一律,故应作七师之统筹打算,可由会函商全国慰劳总会及妇女慰劳总会征募。"④在当时,由军需部

---

① 青年军人丛书编辑委员会编:《编练概况》,第 24 页。
② 青年军人丛书编辑委员会编:《编练概况》,第 28 页。
③《本师的成长》,二〇一师军中导报社 1945 年版,第 20 页。
④《全国知识青年志愿从军指导委员会与中央执行委员会秘书处联合办公记录》(1944.11—1945.4),中国第二历史档案馆藏,国民政府全国知识青年志愿从军指导委员会档案,781/14。

门给普通士兵配发皮鞋实不可能,也不公平,于是采用请全国慰劳总会及妇女慰劳总会募捐解决的办法。

女知识青年更是得到优待。在征集之时,全国知识青年志愿从军指导委员会就考虑到女性军装问题,要求"女青年接待及服装式样设计,请女界代表提供意见"①。女性军装式样另外单独设计。入营之后,女青年发放的被装如下:"夏季发斜纹卡兹军衣、裤、裙各二件,夏季军便服两套,军帽两顶,雨笠、水壶草席各一具,每月发草鞋四双,每两月发黑布鞋袜各一双,每年发皮鞋一双,冬季发给棉军服,棉被,军毯等,足够应用。"②

蒋介石对于知识青年的穿戴也比较关心。1945年3月15日,蒋介石电陈诚,要求"速办青年军各师按月发足鞋袜肥皂等物品"③。在这种压力之下,军需署特事特办,自然调动各种资源全力满足青年远征军的需求。

由于青年远征军的被装得到格外优待,士兵自然精神抖擞,穿上军装,踏上皮鞋,外出也自觉高人一等,因此很容易为其他部队的官兵所嫉妒,这也间接导致了后来的冲突。

但刚刚入营之时,由于各方面后勤保障还没跟上,青年远征军的日子并不好过。1945年1月13日,《大公报》编辑部向全国知识青年志愿从军指导委员会转来二〇一师六〇一团一营从军青年张甦年的来信。该信表达了对入营生活的强烈不满,认为现实与想

---

① 《全国知识青年志愿从军指导委员会与中央执行委员会秘书处联合办公记录》(1944.11—1945.4),中国第二历史档案馆藏,国民政府全国知识青年志愿从军指导委员会档案,781/14。
② 青年军人丛书编辑委员会编:《女青年服务总队训练与生活》,第51页。
③ 《蒋中正电陈诚速办青年军各师按月发足鞋袜肥皂等物品》,台湾档案部门收藏,蒋中正总统文物档案,002/070200/00022/040。

象出现了巨大反差。内容摘要如下：

编者先生：

我是青年远征军中的一名列兵，入营以来有几件令人不满意的事，希望你们能代为呼吁一次，这些都是千真万确的，完全没有一点虚假的地方。

在未入营前，学校里的先生叫我们尽可能的少拿行李，我们也曾见到征委会的通知，叫每人携带的行李最多别超过十公斤，所以同学们都尽量的少拿私物，多数的同学除了身上穿的衣服外，几乎没有拿一件其他的东西，为了国家，为了民族，即使是平日相依为命的书籍也丢下了，我们还要牺牲甚么呢？我们坚决的相信，国家决不会亏待我们的。

可是事与愿违，当我们到了重庆集中的时候，负责人告诉我们说："内衣内裤、被单毯子都在璧山，到了璧山立刻就发，请同学们暂时忍耐几天。"及至我们到了璧山，又说"上面"已经运到了营部去了，及至我们到了营部，又说"上面"还没有运到，再过几天，"一定"可以运到！等运到了，立刻就发。

两天过去了，东西还没有运到。可怜，这样冷的天气，我们还不得不两人合盖一床被，身上长了虱子也没有衣服换。向班长诉苦，班长推排长，排长推连长，连长说要请示"上面"。"上面"说"上面"还是没有发下来，这样的我推你，你推他，不知道到底该谁负责。当兵固然要吃苦，但是，也不能叫我们夜晚盖不暖，生〔身〕上脏得生虱子呀！

我敢安心，国家对我们健康的爱护是无微不至的，其所以有这种混账的事情发生，完全是那些中层的办事人不负责任的缘故。希望这些办事先生拿出良心，认真办事吧！别再这样苟且马虎了，一个螺蛳的腥味，可以搅坏一锅汤的。

我们入了军营,受了层层节制的限制,有天大的困难也不能直接向上峰报告,贵报向来是为社会主持公道的,请把我们这些无法申诉的事情,披露在报纸上,让社会人士知道,让爱护我们的长官知道,叫那些糊涂的办事人拿理由来讲。谨此数语,乞恩披露。①

另外,后来调到驻印军的知识青年的被装则全部更换为更好的美军军服。1945年3月,二〇一师赴印知识青年从昆明机场起飞,越过喜马拉雅山飞抵密支那,再被大卡车载运到丁江办事处。他们身着棉衣,在缅甸的丛林里穿行赶往丁江办事处,汗流浃背。"丁江办事处的主要任务是在指导消毒、换装与发放给养……第一步是要把我们身上所穿戴的军服全部火化焚烧,然后光着身子跳到伊洛瓦底江中去洗澡。洁身过后注射预防针,有疥疮的涂敷硫磺软膏。然后发放毛毯、内衣裤、漱口杯、行军水壶、洋磁饭碗、肥皂、毛巾、毛袜、蚊帐、胶布、英式军服、背包和防蚊油一瓶。入夜前每班发行军锅一套以便自炊自爨。饭后在江边丛林空旷处,摊开胶布,盖上军毯安睡在露天地上。"②也有知识青年在国内被直接脱光外衣上飞机的,在飞越喜马拉雅山时冻得要死,然后再换军装,其目的就是为了节省国内的军服。

而没有赴印的二〇七师知识青年则没有那么幸运。他们转隶驻印军的新六军后,由于后勤保障衔接不力,直到夏天依然没有换上夏装。1945年8月,他们来函反映:"装备:于四月十七日即正式

---

① 《青年远征军士兵控告原属省县、乡政府人员贪污安家费、不按优待办法优待远征军家属及请求保留原职原薪的文书》(1944.12—1946.2),中国第二历史档案馆藏,国民政府全国知识青年志愿从军指导委员会档案,781/47。
② 秦振安:《投笔从戎话当年——一个志愿从军知识青年从军的回忆录》,第12页。

发表'美械装备至五月中旬一律装备完竣',迄今还未实行,现虽然第五集团军借发每人单军衣一套,在未发之前,北方同志因热致死者十余人。"①由此可见,纵有良好的后勤标准,相互衔接不上,也会导致恶果,而其根本原因是后勤机关和部队的不作为。

二、食

1942年度陆军部队、学校和机关的军粮经理实施办法规定:"每人日给大米二十二市两(16两为1斤,下同)或面粉二十六市两;陆军部队,及军事学校员生,自二月份起,改照大米二十四市两,如发面粉,仍照二十六市两给。"②主食采取实物供给,副食发放代金购买。按照该标准,知识青年从军之后,在集结和编练期间,应该按照大米24市两的标准发放。

1944年11月17日,全国知识青年志愿从军指导委员会常务委员会第四次会议召开,讨论了知识青年从军征集期间军粮补给办法,决议:"品种定量按现行陆军给与规定(即中熟大米廿四市两或面粉二十六市两)","沦陷区粮源缺乏者得酌情改发代金"。很快,蒋介石面谕军需署署长陈良:"准照已核定品量,每人月给肉类豆类各二市斤,蔬菜卅斤,植物油一市斤,燃料四十斤,食盐十二市两,每人每月另加肉豆各半斤。"③无论是供给标准,还是供给方式(要求按照实物供给),都已经远远超过一般陆军部队的水平。这也是蒋介石兑现在发动知识青年从军会议上的诺言。

---

① 《陕西省知识青年从军征集委员会报告从军人数、集训情况等来往文件》,中国第二历史档案馆藏,国民政府全国知识青年志愿从军指导委员会档案,781/90。
② 《陆军经理手册》,军政部军需署,1942年,第256页。
③ 《全国知识青年志愿从军指导委员会常务委员会第一次会议议程》,中国第二历史档案馆藏,国民政府全国知识青年志愿从军指导委员会档案,781/11。

1945年,军需独立工作进一步推进,陆军经理给与规定也进行了调整。自 1945 年 3 月起,"每人日给食米二十五市两,燃料二十一两三钱,食盐五市钱,(刷牙用盐每人每日一市钱在内),植物油九市钱,蔬菜十市两,肉类一市两,豆类二市两,花生米一市两(新增)"。然而,这个标准非常高,以至于很多部队很难实现。6 月 23 日,蒋介石电陈诚"青年军各师每日食米日给二十六两勿予核减"。①

青年远征军编练总监部则以"因每日规定三餐,食米、燃料均不敷用"的理由,向军委会申请提高标准。因此,青年远征军制定了更高的经理标准:"粮秣之补给:青年军规定日食三餐,所有主副食概行发给实物。自三十四年元月份起实施,计每人日给中熟米二十七市两,食盐四市钱,(另每人每月发刷牙用盐二市两),植物油六市钱,燃料二十四市两,蔬菜一市斤,肉类一两四钱,豆类一两四钱,足敷青年营养所需要之卡罗里。"②这是对一般部队陆军经理规定的进一步突破。

女青年得到了更好的饮食保障:"每人每天发军米二十七两,油九钱,盐五钱,花生米一两半,黄豆二两,肉一两,菜代金三十一元,煤每月五十五斤,各队由学生组织膳食委员会,自行办理伙食及其有关事项,队上官长站在指导的地位,予以协助,一日三餐营养上无缺乏之处。"③但是,可能由于身体基础比较差,一些女青年虽受特别照顾,依然体弱。9 月 11 日,编练总监罗卓英在女青年服务总队结业典礼上看到台下女青年时,愧疚地说道:"今天看到大

---

① 《蒋中正电陈诚青年军各师每日食米日给二十六两勿予核减》,台湾档案部门收藏,蒋中正总统文物档案,002/070200/00022/069。
② 青年军人丛书编辑委员会编:《编练概况》,第 28 页。
③ 青年军人丛书编辑委员会编:《女青年服务总队训练与生活》,第 51 页。

家的身体比入营典礼时都有进步了,站立的姿势也进步了,但总觉得还未臻十分完满,身体固然有进步,也有少数脸色不很好,刚才陈部长训话的时候也关心你们的营养,可知各级长官没有不关切你们的身体的,只是发现你们有少数脸色没有表现健康,总觉得保护你们身体还未尽到责任。"①

编练之前,编练总监罗卓英在接受专访时谈到改善军人待遇,承诺:"生活的标准,营中的生活,以大学校园里的生活为基准,量的方面,必须是人人足够;质的方面,必须是营养合理化,能保持健康。军需公开,使大家能明了战时军需实际状况,而共同监督,共同的维持……本部负编训职责,本人誓以至诚竭力做去,以求无负统帅期望,更不使全国青年失望,不过想办好一件事,非一个人一个部门的努力所能做到,还望有关当局、社会各界、青年本身多予协助完成青年报国的伟大志业。"②

为了杜绝吃空饷、克扣士兵等问题和抵御物价影响,根据蒋介石的指示,青年远征军采取军需独立制度,并实物供给,这样就有效保证了士兵吃饱穿暖的基本生活需求。这在当时的军队中是非常少见的。罗友伦在担任二〇七师师长之前,先后任四十九师师长、二〇〇师师长。他回忆在四十九师时,因为军官吃空饷非常严重,盟军只好采取每天清点人数的办法来发放食物,"当我们在缅甸作战时,所有补给均由盟军供应,按人头计发米粮与副食品,每日清点人数,竟无一日是对的,主因空缺太多,无法确实计算,一笔烂帐,实感汗颜"。当他转任二〇〇师师长时,"因为兵源缺乏,天

---

① 青年军人丛书编辑委员会编:《女青年服务总队训练与生活》,第5页。
② 《罗卓英将军谈:青年新军训练要点——依投军青年所学编分兵种绝对适合现代要求》,《四川知识青年从军专刊》1944年第1期。

天希望能获得新兵补充。突然有一天听说要送四千名新兵来,大家非常高兴。哪知四千名新兵到来时,才发现这批新兵竟都骨瘦如柴,甚至饿得难以举步,其中更有很多文盲,使我大吃一惊。因此立即展开保育工作,经过二个月的调养,个个都健壮起来,可以接受正常训练"。① 由此可见,在当时军营中要想将军费落到实处,让士兵们吃饱穿暖有多困难。罗友伦担任青年远征军二〇七师师长后,由于军需独立、实物供给,原有痼疾很快就解决了。"像在青年军时,其军需是由财务署、军需署直接派下来的人所管的,主官无法过问,在人事调迁方面也是一样。所以有了监察制度之后,贪污吃空缺的情况就比较改善了。另外还有一种系统也可以防止部队吃空缺,就是上面将食物统统买好之后,再一起发给部队,这样就算吃了空缺也没用。"②不仅士兵能够吃饱穿暖,军队风气都为之改变,吃空饷、克扣士兵的现象也没有了,军官更加专注于作战训练。

被送到驻印军的知识青年饮食标准则更高。从辅仁大学报名从军的秦振安从二〇一师选送至驻印军新一军,"编队过后,因天色已晚来不及洗米煮饭,每人发给口粮一盒,内有饼干三包(共十二块)、奶粉、茶叶、白糖、花生米、糖果、枣膏、维他命、手纸、香烟和火柴各一件"③。这种代餐水准让在国内军营中受尽饥饿的他大开眼界,非常高兴。驻印军的保障水准虽然比较高,但是到了国内,受物价波动的影响,也很快发生供给不够的问题。

1945年4月5日,罗友伦接任二〇七师师长,该师改隶新六

---

① 罗友伦口述:《罗友伦先生访问纪录》,第46—47页。
② 罗友伦口述:《罗友伦先生访问纪录》,第349页。
③ 秦振安:《投笔从戎话当年——一个志愿从军知识青年从军的回忆录》,第12页。

军,饮食供给立马发生问题。二〇七师陕籍从军青年写信反映道:"本师自四月十七日改编为新六军指挥后,食粮即改变,较前相差太远,每天一人仅二十七两糙米,十两青菜,营养不足,每日乏水,常有断炊及吃不够之虑。"①其主要问题是副食实行代金供给。罗友伦回忆道:"到任之后,首先遇到的第一个棘手问题,便是由于改隶而影响到补给系统的改变。因为青年军的主副食,原来是以实物补给,而改隶之后,变为一般补给,立即取消实物改发代金,相差悬殊,全师濒临断炊边缘。部队每餐以稀饭果腹,群情生怨,士兵来看师长在吃什么,发现也食稀饭,情绪稍平。我认为,如此粮秣不足的部队,何能要求军纪与训练?必需彻底谋求解决,乃亲往四川重庆,晋谒最高统帅面陈此情。当蒙拨款七千万元,先济燃眉之急,再以专案处理,恢复实物补给,始获平息,部队生活方趋正常。"②

青年远征军的实物供给制度,虽然可能不是太便利,但很有效地保证了饮食供给。其主要保障方法是:"青年军各师粮盐,除东南分部暨第二〇八、第二〇九两师,由第三战区兵站补给外,其余各师由后勤总司令部,每部设随军仓库一所,每团设分库一所,负责补给。其他各种食品概由各师军需处,委托当地政府或补给分会、商会及乡村保甲长等,代为采办实物补给。其在开办时期,筹备不及,或遇当地物资缺乏,采购困难,及接济不及之时,则按当地市价发一部分代金,交各炊灶单位自行购办,以为救济,但多数发给实物。"③知识青年对此制度也比较认可:"伙食就可以吃得极丰

---

① 《陕西省知识青年从军征集委员会报告从军人数、集训情况等来往文件》,中国第二历史档案馆藏,国民政府全国知识青年志愿从军指导委员会档案,781/90。
② 罗友伦口述:《罗友伦先生访问纪录》,第48页。
③ 青年军人丛书编辑委员会编:《编练概况》,第28页。

美,并且为了使一切新鲜精洁起见,就会同当地之地方政府,议价招商承包,按日供应,在当地供不应求时,再派员到外地采购。"①

采用发放代金的方式,确实很容易出现克扣现象和受物价影响。入营初期,这种保障方式很快带来了问题,给刚刚入营的知识青年直接浇了一盆冷水。1945年1月8日,重庆市党部的徐漂萍送中央各部会的从军同志入营,后将情况报告。其内容摘要如下:

> 中央各部会从军同志入营专车(计卡车六辆)于一月五日上午十时由渝上清花园出发后,绕经城内凯旋路向璧山前进。微雨浓雾,颇有寒意,而同志们精神犹极奋发。沿途民众,夹道欢呼,尤以小孩们情绪更为热情,小龙坎火炮声独多或系该处党部工作同志努力之结果。车过金刚坡,雨止雾消,气候转暖,下午二时余,车抵璧山东门……璧山渝北日报(璧山青年团主办)送来肥猪一头犒赏。同志则欢呼表示谢意……伙食八人一桌,一荤一蔬一汤,但量甚少,仅中号碗半碗,米亦相当糙。伙夫不甚注意清洁,犹不脱办理一般军队伙食之习惯。洗脸热水不易取得,即冷水亦相当困难……伙食欠清洁,量亦太少,似应通知改善。②

不久,又有情报反映璧山的二〇一师"给养方面,如伙食系按人发给食米及副食费,质量均差,不惟营养不够,且不够饱,而经济亦不公布,咸表不满"。重庆市党部将此事向全国知识青年志愿从军指导委员会驻会常务委员吴铁城报告:"从军青年先后入营,人

---

① 《本师的成长》,第21页。
② 《全国知识青年志愿从军编练总监部呈报天水警备司令部与青年军冲突、河南泌阳县中山镇公所被粤东从军知识青年毁坏、从军青年在重庆各商店滋事等事项的文书》,中国第二历史档案馆藏,国民政府全国知识青年志愿从军指导委员会档案,781/58。

数已不在少,璧山部分接近重庆,近得情报说该处营部一切距理想境地较远,已引起青年最大反感。此事至关重要,谨以奉函敬恳设法改正。"①

除此之外,位于曲靖的二〇七师的情况反映中也表明"伙食太坏,而西北大学部分不仅对饮食不满,管理上尤感不适"②。位于汉中的二〇六师"六一六团第二营一个连的青年兵因为对伙食不满,一次在开饭时,竟把全连已摆好的饭盆砸得粉碎"③。当然,以上属于极端案例,并不代表普遍现象。

三、住

罗卓英在接受专访时讲道:"集训地点已选定大后方几处,选择地点的条件:一、给养充足,二、交通便利,三、教育环境良好。宿舍的建筑正在军政部和总监部协商进行,那不仅是营房,而是一个学校的设计,每一个营舍,便是一所大学,自然建筑不会□美,而仅于适合简朴和合理的要求。"④编练总监部所选择的集训地点,都处于陪都周边(四川的璧山、綦江、泸县、万县)、重要城市或军事重镇(贵州扎佐、陕西汉中、云南昆明、江西赣州和瑞金),依托原有充编部队或军校编练,所以营房都是在旧有部队营房基础上修葺,部分地区借用或新建营房。与其他部队相比,青年远征军总体上住

---

①②《全国知识青年志愿从军编练总监部呈报天水警备司令部与青年军冲突、河南泌阳县中山镇公所被粤东从军知识青年毁坏、从军青年在重庆各商店滋事等事项的文书》,中国第二历史档案馆藏,国民政府全国知识青年志愿从军指导委员会档案,781/58。

③ 全国政协文史资料委员会编:《文史资料存稿选编·军事派系》,北京:中国文史出版社2002年版,第844页。

④《罗卓英将军谈:青年新军训练要点——依投军青年所学编分兵种绝对适合现代要求》,《四川知识青年从军专刊》1944年第1期。

第五章 青年远征军的日常生活与情感世界

宿条件较好。

根据罗友伦的叙述:"抗战时期部队很少有营房,大陆上非常缺乏营房,军队大部分就是住在祠堂,或庙宇,要不然就向民间借住,并没有像现在跟老百姓分得清清楚楚的,有时我们借住民宅,就睡人家的客厅、饭厅,睡醒之后,部队也就整队走了……有时作战时到了荒郊野外,只好露天扎营,最早军队没有帐篷,所以在野外睡觉很辛苦,后来就有了帐篷,但也限于少数,因为帐篷很重,不利搬运。"①

女青年在编练时一部分住在编练总监部大院内,一部分在外借住学校,住宿条件非常好。"本总队(女青年服务总队)位于大坪总监部之内,营房大半是新建的,课室内光线充足,空气流通,宿舍的左右,绿叶成荫,风景极佳,虽在炎夏,也不感到酷热,更有大操场及球场运动场多处,学生在课余之下,运动游戏其间,足以调剂身心,恢复疲劳。"②

学生从军运动时,军政部教导团负责对其进行编练。知识青年从军运动发动后,重庆市知识青年在报名后集结时,仍由军政部教导第三团编队管理。该单位地处陪都,环境优美,各种设施完备,比一般大学都要好。"自渝市朝天门,乘轮渡至溆澜溪,策马沿东北大道行二五里,上汉渝公路前进数百步,即达鸳鸯桥,为江北含居民千户之乡镇,其西端一千公尺即教导第三团境。远眺雄伟壮观之金黄色营房,于广阔操场及密织碎石路四端林立,四周山顶木制标语,高插入云,深含教育意味,各道行树葱翠,附团山环水抱,风光明媚,各类地形,交错杂陈,不失为一优良训练场所……自

---

① 罗友伦口述:《罗友伦先生访问纪录》,第312—313页。
② 青年军人丛书编辑委员会编:《女青年服务总队训练与生活》,第51页。

团部至三个营，分由民族、民权、民生路相连接，各营之中山室，模型陈列场，沙盘，医务室，交易室，图表研究室及营部，均连于兵舍，中隔小型花园，此外，医务所，械弹粮服仓库，劈刺教练场，小型射击场，基本射击场，手榴弹投掷场，战斗教练演习场，兵器教育示范场，筑城示范场，通讯示范场，近战、步炮协同，山地、河川、村落、森林、据点、遭遇、攻防等各种战斗示范场，越野拦阻示范场，合作社之中西餐堂，星罗棋布，连接营地，游泳池系就绕行溪湾淘浚后，筑堰去□储水而成，清可见底，两岸平林森林，颇富荫蔽之利，而绿草如茵，野花清芬，尤饶有自然之趣，为学兵课余活动乐就之处。"①

蒋介石对知识青年的住宿和睡眠条件，也多有关心。1945年2月16日，蒋介石向军政部部长陈诚、军需署署长陈良下达手令："青年军各师每师应多造一个团之营房，与其附属设施。又每团并多添建筑一个连之营房，希即会商罗卓英总监遵照办理具报为要。"②该提议因为经费问题未能实现。7月17日，蒋介石向青年远征军编练总监罗卓英下达手令："青年军士兵夜间睡眠时间应睡足八小时，午睡时间应不算在内，其日间科目，似亦可酌量减少，希即遵照通令办理为要。"③罗卓英很快就调整科目教学计划，并向蒋介石回复调整方案确保知识青年睡足八小时。

当然，也有一些团以下单位驻地偏远，营房设施较差，但从整体上看，青年远征军的住宿条件相对较好。

四、行

在衣食住行当中，出行需求对于知识青年来说是最末的需求。

---

① 《教导第三团设施及训练情形一瞥》，《学生从军纪实》，第63—64页。
②③《蒋中正电陈诚会商罗卓英青年军每师应多造一团营房与附属设备》，台湾档案部门收藏，蒋中正总统文物档案，002/070200/00022/020。

因为很多部队平时是封闭式管理,而当集结、平时和战时行军及训练、复员回乡等出行情况发生时,又是不以个人意志为转移的,个人不可能根据自己的需求进行选择,这些都不是个人行为。

在知识青年的召集、移防、复员等过程中,蒋介石和军事委员会职能部门都尽量为知识青年考虑,以汽车运输为主要出行方式,甚至在可能的条件下还考虑利用航空运输。蒋介石多次下达利用交通工具运输知识青年的手令。1944年12月8日,蒋介石对全国知识青年志愿从军指导委员会指示:"关于交通运输仍应尽可能用飞机或汽车输送。"9日,再次指示:"一、天水从军青年在兰州集中用飞机送至重庆或昆明,集中日期仍照原议于12月25日左右开始集中;二、老河口集中之青年由飞机送至重庆;三、其他各营均于可能范围内尽量利用汽车输送;四、运输经费可另拨发;五、在运输期间之补给如有运粮机关者由军粮机关补给,无军粮机关者由粮政补给,至沦陷区无粮食现品可补给者,折发代金经费另拨。"①

二〇七师原计划是征集"山东、山西、河北、青海、察哈尔、平津、甘肃"②等地知识青年,并在天水集训。后来,因为局势变化,将天水营改设昆明(其主要原因可能是为了充实西南,震慑日军)。该部分知识青年,由天水集中到西安,然后由美军飞机运往霑益,再从霑益用汽车运输至昆明。"风起云涌的知识青年从军,自第二〇一至二〇九,共编成九个师,各师均就近编成,唯独第二〇七师的青年兵,由陕西西安空运至云南曲靖,自西北至西南,为我国有史以来最大的空运壮举,在曲靖接受了美援装备,改隶于新六

---

①② 全国知识青年志愿从军指导委员会常务委员会第一至十三次会议记录草稿及第一至第十二次常会决定事项一览表》(1944.10—1945.2),中国第二历史档案馆藏,国民政府全国知识青年志愿从军指导委员会档案,781/11。

军。"①(因为航空燃油有限,后征用中国银行西北总管理处卡车运送了剩余部分知识青年。)

1945年4月,由昆明到重庆报到的女青年"请求搭乘中航机来渝报到入营",该指委会秘书处立即决定"由本会派员与中航公司洽商"。②

各地征集委员会也尽量提供便利,采用汽车运输知识青年。即使是在重庆周边的几个师,重庆市征委会"在每次从军青年由本会开拔入营时,均商请接待处调集卡车运送,故从军青年入营而无行军跋涉之苦"③。只有无法通车或者实在无法调集汽车运输时,才会安排步行入营。

不仅报到,在复员回乡回校时,知识青年们的旅程也是受到特别眷顾的。1946年6月,第一批青年远征军知识青年复员,而此时正值国共内战全面爆发的前夕,军事运输繁忙,大量民用船只、港口、码头被征用,很多公路、水路和航线停止营运。即使在这样的情况下,知识青年复员回乡回校都是制订运输计划并利用交通工具转运的。

另外,青年远征军编练总监部也根据规定,在装备编制上为各师配备了交通工具器材,方便官兵出行、训练和搬运。"交通工具器材,各师已配发轿车二辆、卡车六辆至一四辆。配发之大车,及手车,规定委托各师驻在地之省政府代制,交师应用。虽未达成吾

---

① 罗友伦口述:《罗友伦先生访问纪录》,第47页。
②《全国知识青年志愿从军指导委员会与中央执行委员会秘书处联合办公记录》(1944.11—1945.4),中国第二历史档案馆藏,国民政府全国知识青年志愿从军指导委员会档案,781/14。
③《重庆市知识青年志愿从军征集委员会工作总报告》(节录,1945年4月),重庆市档案馆、重庆师范大学合编:《中国战时首都档案文献·战时动员》(下),第1013页。

第五章　青年远征军的日常生活与情感世界　　299

人理想,然与国军一般部队相较,实有过之无不及。"①

对于知识青年集结管理期间和入营训练期间的日常出行,地方政府和机构也制定了优待规定,减免乘坐汽车的费用。1944年11月23日,重庆卫戍总司令部公布重庆市从军之知识青年搭乘公共汽车及轮渡优待办法。该办法规定:青年远征军知识青年享受乘车优待,"(1)凭证章符号至轮渡售票处免费领取号牌,依次上船;(2)由卫戍〔戍〕总部向交通部商洽发给公共汽车换票证,交由招待所转发从军知识青年免费乘车,但上下车时仍须遵守先后秩序"②。其他部分地区征委会也制定了类似的优待办法。

但是,这种优待也使得一部分知识青年依仗自己的特殊身份,不按规定乘车出行。例如,驻地曲靖的二〇七师一些知识青年在入营后,"每日均在曲靖街上茶馆谈天看书,有至霑益昆明各地游玩者而乘坐火车不依规章,不管免费非免费车,均须强搭,使路车管理人员异常伤脑,致起一种不好之批评云"③。1945年4月,军事委员会战时运输管理局转来川湘川陕水陆联运总管理处烟溪站代理站长欧阳馨的情况反映:3月5日,来自湘乡及安化蓝田知识青年军60余人来烟溪站要求乘车,"因为数日来底庄渡桥被水冲坏,不能通车等缘由答复……六日上午九时许,适有2002车装盐驶站。该车系上月廿七日由溆浦开出,抛锚中途修复驶来。该车到站后,讵料该批青年军竟齐集站内,声势凶横,由要挟免费搭车

---

① 青年军人丛书编辑委员会编:《编练概况》,第22页。
② 《重庆市知识青年志愿从军征集委员会工作总报告》(节录,1945年4月),重庆市档案馆、重庆师范大学合编:《中国战时首都档案文献·战时动员》(下),第979页。
③ 《全国知识青年志愿从军编练总监部呈报天水警备司令部与青年军冲突、河南泌阳县中山镇公所被粤东从军知识青年毁坏、从军青年在重庆各商店滋事等事项的文书》,中国第二历史档案馆藏,国民政府全国知识青年志愿从军指导委员会档案,781/58。

而竟至野蛮行动,不听理论,竟将站屋门窗捣毁并将办公室内用具公文胡乱抛弃与毁损……竟强逼2002车司机驶去,未予缴费"①。此种恶性事件,很容易造成知识青年与当地百姓的冲突。8月,二〇七师陕籍从军青年就来函反映:"本省驻军多属滇军,或有不良分子破坏,与青年军随时起冲突,该地老百姓野蛮横暴,与青年军接触时常起纠纷,被其杀害活埋者为数不少,更有被捕贩卖壮丁等情。故晚间三四人不敢外出,致青年军终日不安,堕落积郁,乘隙他弦潜逃后亦多不过问,恐上峰予以不良印象,故互相欺骗,空报实数。本师前编入两万余人,除调派赴印及其部分外,经陆续集队及零星潜逃他往,目下仅有万余人,仍在陆续潜逃中。还有一部分同志意欲他往,而因旅费所限皆处于冷落失望中。"②

青年远征军多数驻扎在陪都周边、重要城市或军事重镇,只有个别团以下单位驻地偏僻,主要交通出行是方便的,少数偏僻地区交通不便。虽然,普通士兵的个人出行需求很少,也受到严格限制,但是,不排除个别单位管理松懈,有些士兵倚仗自己的特殊身份,或者人多势众而霸蛮乘车,造成与当地的激烈冲突。这也是青年军后来被称为"四大害"的原因之一。

平心而论,在生活待遇上,青年远征军的待遇要远远超过一般作战部队。由于这是黄山整军会议之后的新建部队,军政部的兵役署和军需署又在黄山整军会议上被多次点名批评,所以,这一次军政部动用了大量人力物力,全面保障该部队的营房、被装和日常

---

① 《全国知识青年志愿从军编练总监部呈报天水警备司令部与青年军冲突、河南泌阳县中山镇公所被粤东从军知识青年毁坏、从军青年在重庆各商店滋事等事项的文书》,中国第二历史档案馆藏,国民政府全国知识青年志愿从军指导委员会档案,781/58。
② 《陕西省知识青年从军征集委员会报告从军人数、集训情况等来往文件》,中国第二历史档案馆藏,国民政府全国知识青年志愿从军指导委员会档案,781/90。

伙食,而且这是第一次真正对内地部队实行实物保障。但是,军需独立还是难以完全实现,优待的规定并没有很好落实。随着时间推移,青年军不再受各方关注了,其待遇也变得越来越不尽如人意,再加上美械装备也没有如期到来,在训练上又常受委屈,知识青年们对青年远征军的美好想象完全化为泡影。

第三节 休闲活动

在一般的陆军部队中,士兵少有休闲时间,特别是刚刚入伍的新兵。根据1938年7月军训部颁发的《新兵教育纲领》,新兵教育时间为二个月,其间每天教育时间为十小时。训练内容分为精神、术科、学科三类,其中精神教育不占教育时间,术科与学科教育之时间比例为8∶2。[①] 除此之外,普通士兵还担负了大量杂役工作,这些杂役基本都是新兵的任务。据估计,一般部队因领粮、领草、搬物、打柴,每星期竟难得三天的训练,一个连中往往有1/2或1/3的人力经常在打杂。[②] 在1944年8月的黄山整军会议上,蒋介石对此痛斥道:"现在部队里面规定每周以六天为教育的时间。但实际的情形怎么样呢?在西北的部队,一般士兵每五天要磨一天麦子,每十天要抽出一天砍柴,其余还要自去筹办副食物,如种蔬菜、放羊、喂马、喂猪以及运粮领物等事,再加以不时之点验与校阅,以

[①]《军训部颁布新兵教育纲领》(1938年7月),中国第二历史档案馆编:《中华民国史档案资料汇编》第五辑第二编,军事(一),南京:江苏古籍出版社1998年版,第428—431页。

[②] 范程远:《论现代军事教育应有之改进》,第15页。转引自张瑞德:《山河动——抗战时期国民政府的军队战力》,北京:社会科学文献出版社2015年版,第119页。

及各种勤务,事实上他们每周受教育的时间,恐怕最多不过三天!"①由此看来,新兵的教育训练时间多被挤占,非教育时间又需要参加精神教育、各种杂役,根本没有时间展开休闲活动。

青年远征军的知识青年完全不一样,他们虽然是新兵,但是他们是以战列兵身份参加新兵教育训练的。知识青年从军运动设计之初,就安排了充编部队的普通士兵负担杂役。而且这些担任杂役的一般兵与知识青年总人数的比例约为1∶2。详见表5-9:

表5-9 青年远征军各师现有人马统计表(1945年10月22日)

部别 \ 区分 数目	人员				马匹
区分	官佐	青年兵	一般兵	合计	
二〇一师	873	5 420	3 558	9 851	164
二〇二师	895	5 589	3 164	9 648	467
二〇三师	961	5 916	3 870	10 747	455
二〇四师	911	7 708	3 593	12 212	426
二〇五师	921	4 973	4 176	10 070	397
二〇六师	1 056	8 643	3 186	12 885	273
二〇七师	875	7 310	4 546	12 731	
二〇八师	895	11 262	2 469	14 626	64
二〇九师	900	9 947	4 103	14 950	377
总计	8 287	66 768	32 665	107 720	2 623

备注:1. 本表数系截至9月底;2. 各师政工人员未列入;3. 二〇七师已奉拨归新六军建制;4. 二〇八、二〇九两师为四团制师。

资料来源:《霍揆彰呈陈诚青年远征军各种统计表》,台湾档案部门收藏,陈诚副总统文物档案,008/010704/00017/016。

---

① 秦孝仪主编:《总统蒋公思想言论总集》第20卷,第490页。

这些知识青年完全不需要像一般新兵一样去做磨麦或舂米、担水、砍柴、喂猪等杂役。而且,根据《青年远征军编组期间教育计划》,他们"每周使用教育日数为六天,每日授课八小时"[①],精神教育占教育训练总时间的15％,这样就为青年远征军的知识青年保留了大量个人休闲活动时间。

休闲活动的结构是复杂的,从活动内容来看一般分为学习型活动和娱乐型活动。从军知识青年根据不同需求、不同爱好、不同人群,会自发形成休闲群体,形成自己独特的休闲活动内容。在他们安排的个人休闲活动中,也存在着具有明显偏好的休闲活动特点。

一、学习型活动

学习型活动是指具有学习文化知识偏好的休闲娱乐活动,例如学习文化知识、政治理论以及美术、音乐等以提升自己的能力水平、艺术修养和人文素养等。具有较高文化知识的知识青年往往偏好于学习型活动。这也是从军之初,各级领导、老师和社会名流等所希望的。

(一)开展自学

蒋介石和罗卓英等经常在不同场合强调"军营即学校,战场即课堂,战斗即生活",希望将军营中生活规律、严谨自律的作风转移到社会上,既是净化社会风气,也是规训群众。对于从军知识青年,他们也希望知识青年能够带头将军人的生活与学生的生活很好地结合起来。

编练总监罗卓英在讲述青年军训练要点时就直接说道:"按着

---

① 青年军人丛书编辑委员会编:《编练概况》,第50页。

各人所学习的学科而区分兵种。譬如,学土木工程的可以研究架桥筑路,以及现代化的公司工事;学习机械工程的,或学物理的,可以研究构造及其效力之发挥;学数学的,可以研究各种军事测量;学化学的,可以研究各种军用化学,使各人所学的,不仅不至于因入伍而荒废,更可以做高度的研究,将来退位之后仍可接原校课程。不过与普通学校不同地点即军中一切的学习都是为了杀敌效果……"①他在女知识青年开学典礼时讲道:"在各师服务的时间是有限期的,一到满期的时候就要退役,回到你们原来的学校去,我希望大家做事的时候要以全部精神来做事,有时间自然需温习功课,使学业不至于荒废。"②

然而,这种想法虽好,但不太现实。训练与研究基本脱节,难有互补。但很多知识青年承载着家庭和学校、领导和老师的期望,对自己也存在着较好的预期,所以仍然像在学校里一样,学习文化成为休闲活动的主要内容之一。

从军知识青年章开沅就回忆道:"我们中有好些高中毕业的,还想将来有机会继续求学。我虽高中没有读完,但也希望退伍以后能够再考大学。因此,订了一种叫作《英语学习》的杂志,并买了一些书,我因为被算作那个仓库的正式职员来当兵,每月寄来的薪水还不算菲薄,买的书更多。这些人当中,我与董务民、陈翘邦、吴天牧等人交往相当密切,董务民痴迷于数学,我也常用休息时间做英语图解练习。后来,我和陈翘邦进了金陵大学;董务民进入清华大学,新中国成立后并入北京大学,研究生毕业后成为钱学森的得

---

① 《罗卓英将军谈:青年新军训练要点——依投军青年所学编分兵种绝对适合现代要求》,《四川知识青年从军专刊》1944 年第 1 期。
② 青年军人丛书编辑委员会编:《女青年服务总队训练与生活》,第 6 页。

力助手,并任《力学学报》编辑,亦曾在新疆多年研究并推广风力发电;吴天牧进了复旦大学。"①

（二）阅读文学作品、写作及举办壁报

阅读文学作品和写作,是最简单和便捷的休闲活动,文化水平较高的知识青年很多是文学青年,爱好阅读和写作。

章开沅说:"当然,毕竟是知识分子从军,也不尽是胡闹。更多的时候还是有品位的文化休闲,有机会就到书店看书、买书。部队那时也容许闲暇阅读,我记得流行一时的'企鹅丛书',里面有很多外国名著。这套丛书做成袖珍型,方便我们这些当兵的携带,随时阅读。吴天牧读的书很多。他是一个托尔斯泰迷,是个虔诚的和平主义者,我们两个经常在一起讨论托尔斯泰,思考战争与和平。""我们还办了一个团刊。蒋介石侍从室的一批年轻工作人员也在我们连,他们都是从事文字工作的,很多是大学毕业生,文字功底很好……团刊就是他们主办的,显得很活跃。我们入伍在1944年底,1945年元旦团刊就问世了。主编要求大家写稿子,我刚好有在吊脚楼改好的《春的礼赞》,交给了一个姓龚的负责人。他一看,大表欣赏:'哎呀！这个不是一般的稿子！'竟把它放在第一版显要位置刊登了。我也受到鼓舞,在那之后,一有时间就写点与军营生活有关的小散文。不过,团刊只办了两期就停刊了,侍从室的从军者,又被紧急调回原岗位,我的那些小散文,到退伍之后,才在《新民报》《和平日报》等报刊上发表,署名'干戈'或'章戎'。"②

办理刊物的成本比较高,纸张和印刷都需要外力支持才行。知识青年依靠自己发表文章、绘画等,最好的办法就是举办壁报。

---

① 章开沅口述,彭剑整理:《历史记忆:章开沅口述自传》,第68—69页。
② 章开沅口述,彭剑整理:《历史记忆:章开沅口述自传》,第67—68页。

将自己的各种作品,或手抄或手绘或油印,然后张贴在墙壁上,称之为"壁报",这种做法是在大学校园里常见的学生活动。

青年远征军中也颇为流行壁报。形式上,有的是文学作品,有的是政论作品,还有的是漫画;内容上,有的是表达对于时政的批评或对军官的不满,有的是表达对于家庭或者心爱的人的思念,等等,各种作品都有。

1945年7月13日,全国知识青年志愿从军编练总监部政治部还在军委会干训团中正堂举行了一个青年军壁报展览,共展出壁报24份,其中还有一份漫画。这些作品来自青年军第二〇二、二〇三、二〇五、二〇六师四师。"属于二〇二师的有肃军、突击、爆破、新军、原动力、十万军声、铁与血、知青军、战斗生活等九种;二〇三师的有前驱、青年、新心壁报、新军、壁报、生铁、活力等七种;二〇五师的有义战一种;二〇六师的有萌芽、生力军、汉中营、新青年、幼锋等五种。"许多作品都非常有意思,很多人驻足观看,其中"二幅漫画中有诗,当每个观众看到这里的时候没有不大笑特笑的,中正堂里一连串不断的笑声,就是为此"。①

第一幅是二〇二师辎重营三连《原动力》中的《生活漫诗与漫画》:

一、刚吹起床号,急忙撒完尿,提着裤子跑,"迟到"!

二、命令剃光头,官兵皆发愁,大家做和尚,"泪流"!

三、出操四点钟,肚子扁扁空,一声开饭号,"冲锋"!

四、出操最严重,无奈把计用,报告值星官,"肚痛"!

五、饭后有倦容,又想香烟抽,看见同学吸,"揩油"!

六、傍晚无事干,跑到小酒店,三杯通大海,"痛快"!

---

① 青年军人丛书编辑委员会编:《青年远征军剪影》,第142页。

七、春色宜人期,爱侣双双依,触景伤旧情,"相思"!

八、夜半睡正殷,忽听叫卫兵,勉强爬起来,"伤心"!

第二幅是二〇二师搜索连《突击》中的《牛鼻子从军》:

一、集合我迟到

二、站队我坐地

三、上课我睡觉

四、吃饭打冲锋

五、行军我□□(疑为"肚痛"二字)

六、糟糕,又生了一个鼻子。

这两幅诗画把军营生活描写得淋漓尽致,反映了知识青年热爱生活的美好情感、青春而质朴的性格,在紧张的军营生活中透露出强烈的青年人特有的幽默感。

(三)集体讨论和座谈

这类活动主要由编练总监部政治部或各级领导要求组织,根据既定计划,集体或分组进行。现将女青年服务总队的开展情况列举如下:

1. 小组讨论会:每星期举行一次,以队为单位,分成若干小组,官长为指导员,每组推举组长一人,负召集开会之责。主席和纪录由各组员轮流担任,以资练习。闭会后,由纪录人员整理发言内容报呈阅。

2. 生活检讨会:每星期一次,以队为单位,检讨一周内生活上各种问题,评论其优劣得失,作为此后努力改进之方针。官长学生须一体参加。

3. 时事座谈会:每二星期举行一次,以队为单位。遇国内外有特殊事件发生,可随时召集举行。

4. 辩论会：每月一次，以队为单位，分正反两组，定题辩论，官长为评判员。

5. 读书会：每月一次，以队为单位，先指定专题，分头搜集参考资料，加以研究，月终会时将心得提出报告，并互相讨论。①

这类活动有着明显的政治色彩，既锻炼了知识青年的表达能力、分析判断能力、思想政治工作能力等，又规训了知识青年的思想和行为。根据青年远征军编练总监部的教育训练规定，精神教育训练时间占总学时的15%。而以上活动并不在训练时间内，主要利用业余时间进行。也就是说，虽然在青年远征军的原训练计划中精神教育时间只占15%，但是利用业余休闲时间组织的相关活动实际上是在加强精神教育。由此可以看出，青年远征军高度重视精神教育，希望通过军队政治工作系统来打造一支新军。

二、娱乐型活动

娱乐型活动主要是指以消遣为主要偏好的休闲活动，包括以消遣为主要目的并有助于身心健康的文体活动。学习型活动与娱乐型活动没有明显的界线，但有明显的偏好特征。知识青年正处于活泼好动、争强好胜、爱好表现的年龄，有相当多的人比较喜爱参加娱乐型活动。

（一）看戏、看电影

在抗日战争时期，到戏院看戏和到电影院看电影，都属于比较高端的娱乐项目，也是当时社会各界人士都非常热衷的两项娱乐活动。很多知识青年来自政府和党团机构，带着薪水而

---

①《青年军史》编辑小组编：《青年军史》，第282页。

来,手头比较宽裕,训练之余往往喜欢一起看戏看电影。由于他们身份特殊,戏院和电影院又是鱼龙混杂之地,往往容易产生军地矛盾,双方大打出手。这种情况多发生在征集时期和入营初期,正式训练展开后,一切管理都走上正轨,类似情况就逐渐减少了。

1944年12月12日,重庆市从军青年与宪兵在戏院发生冲突,由于地处陪都,该事件影响恶劣。"打架时,最高当局正在开会,会议被迫停止,派专人出面制止。"①由于惊动了最高当局,全国知识青年志愿从军指导委员会对"重庆市从军青年与宪警屡起纠纷,今后应如何作有效之制止案"专门研究,提出由秘书处先作下列各项之处理:

(一)渝市征集委员会第一登记处停止登记,另改由党部团部登记处办理;

(二)暂将采用化整为零方式以免集众滋事;

(三)举行远足旅行;

(四)将参加纠纷之学生及教三团每次参加纠纷之人员调查清楚;

(五)宪兵队对此次事件处置有欠当之处应请主管负责查办;

(六)各戏院门口张贴教三团同学晚间开会布告究系何人所贴应予查明;

(七)此次经过详情由市征集委员会作书面报告;

(八)由第二组另行研究有效之宣传办法,此次事件虽已告一段落,但以后可能发生之冲突仍多,必应如何有效之制止

---

① 杨道恢:《坎坷人生》,天津:中华书画社2004年版,第111页。

谨请核议。①

秘书处后来还"商借著名影片假青年馆放映以本会名义招待渝市从军青年并请吴委员铁城、张委员治中、徐委员思平分次到场训话,共举行招待会三次"②。

重庆市卫戍司令部专门制定了《对于知识青年从军娱乐优待办法》,规定:

(1) 由知识青年从军招待所负责分配。

(2) 由重庆市社会局通知各指定之娱乐场所以最后座位免费招待或于必要时转饬娱乐场所派员前往郊外之从军青年驻区另行演映招待。

(3) 应由招待所派员或指定官长率领前往,不得任意进入非指定之场所自由观剧。

(4) 除有勤务者外,不准携带武器入娱乐场所。

(5) 分配从军之知识青年娱乐机会最少为每周一次。

(6) 建议仿照驻印军优待办法,专设军人娱乐场所,以资招待。③

并且,重庆卫戍区还规定:"宪军警人员对于各娱乐场内违军风纪及因不守秩序以致影响治安者,不论身份,应一律依法处置,先以和平态度劝导,遇情节重大时,得将肇事人员拘送本部

---

① ②《全国知识青年志愿从军指导委员会常务委员会第一至十三次会议记录草稿及第一至第十二次常会决定事项一览表》(1944.10—1945.2),中国第二历史档案馆藏,国民政府全国知识青年志愿从军指导委员会档案,781/11。

③《重庆市知识青年志愿从军征集委员会工作总报告》(节录,1945 年 4 月),重庆市档案馆、重庆师范大学合编:《中国战时首都档案文献·战时动员》(下),第 978—979 页。

讯办。"①

(二)康乐活动

军营中的枯燥无聊很容易给知识青年以压迫感,蒋介石也高度重视通过丰富知识青年的娱乐生活,让他们放松身心,更好地适应军营生活,他在1945年8月电青年远征军编练总监部政治部主任蒋经国,要求"增加娱乐活动经费"②。

在征集期间,各地知识青年志愿从军征集委员会为了防止知识青年无事生非,从便利管理的角度出发,就着手安排各项康乐活动,引导知识青年进行积极的休闲活动。例如,重庆市征委会就安排了以下活动:

(1)各种球队——从军青年多来自学校,青年学生,喜爱运动,故住会后,即有各种球队之组织,诸如"青年军篮球队"经常借附近之新运广场练习,"青年军排球队"等等,并时与外界作友谊赛,先后与励志社、军委会办公厅以及黑队等篮球队暨英国军事代表团等足球队比赛,大都获胜。

(2)郊外旅行——为锻炼从军青年体魄,陶冶其心胸,本会间亦择风和日暖之时,令作近郊之短程旅行,并举行爬山比赛,计男女青年各作南山与老君洞旅行一次。彼等走出尘嚣之都市,嬉戏于大自然之怀抱中,愈觉其健壮活泼可爱。

(3)晚会——经常每半月举行一次,倘遇节日,如"复兴晚会""除夕晚会""三八晚会"等,则备茶点扩大举行,各项节目,

---

① 《重庆市知识青年志愿从军征集委员会工作总报告》(节录,1945年4月),重庆市档案馆、重庆师范大学合编:《中国战时首都档案文献·战时动员》(下),第978—979页。
② 《蒋中正电蒋经国统一青年军各师教材并增加娱乐活动经费》,台湾档案部门收藏,蒋中正总统文物档案,002/070200/00022/101。

大都由从军青年自行排演，间亦向各戏院聘艺人参加表演，先后共举行七次，每次均有精彩之演出，附近居民，亦来参观。

除上述各种活动外，本会并借附近之沧白纪念堂二楼设一中山室，咨发动各界捐赠书籍杂志共千余种，本市各大报馆，亦逐日各赠报十份，每日按时开放，藉供从军青年阅览。①

入营之后，知识青年的管理更加正规化，组织安排的康乐活动就更多了。青年远征军要求学员生活既严肃又活泼，"起居作息，均有定规"，并制订了相关的康乐活动计划。以女知识青年的康乐活动为例，主要有：

交谊会：每月一次，以队为单位，与他队作友谊之联系，藉增队与队之感情。

同乐晚会：每二星期一次，各队一律参加，并请来宾莅会。节目有话剧、歌咏、杂耍等。

特约讲演：每二星期一次，敦请党国及社会名人来队讲演，全体官生一律参加。

歌咏团：以爱好音乐之学生组成，请专家指导，逐日练习，每逢晚会及聚餐会时，出席表演以助雅兴。

剧团：作戏剧之研究与表演之练习，请专家指导。共演出戏剧三次，独幕剧八次。

球类活动：每星期三次，请体育教官指导，有排球、篮球、板羽球等。

生活竞赛：每星期一次，以队为单位，举行整洁及其他竞

---

① 《重庆市知识青年志愿从军征集委员会工作总报告》（节录，1945年4月），重庆市档案馆、重庆师范大学合编：《中国战时首都档案文献·战时动员》（下），第1011—1012页。

赛,择优给奖。①

除此之外,各单位都设有中山堂,"内设置图书、杂志、报纸、乐器、棋类等供学生课余之阅览与消遣。学生生活在这个环境之中,不但感到忙碌与紧张,而达到了坚强与进步"②。

与其他一般部队相比,青年远征军的军营文化工作做得有声有色,形式、活动都比较多,设施设备比较齐全。根据1946年1月军委会联合业务汇报记录,美军顾问提议在国民党军队中设立俱乐部(即中山室),即遭到军政部次长刘斐的反对,其主要意见是:第一,官兵温饱尚不能济,何能言及娱乐;第二,驻地未定,且系暂用民房,不便设置;第三,办法设若不周,即多一层用款,恐徒予营私者多一机会。③ 国民党军队在抗日战争中非常不重视军队政治工作和军营文化工作的建设问题,一般的野战部队几乎不可能建立专门的文化设施机构。

当然,也有一些人因为寂寞空虚,常常在外喝酒、赌博和嫖娼,但在入营管理强化后,这种情况比较少见。

第四节　情感世界

知识青年是一个区别于其他从军人员的群体,有着丰富的情感世界。在民族国家意识、自由民主意识和男女爱情等方面,他们比其他从军人员有着更强烈的追求。也正是这种区别,使得青年

---

① 青年军人丛书编辑委员会编:《女青年服务总队训练与生活》,第51—52页。
② 《青年军史》编辑小组编:《青年军史》,第283页。
③ 《军委会联合业务会报第二十二次会报纪录》,台湾档案部门收藏,陈诚副总统文物档案,008/010706/00022/022。

远征军与其他军队有着明显的差异,也使得其内部关系产生了既和谐又紧张的张力。

一、民族国家意识

知识青年不仅生活状况好于贫苦壮丁,身体健壮,而且受过现代教育,具有较强的国家观念和民族意识,对于亡国灭种的危机有着深刻认识,更具反抗外敌的信念。他们视野开阔,少有小农意识和地域乡情的局限,可以为整个民族的命运而战。他们都是志愿从军,而且少有妻儿牵挂,不会出现大规模逃跑的现象。

知识青年从军,既是他们民族国家意识的反映,也极大地振奋了国人在抗日战争低潮时期的民族国家意识。当时人说:"青年军从征召、入伍,一直到成军,这段期间正当抗战末期,国军精神疲惫,素质日差,而且战时生活疾苦,社会环境不好,经济状况也很险恶,大家觉得当兵是最贱的事……在这种状况下,经过政府和党国元老、社会名流的精心设计和大力号召,不只是大学生,很多大学教授都加入青年军的行列,中小学教员更多得是,现任行政院长李焕也在响应之列,这些人大都被编为教官。这完全是在政府的号召下,大家体认到国亡无日,有血性、有良心的年轻人为了救亡图存,一致抗日,都热烈响应,其盛况真可以用'风云变色'四个字来形容。"①

著名政论家、文学家胡秋原在1945年3月访问了青年远征军二〇二师,他调查后对知识青年从军报国感慨道:

---

① 刘安祺口述,张玉法、陈存恭访问,黄铭明纪录:《刘安祺先生访问纪录》,台北:"中央研究院"近代史研究所1991年版,第78—80页。

他们多才多艺，人上一百，种种色色。他们中间有各种各样的人。以地域论，由华侨、东北人到重庆人。年龄由十一到三十六岁。学历由私塾到大学教授。我看见一个和我同姓的大学教授（他的卡片失去了），还有一个从事记者十年以上的张树晴先生。初中生最多。其次是师范和小学，其次是大学专科（以六〇四团而论，一八四三人中占一三〇人）。也间有留学生。在社会方面作过事的不少。好多大学助教、中小学校长其他公务人员更不待说。几个译员不到外国，愿来当兵。以特长言，六〇四团中懂外国文者九八人，习理工者一三〇人，其他戏剧、图书、医药、会计各项人才都有。在三江和石角，他们表演京剧和话剧都不错。后来知道，其中有几个还是名票。在石角还看见一位周先生，他是贵阳国术馆长，父子从军之外，还带两个徒弟，听说小姐也从军，那天晚上父子师徒表演大刀。他们为什么？为了祖国。当青年军运动开始时，许多人诽谤或怀疑他们（我当时觉得此不公平），现在更深信我所见不虚，这样一群人是不会无理取闹，也不是任何人所能利用的。①

在民族国家意识方面，最突出的其实是女知识青年。知识青年从军运动本没有计划发动女知识青年参加，她们是主动要求参加的。

在发动的筹划过程中，女界代表就开始呼吁从军了。1944年底，许多报纸杂志都发表了相关文章，呼吁女性从军报国，而且作者都是女性。她们的这种爱国精神让世人感动。

---

① 青年军人丛书编辑委员会编：《青年远征军剪影》，第137—138页。

从军应该是全国有热血有志气的女青年的权利,不仅是义务,当此民主思潮弥漫全球之际,中国妇女欲求政治上发言权的平等和经济上职业机会的平等,都应该联袂迅起,奋勇请缨,坚决意志,脚踏实地的和男子们在实际战斗中,共同分取抗战最后的胜利和光荣!

虽然国家的兵役法曾明白规定男子有当兵的义务,但在现代立体的战争中,从军的意义已不仅指荷枪杀敌的列兵,一切军事上的勤务、运输、宣传和救护等工作,都需要大量的人力去从事,而这些工作又都适宜于知识女青年们缜密灵活、温良平稳的思想和个性,英美妇女军事辅助队、苏联的妇女运输队、游击队等,在这次反侵略的世界战争中所表现出的良好成绩,就曾博得了世界人士崇高的敬意和赞扬,就是我国古代直接指挥作战的花木兰、秦良玉、梁红玉也曾立有战功,垂名丹青,这些事实都是妇女对于军事工作可以胜任愉快的说明。现在知识青年志愿从军的热潮正日益高涨,妇女们也纷纷起来,自动响应。尤以大中学女生,情绪更感奋烈。希望政府能做有计划的训练和使用,使妇女能有机会,为国立功,增强抗战力量,使最后胜利的时间提早实现。①

在征集从军青年之时,多地征委会来函反映女性从军报名非常积极。例如,1944 年 11 月 16 日军政部就收到阜颍师管区司令鲁崇义来电:"部长何,从军女生意志坚决,不愿回。除饬随从军男

---

① 张雯:《女青年、从军去》,《三民主义半月刊》1944 年第 5 卷第 11 期,第 28 页。

生送渝外,请准饬收为祷。"①女性从军的新闻报道也很好地推动了整个知识青年从军热潮。

这些从军的知识青年内心世界与之前的壮丁有着本质的区别,他们经常直接与美军打交道,也展现了中国军队的良好形象。当时的美国人骨子里有种傲气,瞧不起东方人。他们大量来华后,就经常发生美国士兵瞧不起甚至欺侮中国人的事,所以有些同学觉得与美国兵来往,难免受气。可能是为了打消这种顾虑,新编第三十八师师长、毕业于清华大学的孙立人将军第一次接见刚报到的西南联大学生时,就叫他们不要受美国人的委屈,出了事他可以给予支持。

当时参与这次会见的西南联大学生吴铭绩等听了这些话,腰杆顿时硬了很多,说话办事都按照不卑不亢的原则来。有一次,他们与负责摆渡的美国士兵交涉马匹过河时,美国士兵不允许,李桂华就派了12名冲锋枪手一字摆开,子弹也上了膛,结果把4个美国兵吓傻了。后来,他们不但允许摆渡,而且不吃午饭,直等到渡完马匹才离开。分别时,美国士兵还"Ok""顶好"喊得挺热火,让人有种不打不相识的感觉。还有一次,吴铭绩和梁家佑开车赶回阵地,因为前线不能开车灯,所以必须天黑前赶到。但是,途中遇到一辆美国士兵开的大卡车,故意挡在路中不让他们超车。吴铭绩连连揿喇叭也不管用。这样僵了十几分钟,吴铭绩瞅了一个机会赶到前面,朝着那辆车的前方开了三枪。枪就是比喇叭灵得多,那个美

---

① 《全国知识青年志愿从军指导委员会接管军政部教导第三团、怀太、柳庆师管区等志愿从军人员、设备情形》,中国第二历史档案馆藏,国民政府全国知识青年志愿从军指导委员会档案,781/28。

国士兵马上靠边,让吴铭绩的车先过,还举手表示祝福。①

根据二〇七师师长罗友伦的回忆:"现在我们在军事上已有改进,目前我国的士兵并不比外国人差,因为我们的兵大部分都是高中毕业后进来,其素质远超过美国人。美国人很少有大专兵,也很少有高中毕业生,他们多半是募兵召进来,所以一副吊儿郎当的样子。"②美军在知识青年从军运动之后,对中国军队的看法也逐渐改变。

这些事情都是以前目不识丁的那些壮丁们想都不敢想的。当时的中国积贫积弱,经受了百年屈辱,很多人见了"洋大人",一是新奇、二是害怕,与他们发生冲突一般都以忍让为原则。而这些被征调的从军青年,让美军一改以往对于中国人和中国军队的看法。他们在与美军打交道的过程中,也给美军留下了中国军队素质优良的较好印象。

二、追求自由民主

知识青年正值青春年少,长期受现代教育,追求自由民主意识强烈。这与管理严格、强调规矩的军营有点格格不入,并且很快就出现了一些问题。这些问题在征集期间、入营初期比较多,随着入营后的正规化训练的开始而逐渐减少。

在征集过程和入营初期发生的冲突主要有:福建莆田从军青年与当地警察、安徽阜阳县长廖鳞与从军青年、云南曲靖从军青年与车辆管理人员、重庆从军青年与商店店员、贵州遵义警备司令部

---

① 吴铭绩、梁家佑:《丛林插曲》,昆明市政协文史委员会编:《昆明文史资料选辑》第25辑,1995年,第458页。
② 罗友伦口述:《罗友伦先生访问纪录》,第353—354页。

与从军青年等。以上案件虽属于特例,但在多地发生,也表明此类事件具有一定的普遍性。这是以往兵役工作中很难想象的,也说明知识青年具有强烈的追求自由民主的意识。

在这些案件中,最突出的是重庆教三团从军青年与重庆卫戍区警卫打架事件和天水从军青年与警备区冲突事件。

1944年底,由于学生报名踊跃,积极主动要求早日入营,四面八方的报名青年聚集重庆。为此,重庆市征委会主任委员、重庆市市长贺耀祖经全国指委会同意,决定命重庆市征集会对该市报名从军的青年"以连为单位陆续编组而以教导团营名义管理之,并征足五千人为止",将原军政部教导第三团(即重庆市学生从军运动教导团)改为重庆市征委会临时招待所,请编练总监部"派遣从事编组,以免异日辗转接送之烦而速使从军青年在固定长官领导之下精神团结预行训练",所需要的被服、粮食、药品等物资请军需署、粮食部和后勤部预先拨发。[①] 将先前的学生从军运动的教导团(营)继续改造为知识青年从军运动的临时招待所,实行暂时的预先训练,既可以将知识青年组织起来,又可以达成实际提前入营的目的,可谓一举多得。随后,其他各地也按照此例,将军政部教导团(营)陆续改隶给各地征委会,容纳、招待和训练各地知识青年。而原先军政部教导团(营)中的学员因为战事无法送到部队,则全部转隶给编练总监部,后转入青年远征军。各教导团(营)后来除了收容知识青年、原教导团(营)学兵外,还收容了一些部队的战士,成为战区收容所。这使得青年远征军的成员更加复杂,也给日后的复员和优待工作带来了难度。

---

① 《全国知识青年志愿从军指导委员会常务委员会第一次会议议程》,中国第二历史档案馆藏,国民政府全国知识青年志愿从军指导委员会档案,781/11。

以教导团(营)改造为临时招待所对入营前的知识青年进行管理,本应是一种非常好的办法。但是,有些地区的征委会对管理难度缺乏预见,以至于发生了几起重大纠纷案件——主要是这些知识青年在看戏的时候打架,直接惊动了最高当局,蒋介石也非常生气。从军青年杨道恢回忆:

> (知识青年)有的三五成群进去后,就占据了前几排中央的座位。老板为了卖钱,就必然发生交涉,引起冲突。挨打最多的是"又新川剧院"转角处的一家京戏院,忘其名称。开初为争座位打。老板就在最后一排宪宾坐的"弹劾席"(特制的两个高椅座位)旁,每场都留了五个"优待席"座位。该戏院上演连本《狸猫换太子》,青年军中的十几个外省人,对老板这种做法不满,约好去打。那天晚上,正演出中,突然有人喊一声"打",场内的板凳不断砸上舞台。演员逃向后台。场内观众拥挤向外奔跑,场内吼声四起。几个肇事者回到寝室,谈得眉飞色舞。连打几次,逼得这个戏院停演。①

1945年2月14日晚,陇海路、甘肃宁夏各从军青年与天水警备司令部发生了严重冲突。经过梗概如下:

> 2月13日晚(即旧历元旦)陇海路及甘宁各地从军青年,先后到达天水,分住于天水师范及天水中学,当晚各青年中有少数曾赴易风社观剧,意在聊遣尘怀,藉解旅途之苦,岂知该社招待从军青年之座次过少,席次不敷,至少数青年无票越座,当被警部弹压员干涉,言语间虽生龃龉,但无事端。十四日晚,该社仍继续演唱,青年亦有一部分往观,临演时,青年到

---

① 杨道恢:《坎坷人生》,第110页。

场者较多，至座次不无纷乱之处，当经该社茶役与弹压者劝解，复有陇海路齐队长在场告示各青年之该社准备明晚佳剧欢迎，应予退出，各青年闻之均相率离座出社，民众亦示敬慕之掌声，不意守卫士兵无知，此青年出门之际，讪语讽刺曰："此般青年，贯行捣乱秩序，尚言其知识从军，报效国家，岂不羞人。"至后行者突闻此行带侮辱之语，遂特返回质问，言词争论，冲突遂起……警备部队似早有准备之概，即开到枪兵一连，意欲镇压，青年观此，近似以武力而加无罪之举，群情激愤，散而复集者三十余人，迳向该部官长质问，而该队官长，以武力在握，不予置理……青年以急于求见，直入禁门，卫兵当以刺刀威吓，争夺乃发，斯时内部官兵，即开枪示威，秩序顿乱……陇海路青年王泰升，不幸于事发开枪时在警备门前中弹，据捕去青年李富眼见王受伤后，由该部士兵架入，将施毒打，有一排长言，此人受伤过重，不能再打，可拖出使其快快解决……青年王泰升之伤死，其弹系由背部而入，直穿左胸乳部下而出，此可证该青年非当场争夺而致伤者，其死后易服置弃于复兴西路，可见其为负责官长之指使，此乃移尸毁迹，诿卸职责之法。①

全国知识青年志愿从军指导委员会接到此汇报后，立即派人前往调查，并要求第一战区司令长官胡宗南派人调查。4月10日，第一战区司令长官司令部将天水警备局的汇报转来，摘要如下：

查此次到达天水集训青年（尤以来之西安闹事之陇海路

---

① 《全国知识青年志愿从军编练总监部呈报天水警备司令部与青年军冲突、河南泌阳县中山镇公所被粤东从军知识青年毁坏、从军青年在重庆各商店滋事等事项的文书》，中国第二历史档案馆藏，国民政府全国知识青年志愿从军指导委员会档案，781/58。

知识青年为最不纪律）不思其本身所负使命之重，竟藉从军护符无所不为，如在商店购物只给半价，赴饭馆进餐，稍不遂意即殴打店伙毁损什俱，街上如遇青年女子，即跟踪追逐，甚至宿娼嫖妓，三数人共拥一妓，彻夜轮奸，种种不法，笔难尽述，以致路人侧目，社会骚然，虽有多数人士来部控诉，以其凶恶万丈，只有装聋作哑，免生事端。讵料二月十四日晚，该青年等约二百余人，事先已有计划之行动，齐入本市易风社观剧，强不购票，霸占座位，致与弹压宪兵引起争执，群起叫打，宪兵跃剧院后门脱逃，得免于难。因目的未达，竟挟势逞凶，蜂拥至警察局宪兵营寻衅，继又冲入本部抢夺卫兵枪支，捣毁礼堂，前经附摄照片呈报有案。卫兵为履行其职责，为避免紧急之危难，自应起而为适当防卫之措施。因之互相角斗，于是秩序大乱，人多嘈杂，谁为主凶，无从查明，但按刑法第二十三条规定，出于正当防卫行为，于法不罚，是该卫兵等之所为似难依律论罪，肇事之时，该青年等架走百〇一团士兵李德玉、高克仁两名，迄今生死不明，屡索无着，夺去步枪五枝，尚有一枝未曾交还，亦应恳请转令该青年军负责交还等情，据此特复即请查照为荷。①

6月3日，第一战区司令长官将调查结果回复全国知识青年志愿从军指导委员会，摘要如下：

查本案复经饬据天水行政督察专员胡受谦详加调查，当时从军青年确有多众集合，为暴行胁迫冲入天水警备司令部，

---

① 《全国知识青年志愿从军编练总监部呈报天水警备司令部与青年军冲突、河南泌阳县中山镇公所被粤东从军知识青年毁坏、从军青年在重庆各商店滋事等事项的文书》，中国第二历史档案馆藏，国民政府全国知识青年志愿从军指导委员会档案，781/58。

抢夺卫兵枪支,损毁多枝,将制止之连长头部打破,捣毁中山室门窗暨总理遗像。该师警卫部队迫不得已开枪示威,误行伤毙青年王泰升一名等情,是该青年军等固有不法,惟以祸首王泰升已被伤毙命,其余均为一时冲动附和,情有可原,姑予免究。至该天水警备司令部警卫士兵,当开枪示威应注意而不注意致误伤人命,是应构成过失伤害,因而致人于死之罪责,除电该部查明主犯,依法讯办具报并分电青年远征军第二〇六师外,相应电达,即希查照为荷。①

代电发来,全国指委会秘书处签呈:"拟办:综据此案之处理,似尚妥当(事实上似亦只能如此处理),拟电复编监部②查照。当否?请示。"③在相关档案材料中未看到相关批示,估计此事也只能不了了之。

被青年军打的不仅有普通士兵,还有高官。二〇五师的知识青年甚至打了贵州省主席杨森:

> 为表示联欢,当时贵州主席杨森邀请二〇五师球队与贵阳各学校球队比赛,杨森亲自开球并参观球赛,因评判有错误,引起青年军士兵不满。杨森出面调解纠纷,竟触青年军之怒,部分士兵当场将杨森包围,并以拳击其面。幸得二〇五师军官及时出来解围,将杨森救出。事后,杨森亦不敢追究此事(这一事在二〇五师传为美谈,被认为是该师得意之作)。④

---

① ③ 《全国知识青年志愿从军编练总监部呈报天水警备司令部与青年军冲突、河南泌阳县中山镇公所被粤东从军知识青年毁坏、从军青年在重庆各商店滋事等事项的文书》,中国第二历史档案馆藏,国民政府全国知识青年志愿从军指导委员会档案,781/58。
② 即编练总监部,此时青年军已入营编练,由编练总监部负责。
④ 全国政协文史资料委员会编:《文史资料存稿选编·军事派系》(下),第844页。

这些冲突事件是知识青年过分追求民主自由的反映,有时表现比较极端。入营后接受了正规化训练和规训后,他们的表现就好多了。但是,随之而来的则是知识青年和军营中一些"大老粗"之间的矛盾和冲突问题,知识青年追求自由民主,而这些"大老粗"则认为军营中没有自由民主,有的只是服从。

西南联大有个学生叫做刘离,参军后,他写了一首叙事诗《从军苦》投给西南联大学生刊物《除夕副刊》。从刘离的其他稿件内容上看,他因为穷困,经常在外兼职,做过油漆工人、代课老师、家庭教师、报馆编辑。他还是校内小型文艺刊物的热情支持者,曾拿出勤工俭学的钱来支持学生刊物。他应该在1945年参加了青年远征军。他写的这首叙事诗比较长,但比较形象地、全面地反映了当时学生兵在军营中的情形和心境。这首《从军苦》①摘录如下:

从军苦

当兵苦/当国民党的兵更苦/为什么啊/且听我道来/当兵苦/有话说不出/眼泪只好向肚子里面流/团长对我们训话/军队里没有理由讲,黑的就是白的,你们只有绝对服从/营长对我们说话/杜总司令是新军的领袖,胡总司令是旧军的领袖,我们很光荣,是"杜字号"的新军,我们要绝对服从团长/连长对我们说/大家注意哪,你们今天晨操的动作啊,要是让总司令看见了,一定要传令嘉奖/我们要努力啊,要替团长争面子,要替营长争面子,也要替我连长争面子,所以更要,努力整理内务,打扫环境卫生/排长可更凶了/有一次我的帽子没有戴好/被他喊去/在房间里训了一顿/你们文学堂里的文学生真坏,就是会俏皮捣蛋,可是我就不买账,告诉你,我曾经亲自用

---

① 刘离:《从军苦》,西南联大《除夕副刊》主编:《联大八年》,第156—167页。

扁担打过文学生的屁股/我用手摸着自己的屁股,提起了勇气,反抗他说/你是不是人啊?你讲不讲道理啊?帽子没有戴好,这与俏皮有啥子关系?与捣蛋有啥子关系?什么打屁股不打屁股的,我不怕,请你亲自动手吧!/排长把桌子一拍"嗨!"/你侮辱长官,好!走!到营帐那里去。/营长嘴里有两颗金牙齿/贼头贼脑的豹子眼/在由昆明至汀江的飞机上/我就看中了/准是个坏蛋/排长见了营长/立正敬礼/报告连长:他侮辱长官/连长发火了/这还了得,把他关禁闭:关他一星期/

关在禁闭室里/虽然黑暗/心里倒安静些:可以减少许多烦恼的事情,可以不出操,可以不整理内务,可以不打扫环境卫生,可以免掉稍息立正/在军队里(在国民党的军队里)/就好比在集中营当囚徒/失去了一切做人的自由/信件要受检查/思想要受统制/行动要受监视/禁闭室里/虽然不自由/有人却愿意来/每天到这里的人加多了/他们来到禁闭室/有的是因为看到长官没敬礼/有的是穿衣犯了规/有的是因为发牢骚/西北大学里有个潘广/见到营长没敬礼/营长说他侮辱长官/潘广很客气地问他道/你没有配带领章,我怎么知道你是营长/侮辱官长的帽子/可大可小/潘广被送至军法庭/判处了七年徒刑/同学杨宏道,接到一份联大自治会发出的/国是意见书/贴在墙上/就被认为是共产党/晚上两个宪兵/驾了一辆吉普车/把他捉了去关在重禁闭室里/险些儿被枪毙/赵国志/在蓝伽死的不明不白/有人说他在军法处里/不满意军法处的黑暗/日记本上的秘密泄露了/被人害死/又有人说是游泳池里淹死的/我听说:有些人受不了官长的压迫,感觉到生不如死,于是自杀以减轻痛苦/战车营/自杀的有

三十多/有的喝蚊子药水/有的跑进森林里去/他们死的多么惨啊/可是至今有谁替他们申冤/这一段惨痛的事/我一辈子也忘不了/

当兵苦/当兵苦/肚子饿得苦/英国人/把几十年的臭米/把猪也不吃的面/都拿来给我们吃了/英国人最初并不这样坏/坏的还是中国的官长不要脸/把发下的好米/厚颜无耻地/偷出去卖了/这样/吃亏的不是别人/还是我们当兵的/臭米不能吃/粗面不能吃/常常饿肚皮/从军的热情/到这里已经从头冷到脚跟/从军原来的动机/为的是提高军人的素质/为的是建立国家的军队/为的是想从党的武力变为人民的武力/可是国民党/只会骗人/只会说谎/只会造谣/说让最好的军官训练我们/说绝不受党的统治/可是最好的军官/在印度/偷英国人的皮鞋/偷美国人的汽油/简直是强盗/"杜字号"的新军/是不是私人的军队/党的军队/军阀的武力吗/军阀们/思想顽固/脑筋简单/他们所需要的干部/是能服从的奴才/是丧失人性的野兽/军阀们自己也是奴才/也是野兽/可是他们自己不觉得/只觉得/比别人优越/只觉得/应该统治别人/大奴才统治小奴才/是依赖服从/是依赖命令/命令的系统/层层节制/不准越级报告/小奴才管士兵/也要士兵变成奴才/变成没有思想的顽石:打屁股不准反抗,关禁闭不准反抗/被冤打了屁股/要是越级报告/到团长那里想申冤的/更要加倍处罪/不准越级报告/是下级干部/对士兵无法无天的护身符/士兵没有正当的手续/以申述自己的委屈/要按级呈报/奴才便按着不替你向上转/如此的统治/军阀们以为/像铁一样的坚固了/可以高枕无忧了/可以用这些铁的队伍/去镇压人民的反抗了/殊不知/事情并不如此简单/像他们想的那样舒服/士兵在平时就积储了怨恨/等着机会报复/平时不反抗/也许作战时会反抗/打日本人/一打就垮/大概就是这个道理吧/千万个士兵/今天正受着这种痛苦/他们被迫着去"劫搜"/可是他们内部蕴藏着/一股反抗的力量/潜伏在士兵心里的怨恨/是一颗炸弹/不久要爆炸了/脱离了苦海的人/我们不应当忘记：与我们站在一条线上，受过苦痛的人/我们还有更重的责任/就是劝阻那些/没有投到苦海的人/不要闭着眼睛再向苦海里跑/已经在苦海里的人/我们要想法子/把他们救出来

刘离的这首《从军苦》形象地反映了这些学生兵在军营中的遭遇，这从当时的其他文学作品、全国各级政协文史资料和报纸杂志所记载的回忆录中或多或少也能感受得到。虽然青年军二〇七师的例子可能比较突出，但档案资料显示，驻西南和西北的各师都发生了大量士兵逃逸的情况，这也从另一个角度证明了以上情况。

三、男女情感

知识青年正是青春洋溢，而军营生活枯燥刻板，他们生活其中自然会思念异乡的亲人和爱人，或者羡慕和追求优秀的异性。1945年7月13日，全国知识青年志愿从军编练总监部政治部在军委会干训团中正堂举行了一个青年军壁报展览，二〇五师六一三团《义战》壁报中有一篇独幕剧，名叫《草原的英雄》，前头有一首《草原夜歌》：

  一个幽静的夜晚，
  在那苍茫的草原上，

> 有一个漂亮的姑娘，
> 躺在草原英雄的身旁，
> 他吻着那丰满的乳房，
> 她掷给他迷人的眼光，
> 俩个人拥抱多么欢狂，
> 送来了曳长的枪响，
> 鬼子们踏进了村庄，
> 无限的欢笑成了屠场。
>
> 祖国的苦难，
> 激起了年青人的忿怒，
> 他离开那柔顺的姑娘，
> 横枪跃马走上了战场。①

这首诗非常美，很显然，它实际是作者真实的感情流露。"剧本的主题是说北国草原上，有个二十岁的青年若青与他的十八岁的情人梅姑娘，在过着甜蜜的爱情生活，可是战争的魔手伸进了和平的村庄，打破了诗意的幻梦的时候，现实残酷地压迫着他们要分离，终于在理智与感情激烈斗争下，前者战胜后者，他暂时的别离了她，走上前线去了。"②

同在这一《义战》壁报中的还有一首诗，题目是《枪》：

> 她——
> 轻轻的年纪，
> 窈窕的身材，

---

①② 青年军人丛书编辑委员会编：《青年远征军剪影》，第143—144页。

似一枝美丽的鲜花，

我和她站在荫蔽的树下，

守望天涯。

她终日紧随着我，

我深深的恋爱着她，

我和她携手密话，

长堤漫步着乌鸦。①

这诗出自最真诚的心，表达自己对武器的热爱。但是，这难道不是他一直向往的男女感情吗？只是因为抗战的需要，因为军营的严肃，他的爱情生活被暂时收藏了起来，隐于内心而已。他将枪比作他的女朋友，这是一个正常的年轻人、一个含蓄的知识青年最正常的、最神圣的表达。

军营中缺少女性，但并不是没有女性。青年远征军的男性知识青年在日常工作和生活中，所能接触到的就是服务军中的女知识青年。在青年远征军各师工作的女知识青年并不多，一共1 200余人。根据女青年服务总队的报告可以了解，她们主要的工作岗位和工作内容如下：

> 她们工作的大概情形，通讯区队有的派在师部的通讯营司通讯工作，有的也能单独负起该师与军部以及其他各师互通电讯的任务。救护区队，派在各师野战医院服务。经济区队则与师部的军需部分合作；或主办消费合作社之类有关经济的工作。文化区队即单独主持展开军中文化的工作。她们编制壁报画报，主持各种晚会，管理书报供应，举办识字班等，

---

① 青年军人丛书编辑委员会编：《青年远征军剪影》，第146页。

第二队的文化区队,更出版一种定期刊物《木兰周报》石印寄发青年军各单位及各队女青年。她们都能够埋头苦干,克尽厥职,以工作来仰酬国家的培育。另外有学通讯学生十五人,派至第六军军部服务,文化队学生二人,派至干训团的亲爱社服务。都能站在自己的岗位上努力工作,与其他各队员互通声气。①

女知识青年虽然人数比较少,但男青年还是有机会接触她们的,于是就有了男女之间谈恋爱的事情。但作为普通战列兵的男青年接触她们的机会也是比较少的,所以,男女知识青年谈恋爱的不多。很多军官,特别是政治部的军官,利用管理女知识青年的机会,"近水楼台先得月",对她们展开追求。这使得普通的知识青年愤愤不平。知识青年章开沅回忆道:"团部有政治部主任,还有些干事。政工人员没有威信,大家都瞧不起他们。我记得那时有一句话专门挖苦他们:'男干事,女干事,男女干事。'"②1945年3月,国民参政会向中统和军统转发了一份知识青年的匿名告状信,原信如下:

国民参政会诸位先生:

你们是人民的代表,你们是人民的导师,你们对一切不合理合法的事,都有纠正的责任。我是一个中学生,抱着满腔热忱,从军救国,但是自入教三团后,一切使我们太失望。尤其是曾团长的无耻,更叫人痛心。他假各别谈话为名,召见女生,实行利诱,在江北公园办公处,居然奸宿多人,从己者,为其介绍优越工作。违其意者,则设法惩之,真使我们青年,尤

---

① 《青年军史》编辑小组编:《青年军史》,第283页。
② 章开沅口述,彭剑整理:《历史记忆:章开沅口述自传》,第66—67页。

其是女青年伤心,我们只是满腔怨愤,敢怒而不敢言,也有少数浪漫无助之女同学,亦甘心受其金钱酒饭之诱惑而俯首顺从,实在是我们青年之耻、政府之耻、国家之耻!如此下去,将不知如何影响青年从军到如何地步!国家快要亡了,诸位先生,你们应当派一个公正老成的人秘密到团查查,他诱奸女同学的地点在江北公园六角楼上办公处,他的卫士和卫兵大多知道,不过他们不会随便容易说出的,你们应该严查,你们应该除去这样一个败类——曾鲁。(你可以派人来找各别谈过话的漂亮女生一问)

教三团学生一份子上　十一月廿日

不久,中统回复:"经派员查复略称:曾鲁原任四十五补训处处长兼江北区指挥部指挥官,该补训处刻移驻白市驿,江北区指挥官已两易人选,其诱奸女生原密报亦未注明姓氏而教三团早于去年撤销,江北公园六角亭现为私人住宅,所有侦查对象完全消失。"① 具体情况我们不得而知,真相也很难还原。但是,中统显然没有花太大力气去查实真相,根本就没认真对待这一恶性事件,或许他们根本就不愿意去查明真相。

女知识青年被政治部军官诱骗的事件并非个例,原二〇四师政治部主任崔石碱也反映其前任主任刘炳藜曾经"骗奸几个女政工队员"②。早在发动女知识青年从军之时,就有人预料到可能会发生类似事情,提出相关问题供大家讨论。最初计划发动两

---

① 《青年远征军士兵控告原属省县、乡政府人员贪污安家费、不按优待办法优待远征军家属及请求保留原职原薪的文书》(1944.12—1946.2),中国第二历史档案馆藏,国民政府全国知识青年志愿从军指导委员会档案,781/47。
② 全国政协文史资料委员会编:《文史资料存稿选编·军事机关》(下),北京:中国文史出版社2002年版,第19页。

千名女知识青年从军，就有人提议"女青年似不能照预定人数入营，因各师以营舍及管理等关系纷纷要求减少人数前来"①。各机关也表示不愿意接收女青年："惟女青年将来工作之分配，近据各有关机关表示意见，不无困难之处，为解决此项困难起见，可否将女青年之征集办法重加改变（即分为两期征集，每期征集一千名）。"②

除了发展军营内的男女感情，还有很多知识青年在营区附近发展了男女感情。从军青年章开沅回忆道：

> 有一位老兄，浙江人，入伍以前做过小公务员，很会交际。到部队没有多久，就和一个小酒店的老板娘混熟了。后来老板娘娶儿媳妇，居然把他和同一连的友人都请去了，用大笼粉蒸肉与大曲酒隆重款待……我有一个朋友叫吴天牧，入伍前是邮局职员，自认风度翩翩，是个美男子。有一次在茶馆喝茶，看到一群年轻太太打牌，一个个都浓妆艳抹，打扮得花枝招展，只有一个穿一身浅绿色旗袍，显得幽静娴雅。吴老兄见了，怦然心动。回去之后，向我们讲起这件事情。军营生活非常枯燥，难得他老兄有这么点新鲜事，我们便决定采取一点行动。
>
> 首先经过打听，弄清楚了是哪一家的姨太太。然后给他参谋，帮他写了一封信，表达爱慕之情。我突然产生恶作剧的冲动，于是在信的末尾加了一句："鄙人上唇左侧有黑痣一颗，即以此为相认标志。"写好了，由另一位老兄投入邮筒。结果

---

①②《全国知识青年志愿从军指导委员会与中央执行委员会秘书处联合办公记录》（1944.11—1945.4），中国第二历史档案馆藏，国民政府全国知识青年志愿从军指导委员会档案，781/14。

是泥牛入海,消息全无。有人埋怨我:"就你那一句,把人家吓跑了,黑痣一颗,谁知道多大呢?"①

章开沅将这些趣事称为"胡闹",但正是这些"胡闹"丰富了知识青年们枯燥无聊的军营生活,也体现了他们的抗日爱国之情。他们从军报国、舍弃舒适生活,很多人放弃自己的优越生活、背井离乡、远离自己的爱人,都是为了能够尽早地赶走日本侵略者。对于这一点,是应该高度肯定和赞扬的。

---

① 章开沅口述,彭剑整理:《历史记忆:章开沅口述自传》,第67页。

第六章　战后从军知识青年的复员

复员,是国防动员的一个重要阶段。可以说,它既是上一轮国防动员的结束,又是下一轮国防动员的开端。复员是指在战争结束或即将结束时,运用政府权力有组织地将各动员领域恢复到战前状态的活动。复员对于国家恢复社会秩序、安定人民生活、转入正常生产、巩固和加强国防建设具有重大意义,主要体现在:第一,复员既是上一轮动员过程的收官之笔,又是新一轮动员建设准备的起始之笔;第二,复员是最大限度减轻国家和人民群众战争负担,保持和恢复经济民生的有效手段;第三,复员是体现政府公信力,引导社会主体树立动员共识和自觉性,影响新一轮动员建设准备质量效益的重要因素。

从目前的研究成果来看,对于知识青年从军运动的研究主要集中在动员征集的阶段,输送、训练和复员等阶段的研究还有待进一步加强。① 知识青年从军运动的复员工作,是国民党军队第一次

---

① 关于知识青年从军运动复员阶段的研究,主要成果有周倩倩的《抗战胜利后的青年军复员——以江苏为例》(《民国档案》2013年第2期)、《抗战后期青年军的组建及其结局》(《南京晓庄学院学报》2013年第2期),郭绍仪的《青年远征军志略》(台北:幼狮文化事业公司1987年版)亦有涉及。

实行复员政策,国民政府建立了相关工作机构和组织,在复学、复业以及相关辅导上做了大量工作。通过知识青年从军运动复员阶段的研究,我们可以看到国民党在大陆后期的政治、军事、教育等领域的很多问题,对今天的退役军人安置与服务工作亦有一定的启示意义。

第一节 青年军复员工作机构与组织保障

青年军复员工作的顺利进行,主要有赖于青年军复员管理处(后改设为国防部预备干部局)以及省以下各级相关领导机构的建立,而青年军联谊会等服务组织的建立与运行则很好地辅助了青年军复员工作。

一、青年军复员管理处、国防部预备干部管训处(局)的成立

1946年2月,蒋介石下令在军事委员会下设立青年军复员管理处,军政部部长陈诚兼任处长。该处副处长一共有三位,分别是蒋经国、邓文仪、彭位仁。据贾亦斌(时任青年军复员管理处第一组组长,后任国防部预备干部局副局长、代理局长)回忆,该处原称青年军退伍管理处,因陈诚认为"退伍"两字不雅乃改为复员,该处"实际由蒋经国负责"。① 所以,青年军复员管理处创立初期由陈诚负责,当时蒋经国仍担负与苏俄交涉的外交特派员任务,而且东北局面比较紧张;后期确由蒋经国负责。

青年军复员管理处的机构设置和人事分工如下:

---

① 贾亦斌著,贾毅、贾维记录整理:《半生风雨录——贾亦斌自述》,北京:中国文史出版社1996年版,第90页。

办公厅：主任戴子奇①、副主任林谷邨；

第一组：组长贾亦斌、副组长郑□果；

第二组：组长易芳昱；

第三组：组长徐恒瀛、副组长江海东；

第四组：组长徐思贤。②

第一组负责青年军就学工作，第二组负责青年军就业工作，第三组负责青年军通讯联络工作，第四组负责该处总务工作。

另外，在东南地区成立青年军复员管理处东南分处，由原军事委员会干训团东南分团负责人黄维任东南分处处长。根据要求，各省市县也陆续成立了各级青年军复员管理工作领导机构。

该处成立较早，比较靠前地筹划了知识青年离营回校回籍的协调工作，与征集时期相比，在交通运输、沿途接待等事宜上组织得比较顺利。

1946年5月30日，国防最高委员会通过决议，裁撤军事委员会及其下属各部，原军事委员会军政部改为国防部，隶属于行政院。6月1日，国防部成立，白崇禧担任国防部部长，陈诚担任参谋总长。原军事委员会青年军复员管理处改为国防部预备干部管训处（后改为国防部预备干部局）。青年军复员工作依旧由该处负责，原军政部部长兼青年军复员管理处处长陈诚不再负责该处工作，由蒋经国代理处长。

据贾亦斌回忆："当时陈诚已担任国防部参谋总长，所以不再兼任处长，他亲自打报告给蒋介石，保荐蒋经国任该处中将处长。

---

① 戴子奇，又名戴之奇，为青年远征军二〇一师师长，1946年12月在宿北战役中失败自杀。

② 贾亦斌：《半生风雨录——贾亦斌自述》，第91页。

呈文送到蒋介石处,蒋批阅'同意',但不知出于什么考虑,却在蒋经国的处长职务前加了一个'代'字,这样一来,蒋经国就成了预备干部管训处的代处长。"①

之所以要在蒋经国的职务前加上"代"字,主要原因大概如下:

第一,预备干部工作是国民党军队史上的新鲜事物,由于是第一次尝试,能否成功并不确切。

第二,预备干部工作若明确由蒋经国负责,实在过于敏感,让人明显感到此举是在扶植蒋经国的军事和政治力量。

第三,青年军只是国民党若干军级单位中的一个,在军事地位和重要程度上远远不能和中国远征军、驻印军相比。中国远征军与驻印军装备更好、技术性更强,还有大量美军顾问,也有相当多的知识青年在其中服役(知识青年从军运动中就有近2万人拨付中国远征军和驻印军)。如果排除蒋经国是蒋介石长子的特殊身份,青年远征军政治部主任、青年军复员管训处的代理处长的地位并不特别突出,不能一蹴而就。

第四,青年军复员管理处,以前只是军事委员会下属的临时机构,而国防部预备干部管训处则是正式机构。由临时性机构改设成正式机构,过于敏感,更何况是由蒋经国来担任主要负责人。

第五,蒋经国的个人资历与威望,尚难以担任国防部直属单位的主要负责人。而且,其属下邓文仪、彭位仁都比他资历要老、威望要高。邓文仪是复兴社"十三太保"之一,长期从事政治训练工作,而且他担任过1943年从军学生的政治组训工作。对于这段经历,邓文仪非常看重,称:"被任命青年军政治部的设计委员会主任委员,继则担任青年军政工干部训练班的总教官,兼任中央干部学

---

① 贾亦斌:《半生风雨录——贾亦斌自述》,第110页。

校教授……我和胡轨副教育长（中央干校）兼班副主任，几乎全部时间与受训学生在一起研习，我们都穿了士兵的衣服和草鞋，由天明到夜阑，工作显然是很艰难。但上下一致精诚团结，青年军的革命战斗精神与生活行动，竟在这短短不到一年中磨练出来了，尔后青年军对国家及抗战戡乱贡献很大，成果丰硕，这慎之于始的政工干部训练，确有相当效力。"①然而，1943年的学生从军运动并不是1944年的知识青年从军运动，对于这个区别，邓文仪的内心应该是清楚的，但他潜意识地加强了这种联系，让人感觉到他有意无意地在强调自己与知识青年从军运动和青年远征军的联系。此时，邓文仪除了任青年军复员管理处副处长，还担任国防部新闻局局长。他对蒋经国以"太子"的身份出任青年军政治部主任及国防部直属单位主官应该是心有不满、耿耿于怀的。彭位仁的资历更老，比邓文仪还大10岁，比蒋经国大15岁，久历戎行，参加过北伐战争、十年内战、抗日战争，曾任第七十七师中将师长、第七十三军军长、第二十九集团军副总司令、第二十四集团军副总司令、第三方面军副司令官等职，也曾以副总监的身份支持青年远征军的编练工作，可谓经历丰富而全面，除了任该处副处长，他还担任国防部监察局局长。虽然彭位仁不像邓文仪一样对待蒋经国，但毕竟是一名资深的高级将领，这样的领导安排，还是让人感到有一些不妥当。

　　将青年军复员管理处更改为预备干部管训处，并由蒋经国出任该单位主官，于情于理并不太合适。因此，蒋介石应是综合考虑并犹豫过，才将其子任命为代处长。

　　该处的机构设置和人事分工如下：

　　　　副处长：邓文仪、彭位仁；

---

① 邓文仪：《老兵与教授》（下），第303—304页。

办公室：主任俞季虞、副主任林谷邨；

第一组：组长贾亦斌、副组长郑□果；

第二组：组长徐恒瀛、副组长江海东。①

第一组负责预备干部训练和学生集训；第二组负责政治工作和复员青年军的通讯联络。不久，办公室主任俞季虞调三青团任职、副主任林谷邨到国防部监察局任职，曾经专门研究预备干部的贾亦斌被调整为办公室主任。虽然蒋经国与贾亦斌在这之前并无交集，更谈不上交情，但是，蒋经国在用人上还是较能做到人尽其才的，他对贾亦斌的专业能力非常肯定。为了帮助贾亦斌提升，他特意调整了俞季虞和林谷邨的职务。

6月2日，国民政府饬令青年远征军，除二〇七师延期服役外，其余部队复员。3日，知识青年正式开始离营。"青年军大部集中于西南及西北各地，该项运输惟有赖公路及水路，在当前国内交通极形困难之情形下，对于复员青年军之大量运输，事前即作缜密之计划与充分之准备，复得各交通机关之协助，此一普遍全国运输之重大任务，得以顺利推进。"②正是因为青年军复员管理处的强势介入，青年军复员工作中的交通等问题才能顺利解决。青年军复员之日正值国共内战全面爆发的前夕，大量军队调动使得公路、铁路、水路和航空客运停滞，大量旅客滞留在车站码头等候出行。在这种情况下，复员青年军回乡回校都安排了交通计划，战时交通管理局对此开绿灯放行。章开沅回忆道："从岳阳出发坐船到汉口，入住汉口青年会。由于沿途都有人分道扬镳，到汉口的时候，我的旅伴已经不多。我们的旅行条件较好，由于是军事系统，吃住不用

---

① 贾亦斌：《半生风雨录——贾亦斌自述》，第110页。

②《国防部卅五年度工作报告书》（一），国防部史政局编印，1947年11月，第154页。

操心。船票早就订好,回家有望,已经不再如同'滚油煎'。但处于'滚油煎'境地的还大有人在。一同住在青年会的,就有一大群影剧界人士,一个个都靓女帅哥,他们不仅苦苦等待,正'滚油煎',而且连吃都吃不饱。在食物不够的情况下,有的人还要图个嘴上快活:'哎呀,要是在北平就好了!那个大白薯,又香又甜。'"①

截至1946年12月底,"第一批复员青年军已运输完毕,第二批新复员单位新一军、新七军及二〇七师等之运输仍在继续办理中"②。

1947年4月,国防部预备干部管训处再次升级,更名为国防部预备干部局,由原预备干部管训处处长蒋经国继续担任国防部预备干部局局长。这次调整受到的阻力更大,大家对蒋经国的非议更多了。青年军复员管理处由临时机构调整为正式机构,再由处级单位调整为局级单位,在一年零两个月的时间里完成了两级跳,成为与国防部新闻局(原军事委员会政治部改编)等局平行而且规模更大的一个局级单位。蒋经国的政治资本越积累越厚,已经让很多人感到不满,甚至受到威胁。预备干部局成立后,蒋经国大力提拔对预备干部工作有研究的贾亦斌。为了减少阻力,他直接绕过陈诚,向他的父亲保荐了贾亦斌担任副局长。

国防部预备干部局的机构设置和人事分工如下:

  局长:蒋经国;
  副局长:贾亦斌(后升为代局长);
  办公室:主任徐思贤;
  第一处:处长郑□果、副处长杨圣泉;

---

① 章开沅口述,彭剑整理:《历史记忆:章开沅口述自传》,第77页。
②《国防部卅五年度工作报告书》(一),第154页。

第二处：处长黎天铎、副处长江国栋。①

第一处负责青年军和预备干部的训练，第二处负责政治工作和青年军联谊会。

国防部预备干部局属于新生机构，又因为蒋经国本人的原因，该局工作人员普遍比较年轻，属于国民党新生代军官，也是蒋经国对付贪腐无能的老资格军人的大本营。该局由青年军复员管理处演变而来，又直接掌握青年军，所以青年远征军的复员工作，除了优待政策，在领导层级也是得到特别照顾的。

二、青年军通讯处（青年军联谊会）的成立

青年军复员之初，蒋介石曾一再指示"妥为处理复员后之通讯联系及掌握与运用"②。为了加强复员青年军的通讯联络，使之便于动员召集，在蒋经国的领导下，各级通讯处渐次成立（1947年后改称"青年军联谊会"）。该通讯处（联谊会）先后由青年军复员管理处第三组（组长徐恒瀛）、国防部预备干部管训处第二组（组长徐恒瀛）、国防部预备干部局第二处（处长黎天铎）负责管理。

青年军联谊会虽然只是一个青年远征军复员军人之间保持相互通讯联系的社会团体，工作人员大多数是兼职，也没有薪津，但是，它具有半官方性质，入会资格审查严格、各级组织严密、主要领导都是蒋经国派系的核心骨干。毫无疑问，它是蒋经国掌控青年远征军复员军人群体的重要组织，对青年军的复员工作也起到了很好的辅助作用。

青年军联谊会有相应的组织规程，在首都南京设立青年军通

---

① 贾亦斌：《半生风雨录——贾亦斌自述》，第120—121页。
② 《国防部卅五年度工作报告书》（一），第149页。

讯总处,在全国各重要城市设立青年军通讯分支处,其组织精神采民主集权制,组织方式则由下而上,力求组织之严密与慎重。

(一) 青年军联谊会的登记资格

青年军联谊会的会员登记资格限制比较严格,具备下列资格者才可以登记入会:

(1) 在青年军各师受训完毕准予复员者;

(2) 在青年军各师受训期间,中经调为部队官佐或政工人员至三十五年五月尚在军中服务者;

(3) 志愿兵在受训期间,中经集体改编为国防部队或个别调入特种部队,至三十五年五月尚在军中服务,曾受预备军官教育完毕者;

(4) 志愿从军女青年在三十四年十一月以后奉准退伍者;

(5) 志愿从军青年在干部训练团,政工受训结业,在军中服务满六个月者;

(6) 志愿从军青年在干训团各队结业在军中服务满六个月以上者;

(7) 三十五年以后高中毕业学生经调至干训师受训期满后,取得适任预备军官证明书者。①

凡有违犯下列之一者,即不准登记或撤销其登记:

(1) 有违背三民主义之言论及确据者;

(2) 有损害青年军信誉或犯贪污渎职,曾受刑事处分有案者;

(3) 有违背国家民族利益者。②

---

①②《国防部卅五年度工作报告书》(一),第150页。

(二) 青年军通讯支分处人事配备情形

青年军通讯处各级人事由国防部预干处(局)负责派用,一般都坚守四项原则:

第一,必须为从军复员青年;

第二,以才任职;

第三,尽量选任兼职人员;

第四,各级工作人员,尽由各单位保荐。①

根据此四项原则,青年军通讯处各级总干事、副总干事均为兼职,省市支分处工作人员,除组织干事由国防部预干处(局)派用外,其他人员均由各支分处保荐派用或调兼职。

青年军通讯组织规程规定:

(1) 通讯总处:设干事会,设干事九人至十五人,候补干事七人至九人。

其中,总干事、副总干事各一人,均兼职,上校秘书一人,中(少)校股长三人,少校(上尉)股员六人,中(少)尉书记三人,少(中)尉事务员三人,上等传令兵五人,上等炊事兵二人,共计官兵二四人。

(2) 省市支处:设干事会,设干事五人至七人,候补干事一人至三人。

其中,总干事、副总干事各一人,均兼职,中校秘书一人,少校(上尉)干事三人,少将(少尉)办事员三人,少尉书记一人,上等传令兵三人,上等炊事兵一人,共官兵一四人。

(3) 县市分处:设干事会,设干事五人至九人。(有五个通

---

① 《国防部卅五年度工作报告书》(一),第151页。

讯小组以上方能设立。）

其中,总干事、副总干事各一人,均兼任无给职,少校(上尉)干事一人,少尉书记一人,上等传令兵一人,上等炊事兵一人,共计官兵六人。

(4) 通讯小组:设组长、副组长各一人,由组员选举之,每半年改选一次。①

截至1946年12月底,"分别在南京、上海、镇江、杭州、广州、长沙、汉口、重庆、成都、贵阳、兰州、汉中、洛阳、合肥、徐州、北平、沈阳、福州、南昌,设立十九个通讯支处,在桂林、昆明、太原、台湾、青岛等地分立五个通讯分处,共辖通讯小组一一七四小组,并在南通等六十四个大学学院或专科学校设立直属通讯小组一四三小组,现有组员二八七九人,复员青年军志愿兵经教部分发各大学者共计六六九四人,并在继续发展组织,办理登记,务使复员青年军就学复学专科以上学校,及就业复业回籍者均纳入组织,俾使国家动员时召集"②。此时,各省支处及县市分处大多已经成立,但因为该组织规程出台有点迟,所以干事会尚未组成。

第二节　复学与复业

当时青年远征军的军人在复员命令下达后,除了继续留营服役的,主要面临三个去向:复学、复业、自谋出路。

复学和复业又可以分为两种:正常复学复业、非正常复学复业。前者是可以根据优待政策,由教育机构和相应的政府部门来

---

① 《国防部卅五年度工作报告书》(一),第151页。
② 《国防部卅五年度工作报告书》(一),第150—151页。

解决；后者是不在优待政策范围之内的、无法按照政策来复学复业的，这部分属于历史遗留问题，责任界定也比较复杂，需要青年军复员管理处及后来的国防部预干处（局）协调处理。该处（局）协调处理不了，就施行复员辅导工作，帮助复员青年军在以后继续复学复业。

本节所叙述的"复学与复业"属于正常复学复业，下一节叙述的"复员辅导"，是指青年军复员管理处及后来的国防部预干处（局）围绕"非正常复学复业"进行的复员辅导工作。

正常复学复业，由于有相关政策的保障，解决起来相对简单。出现问题需要进一步协调解决的主要有两种情况：

一、因为原学校、原单位已经不存在，或者发生了一些变化而难以解决的；

二、要求在正常复学复业的基础上，进一步享受优待政策的，由于条件所限或者相关优待规定操作性不强而致使优待落实比较困难。

从总体上看，因为涉及具体的人事和更多利益问题，复业比复学更难解决。

一、复学问题

战后，复员军人如果想要通过正常渠道复学，基本畅通无阻。但是，在复学的优待问题上，不同身份不同情况有一定的区别。从军学生复学的主要政策法规依据有《战时兵役役龄学生服役暂行办法》《军事委员会征调各专科以上学校学生充任译员办法》《志愿从军学生学业优待办法》《知识青年志愿从军优待办法》《专科以上学校战区生还乡转学办法》《中等以上学校战时服役学生复学及转学办法》《医学教育救护队员调遣服务办法》等，这些政策法规很好地保障了复学工作,但由于顶层设计的关系,也存在一定的矛盾和问题。

(一)关于复学的法规政策问题

在关于从军学生复学的政策法规文件中,最主要的是1946年2月22日由教育部颁发的《中等以上学校战时服役学生复学及转学办法》;其次,优待方面主要涉及《志愿从军学生学业优待办法》《知识青年志愿从军优待办法》这两个文件;《战时兵役役龄学生服役暂行办法》,目前只是在档案中看到该文件名,但在其他文献资料中也没有查找到,可能是军政部和教育部沟通时因没有得到教育部认可而使得该政策流产了。因为专业技能要求比较高,而且在服役时工作与专业结合较好,所以译员、医学专业人才在复员时不存在知识文化水平较低的问题,这类人才没有特殊要求,是比较受高等院校欢迎的,复学非常顺利。所以,《军事委员会征调各专科以上学校学生充任译员办法》《医学教育救护队员调遣服务办法》基本不存在争议问题。另外,还有个别地区、学校制定了自己的优待政策。

1. 法规政策的主要相关内容①

《中等以上学校战时服役学生复学及转学办法》关于复学的规定摘要如下——

对于中等学校,主要规定如下:

> 战时服役学生于退役、退职时得由学校举行甄别考试,其成绩特优者得酌予升级一学期或一学年;其成绩较差者,暂行随原班肄业,并由校设法予以补习。

对于专科以上学校,则比较复杂,主要规定如下:

---

① 本部分所引内容均出自教育部编:《教育法令》,上海:中华书局1947年版,第376—377页。

甲　第二条一、二、三、六、八各款学生（即在军队服务者；在军事技术机关服务者；参加政府认可之游击队或挺进队工作者；应政府征调担任军事工程及医务工作者；从事军中政治工作或担任其他与抗战有关工作者），退役退职复学时仍入原相衔接之年级肄业。其成绩较差者应由校另予补习，其在服役期间能抽时自修者得由校予以甄别试验，成绩确属优良者得认可其一部分学科之成绩。

乙　第二条四、五两款学生（即投效空军者、应知识青年从军者），退役、退职复学时依照志愿从军学生学业优待办法办理。

丙　第二条七款学生（即应政府征调充任通讯人员者）退役、退职复学时，其在军中能自修之科目得由原校经考试及格后，酌给学分并准酌予免习英文及体育。

丁　应征时原系大学四年级第一学期修业期或应届毕业学生而服役成绩确属优良者，退役时应由原校准予办理毕业手续后，发给毕业证书，仍作为原毕业年度毕业。

另外，该规定第六条补充规定如下：

知识青年从军学生曾在先修班修业期满或高中毕业者，于退役后继续升学时，得由教育部予以登记免试，分发专科以上学校。

《志愿从军学生学业优待办法》关于复学的规定摘要如下：

二、中等以上学校学生从军期间一律保留原有学籍，上项学生如学籍有问题者，从军期满后由主管教育行政机关追认其学籍。

三、从军学生退伍时得依本人志愿仍回原校原级并特许参加升级考试，中等学校学生届毕业时，并准免试升学。

四、中等学校从军学生已修满最后一学年第一学期课程，在复学后经过短期补习，准免除会考给予毕业证书并准免试升学。

《知识青年志愿从军优待办法》关于复学的规定摘要如下：

　　（二）学生得本人志愿仍回原校其原系公费生免费生及领获奖学金者一并恢复，并特许参加升级考试；
　　（三）凡参加留学试及各种试应予优先录取之机会；
　　（四）凡志愿参加国内外军事学校及出国研究深造者由政府报送之。

当时一些重要新闻媒体上公布的还有《战时服役学生复学办法》，其中关于复学的主要规定如下：

　　五、知识青年从军学生，其曾在先修班修业期满，或高中毕业者，于退役退职后，继续升学时，得由教育部予以登记免试分发专科以上学校。
　　六、曾在初中二年级或高中二年级肄业期满，战时服役学生，于退役后，继续升学高中或专科以上学校时，得以同等学力资格投考，录取时，不受同等学力比额之限制。

除此之外，还有媒体公布了优待荣誉军人就学的办法。由于缺乏更多的资料、相关文件及线索，难以一一核对，所以不能确定是国民党中央政府所出还是地方政府所出。荣誉军人就学与本章讨论并不直接相关，故在此不再扩展叙述。

　　2. 相关法规政策内容的比较与问题

对以上各项规定进行比较，我们可以发现这些法规政策有很大的不同，国家各职能部门以及各军政要员对此也有很多不同的意见和想法。之所以形成这样的状况,主要是由于当时的历史背景。

1945年8月,日军无条件投降。次日,为安定收复区教育机构的师生,教育部部长朱家骅发表广播讲话,要求大家"暂维现状,听候接收"。而在大后方,师生纷纷要求学校迁回原址,回到自己阔别已久的家乡。人心思归,连年征战致使大量学生流离失所,或委身于他校,或参军参战,或参加工作,他们中的很多人都要求复学,甚至已经离开学校多年的年轻人也还想回校学习,或者一圆自己的大学梦。但是,教育复员善后工作牵涉十分广,需要做大量工作,包括各级各类学校的重新规划和分布、复员交通的筹划、收复区学校的接收和师生的甄别、敌伪教育机构人员和资产的处理、战时资产设备和文献等损失的调查、师生教学和生活场所的安排,等等。特别是学生数量的大量增加使得教育经费紧张,协调工作更加复杂,工作量激增,各种矛盾十分突出。1947年我国的高等教育机构有193所,比战前增加了80%,共12万学生,人数翻了一番;中等学校学生人数从战前的62万增加到116万;小学生人数在战前是1800万,战后仅后方19省就有2500万人。[①] 教育部部长朱家骅针对复员工作讲道:"比战争期间还要困难。"[②]

大量学生复学使得有限的教育经费捉襟见肘,教育部部长朱家骅叫苦不迭,甚至提出辞职。考虑到教育资源极其有限,教育部和朱家骅自然都希望严格控制从军学生的复学,也不希望政策具有很大弹性。这既是面对有限的教育资源的无奈之举,也是着眼

[①] 朱家骅:《教育复员工作的陈述》(1947年5月5日)、《教育行政工作现状》(1946年6月24日),转引自朱庆葆、陈进金、孙若怡、牛力:《中华民国专题史·第十卷·教育的变革与发展》(张宪文、张玉法主编),南京:南京大学出版社2015年版,第339页。

[②] 朱家骅:《台湾省第一届全省教育会议致词》(1948年1月18日),转引自朱庆葆等:《中华民国专题史·第十卷·教育的变革与发展》(张宪文、张玉法主编),第336页。

于更加公平地分配教育资源。

1946年2月22日，教育部颁发了《中等以上学校战时服役学生复学及转学办法》（以下简称《办法》），9月20日，国民政府在重庆召开教育善后复员会议，明确各级各类学校复员工作的各项规定。从总体上来看，该《办法》针对性和操作性相对比较强，而且政策弹性较小，执行得也比较严格，在从军青年复学工作中起到了主导作用。

该《办法》与其他法规政策相比，有如下几项特点：

一、确定军中服役类型及身份问题。

该《办法》与其他法规的不同之处，首先就是对军中服役的工作种类进行了划分，并明确其享受的待遇。

适用该《办法》的军中服役的工作种类如下：

一、在军队服务者；

二、在军事技术机关服务者；

三、参加政府认可之游击队或挺进队工作者；

四、投效空军者；

五、应知识青年从军者；

六、应政府征调担任军事工程及医务工作者；

七、应政府征调充任通讯人员者；

八、从事军中政治工作或担任其他与抗战有关工作者。

提出适用对象，是提高法规政策针对性的重要办法。但这种对象的细化首先就遇到了两个身份性质的问题。

第一个问题："谁是军人？"由于国民政府没有实行军籍制度，军人只是一个行业而不是一种户籍身份。这与今天的军队完全不一样，民国时期的军人与普通百姓在户籍身份上没有制度性区别。即使是军政部兵役署役政司副司长方秋苇对这个问题也感到很棘手。

而且,抗日战争时期的党政军一体化,更使得军人身份更难区分。

第二个问题:"谁是知识青年?"从法规政策制定者的角度来说,"五、应知识青年从军者",显然是针对参加知识青年从军运动的人来说的。但是,正如第一章所述,1943年底的学生从军运动和1944年底的知识青年从军运动之间既相互联系,又相互区别。

在规模上,后者是前者的扩大化;在指导机构的设置上,两个机构的官员重叠现象很严重;在训练机构上,后者是在前者的基础上进行的;在参加人员上,前者中很多人都划拨到了后者的队伍中去了;在宣传报道上,当时媒体宣传的很多关于知识青年从军运动的内容实际上是学生从军运动的,学生从军运动的顶峰也是知识青年从军运动的开端。知识青年从军运动发动之后组建了青年远征军,但是,所征集的很多知识青年被划拨到了中国远征军、驻印军、海军、空军、其他各野战部队,甚至宪兵队。

即使参与该项运动的人员,也未必能分清楚自己究竟参加的是"学生从军运动"还是"知识青年从军运动"。甚至,很多人自己都搞不清楚自己的队伍是否青年远征军,相当一部分人根本就说不清楚中国远征军、驻印军和青年远征军之间的联系与区别。

在入营甄别时,青年远征军曾经对此"知识青年"有过要求,必须通过甄别考试。考试内容是初一和初二的内容。但是,青年远征军中也有大量小学文化水平的兵员。在青年军联谊会组建时,对入会会员资格认定也有相关规定。但这两种都是为了组建队伍,并希望扩大人才队伍,所以界定范围相对宽泛。而在复学复业以及考虑各种优待问题时,一般都严格规定入围人员。根据不同的需求,来界定不同的人员范围,这种应急性质的做法本身就在不断制造结构性矛盾。

二、突出知识青年从军及空军待遇问题。

该《办法》明确规定:"第二条四、五两款学生(即投效空军者、应知识青年从军者),退役、退职复学时依照志愿从军学生学业优待办法办理。"

但是,其他服役类型与身份的从军军人,绝大多数"退役退职复学时仍入原相衔接之年级肄业。其成绩较差者应由校另予补习,其在服役期间能抽时自修者得由校予以甄别试验,成绩确属优良者得认可其一部分学科之成绩"。

"其他与抗战有关工作者",实际就是指译员。由于翻译人员在战时能够很好地将工作与学习结合到一起,提高了自身专业能力,在复学考试时没有什么障碍,所以很多学校对译员还实行免考政策。

也就是说,除了知识青年从军者、投效空军者,其他军中服役人员(除了译员)要想毕业,必须通过甄别试验,取得优良成绩,否则肄业。这一点显然与其他法规政策差别较大,基本没有任何优待,这是当时从军学生所不能接受的。他们离开学校奔赴部队,大多数人已经没有学习的习惯了,而且过去的文化知识也遗忘了很多,很难再通过毕业考试。

而《志愿从军学生学业优待办法》规定:"从军学生退伍时得依本人志愿仍回原校原级并特许参加升级考试,中等学校学生届毕业时,并准免试升学";"中等学校从军学生已修满最后一学年第一学期课程,在复学后经过短期补习,准免除会考给予毕业证书并准免试升学"。《知识青年志愿从军优待办法》则规定:"凡志愿参加国内外军事学校及出国研究深造者由政府报送之。"

由此可见,教育部主导的该《办法》与其他法规政策之间差别非常大,也容易引起矛盾冲突。因为对于从军学生来说,参加青年远征军和其他军兵种并没有太大差别,报名之时也没有在这方面考虑太多。青年远征军在抗日胜利之时尚未编练完成,寸功未建,待遇反而颇高；而那些报名较早、军龄较长、在中国远征军和驻印军参与缅北滇西作战的从军学生，反而没有享受优待。这种相互矛盾的法规政策，使得很多从军学生产生不满。

三、明确中学与专科以上学校从军学生待遇区分问题。

该《办法》将参加知识青年从军运动的中等学校与专科以上学校从军学生的待遇进行区分，明确中学生从军复学后具体操作，即：

甲　战时服役学生于退役、退职时得由学校举行甄别考试，其成绩特优者得酌予升级一学期或一学年；其成绩较差者，暂行随原班肄业，并由校设法予以补习。

乙　应征时原系初中三年级或高三年级第一学期修业期满或应届毕业生，而服役成绩确属优良者，退役时应由原校准予办理毕业手续后，发给毕业证书仍作为原毕业年度毕业。

而专科以上学校从军学生待遇，该《办法》中未予任何展开说明，只说"依照志愿从军学生学业优待办法办理"。

由于教育部主导复学工作，各学校应按照教育部制定的该《办法》执行，所以在执行时，首先考虑该《办法》。该《办法》中未予明确的或者其规定依照其他法规政策处理的，则再依照其他法规政策办理。也就是说，参加知识青年从军运动的中学生复学，应该按照该《办法》执行，而专科以上学校的按照《知识青年志愿从军优待办法》执行。

如此一来，参加知识青年从军运动的学生复学时，原是中学生的，按照该《办法》规定处理；原是专科以上学校学生的，按照《知识青年志愿从军优待办法》规定处理。从军中学生复学者，与其他复学同学一样必须参加甄别考试。只是"其成绩较差者，暂行随原班肄业，并由校设法予以补习"，而"由校设法予以补习"这一优待并非强制性要求，在实际操作中能否实现，只能听天由命了。关于以上区别,在知识青年从军运动的动员和征集阶段并没有任何说明,该运动的组织者和参与者可能都没有想到会是后来这个结果。

(二)关于学籍自身的问题

一些学生在从军之前的学籍就存在问题,他们或是希望通过从军来改变学籍情况,或是当时无意改变但从军之后考虑优待而希望能够得到改变,这使得从军青年的复学产生一定难度,需要青年军复员管理处协调解决。

1946年1月22日,原中山大学先修班肄业学生林岱瀛致信教育部长朱家骅,希望能够进入中山大学工学院正式就读。信函内容如下:

> 呈为依照战时学生服役退伍得升学条例恳请准予入中山大学工学院就学由。
>
> 窃生三十二年考入中山大学先修班肄业理工组,嗣因战事影响,粤北紧张,兼生经济关系跟友疏散湘桂,旋为战局所致,四散颠沛,适值□委员长号召知识青年从军为国效劳,生以读书日长、报国为重,以尽匹夫之责,生是请缨杀敌联袂入新编第一军第三十八师第一百一十三团第二营第六连服役效劳,历役有年。兹今抗战胜利,国土重光,建国需材之际,而生学业未成就、志愿未遂,毅然欲退役复学,幸蒙于元月获准经呈中山大学王校长诒示,应呈教部核准,由是用敢具呈,连并退役证,恳请钧长察情准予依照战时学生服役退伍得升学条例,拨入中山大学工学院土木系肄业,以继学业,实纫德便。①

虽然《中等以上学校战时服役学生复学及转学办法》第六条规

---

① 《退伍青年军官兵申请复员面试升学及证明毕业资格的文书》(1945.12—1946.11),中国第二历史档案馆藏,国民政府教育部档案,5/6586(1)。

定:"知识青年从军学生曾在先修班修业期满或高中毕业者,于退役后继续升学时,得由教育部予以登记免试,分发专科以上学校。"但是,战后因为教育资源紧张,教育部总体上是从严控制各种学生复学的,必定在"先修班修业期满"或"登记""分发"等条件上设卡。能否复学,还需要看复员学生本人的运气。

另外还有一种特殊情况,就是在动员学生从军的时候,对改变学籍就有相关承诺。例如,1944年11月18日,原云南大学旁读的学生骆如松给全国知识青年志愿从军指导委员会发来信函询问,其主要内容摘要如下:

> 青年从军指导先生:
>
> 　　近来全国闹从军热,生亦甚愿随之。然生现虽在昆明国立云南大学读书,但对学籍尚成问题。生在三十二年六月在浙江毕业,不幸会考理化不及格,至今一载,均未获准许补考证参与补考,近无消息良久,心乱如麻。故未知此次从军服役后二年,可否算生高中正式毕业?以后升学无问题吗?并仍能参加编级考试吗?生切身至要问题祈求先生确切地为生告诉作无限谢意。①

全国知识青年志愿从军指导委员会回复:"从军后可参加编级考试。"②虽然这个回复比较模糊,但也给了该学生一线希望。但是,关于学籍有问题的情况,只有《志愿从军学生学业优待办法》有相关规定,具体规定如下:"中等以上学校学生从军期间一律保留原有学籍,上项学生如学籍有问题者,从军期满后由主管教育行政机关追认其学籍。"这一条目并不一定能使学生骆如松实现复学愿望,因为各校

---

①②《全国知识青年志愿从军指导委员会接管军政部教导第三团、怀太、柳庆师管区等志愿从军人员、设备情形》,中国第二历史档案馆藏,国民政府全国知识青年志愿从军指导委员会档案,781/28。

在战后普遍要求对学生进行甄别考试,成绩达到一定的分数才能正常入学。从实际情况来看,复学后的淘汰退学问题也比较多。

虽然通过优待政策能够进入比较好的大学,但是由于自身问题,再加上一些大学对学习的要求比较高,很多复员青年直接被淘汰了。根据章开沅的回忆:"进去容易,要毕业则很难。金大淘汰率很高。像历史系,一般情况下,能够获得学士学位的,往往只有入学时候学生人数的四分之一,其余四分之三都被淘汰了……高淘汰率对青年军学生而言,是一个不小的考验。到第一学年结束的时候,青年军出身的学生大部分被退学了。被退学的那些人,大都对国民党忠心耿耿,反对进步学运,但退学不是政治原因,而是学业方面达不到金大要求。"①

二、复业问题

知识青年从军运动在动员阶段就对从军青年的复业设置了很好的政策保障,这对后来复员阶段的复业工作起到了很好的帮助作用。但是,由于保障制度要求高、利益牵扯关系复杂、各行各业战后变化较大等因素,从军青年的复业也遇到了一些困难。

《知识青年志愿从军优待办法》中对已经参加工作的从军青年退伍后享有的待遇,明确规定如下:"党政教育机关及国营、公营、商营事业机关人员得依本人志愿仍回机关服务,该机关不得借任何理由拒绝其服职并给予升迁之优先机会。"

除此之外,优待办法还规定,"原任职于各级党政教育机关者保留其职务;原从事于国营公营商营事业者由原机关保留其职务",其与家属继续享受原服务机关的各项优待。关于此规定,在讨论与制定之时,就遇到了很多阻碍。显然,这种"留职留薪"的想

---

① 章开沅口述,彭剑整理:《历史记忆:章开沅口述自传》,第80页。

法已经超越当时的经济能力和经济水平了。所以,在最终公布的《知识青年志愿从军优待办法》中,没有将保留薪水问题明确提出,只是明确了保留职务问题。

为了保障复员青年就业问题的解决,青年军复员管理处、国防部预干处(局)"经令饬各省市通讯之分处与各级机关法团切取联系,务求就业复业者各得其所,罔〔若〕有少数机关法团拒绝录用复员青年军,或克扣服役期间薪金等情事,均由各省市支分处分别设法予以解决"①。

但是,战后形势要求各级机构设置从战时转入平时,很多机关团体都出现了较大的调整,很多单位与职务都不复存在了。所以对于很多从军青年来说,能否复业复职,和个人的人脉关系与际遇有密切关系;能否获得升迁之优先机会,则更是如此。

第三节 复员辅导

在正常的复学复业之外,由于种种情况,许多从军青年产生了不能复学复业的问题。青年军复员管理处及国防部预干处(局)作为负责此项工作的职能部门,通过各种办法实施复员辅导,辅助从军青年复学复业,并且通过这些工作很好地强化了蒋经国派系的力量。

一、辅导就学

在教育复员善后的大背景下,青年军复员管理处及国防部预干处(局)在尽力通过自身力量举办青年中学和青年职业训练班等复学辅导的基础上,还积极与教育部协调办理了大学先修班、青年军留学考试,分发青年军到专科以上学校就读。

---

① 《国防部卅五年度工作报告书》(一),第153页。

1946年6月3日,青年军复员离营。其中,有一大批青年并不在明确的优待范围之内,而且其自身也因为种种原因而无力就学和就业。为了解决这些难题,青年军复员管理处经签奉蒋介石批准,分别在青年军的驻地集中开设就学就业辅导机构。青年军复员管理处分别在陪都重庆、陕西汉中、贵州贵阳、浙江杭州、浙江嘉兴、吉林长春、四川泸县、四川万县等处,设立青年中学6所、青年职业训练班5所。6月间开始筹备,9月间陆续开学,经收训学生共16 193名。后来又与教育部协调,将青年中学转为公立学校,青年职业训练班转为青年职业学校,以便加强教育时间。

(一)举办夏令营

复员工作开始后,志愿进入青年中学就读或进入青年职业训练班接受专业训练的青年暂时留营。因为,青年中学和青年职业训练班尚在筹备之中。青年远征军各师就地举办夏令营,聘请国、英、数等科教师,指导复员青年军继续进修,为复学或接受专业训练做好准备。

6月13日,蒋介石向陈诚下达手令:"在京沪、平津一带各大学肄业之复原青年军学生,可利用本年暑假期间举办夏令营予以集中训练,期间定为一个月至两个月,即拟定办法详报。"7月11日,陈诚签呈蒋介石报告计划情况,拟于嘉兴、北平两地分别设置夏令营,其中,"嘉兴调训1 500人,北平调训600人",从7月20日至9月5日,共训练一个半月。"各营正式训练时间为六周,共42日。除星期例假外,实上课36日(每日6小时),共为216学时。"[①]其中,补习课程30%、政治课程30%、体育音乐20%、社会劳动服务10%、组训技术10%,具体课程分配见表6-1:

---

① 《陈诚呈蒋中正青年军北平嘉兴两夏令营训练计划及编练系统表等》,台湾档案部门收藏,蒋中正总统文物档案,002/020400/00027/034。

表6-1 各周课程分配表

周别	第一周	第二周	第三周	第四周	第五周	第六周
每周训练重点	建立远大理想	培养纯净心情	坚定爱国思想	加强组织意识	研究斗争技术	发扬服务精神
课程项目	英、汉、数、其他学科补习,音乐体育,人生哲学、国际问题研究、政治问题研究、国父遗教、领袖言论	各种补习课程、康乐活动课程、青年人生哲学、青年问题研究、社会问题心理、青年模范讲话、中国革命评述、国父遗教人物介绍	各种补习课程、康乐活动课程、中国史综述、国防地理、国防建设、中国经济及外交问题研究、中国现实总评	各种补习课程、康乐活动课程、各国政党研究、中国党派评判、青年军史、预备干部制度、中国革命史、组织的理论与实际	各种补习课程及康乐活动、群众心理、中国青年运动、检讨宣传工作、研究情报及通讯要领	各种补习课程及康乐活动、社会服务之意义与方法、服务、人生观劳动服务实习、医药常识、土地清丈、人口调查
活动项目	总队同乐会、我的理想论文比赛、营刊编辑、小组讨论题为"为什么要远大理想？"	区队同乐会、小组讨论题为"怎样才是一个模范青年"、营刊编辑	大队同乐会、演讲比赛讲题"如何解现实问题"、营刊编辑、小组讨论题为"中国之地位与将来"、成立学生自治会	中队同乐会、通讯组织业务座谈会、营刊编辑、小组讨论题为"如何加强我们的组织"、小组讨论示范演习及比赛	交谊晚会、全国学运检讨大会、举行自治会改选竞选实习、营刊编辑、小组讨论题为"如何领导将来的学生"、音乐比赛	总队同乐会、劳动服务比赛、政工检讨会、营刊编辑、小组讨论题为"服务与社会改造"

资料来源：《陈诚呈蒋中正青年军北平嘉兴两复员营训练计划及编练系统表等》，台湾档案管理局藏，蒋中正总统文物档案，002/020400/00027/034。

因为二〇七师即将要调往东北,从军青年需要延期服役,所以青年远征军二〇一师至二〇九师共计就地举办了8个夏令营,收训人数情况如表6-2:

表6-2 各夏令营计划收训人数表

营别	收训单位	收训人数			合计
		青中	青职	小计	
第一夏令营	二〇一师	920	920	1 840	1 852
	政工指导委员会	2	2	4	
	第六军政治部	3	3	6	
	汽车材料库	1	1	2	
第二夏令营	二〇二师	1 030	1 030	2 060	2 060
第三夏令营	二〇三师	1 020	1 020	2 040	2 046
	九军政治部	3	3	6	
第四夏令营	二〇四师	1 345	1 345	2 690	2 690
第五夏令营	二〇五师	960	960	1 920	2 380
	轻汽十四团	100	100	200	
	轻汽十五团	80	80	160	
	汽车训练班	50	50	100	
第六夏令营	宪教五团	50	50	100	2 720
	二〇六师	1 310	1 310	2 620	
第七夏令营	二〇八师	1 290	1 290	2 580	2 966
	宪教三团	190	190	380	
	第卅一军政治部	3	3	6	
第八夏令营	二〇九师	1 330	1 330	2 660	3 000
	宪教四团	170	170	340	
合计		9 857	9 857		
部记	营部及各队官兵伕 一、营部……………81 二、总队部…………40 三、大队部…………80 四、中队部…………440 总计:641				

资料来源:郭绍仪编著:《青年远征军志略》,第144—145页。

(二) 兴办青年中学

为便于辅导复员青年就学,青年军复员管理处在重庆、贵阳、汉中、杭州、嘉兴设立5所青年中学,一律命名为"军事委员会青年军复员管理处特设某某青年中学"。(1947年1月,更名为"国防部预备干部局特设某某青年中学"。)1947年9月,又成立长春青年中学,帮助已经随二○七师调往东北的青年军复员军人完成中学学业。据不完全统计,以上6所青年中学一共帮助1.4万名青年军复员军人完成了中学阶段的学业。其内部机构与人事一般设置如下:

教务处,辖教学、注册等两组;
训导处,辖训育、管理、体育、卫生等四组;
总务处,辖事务、经理、会计等三组;
大队部,辖若干中队、区队、分队,区分队长由学生选任。
另外,个别还设分部,辖教务、训导、总务等三组及会计室。

所有教职员均授予军阶,按军阶支薪;学生膳宿、书籍、服装等均由学校供给,支二等兵薪。

各中学简介如下:

1. 重庆青年中学

该校设于重庆复兴关的中央干部学校内,高中部设于校本部,初中部设于大坪。中央干部学校的校长是蒋介石,教育长是蒋经国,原为三青团的干校,后来军委会干训团等在此校举办,青年远征军的军官和军士大多也是在此受训。在四川省境内的第一、二、三、四夏令营共约8 000人,其中志愿复学的有4 000余人,后来分发给重庆青年中学3 000余学生。

2. 贵阳青年中学

该校址设于贵阳市南郊之南厂兵营,设高中部和初中部,共计60多个班,3 000余学生。后来,因为局势变化,部分学生加入第二十六军。

3. 汉中青年中学

该校本部设于陕西南郑(汉中)石堰寺,原为中央军官学校第七分校校址,后改为青年远征军二〇六师师部及其直属队营区;分部设于褒城张寨,原为二〇六师六一八团营区。该校主要接收第六夏令营中愿意就学的知识青年,后分发该校共计2 700余人。

4. 杭州青年中学

该校高中部设于浙江省杭州市郊云栖寺,初中部设于绍兴市柯桥二〇九师营区。(1946年7月,国民党军队进行整编,二〇九师由福建上杭迁往浙江绍兴,并与二〇二师合并。)该校接收在浙江绍兴举办的第八夏令营中志愿就学的知识青年。1947年秋季,高中部迁入杭州的静慈寺,初中部迁入杭州的柳浪新村。后分发该校共计约1 427人。

5. 嘉兴青年中学

该校设于浙江省嘉兴市西大营。二〇八师在1946年的国民党军队整编中由江西黎川移防北平和河北,因其兵源地主要是浙江、江西、福建等省,故在浙江嘉兴西大营设立第七夏令营,共约3 000人入营。在夏令营举办同时,在原地筹备嘉兴青年中学。该中学设高中部和初中部,学生约1 500余人。

1947年底,长春青年中学停办,其原有1 500名学生并入嘉兴青年中学。该校将两校共计3 000余名学生混编,校本部设西大营,再设分部于东大营。

6. 长春青年中学

1946年6月,在青年远征军其他部队复员之时,二〇七师延期服役开赴东北。1947年,国防部预备干部局在长春设立青年中学,为退伍的知识青年辅导就学,高、初中部学生1 500余人。不久,因为战局关系,年底并入嘉兴青年中学。

(三) 举办大学先修班和分发大学就读

复员青年兵,如在入伍前已经高中毕业而志愿升入大专院校就读,由教育部按其志愿分发各院校就读。在未分发前之过渡时期,军事委员会青年军复员管理处在陪都重庆、贵州贵阳、陕西汉中、浙江杭州等处设立大学先修班,帮助有志于考入大学的复员军人复习迎考。他们根据这些复员军人的兴趣,设置文、理组分别授课,为时两个月,以补救服役期间所荒废之学业。其中以重庆大学先修班人数较多,约2 000人,编为9个中队,班址设于复兴关前中央干部学校内。

根据时任青年军复员管理处第一组组长贾亦斌的回忆:

> 第一组管就学,这个业务最为复杂难做。因为这一期复员时的青年军总数达七万三千人,其中要求就学在三万三千以上,几占一半。复学的有的回原校,比较好办,而原属高中毕业生和高中读过两年以上的学生,按青年军复员优待办法规定,均可免试升大学,就很难办,因为教育部和各大学不肯接收或接收名额越少越好。面对这种情况,我们一方面办了六个大学先修班,给功课较差的补课,力争达到符合入大学的要求,另方面我往返奔走教育部和有关部门,简直弄得我舌敝唇焦,有时还与这些单位负责人争得面红耳赤,终于使到大学就学的问题解决得比较好。[①]

---

① 贾亦斌:《半生风雨录——贾亦斌自述》,第91—92页。

经过协调，至 1946 年底，"青年军复员士兵原在各专科以上学校肄业或高中已届毕业者，均经会同教育部分别予以分发，各专科以上学校者五六二〇人（内分发政大三五人），入各大学复学者计一〇三三人，转入各专科以上学校就学者计一六八人，此外应有一部学生以复员较迟或以路途过远，陆续来处请求分发计一八〇人"①。

（四）举办复员青年军留学考试

1946 年 8 月，国防部举办第一次青年军留学考试，经与教育部洽定 300 名额，参加者共有 275 人。②"应考资格，限公立或已立案之私立专科以上学校毕业，并在从军受训期间成绩优良证件完全者。"考试地点、时间与本部第二届公费留学生同（教育部代理国防部办理考试事宜）。后奉蒋介石核准"录取名额仅陈万涛等廿五人"，"最近由国防、教育二部会同请准先拨第一年费用七万美元"。③

由于组织仓促，也有一些从军知识青年未能参与考试，主要情况如下：

一是报名不够及时。参加知识青年从军运动者人数众多，编练之后又分赴各种部队。虽然主要集中在青年远征军的三个军中，但还是有相当一部分被分配在小、远、散单位。报名时，只有青年远征军便于集中报名。其他分散在各部队的从军青年有的没有得到消息，有的得到消息后报名已经来不及了。

二是在参加考试途中发生了各种情况。档案中可以看到各种事由，比如有的因为战事受阻，有的因为拉架被打骨折，有的因为

---

①②《国防部卅五年度工作报告书》（一），第 152 页。
③《青年军复员管理处国防部预备干部管理局与教育部及蒋经国等个人关于留学考试的来往函件（内有剔除报考人的有关函件）》，中国第二历史档案馆藏，国民政府教育部档案，5/15300。

川资不敷,等等。

三是参加青年军留学考试,需要相关服役证明以及服役成绩证明。要求应考者是"从军受训期间成绩优良证件完全者",这一点是很多人没有关注到的。他们复员时归心似箭,并没有索要证明或者证明没有携带回去,这就给报考带来了问题。虽经兼任青年军管理处处长的陈诚专程致信教育部部长朱家骅寻求帮助,"青年军参加考试人员因学术证件均未携带入营,请准于报名时免缴,改在考试时缴上"①,但是考试之时,仍然有人因为不了解相关规定,没有携带此类证明。

四是组织考试准备时间仓促,有些考生甚至没有接到通知。1946年6月26日,青年军复员管理处才将最后的考生名单(而且并不完整)交到教育部:"案查青年军复员各部志愿出国留学深造者,前经先后选据各部造册转请贵部驻渝办事处核办各在案。兹因报名期限迫促,特再将各部前后所报名册重行造具一份。"②主要原因是青年军散落各处,不断有人报名,名册也在不断更新。为此,教育部部长朱家骅只能回复:"查青年军公费留学考试报名日期七月十日截止。检送各考区名册,恐难在限期内寄达。相应电复即请查照,迅饬青年军各师拟参加留学考试人员携带证件、于规定期间内迅往附近考区报考为荷!"③

即便是考取了留学名额,问题也会接踵而至。出国留学需要经费,而且需要外汇,这在经费短缺的战争时代很难解决。

1948年3月27日,国防部预备干部局代局长贾亦斌给教育部

---

①②③《青年军复员管理处国防部预备干部管理局与教育部及蒋经国等个人关于留学考试的来往函件(内有剔除报考人的有关函件)》,中国第二历史档案馆藏,国民政府教育部档案,5/15300。

发电请求准许陈万涛自费先行留学,全文摘要如下:

>事由:电请惠将陈万涛准予自费先行出国留学并祈见复由。
>
>一、据复员志愿兵陈万涛呈以参加卅五年度青年军留学考试,各科成绩及格,幸得录取,已近二月,乃以公费困难,未能出国,岁月蹉跎,甚为焦急,拟请转电教部援照查良铮前例准予自费先行出国留学深造。
>
>二、查该兵既愿自费先行出国留学似可照准。
>
>三、电请查照惠予办理并祈见复。①

教育部回复:"查青年军留学考试及格学生查良铮前请准予自费先行出国,经呈奉院令未便照准,陈万涛祈请援照查生前例,自费先行出国留学,未便照办。"②

查良铮,即著名诗人穆旦,1940年从西南联大毕业后留校。两年之后,他参加了第一次入缅作战的中国远征军,后由野人山撤退至国内。1949年8月,自费赴美国芝加哥大学留学。从以上经历来看,查良铮并非参加知识青年从军运动的青年军,所以能否参加青年军留学考试是存在疑问的,但他确实是青年军留学考试录取名单中的第一名。由于外汇有限,所有录取人员暂时都不能出国。查良铮因为身份特殊,他是教育部代理部长陈雪屏(原西南联大教授)的学生、西南联大训导长查良钊的兄弟(同一个曾祖父),后要求自费先行出国,直至1949年顺利自费出国留学。

由于金圆券改革失败,此时的国民政府经济上处于崩溃状态。

---

① ②《青年军复员管理处国防部预备干部管理局与教育部及蒋经国等个人关于留学考试的来往函件(内有剔除报考人的有关函件)》,中国第二历史档案馆藏,国民政府教育部档案,5/15300。

虽然复员青年军通过了出国留学考试，但真正能顺利出国的并不多。

蒋经国还积极为复员青年军争取保送土耳其的留学名额。1947年6月，蒋经国向教育部发函询问："查土耳其政府赠我十名免费留学名额，业经贵部指由中央、北京、清华、中山、武汉、浙江等六大学分别选派，复员青年军志愿兵是否可优先保送，请即查照见复，以凭办理为荷。"教育部回复：保送土耳其留学的学生，"已指定中央、中山、浙江、武汉、北京、清华、复旦、西北及云南等九大学暨西北师范学院选送备核，复员青年志愿兵如在上述十校院肄业，可迳向该校院申请保送"。①

除了以上主要工作之外，青年军复员管理处、国防部预干处（局）还对一部分因家在交战区域或家境贫寒而无法就学就业者，"经分饬各地青年军通讯处就地辅导协助升学，并令饬各青年中学及青年职业训练班在原定名额内尽量予以收容，以资救济"②。截至1946年底，陆续送各青年中学、青年职业训练班者共计98人，函请各省教育厅设法分发就学者计58人。

二、辅导就业

青年军复员管理处、国防部预干处（局）主要通过举办青年职业训练班辅导复员青年军就业。另外，他们还希望创办经济文化事业帮助青年军人复业，但是几近失败。

---

① 《青年军复员管理处国防部预备干部管理局与教育部及蒋经国等个人关于留学考试的来往函件（内有剔除报考人的有关函件）》，中国第二历史档案馆藏，国民政府教育部档案，5/15300。

② 《国防部卅五年度工作报告书》（一），第153页。

(一) 举办青年职业训练班

为安置志愿就业的复员青年军,军事委员会青年军复员管理处在万县、泸县、汉中、杭州、嘉兴创设了5个青年职业训练班。这些训练班按照国家建设需要设置了电讯、交通、地方自治、会计、师资等专业对学员进行专业训练。各个训练班按照学员原有学历,分高级组、初级组进行组训,训练时间为一年至一年半,结业后分发工作。青年职业训练班计划训练人数为10 000人,实际训练人数约为10 400人(参见表6-3)。

表6-3 各青年职业训练班情况简表

班次	地点	培训单位	培训人数	开设专业	负责人	备注
万县青年职业训练班	四川万县太白岩	二〇一师、二〇四师、二〇二师一部	约2 400	电讯、交通、地方自治、会计、师资	赖钟声	
泸县青年职业训练班	四川泸县南门亲爱社	二〇三师、二〇五师、二〇二师一部	约3 000	电讯、交通、地方自治、会计、师资	易劲秋	
汉中青年职业训练班	陕西南郑东郊汉中营	二〇六师	约2 000	电讯、交通、地方自治、会计、师资	刘汇川	
杭州青年职业训练班	静慈寺及柳浪新村	二〇九师、宪教四团	约1 500	电讯、交通、地方自治、师资	黄贤度	
嘉兴青年职业训练班	浙江嘉兴市东大营	二〇八师	约1 700	电讯、交通、地方自治、会计	阮愚公	宪教三团及第三十一军政治部后来加入200人

资料来源:郭绍仪编著:《青年远征军志略》,第152—155页。

以上职业训练班因为是由各师就地举办（万县为二〇四师营区、泸县为二〇三师营区、汉中为该处原二〇六师六一六团营区、杭州为慈善机构、嘉兴为日军遗留营房），相对简单方便，专业设置也颇受欢迎，所以举办较为成功。

（二）创办经济文化事业

青年军复员后，蒋介石曾经指示："青年军复员后通讯组织工作中，应以经济文化事业为主。"①因此，青年军复员管理处还拟具了中国青年建设股份有限公司组织规程，并且拟定辅导青年军同志创办之各种公司及生产福利事业辅导办法，报请蒋介石拨款一百亿元举办生产企业。但是，由于种种原因，这一计划没有得到蒋介石的批准。

经国防部预干处统计，截至 1946 年年底，"现在青年军同志在各地创办之生产文化大小公司等，共计七十二个单位，大多以基金太少，业务推进诸感困难"②。由于国防部预干处（局）毕竟是政府机构，而参与帮助辅导青年军创业的青年军联谊会只是一个社会团体，他们在创办经济文化事业上缺乏资金、经验、人才等基本条件，所以通过举办经济文化事业来吸纳复员军人、解决复员军人失业问题，或者帮助他们创办经济文化事业，是不容易成功的。

三、余　论

总体而言，青年军的复员工作落实得要比其他部队的军人好太多。这是中国近现代史上第一次设立军人退役复员工作的领导机构，并调动和利用国家各种资源来保障复员工作的落实，使国防动员

---

① 《国防部卅五年度工作报告书》（一），第 151 页。
② 《国防部卅五年度工作报告书》（一），第 152 页。

真正全面融入国家行政体系,并构成"良性循环"。

根据青年远征军二〇七师师长罗友伦的叙述:"(抗战时期)转业的军人并不多,而且大部分都是有原因的,如不适合,或者家累太重,又或者没兴趣。这些人若要转业,就要自己去找,政府那时并没有什么方法来安排军人转业,因为打仗太忙了,军人人数又多,没有单位或具体办法来辅导军人转业,不像现在可以参加考试,又有优待。"①抗战结束后,国民政府推动复员整军工作,产生了大量失业军官,在陪都重庆发生了失业军官骚动事件,在南京发生了"军官总"哭灵事件。这些事件都轰动一时,也说明军官转业所遭遇的问题比较严重。由此也可看出,知识青年的复学复业,乃至各项优待,已经是非常好的待遇了。

但是,知识青年复学复业工作是在有着特殊身份的蒋经国的强力介入之后发生的,而且蒋经国的介入还有着其不可告人的政治目的,这使得该项工作又蒙上了一些政治污秽。这样的强力介入,强行夺取了教育资源为主的各种资源,对其他复学复业青年造成了新的不公平。1946年9月,第二十八集团军总司令部中校秘书、联合国善后救济总署翻译员毋信喜就给教育部部长朱家骅寄来请求分发大学复学的信件,其在信中抱怨道:"现今各大学虽均已陆续复员,然均有人满之感,且青年军复员学生占去所有招生名额,碍难插班。"②

另外,还一些青年军也仗着自己的特殊身份,不思进取,消极等待政府安置,并为了改善生活不断提出不当要求,甚至在社会上

---

① 罗友伦口述:《罗友伦先生访问纪录》,第291页。
② 《教育部有关青年军学生申请分发来往文书》,中国第二历史档案馆藏,国民政府教育部档案,5/14123(2)。

滋事。这也使得社会上对青年军不满情绪日益增加,甚至将"青年从"(即从军知识青年)与"新闻记""国大代""军官总"并称"四大害"①。也有将其称为"五大害"②之一的,还有将其称为"十大赖"③之一的。这些称呼都反映了当时社会对从军知识青年的不满,表明了知识青年复员工作确实已经动员并挤占了大量社会资源,超越了社会发展阶段,已经产生负面影响。由此可见,作为国防动员的一部分,复员工作要自然地融入行政体系,并且要加强思想引导。过度的强制介入也会使得退役军人产生依赖并形成社会问题,对国防动员融入行政体系产生不利影响。

---

① 马河洲:《我所知道的孙殿英》,蒙城县政协文史资料研究委员会编:《漆园古今文史资料》第 8 辑,1990 年,第 128 页。

② 即"青年从""立监委""新闻记""国大代""军官总"。参见盛星辉:《我所知道的青年军》,益阳市政协文史资料委员会编:《益阳市文史资料》第 15 辑,1993 年,第 62 页。

③ 即"立法委""国大代""省县参""社会贤""新闻记""流亡学""青年从""军官总""党团痞""青红帮"。参见徐维道:《记蒋家王朝覆灭前的"十大赖"》,潢川县政协文史资料委员会编:《光州文史资料》第 12 辑,1996 年,第 17 页。

第七章　对知识青年从军运动的评价

从表面上看，这次国防动员不仅顺利发动并达到了预期目的，而且超额地征集了大量知识青年，可以说是非常成功的。绝大多数知识青年投笔从戎，是基于一种强烈的爱国热情而响应了国民政府的抗日号召，他们不顾自身安危，主动报名奔赴战场。所以，知识青年从军运动是中华民族抗日战争史上的闪光点。

但是，如果深入分析，我们会发现，知识青年从军运动由于是应急性的国防动员，缺乏完善的顶层设计，所以这个运动从一开始就存在较多的结构性问题。而且，这些结构性问题在当时是无法解决的。这次国防动员并没有实现蒋介石宣称的役政改良、刷新政治的目的。从这个角度来说，它又是失败的。

第一节　知识青年从军运动的直接成效

从国防动员的角度来讲，知识青年从军运动的发动可谓轰轰烈烈，结果也可谓十分成功。该运动原本计划征集10万人，在社会各界的努力下，各地报名非常踊跃，最后征集知识青年远远超过此数。根据1946年的各地征集委员会工作成就报告："除因受战事影响之湘鄂□等省外,皆能在规定时间,达到配额,且多有超过,查征集登记,总数已达 151 516 人。其中,重庆、四川、甘肃、陕西、福建、广东、湖北……等省市以及同济、朝阳、中央政校、中工、西北大学等校,皆超过配额甚巨。"①与以往饱受诟病的兵役工作相比,其效果是出乎所有人意料的,动员成果明显。由此可见,该运动的动员与征集工作取得了巨大成功。

从军事训练的角度来讲,编练总监部协调中央各部委全力保障训练设施和设备,采用美军训练方法,而由于知识青年有很好的文化基础,经过训练之后,成绩相对其他部队也自然优秀得多。从编练情况的具体汇报而言,射击、队列、战术、体能、行军能力等成绩表现都较好。

从武器装备的角度来讲,青年远征军在最初并没有得到美国的支持,所以没有得到美械装备。虽然,青年远征军取名为"远征军"就是希望争取美援,像驻印军或驻滇远征军一样全部或者部分装备美械,但是,"史迪威事件"对此造成了一定的影响。蒋经国掌握青年远征军后,美国人对此颇有意见,对青年远征军更不支持。直到孙立人赴台重新训练新军后,美械装备才开始武装青年军。所以,虽然是新军,但青年远征军的武器装备水平并不像大家想象的那么高。

从职能定位来看,蒋介石和蒋经国对青年远征军的定位是模糊的。在豫湘桂大溃败之时,确定建立青年远征军的主要目的是为了抗日;日军投降后,蒋介石确定将比较体面的青年远征军作为受降部队,要求其学习美苏日韩国情、国际关系和国际法等知识,但是后来悬置未用;内战爆发后,蒋介石除了将青年远征军二〇七

---

① 青年军人丛书编辑委员会编:《征集概况》,第 22 页。

师编入新六军抢夺东北,其余各师则被定位为预备干部学校,并由国防部预备干部局局长蒋经国掌握,这就和一般的野战部队完全不一样了。第一期青年远征军接受三个月的预备干部训练之后,大多数复员回乡回校;留下的部分骨干力量负责召训失学失业知识青年和轮训学生,继续对新加入的知识青年实施预备干部教育;国民党军队内战吃紧之后,青年远征军主要派往交通线上担任守备任务。可见,蒋介石并不是将青年远征军当作一般的野战部队来看待,更多是将其当作一个预备干部学校来看待。

综上所述,由于青年远征军的武器装备水平有限、职能定位不高,而且新兵较多、实战经验欠缺,所以他们在内战中体现出的实际作战能力十分有限。

虽然如此,但是,这些知识青年是为了响应抗日的号召而毅然参军的,他们没有来得及直接参加对日作战,却也为抗日战争做出了奉献,唤醒了广大民众的爱国热情,对军队现代化、政治改良、兵役改革等也产生了一定的积极作用,甚至对20世纪中后期的国民党军、政局势都产生了影响。

一、踊跃从军:唤醒爱国热情,促进社会风气转移

上自春秋,下至清季,中国历史上一直沿袭士、农、工、商的"四民"划分。"士"居"四民"之首,属于社会上层,有着很高的社会地位。而"四民"之外,又有贱民和良民之分:和尚、道士、尼姑等,被称为良民;倡、优、隶、卒等,是所谓操贱业者,亦被称作贱民。兵卒作为贱民,与"士"阶层自然有着很大差距。"好铁不打钉,好男不当兵"的传统观念在中国根深蒂固。

虽然在中国近代化的进程中,"四民"的划分逐渐淡化,但这种历史记忆使得人们对兵役一直怀有恐惧之情。特别是在社会动荡

的岁月中,各种社会问题多源于"兵灾""兵祸"。而且,底层官兵的待遇十分低下,高级将领对于士兵保育及其发展毫不在乎。所以,"社会上大众无不以当兵为畏途,千方百计逃避兵役。一般青年都了解,服兵役是国民应尽的责任,不是怕抛头颅洒热血,而是感到出师未捷身先死的可悲"①。

在卢沟桥事变爆发后,全国各高等院校确实出现了一股从军热潮,救亡的大幕刚刚拉开,青年学生热血沸腾、激情澎湃,许多学子毅然奔赴前线。西迁也给大家带来了艰苦奋斗、承继文脉的希望和热情。西迁后各高等院校的从军运动很快沉寂下来。抗战是长期的、艰苦的,而且学生参与抗战建国可以有多种方式,大家在学习之余,仍可以积极为国家服务。

1941年初爆发的皖南事变是一个重要的转折点,国家内部分裂的公开化对于抗战建国信念的破坏力量十分巨大,这个事件也把国共两党的抗日统一战线拖向崩溃的边缘。受皖南事变影响,高等院校的左派被迫转入地下活动,校园内的政治氛围一下子由活跃转入低沉。

按照易社强②的说法,对于西南联大来说,1938—1941年是一个希望的岁月,而1941—1943年则是一个坚忍的岁月。就当时的西南联人而言,"联大学生的激进主义至少短时间内难以再次点燃。皖南事变以后,三青团和群社一度热火朝天的辩论渐入记忆,联大学生要么苦读,要么泡茶馆、打桥牌、跳舞打发时间。学生自治会选举时,大家不费吹灰之力就能保住职位,因此变得死气沉

---

① 田仲轩:《抗战时期的青年军》,台北《中外杂志》第33卷第3期。
② 易社强是美国弗吉尼亚大学历史系荣休教授,曾师从哈佛大学的费正清研究中国现代史,是西南联大研究专家,著有《战争与革命中的西南联大》一书。

沉。一开始大家都是激情四溢,而今意兴阑珊,暮气横生"①。

大学教师们也觉得此时的云南生活一点也不浪漫,让人沮丧失意,度日如年。1941年7月,钱端升埋怨道:"这里的大学生活,事事不尽如人意。我不清楚西南联大是否还是中国最好的大学。我想它应该是最棒的。要是这样,那只能说中国所有的大学都很差。三所学校不能同一条心……无论什么事,都是打水漂。每个人都意气消沉,萎靡不振。"②

到了1944年,国民政府正式发动知识青年从军运动,这次运动一改以往之风气,整个校园立马活跃起来,包括大学教师在内的知识青年踊跃从军。

"西北工大报名参军者占总数的80%以上,校长、42名教授和613名学生及其它职员工680人要求参军,创下了各校最高的应征率。"③1944年12月上旬,"重庆大学、中央大学报名率达到1/3;金陵大学报名率也达到了1/5;西南联大仅三、四年级学生应征译员者就有460人。至1944年12月31日,报名参军的总计122 572人,其中专科以上大学生有10 648人;80%是中学生"④。

抗战期间,中国知识分子的数量还是很少的,1943年全国仅有64 092名大学生,116 770名高中学生,586 985名初中学生。⑤ 而

---

① 《联大八年》,第45页,转引自[美]易社强著,饶佳荣译:《战争与革命中的西南联大》,北京:九州出版社2012年版,第253页。
② 《钱端升致费正清函》(1941年7月31日),转引自[美]易社强:《战争与革命中的西南联大》,第253页。
③ 《全国各大学从军潮中 西北工学院破纪录》,重庆《中央日报》,1944年11月20日,第3版。
④ 《全国征集完竣 青年从军逾十二万》,重庆《中央日报》,1944年12月31日,第3版。
⑤ 《从军学生达两万 七年抗战使中国久炼成钢 张参事平群对外国记者谈》,重庆《中央日报》,1943年12月30日,第3版。

到 1944 年 12 月 31 日,报名应征的大学生有 10 648 人,此数字已占全国大学生总数的近 1/6。

蒋介石也把转变社会风气视为此次运动的目的之一。他强调:"我们要使这个运动能够改变社会风气,转移民众心理,使过去对于'好男不当兵'的恶习彻底扫除尽净。""如果徒然召集五万十万青年,去到前线参战,而对于社会风气、民众心理一点没有影响,那就不能算是达成我们此次会议的目的。这样,就等于失败。"①

这次成功的国防动员活动也确实改变了国民对兵役的心理。许多青年强烈要求参军,不获录取而痛哭流涕;从军学生没有交通工具,决心步行千里赶赴入营;女同学多方争取,要求服务抗战。诚如张治中所言:"这些知识青年,包括学校学生、机关干部、社会青年,都是具有爱国热情、民族立场,为拥护抗战、参加抗战而来,这是大可赞扬的青年精神的具体表现。"②知识青年从军运动也使得军队与社会产生了良性互动。1944 年 12 月,重庆市新生活运动促进会还发起了"崇敬军人"运动③,这在过去是很难想象的。以往,社会上的人士往往对军队畏之如虎,有许多人对国民党的内部腐败与精神委顿感到失望以致不问时事,但知识青年从军的热潮使得他们再次振奋起来。"国民党各级政府的贪污腐化,青年学生的爱国热忱,都促使'士大夫们'有较多的机会睁开眼睛看现实。现实不断地教育他们,使他们由自命清高转变为对国民党政府的鄙视,由不问时事转变为关心民族命运和前途。"④

---

① 蒋介石:《对于知识青年从军运动之指示》(中华民国三十三年十月十一日出席知识青年从军运动会议讲),郭绍仪编著:《青年远征军志略》,第 187 页。
② 张治中:《张治中回忆录》,第 374 页。
③《崇敬军人运动》,重庆《中央日报》,1944 年 12 月 4 日,第 3 版。
④ 冯至:《昆明往事》,《新文学史料》1986 年第 1 期。

特别值得一提的是这次运动中出现的女子从军热潮。1943年学生从军运动初起时,一些女生就"泣请从军"。但那时国民政府"对于女性直接服役,尚无明文规定"①。在妇女界的不断争取下,1944年11月,《女青年服务队征集办法》发布,规定女青年征军名额暂定为2 000名。在这之后,女知识青年仍是不断要求从军。以国立中央大学沙频之等63名女生最为积极,她们联名写信呈报中央大学、教育部、兵役署、全国知识青年志愿从军指导委员会等,强烈要求"分发至印缅担任文书或救护或翻译等工作,俾能为国家效犬马之劳"②。如此大规模的女子从军,在民国军事史上还是第一次。这也表明当时很多女学生已经突破了中国传统思想的樊篱,有着强烈的自我主体意识和诉求。

知识青年从军运动使得社会各界重新认识兵役,重新认识军人,重新认识女性,因此这也是一场思想解放运动。当然,这只是一般媒体和普通民众的看法和体验,真正的役政改良情况还需要相关的役政人员来解释说明。

二、起弱振衰:改变政府形象,促进政治革新

国民政府借知识青年踊跃从军之风,整顿风气、改变形象,使得国民党在抗战末期在政治上有所警醒和改观。

抗战后期,国民党及其军队声誉日降。蒋介石在发动知识青年从军会议上说道:"就是一般民众,也对本党抱一种怀疑观望的态度,甚至认为我们党员不是服务民众的,而是来剥削民众的,我

---

① 《川女生请缨》,重庆《中央日报》,1943年12月6日,第3版。
② 《国民党中央大学知识青年从军征集委员会呈报该会成立、从军学生名册及有关发动青年从军之会议报告等文电》,中国第二历史档案馆藏,国民政府全国知识青年志愿从军指导委员会档案,781/121。

们党部不是革命的团体,而是一个腐化的衙门";美英等盟国也"认为本党不足以代表中国革命的力量,因之,对于中国抗战的前途,亦起了怀疑"。①

所以,蒋介石提出:"只有这个运动成功,乃能振作我们一般同志的精神,重整我们本党革命的旗鼓,这真是本党起死回生最后的机会。"他还说:"所以这次运动的目的,决不只在召集五万或十万知识青年,主要的是要藉这一次征召,来测验我们一般党员团员的气节,测验他们忠党爱国的精神,而藉收整顿我们党团的效果。"②

蒋介石还在会上当场指定蒋经国、蒋纬国都要参加青年军以示激励。虽然这是一种政治作秀,但也起到了较好的示范效果。各种新闻报刊公布这个消息后,在社会上产生了广泛影响,极大地鼓舞了广大民众的抗日情绪,激发了整个社会的抗战精神。知识青年纷纷投笔从戎,这种热心报国的气氛使得国民政府的各级官员、国民党和三青团的一些党团员也深受感染,纷纷报名从军。

国民党中宣部李惟果等人就向国民参政会提交了《为配合青年从军特提出有钱输钱、有血输血办法以挽国运案》。议案认为:"只鼓励青年牺牲生命而一般绅商富户仍安居后方享乐,不必要之机关冗员仍照常尸位素餐。此十万青年如一问及为谁而战,我党团同志将何辞以对!且本党革命之最终目的在实现民生主义,而近来官僚私人资本主义确在抬头。如不及时纠正,革命或将变质。故亦有借青年从军运动发挥民生主义精神之必要。"该案提议:"志愿军及其家属应有合理生活,其费用应由当地城中豪绅富户等分

---

① 秦孝仪主编:《总统蒋公思想言论总集》第20卷,第520—521页。
② 蒋介石:《对于知识青年从军运动之指示》(中华民国三十三年十月十一日出席知识青年从军运动会议讲话),郭绍仪编著:《青年远征军志略》,第192页。

别负担;志愿军可以征用所有私人之交通工具、大厦别墅和最盛之名医;政府预算应加缩减,不亟需之机关人员及经费(如资源委员会之类)亦应裁撤以充实军费;后方之健康青年应定期输血;各机关中如检出贪官污吏时,没收其赃款财产以充军费。"①

张治中在回忆录中就记述了一些国民党高级官员在国民党五届十二中全会期间对国民党提出的警告:"发动知识青年从军,实为关系国家民族生死存亡之大计,自当悉力以赴,惟政治现状如此,倘无刷新之措施,则十万青年,应号召而成为有组织之武力集团,日后横决,恐将无以善其后。甚至有以满清末季创办新军,终颠覆于新军之革命为例证者(中委谈话会中,亦有作此论调者)。当时有提出'请刷新政治以利发动知识青年从军运动之推行'一案者,领衔人为一七十余高龄之老党员曹叔实先生,签名者则均为现在党团之负责干部。"②

由此可见,知识青年从军运动不仅为国民党注入新鲜血液,而且被国民党视为一种鞭策,是促使党起弱振衰的基础和革新政治的一个重要契机。

三、军中精华:改善军队素质,促进军队现代化

1942年,美国答应向国民政府提供60个师的美式装备,并在打通滇缅路之前首先装备30个师。在1943年底的开罗会议上,蒋介石向罗斯福要求将提供的装备增加为90个师,罗斯福答应了。在这种情况下,国民政府意识到建立一支现代化的军队,精良装备

---

① 《全国知识青年从军指导委员会组织办法、编练计划等各种法规》,中国第二历史档案馆藏,国民政府全国知识青年志愿从军指导委员会档案,781/5。
② 张治中:《张治中回忆录》,第394—395页。

固然重要,但还需要有现代化的军人,拥有现代化的知识与现代化的训练。蒋介石曾说:"在这个敌我决战开始的时候,我们必须知道现代的战争,需要现代化的军队,更需要现代化的军人,而在我们争取最后胜利,执行反攻的积极准备时期,尤其需要有高度知识和技术的士兵所组成的部队。"①

1943年之后,美械装备陆续列装国民党军队。这些军队除了需要熟练掌握武器装备,还需要掌握与之相应的战术技能,并且要能够与盟军并肩作战。这要求中国军队具备一定的知识水平,这样才能接受现代军队的武器装备及其战术技术训练,才能很好地与美英军队相互配合,以发挥现代武器装备的最大效能。

但是,国民党军队之前所征之兵,多是目不识丁的贫苦壮丁,知识分子寥寥无几。并且,由于兵役积弊,所征集之兵员,大多来自社会最底层,贫困交加、营养不足、身体羸弱、目不识丁,再加上兵役署不作为,兵员运输无法全国统筹,许多兵员直接死在从军路上,就更谈不上掌握现代武器装备了。更毋庸说当时国民党军队的待遇奇差,军队素质之低下已经成为共识。当时担任青年远征军二〇五师师长的刘安祺就回忆道:

> 青年军从征召、入伍,一直到成军,这段期间正当抗战末期,国军精神疲惫,素质日差,而且战时生活疾苦,社会环境不好,经济状况也很险恶,大家觉得当兵是最贱的事,不只一般人民视当兵为畏途,连知识分子都不愿入伍从军,所以当时流行"好男不当兵,好铁不打钉"这样的一句话。更何况抗战时军人的待遇非常差,我从七十八师长、九十七师师长、五十七

---

① 《十万知识青年从军运动之继起》,杜元载主编:《革命文献》第62、63合辑,台北:中国国民党中央委员会党史委员会1973年版,第252页。

军军长,一直到青年军成立之前,家里连一个煤油灯都点不起,也很少吃肉,军队上课,粉笔也买不起,生活苦得不得了,所以谁都怕当兵。在这种状况下,经过政府和党国元老、社会名流的精心设计和大力号召,不只是大学生,很多大学教授都加入青年军的行列,中小学教员更多得是,现任行政院长李焕也在响应之列……经过这一个运动,军人的地位也提高了,所有的好男都去当兵……因为青年军待遇好,服装好,干部也是精选的,所以成军之后,军中积习得以铲除,民心士气也为之丕振。①

在当时,知识青年是民族菁华,他们的知识水平不仅能让他们掌握武器装备及战术技能,对判断、处置敌情及与美英盟军合作等都有益处。他们集蓬勃朝气、爱国理想、文化知识于一身,必然能带动和影响其他官兵,使整个军队更富有战斗力。这些正好弥补了以往军队的不足,开启了国民党军队现代化的新阶段。因此,"此次学生等知识青年之志愿从军,实已树立兵役及建军百年大计之基础"。假如没有知识青年服兵役,"则国防之科学建设将无中坚之干部,国防之基础将不易固也"。②

而且,青年远征军作为一支新军,采取了一些特殊的建军方法,例如重建军队政治工作制度。这也直接促进了各级军官的反思,特别是军队党务人员的反思,对国民党军队的政治工作也有促进。1944年底《党军》刊发了一篇论文,呼吁加强军队政治工作:

> 目前大家都将目光集中到知识青年从军运动上,但我们于发动、宣传、参加之余,曾否联想到这一个运动发生的背景

---

① 刘安祺口述:《刘安祺先生访问纪录》,第78—80页。
② 徐思平:《中国兵役行政概论》,重庆:文治出版社1945年版,第133页。

呢？我们发动知识青年从军,是因为要配合新战术与新武器的运用。但这却暴露了八年来军队中的政治工作做得不够努力,以致军队素质不能提高,这在从事党政工作的人员是应当负责任的。

军队中设立政训组织的目的,一方面为加强官兵的政治认识,另一方面实有教育士兵、提高部队素质的任务,然而我们检讨的结果,并最基本的识字教育都没有普遍做到,对于这点我们能不汗颜吗？我们不能把这种责任推到经费与人少的上面去,因为这不是从事革命工作者应有的态度。

所以发动知识青年从军,知识青年本身固惭于过去的退缩,而我们从事党政工作者应该因此引起工作上的警惕心,切实检讨一下过去未能达成任务的原因,知识青年已经发动起来了,但仅仅是十万之数,虽然将有第二第三次的征集,但无论如何大多数的抗战士兵仍然是无知识的,策动一个知识青年从军与教育一个无知识的士兵成为有知识的,对国家的贡献是等同的,其重要性是无分轩轾的,我们今后的工作方针应该以此为重点,加紧士兵教育,将"无知识"三字从军队中赶出去。①

由此可见,以组建新军为契机,包括蒋介石、蒋经国在内的很多人都在反思国民党军队建设中存在的问题与改善的办法。这一运动不仅推动了国民党军队的现代化进程,也直接促进了国民党军队素质的普遍改善。

---

① 超:《短评:从发动知识青年从军说起》,《党军》1944年新12期,第2页。

四、预备干部:完善役政制度,培养军政人才

青年远征军实施预备干部教育,虽然是因抗日战争很快结束的尴尬形势,但也是着眼于复员工作而实施的。而且,在复员工作实施的过程中,蒋经国对预备干部制度的构架日益清晰并逐步实现,这也影响了蒋介石。在蒋介石和蒋经国的共同推动下,国民党开始尝试实施预备干部训练新政,为其统治培养军政人才。

抗战结束后,除了青年远征军二〇七师配属新六军派往东北参与抢夺抗战胜利果实之外,其余实施特种教育,准备出境担负受降任务或占领军任务;未接受受降任务后,再次改为接受预备干部教育。国民政府在以往的兵役法中也规定有预备役,但由于基层治理水平不高,人民生产生活都比较困难,因此实施效果并不理想,或者干脆很难实施。此时的蒋经国对预备干部教育并没有深入的认识,如此作为主要是为从军知识青年考虑未来出路的一种自然反应。他希望这些从军知识青年过去是抗战的中坚,日后则为建国的骨干。

1946年3月,青年军复员管理处成立,陈诚(军政部长)兼处长,实际工作由副处长蒋经国具体负责。另一位副处长彭位仁延揽了自己过去的老部下贾亦斌担任负责青年军复学工作的第一组的组长。

贾亦斌当时刚从陆军大学毕业,他在陆军大学研究的正是预备干部制度。这个偶然的机缘对后来兵役法的完善有一定的推动作用。

1946年5月初,一次青年军管理处的处务会议后,蒋经国态度十分谦和地主动走到贾亦斌面前,请他留下来谈一谈。他说道:"我最近看到你写的《论预备干部制度》的文章,感到有新意,请你

谈谈对这个制度的认识和设想。"①贾亦斌解释道："现代战争要全国动员,真正做到官皆将,民皆兵,平战合一,文武合一,战时征文为武,平时转武为文。古代就有这样的军事思想,现代美国和土耳其培养预备干部也有这方面的经验。"②他对预备干部教育制度做了详细的解释说明,使得蒋经国十分满意,双方都留下了愉快而深刻的印象。

在蒋经国的直接推动下,青年军复员管理处直接升格为国防部预备干部管训处,后又升格为国防部预备干部局,成为国防部的一个重要部门。蒋经国自然由青年军复员管理处副处长升格为国防部预备干部局局长,并亲自掌控青年远征军。蒋经国重用贾亦斌,后来还将资历尚浅的贾亦斌推荐为国防部预备干部局代局长,这主要就是因为贾亦斌是预备干部领域的专家。

1946年1月17日,国民政府以军孝字第二九七号代电指示有关单位："(一)陆军预备干部训练,自三十五年度开始实施,以青年远征军之各师为基础,改为陆军干训师,办理高中毕业学生入伍及陆军预备干部教育。(二)专科以上学生之分科集训,或实习期间,改为六个月。(三)大学毕业学生集训,从三十年度暑期开始,当时有前军训部、军政部,及青年军编练总监部负责会同策划,军委会改组,成立本部,是项业务由(青年军复员)管训处接办。"③

预备干部训练主要依靠青年军各师来实施,主要内容是对高中毕业生集中军训和召训失学失业青年,实施计划如下:

关于高中毕业生集中受预备干部训练。蒋介石下令将青年军

---

① 贾亦斌:《半生风雨录——贾亦斌自述》,第93页。
② 贾亦斌:《半生风雨录——贾亦斌自述》,第94页。
③ 《国防部卅五年度工作报告书》(一),第144页。

各师作为干训师,"根据学校分布情形及交通,与各地营房之现况,管训处对各干训师,按其原建制部队及增加团之后之驻地,均予以规划调整","依全国学校分布情形及交通状况与各地风俗等,将全国划分为六个区域,每区域配驻一个干部〔训〕师,办理征集训练等事务",实施为期一年的预备干部教育,"欲求造成一优良之预备军官"。①

关于召训各地失学失业青年。蒋介石在1946年5月19日下达机密甲字第九五〇七号、5月20日下达机密甲字第九五一六号手令,"为预备干部之训练延期一年召训,并与北平、西安各组织一个师,招收东北、华北来归之青年予以训练,将二〇六师驻西安收训,以二〇二师驻徐州,分别收训山东、苏北之青年,驻北平之二〇八师专收东北青年,此为各师招收流亡及各地失学失业青年"②。

对于预备干部制度,蒋介石也为此专门强调过:"青年的基业是什么?就是有秩序的生活习惯,和有组织的一致行动;换言之,亦就是现代国民所必需的公共道德,人人所应遵守的社会秩序和团体纪律。必须如此,使每一个国民都能知道尊重社会的秩序和团体的纪律,都能自动自治,互助合作,自立自强,公而忘私,然后才能达到我们建立现代国家独立平等的目的,军事训练之可贵,就是在此。因为军队除了军事学问技术之外,最重要的就是团体生活的养成,而团体生活之中,特别注重于纪律和秩序。大家要知道:生活的秩序和行动的纪律,可说是我们每个人成功立业的基本条件,不仅在军队里面要时刻注意,就是将来退伍以后,无论去到社会或学校以及农工经济乡镇保甲各阶层,都要保持这种生活的

---

① 《国防部卅五年度工作报告书》(一),第145页。
② 《国防部卅五年度工作报告书》(一),第146页。

特点,重秩序、守纪律、自动自治、自立自强,然后才能作一般民众的模范,而发挥以一当十,以一当百的领导作用。"①

由此可见,蒋介石是将预备干部制度作为将来统治的基础,依靠青年军各师作为干训师,培养大量军政人才并散布到社会各角落。青年军的职能定位,决定了它与众不同的地位和作用。它并不是一般的野战部队,召训的都是知识青年,但又都是新兵,而且属于轮训性质,所以其官兵缺乏实战经验,战斗力有限。

青年远征军二〇五师师长、后来担任青年军第六军军长的刘安祺对预备干部制度给予高度评价,他说道:"来台以后,有一次青年军的纪念会请我去讲话,我就强调青年军的两大贡献:第一是唤回军魂,第二是充实了复员干部。如果没有青年军训练出来的十几万人,干部(尤其是中下级干部)的传承都断了……这两大贡献在历史上是不能抹煞的。"②

综上所述,青年远征军也实际开启了役政新政——预备军官教育制度,推动了国民政府兵役制度的进步与完善。

第二节　知识青年从军运动的内在困境

由于知识青年从军运动是临时的、应急性的国防动员,在顶层设计时未能考虑周全,在具体的运行过程中,也未能针对知识青年的特点进行相关的调整,所以,知识青年从军运动存在着先天缺陷,也很容易产生一些矛盾。

---

① 蒋介石:《对全国青年远征军退伍士兵广播词》,秦孝仪主编:《总统蒋公思想言论总集》第32卷,第152页。
② 刘安祺口述:《刘安祺先生访问纪录》,第80页。

一、优待与奉献之矛盾

知识青年从军运动开展之初,并未如预期般轰轰烈烈,特别是各大学反应比较冷淡,主要原因是战列兵的待遇低下。1944年11月6日,复旦大学为鼓舞学生从军,创办了《大学生从军特刊》。然而,报名者寥寥。8日,该刊按捺不住了,刊出一篇措辞严厉的题为"知识青年应及时从军"的文章,对学生批评道:"国家号召知识青年从军,为时两旬,而各地响应,殊也热烈,青年应召,尤鲜踊跃。视此情形,既负国家发动之至意,又露平时口头爱国之虚伪。见义不为,爱国不诚,我人之羞,尤为我知识青年之大羞。"①在各方面的推动下,各大学学生从军才逐渐踊跃起来。例如,中央大学截至11月8日才有1人报名,11月9日有5人报名,11月12日为56人(不含柏溪分校),11月27日达到499人,而到12月10日,共有1 336人报名参军。②

然而,这些报名参军的大学生也并未像蒋介石所想象的那样,他们中间愿意"充当战斗的列兵,直接来担任冲锋陷阵真正为民先锋的任务"的只占很少一部分,绝大多数还是报考了译员、政工班和其他特殊军种。以中央大学为例,1 104名报名从军的学生中只有12人愿意参加青年远征军。表7-1为中央大学知识青年报名从军人数表。

---

① 《国立复旦大学知识青年从军征集委员会呈报该会成立委员名单及发动知识青年从军情形等文件》,中国第二历史档案馆藏,国民政府全国知识青年志愿从军指导委员会档案,781/125。
② 《国民党中央大学知识青年从军征集委员会呈报该会成立、从军学生名册及有关发动青年从军之会议报告等文电》,中国第二历史档案馆藏,国民政府全国知识青年志愿从军指导委员会档案,781/121。

表 7-1　中央大学知识青年报名从军人数表

类别		人数		百分比
		男	女	
报名参加远征军	赴印远征军	330	/	29.9%
	青年远征军政工班	148	33+18	18%
	青年志愿远征军	12	14（女青年服务队）	2.36%
报考海军		45		4.1%
空军初试及格		19		1.7%
报考译员		485		43.9%
合计		1 104		100%

资料来源：《国民党中央大学知识青年从军征集委员会呈报该会成立、从军学生名册及有关发动青年从军之会议报告等文电》，中国第二历史档案馆藏，国民政府全国知识青年志愿从军指导委员会档案，781/121。

显然，军官的社会地位和经济利益对青年学生有着不可否认的影响。尽管物质利益并不能衡量奉献精神的本身价值，但也不可一味讲求奉献精神而忽视了物质补偿。我们将译员和青年远征军列兵的待遇作一下比较，就可以理解大学生的选择了。

1944 年 11 月 20 日，军事委员会外事局发函《订定学生志愿应征译员原则四项》致教育部，规定："考取译员均先按三级译员起薪（同少校，月支四四〇〇）并每名加给勤务津贴一〇〇元，生活费二〇〇元，副食津贴各地中等熟米八市斗，按市价折算，其派赴国外者，并月给卢比津贴一四〇盾，勤务津贴五〇盾，治装费国币一五〇〇元，印币二〇〇盾。"[①]而根据规定，青年远征军普通列兵的月

---

① 《军委会外事局向各专科以上学校征调译员与教育部及有关学校联系的来往文件（内有中统局"关于沙坪坝各大学抗议征调译员"的情报及军委会代电）》，中国第二历史档案馆藏，国民政府教育部档案，5/6733。

饷仅 50 元。① 两者之悬殊实在太大,多数青年会选择前者。

入伍之后,从军公务员根据规定不仅留职留薪而且领取列兵的月饷。面对与从军公务员薪津之差别,从军学生心理更是难以平衡。全国知识青年志愿从军指导委员会在运动发起之后就收到了大量反映这一问题的来信。1945 年 3 月,陈果夫在了解这一问题后就亲笔写信给全国知识青年志愿从军指导委员会。《陈委员果夫来函》正文如下:

> 兹据从军学生来函以入营后上月薪饷仅整领五十元。学生等立志从军,虽激于爱国之念,惟其中有因,家境贫寒无力补给或家乡沦陷接济终绝者,以现时生活而论,区区五十元月饷即最低水准之难维持。而来自各机关原领薪金仍照常发给,致相形之下厚薄悬殊①,揆之人情殊失公允,亟应设法调整以缓和入伍待遇能稍平衡等语,特为转达,即希察存参考,益予设法改善为荷!②

但是,笔者在其所在档案全宗中竟未发现有关解决这一难题的只言片语。1945 年 8 月,全国知识青年志愿从军指导委员会收到二○七师陕籍从军青年来函,此时从军青年已经升为二等兵,但是,"此地百物高贵,二等兵每月饷项不过三百元,发信一封至少需

---

① 根据卷宗《各机关从军青年请求全国知识青年志愿从军指导委员会饬令原机关保留原职原薪等报告》所收信件看,当时一般基层公务员薪津为几百元到几万元不等,而从军学生所领仅有 50 元。
② 《各机关从军青年请求全国知识青年志愿从军指导委员会饬令原机关保留原职原薪等报告》,中国第二历史档案馆藏,国民政府全国知识青年志愿从军指导委员会档案,781/45。

资五十元,生活之困难日渐繁多"①。从军学生的津贴根本赶不上上涨的物价。

从军的学生理应得到政府的优待,而他们所能享受的优待完全以曾经的同学为参照标准。国民政府不切实际地将学生作冲锋陷阵的普通列兵对待,而普通列兵的优待标准与军官和公务员又截然不同。国民政府给从军学生制造的双重身份与优待标准之间形成了难以化解的矛盾,这是国民政府先前完全没有想到的。

二、民主与集权之矛盾

军队需要集权以强调军纪,而崇尚民主、自由的青年学生自然不习惯军营生活,较难管理。因此,各师都把参军学生集体编入特种部队,即工兵营、炮兵营、战车营、通讯连等。另外,还选择一些受过高等教育的军官做他们的主官。例如,二〇三师留护送从军青年入伍的燕京大学体育教授林启武任该师的上校体育教官,又将参军的同济大学教授杨宝林、四川大学教授张继正擢升为上尉连指导员。②

青年学生的活泼好动还是难免带来一些麻烦。据原青年远征军二〇八师六三八团政治部干事蒋术先生回忆,在抗战胜利的那天晚上,他们跑出营房,烧篝火狂欢,因为柴火不够,就烧了师部的许多椅子和凳子。③

然而,比较严重的是,青年学生由于对这种集权体制和由此产

---

① 《陕西省知识青年从军征集委员会报告从军人数、集训情况等来往文件》,中国第二历史档案馆藏,国民政府全国知识青年志愿从军指导委员会档案,781/90。
② 赵秀昆:《青年军的组建和消亡》,《军事历史研究》1994年第3期。
③ 原青年远征军二〇八师六三八团政治部干事、黄埔军校十六期毕业生蒋术先生口述,蔡宏俊记录,时间:2005年9月3日。

生的种种腐败的强烈不满而与军官们产生了矛盾,军官们则借口强调军纪打压从军学生。于是,矛盾更激化了。

由于青年远征军二〇七师早早地就划归了新六军,学生与军官的矛盾在二〇七师更为突出。据原二〇七师驻印汽车团从军学生邹承鲁回忆:

> 2月2日,为了领每人25元的半月军饷,他们一连人在大风沙中足足立正等了两个多小时,然后,军需老爷才姗姗来到。他的傲慢、拖沓、不为士兵着想惹恼了这群深受科学、民主、人权等现代精神感染的青年。他们发扬联大作风,大家七嘴八舌,把军需官痛骂了一顿。中央劳动营主任赶紧过来解围。他对联大的这群学生兵发表演讲,要求他们服从长官,即使长官看上去有错也要服从。还说自己是教授,而领袖则比神还要伟大,等等。对这些谬论,同学们烦极了,他们跺脚、咳嗽、拍掌、喝倒彩,闹得一塌糊涂。
>
> 批评上级当然很痛快,可惜的是,这种痛快往往要付出代价。2月4日,在巫家坝机场,眼看一条条身着便衣的"黄鱼"上了飞往印度的军用飞机,可他们总被安排坐在那里等待。而且,在一天一夜的时间内,都没有人管他们的吃饭问题。
>
> ……
>
> 根据士兵愿望,由各连推选出一名士兵做代表,成立"士兵委员会",凡有关士兵的供给、膳食、被服、邮政等事宜,都由"士兵委员会"参加团部军需处管理……这套透明开放的民主管理方法活跃了军营的气氛,堵塞了克扣士兵、中饱私囊、营私舞弊等多种官长腐败的渠道,当然深受从"民主堡垒"中出来的联大学生兵和其他受益士兵的拥护。但也正因为如此,它深受本团部分军官以及团外众多军官的嫉恨。后者称"暂

汽一团"为"民主团"。为免自己所管辖的士兵受影响,他们既严禁"暂汽一团"士兵到他们的军营拜访,又禁止他们的士兵去"暂汽一团"参观。他们常说:"大学生算个屁,看我一样的打。"战车营的官长还向他们的士兵说:"看见民主团的兵,拉住就打没有错!"

他们说的不是空话。不久之后,在游泳池中发现了一具联大同学的尸体,身上大块大块的黑色淤血,很明显是被殴打至死。凶手究竟是谁?上面根本就不让细问,最终也没有给出一个解释。

……

1945年6月,他们奉命前往印缅边境雷多,被指定驻扎到一个到处是断壁颓垣、焦黑梁木的地方。一打听,原来那个地方在不久前还是霍乱疫区。当时正有一支中国部队驻扎在那里,很快就因霍乱流行而死了许多人,最后该部队一把火烧了那个地方,撤了出去。他们赶紧要求更换营地。谁知中国驻印军副总指挥郑洞国却批示说,"民主团"比霍乱菌可恶,必须隔离。后来周围真的被围上了铁丝网,还有宪兵来监视他们,谁有不满言论就立刻抓捕。为了防止他们反抗,根本就不发枪弹给他们。在这种情况下,不被折磨致死、保全躯体回国复学已经成为他们普遍的目标。①

被分配到其他部队的青年军也遇到很多类似的情况。为了更好地管理,这些单位就将青年军集中起来进行编队,单独安排营地和任务,避免影响其他士兵。

1946年2月14日,中国国民党陕西省执行委员会代电全国知

---

① 熊卫民:《邹承鲁院士谈西南联大学生兵远征往事》,《南方周末》2005年6月30日。

识青年志愿从军指导委员会,请全国知识青年志愿从军指导委员会调查处理虐待陕西籍知识青年事件。辎汽十五团的知识青年大多系陕西籍,其中一名杨姓陕西籍国民党党员为反映他们受到了军官的虐待,写信向上揭发该团"三个连长私带黄鱼,拖私货、私扣给养"①。这就进一步升级了矛盾。该团遂将该部知识青年集中起来管理,并且施加报复。为此,他们集体出逃,写信向陕西省党部和社会各界求救。

该杨姓知识青年在给陕西省党部的信中说:"员等当年节之际,(被罚)饿肚子两日,喜中加愁,愁中之大不幸,脱离部队,寄居芷江之青年团分团部。谁知不幸之中有幸,我们将官长贪污实施,虐待青年之种种情形向芷江各界人士齐呼,得到芷江各界人士很诚意之同情受苦的青年并予协助帮办。"迫于舆论和社会压力,该团领导允诺将严肃处理此事,并将他们带回。

芷江宪兵团团长孙、辎汽指挥所主任刘,以党政团各主管官送青年军归营,至于官长贪污虐待等情归营后决对负责办理,不能让官长逍遥法外。而我们诚信各界人士之劝解,毅然决然之归营,静候各界人士之依公处理。

而到了四日之下午,本营营长代表党政军团等向青年答复条件如下:

(一)三个连长私带黄鱼,拖私货、私扣给养等解送贵阳团部,依法办理;

(二)十一二月份薪饷出差费呈请团部管发。

---

① 本段及以下5段均出自《青年远征军士兵控告原属省县、乡政府人员贪污安家费、不按优待办法优待远征军家属及请求保留原职原薪的文书》(1944.12—1946.2),中国第二历史档案馆藏,国民政府全国知识青年志愿从军指导委员会档案,781/47。

> 同学还是各回各连,嗣后决对禁止苛训虐待,官兵打成一片,共同达成运输之责。

然而,"官官相护"的铁的事实给了他们一次无情的教训。在这些连长被带走处理的四个钟头后,"到黄县遇见本团李副团长,仍然将三个连长带回,马上将以前之决定案,全为悬案,另行处理"。团里重新决定:

对于几位虐待知识青年的基层连长,"四连连长王嘉俊解送贵阳法办。五、六连连长照常服务";

对于知识青年,"(1) 将青年军编为教育队,重新受训,全体青年曾未通过,作为悬案;(2) 编为服务连,又未通过,作为悬案;(3) 最后将四、六连编为四连、五连,还是[各自]回[原来的]连"。知识青年听到这个决定后,委曲求全地顺从了安排。但是,"唉,又想不到,第二天,副团长临走之时下手谕给营长,给学生十五辆车子,还是编为一个连。而愿意不愿意,非要如此而办。现在,副团长返贵阳,营长拿着手令压迫着青年而在摇荡之中,无从着手了"。

知识青年们心中十分悲愤,又无可奈何。他们在信中说道:

> 以上所述,大概不过如此,而详情与我们所受之苦,(陕西省党部某)主任可想而知也。而在此没法之际,青年们下了决心,再不愿度那暗无阳光之生活,伤心血泪洒湿了寝室。哀哭之音不堪耳闻。痛哭流涕向官长要求退伍,别无他虑也。当时,狠心之官长也不杀也不放,以职权压迫青年,非要你们青年受苦。看你们青年如何否,当时近二日来,有小同学们业已生病,有一位王世英病最重,诚恐生死难保了。还有二位同学自杀。所以请主任速为与我们设法齐前退伍,若是再延长时间,诚恐我们再不能和主任面谈了。

我们赴印度受训,全团青年千余名,而现在不满三百名者。何也?均被官长无故开除淘汰,甚至难言唉!主任,你想归国后,不到五个月,数额相差如此,而再延长数月,还能见青年军之面乎?言之至此,不觉泪下。

三、国民党与三青团之矛盾

1938年3月底,三民主义青年团成立。蒋介石为将三青团塑造成"革命新血轮",让它与国民党相互竞争、同台竞技。三青团作为一个新生的党团,充满活力,这样就可以摆脱国民党的复杂历史遗留问题与人事纠葛;而且三青团的政治活动可以有力鞭策国民党,促使其不断进步。三青团与国民党之间不存在隶属关系,蒋介石以国民党总裁的身份兼任三青团团长。三青团有着自己独立的人事、经费和自上而下的组织机构,而且可以直达"天听",它的崛起与发展自然会侵蚀国民党的政治资源。

青年人是民族的希望、国家的未来,三青团将青年人作为重点吸纳对象,这直接对国民党的组织扩张产生了影响。1943年4月,三青团"一大"制订了十年内"吸收团员三百万人"的庞大计划,规定:"其成分:在学校知识青年应占百分之六十,农工及其他社会青年应占百分之四十,女青年应占团员总数百分之二十……鼓励团员及青年踊跃接受军训及服兵役,以促进建军运动之完成。"[①]三青团不仅在年龄结构上对国民党的组织造成影响,而且从黄埔系中析出的三青团还希望建立一支"团军"进而控制军队以谋取更多的政治资源与政治利益。

---

① 《三青团一大通过发展团务十年计划总纲》(1943年4月),中国第二历史档案馆编:《中华民国史档案资料汇编》第五辑第二编,政治(三),第803页。

第七章 对知识青年从军运动的评价

1943年11月,在四川军管区参谋长徐思平的策动之下,学生从军运动兴起。由黄埔系掌控的军政部兵役署立即发布《学生志愿服役办法》,期望在这一活动中掌握主动。1944年10月,发动知识青年从军会议召开,大家在集中讨论后,决定:"党团办这件事,大原则方面不分彼此,共同进行,但对于实施办法,许多技术方面,不尽相同的。因此,主张分别订,党部订党部的,团部订团部的。"①会议决定预计征集10万人,国民党与三青团各负责召集5万人,并通过《各级党部团部征集知识青年从军实施办法》,明确规定党团应绝对合作,"各级党部团部办理从军之原则计划及步骤等,应尽可能一致,并绝对协同合作"②。

党团并举势必产生矛盾,而且三青团一直负责青年训练工作,三青团团章也将团员年龄限制在18—38岁,这些对三青团控制知识青年从军运动都极为有利。于是,蒋介石特命三青团中央主持知识青年从军运动事宜。

尽管国民党在知识青年从军运动领导权的争夺中落败,但党团在基层组织力量上的较量并没有结束。因为知识青年人数毕竟有限,国民党和三青团都为动员青年从军而努力排挤对方,甚至出现集体突击入党或入团的现象。1945年2月,三青团陕西支团宁强分团干事会原干事兼书记陈宗璧状告宁强县党部书记长刘明达在"率领青年军赴省途中强征团员入党,改变名册,矇蔽上峰",而

---

① 《全国知识青年志愿从军指导委员会发动知识青年从军会议第一至第三次会议记录》(1944年10月),中国第二历史档案馆藏,国民政府全国知识青年志愿从军指导委员会档案,781/9。

② 《国民党发动知识青年从军会议记录》(1944年10月11—14日),中国第二历史档案馆编:《中华民国史档案资料汇编》第五辑第二编,政治(五),第334页。

刘明达则反告陈宗璧动员不力,两人相互指责。①

在排斥了国民党之后,三青团内部又展开了恶斗。原来创建三青团的黄埔系、后来掌握三青团的陈诚系、三青团内的新势力蒋经国系,可谓三派鼎立,为控制知识青年从军运动展开了明争暗斗。

三青团的组织处长康泽,是三青团的创建者,又是黄埔系(复兴社)的重要人物。黄埔系本身局限于军队,但是他们的野心绝不局限在军队,而是希望通过该运动掌控更多的政治资源。所以,他在掌控了学生从军运动之后,又担任了知识青年志愿从军指导委员会的秘书处主任秘书,在计划和主持该运动的具体工作中,尽量利用原复兴社的班底。三青团中央书记长陈诚,向蒋介石推荐了亲信罗卓英出任青年军编练总监。蒋经国则利用其特殊身份,在1944年后逐渐掌握三青团中央的实权。他出任了青年军编练总监部政治部主任。蒋经国以中央干部学校(主要培训三青团的干部)教育长的有利身份,"挑选了1 140名具有大专学历的青年党团员直接入'政工班'进行训练然后安插在青年军政工系统中,与黄埔系和陈诚系争夺青年军的领导权"。"康泽与蒋经国意见相歧,康泽则坚持应征青年要先加入青年军接受军事训练,然而再接受政工训练,目的是要这些人接受黄埔系熏陶以便控制。"②

而且,由于蒋经国的"太子"身份,他在许多重要事件上抛开全国知识青年志愿从军指导委员会和编练总监部,直接向蒋介石汇报或者签呈蒋介石。罗卓英和康泽对其也无可奈何。

---

① 《陕西省知识青年从军征集委员会报告从军人数、集训情况等来往文件》,中国第二历史档案馆藏,国民政府全国知识青年志愿从军指导委员会档案,781/90。
② 李亦劻:《两度相随蒋经国迁及见闻纪实》(下),台北《传记文学》第67卷第5期。

在军官的安排上,黄埔系和陈诚系矛盾突出,但此一事主要由陈诚系掌控。康泽还回忆道:"有一天张治中对我说,青年军的师长,还有几个没有决定,你有什么人,可以开给我,我帮你去提。我当即提出王功亮、韩文焕。过了两天,张治中对我说:'你所提的那两个人,我已经向委员长提了,并说明是你保的,委员长口头上表示可以。'我当时曾以为这种无意的保举,居然有成功的希望。待七个师长发表后,我逐渐感到,我所保的王功亮、韩文焕是无望了。这表明,青年军的师长,只有陈诚和胡宗南才能保举。因此,我思想上相当反感。"①

在蒋介石的支持下,蒋经国很快掌控了青年远征军。大多数师长对其甘心服从,而康泽则被排挤,被安排出国考察。三青团"二大"时,青年远征军还派代表参加,虽然青年远征军中没有团组织,但是代表可以以个人身份参加——在蒋经国的头脑中,青年远征军就是一个大的团组织。而三青团的创始人康泽想回国参加三青团全国代表大会却未获批准。由此可见,青年远征军完全被蒋经国控制了,并已经成为一支"团军"。② 这些都使得康泽心灰意冷,也成为康泽在襄樊战役中被俘后很快归顺中共的重要原因。

四、军队政工人员与军事人员之矛盾

抗日战争时期,国民党军队的政治工作应该说也是十分糟糕的。由于1927年的"清党",国民党军队内的政治工作基本瘫痪或取消。1938年,军事委员会重组,设立政治部,由陈诚担任部长、周

---

① 潘嘉钊:《康泽与蒋介石父子》,第140—141页。
② 原青年远征军二〇八师六三八团政治部干事、黄埔军校十六期毕业生蒋术先生口述,蔡宏俊记录,时间:2005年9月3日。

恩来担任副部长,其最初的目的只是在官员和民众中宣传抗日主张,并组织和训练民众。1939年3月,军队中的政治工作才算确立起来,但它的主要任务是和军统局一起监督军事主官。政工干部无疑成了不受欢迎的人,遭到官兵的孤立。经费匮乏和人事不足,也使得政治工作举步维艰。1943年下半年,军队政治工作经费几乎停发,甚至"师以上的党部或相当一级的单位每月只有80元钱来维持其活动,团以下党部都没有独立的预算"①。直到1944年,"21 386名连级以上政工人员只有15%的人在从事专职工作"②,团、连级单位中的指导员的编制都被裁撤掉了,没有专门的政治工作人员。

国民政府错误地强调政工人员的控制和监视作用,这很明显与改革中国军队的基础是相互排斥的。在政府与地方指挥官的尖锐对抗中,士兵基本上被忽略了。③ 在这种状况下,依靠军队政工提高士气、激励忠诚和加强纪律是完全不可能的。

动员知识青年从军并建立青年新军成了重建军队政工系统的契机,而熟稔苏军严格的组织生活且正在崛起的蒋经国则是从事这一运动的绝佳人选。于是,蒋介石决定由蒋经国任青年军编练总监部的政治部主任,以恢复和扩大政治工作力量。在军队中,按照常规,青年远征军政治部主任应受青年军编练总监部的直接领导,同时又受军委会政治部的领导。但是蒋介石把青年军政治部归属在军事委员会训练处之下,并不隶属总政治部管辖,这个不寻

---

① 《中央训练团党政训练班工作讨论资料选录增编》,中国国民党中央执行委员会训练委员会编印,1943年,第39页。
② 国民党中组部:《八年来之军队党务》,无出版信息,第122—123页。
③ [美]齐锡生著,徐有威、徐云根译:《抗战时期国民党内各军事集团之间的关系》(上),《军事历史研究》1994年第4期。

常的做法使得蒋经国和青年远征军享有独特的地位,不受军方原有的政工制度节制。① 蒋经国把这一机构变成一个独立王国,使得上述两个上级不好过问,也都不去干预他。青年远征军的政治部及下属各师的政工系统的组织、人事、经费使用和活动安排,别人无权过问,皆由蒋经国亲自安排和支配。由于蒋经国的特殊身份,罗卓英及其下属各师师长也都不好过问,索性相互尊重、相安无事。蒋经国完全排除了原有的军队政工人员,另起炉灶,自己在三青团和中央干部学校内挑选和训练所需要的政工干部。

据蒋术先生回忆:"青年军的政工人员特别有地位。蒋经国曾留学苏联,对苏联军队的政工制度极其熟悉。他重新强调了政工制度。再加上他在军队比较有威望,政工制度实行得比较好,师长、团长有重要事件都得和政工人员商量,财务、军风纪管理都要政工人员盖章。这完全是人的因素在起作用。"②这样一来,青年远征军的政治工作显然发生了异化,既不是国家也不是党,而是蒋经国个人在军队政治工作中起着主导作用。青年远征军的政治工作不仅是处于蒋经国的单独控制之下,其职权范围还明显扩大了。青年军的政治工作不可避免地陷入了派系斗争的旋涡之中。和以前不同的是,军队政工人员不再依附于军事主官,而形成了一支独立的政治力量。

当然,青年远征军的军事主官是不会甘心让这股新的力量侵入其势力范围的。于是,青年远征军中的军政矛盾便凸显出来。青年军二○四师师长覃异之回忆道:"陈诚要通过罗卓英来掌握青

---

① [美]陶涵:《蒋经国传》,第130页。
② 原青年远征军二○八师六三八团政治部干事、黄埔军校十六期毕业生蒋术先生口述,蔡宏俊记录,时间:2005年9月3日。

年军,而蒋经国要把青年军作为政治资本,在这里就潜伏着蒋陈间的矛盾。后来在部队中,政工干部与军事干部间的种种矛盾,都直接间接与蒋陈间的潜伏矛盾分不开。双方的矛盾,最初表现在彼此争取教育时间,及争夺部队管理权的问题上,后来发展到互相打击彼此威信,作为争夺青年的手段。如部队长强调部队纪律时,政工干部却大谈民主自由。下级干部的矛盾更加尖锐。"①

据二〇三师的少校副营长董吉甫回忆,1944年春,青年远征军驻隆昌某连连长张某纠集几个军官借故痛打了该团政工人员,团政委即电告驻在重庆的蒋经国,蒋除电令团长李培将为首肇事的张连长逮捕扣押外,并亲自来隆处理这一严重事件。他将团长李培及营级以上干部严厉斥责一顿。而这件事的根本原因就是"由于青年军的政工人员,均是蒋经国亲自培训的,在部队中较一般部队长级别为高,权力较大,不免骄气横生,盛气凌人。部队带兵干部,因受外来影响,对此颇为不满。由于权力之争,不免产生矛盾,从而形成军政不和"。②

五、国民党与共产党之矛盾

关于知识青年从军运动,中国共产党的相关媒体上有所报道,但并不多,也没有激烈反对。所以,国共政争在知识青年从军运动问题上尚且谈不上激烈。在解放战争全面爆发后,国共军事斗争愈发激烈,此时才渐展争夺青年之势。

知识青年对于政治问题一向热心,国共政治斗争对其影响较

---

① 覃异之:《蒋经国与青年军》,全国政协文史资料研究委员会编:《文史资料选辑》第28辑,北京:文史资料出版社1962年版,第142—144页。
② 董吉甫:《青年军在隆昌的情况》,隆昌县政协文史资料研究委员会编:《隆昌文史资料选辑》第5辑,1985年,第88页。

大。知识青年参军后,对于政治问题的观点主要是校园内政治观点的延续。1941年1月发生的皖南事变使得国共分裂公开化,校园政治也随之发生了分裂。在西南联大就发生了激烈的大辩论。"在大会上,有几位群社社员声泪俱下,控诉政府的不抵抗政策,却把枪口对准了爱国同胞。支持三青团的南社社员则反唇相讥,控告共产党不但在皖南地区公然藐视官方军事纪律,而且建立倨傲凌人的非法'边区'政府。"①由于种种原因,作为左派的群社失势,激进学生从此转入地下活动,活跃的校园气氛也不复存在。1941年3月,学生刊物《民主思想》中所发表的一些文章就让人感受到了这种咄咄逼人的气氛。西南联大哲学系的学生殷福生提出意识形态、政党和国家之间不可分割的"三位一体"理论,他还认为:"每个成功的国家必有其'国魂'。俄国的国魂是共产主义,德国的国魂是国家社会主义,这些国家都已发展壮大。法国由于没有国魂而走向灭亡。要是中国想求得生存,就必须果珍爱自己的国魂,即三民主义。""你说要抗战罢!民族主义已经告诉我们了!你说要讲民治罢!民权主义已经告诉我们了!你说要改善民生罢!已经有民生主义了!"归根结底一句话:除了国民党,其他党派"完全是多余的,或有害的"。② 1943年3月,蒋介石的《中国之命运》一书出版,鼓吹只有国民党救中国,只有三民主义救中国。国民政府的法西斯化越走越远,校园政治的天平也一再倾斜。在这种意识形态的攻势之下,国防动员的效率自然提高,但是这种过度敏感的意识形态加剧了国共的分裂和冲突。

---

① 易社强对查良钊的采访,参见[美]易社强:《战争与革命中的西南联大》,第248页。
② 殷福生:《三位一体论》,《民主思想》,第15—20页,转引自[美]易社强:《战争与革命中的西南联大》,第249页。

在蒋介石眼中,发动知识青年从军运动的确是振兴国民党的一次契机,但他认为国民党的困难主要是由于"共产党的诬蔑"而引起的,这样就规避了国民党自己的责任问题,而将矛头直接指向共产党。

蒋介石在召开发动知识青年从军会议时就说:"目前本党的环境,真是险恶万分!简直是到了内外夹攻,岌岌可危的境地。现在共产党和一切反动派公开的诋毁我们,诬蔑我们,说本党是官僚、流氓、政客的集团,说我们政府里面无官不贪,无吏不污,犹如满清末年的旗下人一样。不仅反动派对我们是这样的侮辱,就是一般民众,也对本党抱一种怀疑观望的态度,甚至认为我们党员不是服务民众的,而是来剥削民众的,我们党部不是革命的团体,而是一个腐化的衙门!由于国内的表现如此,在国际上就引起了盟邦对于本党的轻视。他们认为本党不足以代表中国革命的力量,因之,对于中国抗战的前途,亦起了怀疑。"①

在这种逻辑下,目的在于造就党与军的新生力量的知识青年从军运动就一定得特别注意"防共"了。蒋介石指示道:"我们此次发动知识青年从军,一切反动派尤其是共产党,一定会想种种办法来破坏我们的宣传,阻挠我们的工作,或者是利用一般青年避难就易的心理,拒绝应征,甚至在召集以前煽动风潮,或是在召集以后,派他反动党徒参加到部队里面来,到了危急的时刻,乘机叛变,来破坏我们的计划。我们对于他们种种可能发动的阴谋诡计不能不事先研究,预为防备。"②

---

① 秦孝仪主编:《总统蒋公思想言论总集》第 20 卷,第 520—521 页。
② 蒋介石:《对于知识青年从军运动之指示》,郭绍仪编著:《青年远征军志略》,第 188 页。

发动知识青年从军会议决定预计征集10万人,主要通过党团来发动和组织,既是为了刷新政治、引领社会风气,也是为了建立一支新军和新的党团力量。为了防止党团恶性竞争,规定国民党与三青团各自计划与组织召集5万人。所以,该运动从一开始就是想组建一支以党团员为主的现代化新军。但蒋介石特别指出:"我们对外切不可用党团的名义来号召。否则反动派即时大肆宣传说我们所组织的是党军,或是用其他恶名来诬蔑我们,来炫惑国际的视听。"①于是这一目标就一直没有公开。

1944年10月23日,中国共产党的党报《新华日报》发表了一篇名为《知识青年从军问题》的文章,主要观点如下:

> 在最近的报纸上谈知识青年从军问题的相当热闹。原因是目前战局十分危急,我国作战部队必须急切的在品质上提高,必须急切的注入新的血液,新生出战斗力量,而知识青年,其实一切青年都是一样,正是最富于爱国热忱,最是生气勃勃,对于法西斯和侵略者的仇恨也最深切,所以大家都把知识青年从军看作是挽救目前危局最有效的方法之一。

> 挽救目前危局最根本最重要的办法是政治上要有一个全面的彻底的革新,我们不能把知识青年从军看作是挽救目前危局的唯一方法,我们只能说知识青年从军不失为提高军队品质和作战力量的方法之一。

> 这样的讲法还是有条件的,我们必须先研究清楚,过去正

---

① 蒋介石:《对于知识青年从军运动之指示》,郭绍仪编著:《青年远征军志略》,第188—189页。

面战场上的那些部队何以品质不高,作战力量何以那样的差,找出了症结所在而加以彻底的革新,同时还需研究清楚青年的力量要怎样才能发挥出来,看出力量的根源和其生长的道路,而不折不扣的遵循着做去——这样知识青年从军才能收到应有的效果……首先我们不能看漏了役政,过去役政不是经过民主动员,而是用种种不合理的办法,入伍打仗原来是一种光荣,这样一来就变成了苦役。其次是训练,陆新编必须给以相当时期的适当训练,这里最重要的是必须使其对目前抗战的目的有正确的了解和亲身的体验,我们的抗战是反法西斯侵略和争取民主自由的圣战,必须使每一个入伍新兵对于目前这次世界大战中的两个对立的阵营有充分的认识,他们是旗帜鲜明的,一方是法西斯独裁,一方是民主自由,为了要使他们了解自己作战的目的和前途,一方面,要让他们天天看清楚国际上这两个阵营的发展现状,和国内各战场作战的真相。另一方面要让他们尽可能的过着民主的生活,使他们亲身体验到民主的好处……提高军队品质,加强作战力量,发挥知识青年的力量,首先要从这些地方痛下针砭。①

应该说,这篇文章对该运动的评论并不激烈,甚至比较中肯,将矛头主要对准法西斯独裁。但是,国民党方面的反弹很厉害,甚至可以说是过于敏感。这篇文章也成了共产党评论知识青年从军运动的唯一文章,后来书报检查更加严格,再也没法通过该报评论知识青年从军运动了。

笔者在一些档案中还看到,在几起青年军捣乱事件中,国民政府均认为可能是异党指使,但从未有过实证。知识青年容易激动,

---

① 《知识青年从军问题》,《新华日报》,1944年10月23日,第2版。

从军后又自恃功高,稍有不满就会出现过激行为。于是街头经常出现青年军砸戏院、报社、坐车要求优待而不买票等情况。这本是正常情况,通过教育就应该解决问题。然而,蒋介石和其特务组织对防共问题有点过分关注了。

以青年军捣毁新生晚报社一案为例。1945年1月,战时新闻检查局向全国知识青年志愿从军指导委员会转发了新生晚报"被青年军数十人捣毁,损失颇钜,并呼反动口号,显系政治性之破坏行动,此类街头事件几无日无之"等情,并请其调查。然而后来却查明"新生晚报因登载新闻有使从军青年误会之处,致使被从军青年捣毁"。①

兵役部区党部还奉军事委员会特别党部密令,颁发了《防止奸伪活动办法》。之后,还颁布了《防止异党兵运实施方案》,详细地规定了各种防止兵运的方法,并规定了考验、侦察、密告、查禁、联保、检举、分化、吸收、说服和制裁等防范步骤。② 但是,相关材料中也没有具有实际证据的资料来证实中共的破坏行为。

第三节 知识青年从军运动的问题分析

轰轰烈烈的知识青年从军运动,从表面上看是兵役政策改良的一次运动,也是为了刷新政治、改善国际形象的重大举措。但是,蒋介石抛开了兵役部、军训部而另起炉灶,在军事委员会下面重新再造知识青年从军的征集、编练体制,实行"体外循环",这并

---

① 《陕西省知识青年从军征集委员会报告从军人数、集训情况等来往文件》,中国第二历史档案馆藏,国民政府全国知识青年志愿从军指导委员会档案,781/90。
② 《军委会国民党特别党部颁发"防止异党兵运实施方案及中共活动办法"》,中国第二历史档案馆藏,国民政府兵役部档案,775/170。

不是要解决兵役体制的根本问题。显然,其政治的目的强于军事目的,冠冕堂皇的役政改良实际就是一场政治秀。蒋介石意图通过该运动刷新政治,却因为培植蒋经国的势力而加剧了国民党内的政治倾轧。这次国防动员的新尝试,并没有达到大家的期望,反而浪费了大量人力资源和教育资源。

一、是役政改良,更是政治作秀的再现

蒋介石强调:"抗战建国,首重兵役"。在依赖军事实力求得生存和发展的民国时期,兵员和兵源的多寡,显得尤为重要,军政部兵役署也成为各方政治势力较量的焦点,这使得役政改良和进步,尤为艰难。

其实,役政弊端主要集中在以下三个主要问题上,要想真正做到役政改良,必须首先认识到这三个问题,然后再针对性地解决。可惜的是,我们并没有看到这三个役政主要问题的解决,或许蒋介石并没有计划全面解决役政问题,也或许蒋介石从一开始就没有下决心去解决这些问题。

役政的主要问题之一,是兵役署高级官员的腐败,以及由此形成的从上到下的连锁反应。

兵役署署长程泽润被蒋介石枪决,此案确实有先抓人后立案、行政干扰司法等诸多问题,甚至有人认为其以九年刑期而最终被枪决实在是冤案。但是,程泽润本人乃至其上司军政部部长何应钦的腐败,已经到了令当时军政要员忍无可忍的地步了。陈诚、张治中、黄绍竑等的回忆录中都有大量篇幅介绍役政腐败及其对役政的不满。

抗战时期前后两任军法执行总监的经历和体验就很具有典型意义,我们从中可以看出军政部及其下属的兵役署胆大妄为到何

种程度:

军法执行总监鹿钟麟调任冀察(游击)战区总司令兼河北省主席,在敌后招兵买马发动游击战,失败回重庆后,为报销费用忍气吞声地"感谢"了军政部五万元。冯玉祥在回忆录中大骂:

> 鹿钟麟往河北当主席去的时候,他是军事委员会的军法执行总监,上将阶级,是负责全国军法事情的;一转眼鹿钟麟回来了,军政部就敢没收他的五万块钱,这个胆子够多么大!这种贪污到什么程度呢?明眼人自然很清楚,到底他们为什么敢这样的大胆?是谁来支持他们呢?①

接任军法执行总监的何成濬,曾经担任过湖北省主席,对役政腐败有切身体会。他担任军法执行总监后曾经在日记中叙述:

> (陈)乐三②云其弟在涪陵某师管区任下级官,昨回渝言,师管区司令、团长、营长、连长无一不吃空额,司令所吃之数目特多,团长次之,营长、连长又次之,实有兵数不及领薪饷之一半,已成为定例。上级机关往往派员点查从未闻有以空额获罪者,不悉何故。答曰:恐不仅涪陵如此,其他各处当与涪陵无异,兵役当局最恨人揭举办兵役者舞弊,其故安在,非局外人所敢妄测。③

可叹的是,前后两任掌握惩戒大权的军法执行总监都对军政部和兵役机构大为不满,但又都没有办法。

兵役署署长程泽润及其妻子于惠芳大肆收受贿赂,贪得无厌,

---

① 冯玉祥:《我所认识的蒋介石》,第165页。
② 陈乐三,浙江湖州人,1933年任国民党福建省党部执行委员,1936年任国民党汉口市党部执行委员,后弃政从商。
③ 何庆华藏,沈云龙注:《何成濬将军战时日记》,第463页。

在当时的重庆官场上臭名远扬。方秋苇记述道:

> 她(于惠芳)喜欢的是总务处长和一些师(团)管区司令、补充团长送来的礼物和一叠叠的钞票,一度公开办起一家银行。因为搞得风声大,流言蜚语多,银行只好罢手不干了……他夫妇嫌弃自己的住宅太小,就在通远门附近被日本飞机轰炸后的空地内买了一段地皮,设计盖一栋三层洋楼,当然少不了需要绿化设施。这个人真胆大妄为,他竟把这个建筑计划,交给重庆一个团管区司令派大批新兵替他的计划施工,还要开辟一条防备日本飞机轰炸的地道。这地方是通达国民党中央(上清寺)的交通要道,相当繁荣,任何人都可看见。①

由此可见,兵役腐败已经到了极点,兵役署署长不仅贪腐严重,而且明目张胆、毫不避讳,在兵役系统形成了上行下效的连锁反应。只有解决上层腐败,才能改良役政系统。

役政的主要问题之二,是"新县制"的改革问题与基层保甲工作有待进步。

兵役属于国防建设的内容,需要军队和地方行政共同来完成。地方行政中的人口统计、壮丁调查和公平抽签等工作是兵役工作的基础。这些基层保甲工作能否很好地完成,能否有效地将国家意志灌输到基层,能否将基层的人力资源动员起来,直接决定兵役工作质量和兵员素质。

而基层政治的改良注定是一个漫长的过程。中国传统社会在历朝历代都是"皇权不下县";辛亥革命后,民国初建,孙中山也强调人民自治;南京国民政府建立后,才开始试图探索县级行政改

---

① 方秋苇:《抗战时期的〈兵役法〉和兵役署》,《民国档案》1996 年第 1 期。

革,1928年9月颁布的《县组织法》开启了地方行政改革,但进展极其缓慢。1939年9月颁布的《县各级组织纲要》全面启动"新县制"改革,只有"新县制"改革完成,国民党才能更好地控制底层社会与动员各种战争资源。但是,这个改革也很拖沓。特别是四川、贵州、陕西、甘肃、宁夏、青海等大后方各省,这些边疆地区采取与中原地区不同的管理方式。1942年,蒋介石严令各省务必在1945年年底完成"新县制"改革。

役政的改革必须依赖"新县制"改革的完成,兵员的高效而公平的动员必须依赖基层保甲制度的完善以及基层工作的进步,因此,役政的弊端与基层保甲人员工作不力并且腐败丛生有关。只有待到"新县制"完全落实,解决好国民政府对基层公务人员的控制问题,才能真正有效动员社会底层的人力资源。否则,役政改良很难落地生根。

役政的主要问题之三,是役政协调配合制度机制缺失,各级组织和人员争权夺利。

兵役工作涉及面比较宽,不仅需要军地双方协调配合,还需要地方行政系统内部、军队行政系统内部的各部门之间的协调配合。但是,由于这方面的制度和机制缺失,协调配合工作难以展开,往往导致各级组织和人员在具体工作中争权夺利,而且形成恶性循环,使得役政积弊难返。

首先,军事委员会下属的军政、军训、政治在民众组训上存在协调配合问题。1937年年底,军事委员会建立战时机制时,军政部认为:从18岁到45岁的民众,都是兵役适龄者,应受军事训练;民众组训工作应该是军政部兵役署的业务范围。军训部认为:该工作原由训练总监部主管,原来就设有一整套的国民军事训练实施机构,体制完整;训练总监部改设军训部后,自然应接管民众组训工作。政治部则认为：原来的军委会第六部是专管民众组训的机构，与中央宣传、训练两部合并后成立政治部，该部已经设立民众组训厅。讨论到最后，只能由蒋介石出面来裁决："民众组训的军政部分，即经理、人事、编制等由军政部主管；民众组训的军训部分，即军事训练计划的制定和实施，由军训部主管；民众训练的政治部分，由政治部主管。"①

而且，军训部部长白崇禧、军政部部长何应钦、政治部部长陈诚，这三个人之间关系复杂，恶斗不断，在开会讨论时很难达成一致意见。

因为军政部职掌经理、人事和编制，涉及面较宽、涉及利益较大，民众组训权力逐渐转移到军政部了。但是，在各方面工作协调配合上，因为没有具体的体制机制来保障，所以各部之间的明争暗斗一直持续到抗战结束。

其次，兵役系统与行政系统在工作上存在协调配合问题。国民政府在兵役工作中，实行"师管区—团管区"两级制度，由军政部直接领导师管区。但是，兵役工作一般都由县以下行政机构来负责具体落实，而兵役系统和行政系统互不隶属，协调起来比较困难。为了更好地协调兵役工作，决定设立省级兵役管区，由省级机关来领导县级机关协助兵役工作。但是，军政部担心省主席掌握各省兵役之后，不好再控制兵役工作，就决定由省保安处兼兵役管区司令。然而，省保安处长职级较低，协调能力不够，而省主席对此事又不直接负责，也不够热心，所以兵役工作效果并不好。1938年，在湖北省主席陈诚等人的建议下，撤销了兵役管区，另设军管区，由省主席兼任军管区司令，实行"军管区—师管区—团管区"三

---

① 全国政协文史资料委员会编：《文史资料存稿选编·军事机关》，第19页。

级制,军管区参谋长具体负责该省兵役行政工作。

"军管区—师管区—团管区"三级制导致机关庞大、人浮于事,于是需再次对其改革。1941年,国民政府下令裁撤团管区,实行"军管区—师管区"二级制。由于军队众多,为了使每一个军都能够有一个师管区为其配给兵员,便将师管区原有辖区普遍缩小,增加师管区的数量。此时,兵役工作已经恶名昭著了,军政部兵役署决定由部队直接掌握师管区,由每一个军派出一个副军长担任师管区司令,使得征补训(征集、拨补和训练)在名义上都由该军负责。但是,军政部为了继续掌控兵役系统,将被裁撤的团管区司令(一般都是资深的团管区司令)都安排到师管区副司令的岗位上,并且规定由该副司令先行到职并组建师管区司令部,而且三令五申地强调兵役工作的专业性。这实际上就架空了师管区司令,也埋下了各个师管区正副主官之间矛盾的种子——从理论上讲,兵员的征集、拨补和训练都由各军的副军长兼师管区司令自行负责,但是各军的副军长兼师管区司令实际处于一个无可奈何的非常被动的位置。

这也是虽然兵役署署长程泽润在虐兵案中不负直接责任,但是蒋介石和社会舆论普遍指责程泽润的一个重要原因。正是他将兵役工作搞得如此复杂不堪。

除此之外,为了推行征补训一体化工作,使兵役与行政进一步结合,国民政府实行国民兵团制度。1939年开始,各县设国民兵团,县长兼任团长,由兵役系统人员出任专任副团长,下属有自卫队(县武装力量)、常备队(储备新兵,平时按配额征集入伍,需要时立即拨补)、后备队(国民兵训练单位)。国民兵团的作用和地位都比较重要,这就使得县长(兼任团长)和专职副团长的矛盾一下子就突出起来,两者的关系往往很难处理好。

综上所述,役政问题主要包括高层腐败问题、基层治理问题和协调制度缺失问题,这三个问题是根本问题,也相互交织。从上,要治理好高官的腐败;从下,要抓好基层治理;从侧面,则要解决好协调机构与机制缺失的问题。如果不针对这三个问题进行改革,役政改良必将成为一句空话。

通过以上分析,再来看蒋介石所谓的通过知识青年从军运动来推动役政改良,很容易看出他只是进行了一场政治秀:上述三个问题没有得到改善,在知识青年征集的过程中,依然发生了一些和以往一样的役政问题。1944年12月1日,中央训练团党政训练班毕业学员通信处向全国知识青年志愿从军指导委员会转发了西安知识青年从军暗情:"机关职员以士兵临时升充,团体职员以工友冒名顶替,或用抽签办法,致失去知识与志愿之意义,更有所谓高等壮丁市场,诚属丧心病狂。"①

更严重的是,蒋介石抛开了兵役部、军训部、政治部而另起炉灶,在军事委员会下面重新再造知识青年从军的征集、编练体制,实行体外循环。这不仅没有解决旧问题,而且人为地制造了一些新矛盾,使得冠冕堂皇的役政改良完完全全变成了他自己的一场政治秀。

而且,由于蒋介石在发动会议上令蒋经国、蒋纬国当场从军,各军政要员纷纷兴高采烈地加入送子参军的行列。在发动会议上,国民党中宣部部长梁寒操、副部长马超俊、三青团副书记长胡庶华、中央干事何浩若等也当场签名从军,四川省主席张群、军委会东南干训团教育长罗卓英、第三战区司令长官顾祝同、贵州省主

---

① 《陕西省知识青年从军征集委员会报告从军人数、集训情况等来往文件》,中国第二历史档案馆藏,国民政府全国知识青年志愿从军指导委员会档案,781/90。

席杨森、陕西省主席祝绍周、重庆市长贺耀祖、中委王正廷和李烈钧、参政员王晓籁、教育部次长顾毓琇、中央社社长肖同兹等国民党要员纷纷送子参军。

军政要员送子参军自然是一件值得赞扬的事,但是后来情势的发展使得这种积极向上的舆论很快转向了。根据二〇三师参谋长赵秀昆的回忆,这些"公子哥儿"除了陕西省主席祝绍周的儿子祝源远坚持下来,其他都"失踪"了。

> 这些公子哥儿给部队长带来不少麻烦,后来有些逃回家,有些通过讲人情提前退伍,闹了不少笑话……编练总监为了对这些人照顾,有意识地都安排在驻在当时四川泸县的二〇三师入伍……二〇三师师长钟彬为了便于对这些公子哥儿的照顾,又把他们集中放在师的搜索连,驻在师部附近。张群的儿子张继正,新由美国留学返国,在川大任教授。为了对他格外照顾,入伍后就提任为搜索连的上尉指导员,但是他仍吃不了部队的苦,曾有从成都专车向泸县送牛奶、面包的笑话,干了没有几个月就借请假一去不归了。其他的这些要人子弟,也大都是在半年以内都借假不归,部队当然不敢追究。只有当时陕西省主席祝绍周的儿子祝源远,始终坚持到底,到复员时才走。①

大部分知识青年是基于抗日的热情而从军的,我们必须高度肯定他们的动机。但毫无疑问的是,有些人是为了沽名钓誉而参加的。青年军二〇八师主任政治教官李中舒就讲道:"我之所以从军,则是由于反动思想支配,怀有个人企图,不是被骗而是骗人,主

---

① 赵秀昆:《对〈蒋经国与青年军〉一文的补记》,全国政协文史资料委员会编:《文史资料存稿选编·军事派系》,第 865 页。

动带头参加来起影响作用的……这次从军是为了进一步对领袖表示忠诚,企图借以得到他的赏识,达到往上爬的目的。我充当了这一运动的急先锋之后,兰州的《西北日报》和《民国日报》披露出来,散布影响。"①

虽然我们不必苛求前人,但蒋介石和其他军政要员的政治秀确实使得知识青年从军运动走向了高潮,也使得该运动名誉扫地。更关键的是,这种做法最后不仅没有达成役政改良的初衷,还伤害了国家公信力、民族尊严和国际形象。

二、是政治刷新,更是政治倾轧的加剧

知识青年从军是要刷新政治、改变社会风气、建立新军的,从政治到军事、从兵役机关到底层党团都要重新振作,再创民众抗日风潮。但是,其结果是刷新政治只是一时,反而是国民党内的政治倾轧加剧了。

从学生从军运动,到知识青年从军运动,其背后都充满了国民党派系之间的斗争;知识青年从军后,诞生了一个新的派系——蒋经国派系,这就使得国民党内派系斗争更上一层楼。通过抗日战争,蒋介石似乎较好整合了国民党军队的派系力量,以及得到了教育界知名人士和知识青年的支持。但是,抗战时期凝聚的人心似乎在战后一下子就散了,各派系的斗争日益加剧,学潮也一浪高过一浪。新生代的蒋经国利用积累的青年资源,提出"一次革命,两面作战",走上了新老派系斗争的历史舞台。这也使得国民党的派系斗争在20世纪40年代后半期在以往基础上形成了一个新的特

---

① 李中舒:《三青团与青年军政工的合流》,全国政协文史资料研究委员会编:《文史资料选辑》第96辑,北京:中国文史出版社1989年版,第102页。

点——新老斗争。

由于军政部兵役署掌握全国兵员的调配大权,各军事实力派都希望得到兵役署的帮助和支持,竭力拉拢和贿赂兵役署,因此该机关也成为各派系斗争的焦点所在。兵役署署长程泽润被枪决,实际上是派系斗争白热化的一个表现而已。

1943年的学生从军运动,实际是政学系的张群和徐思平瓦解兵役署署长程泽润势力的重要政治谋划。兵役署内的权力斗争十分激烈。首先是白崇禧支持下的桂系人物朱为鉁(原军政部军务司兵役科科长、兵役司司长)被何应钦派系的程泽润挤下台。程泽润担任署长后,野心膨胀,不知自重。他在一些场合公开宣布他的"建设新四川"的大计划;他的夫人于惠芳竟然在外面说,程泽润将来要升任四川省主席(确有部分人在人帮助程泽润谋划此事)。四川省主席张群感到自己受到威胁,对此很不满。他与政学系的徐思平(四川省军管区参谋长)联手"倒程":一是向蒋介石告发程泽润;二是发动学生从军运动,突破《兵役法》的规定,瓦解兵役署的权力。

鉴于学生从军运动没有先例,而且突破了《兵役法》的相关规定,程泽润及其属下确实感到比较棘手,不知如何掌控局面。他们紧急开会商议策划,意图将学生从军运动的主导权夺回来,将学生从军的征集工作纳入兵役系统。据役政司副司长方秋苇的回忆:

> 我们研究了几项办法,立即同程署长研商,实行了两项:(一)为了挽回兵役署的命运,立即电告徐参谋长:肯定和支持徐思平的作法,并引导它的发展;(二)程命我以"兵役署发言人"的地位,向新闻界发布紧要新闻说:为帮助部队的机械化装备,本署根据修正《兵役法》规定的:学生"服志愿兵役另定

之"的条款,已经起草了《学生志愿服役办法》即由军政部公布施行。

  学生志愿服役的办法还不过十条,从起草到公布,不过十日。①

  张群和徐思平的谋划果然成功了,"于是国民党几个军政首脑间又发生了争夺权力的斗争。他们在国民党中央党部开过几次会,结果军政部彻底失败了,兵役署只得服从,交出学生志愿组织训练的权力"②。

  从方秋苇的回忆中,我们可以看到,学生从军运动从一开始就不是一次单纯的爱国运动,而是充满了政治斗争。这次运动所带来的学生组训权力后来就由三青团的康泽掌握。之后,依据成例,知识青年从军运动也是由三青团主导,康泽任全国知识青年志愿从军指导委员会秘书处主任秘书。

  "倒程"的政治斗争在学生从军运动之后依然继续发酵,何应钦与陈诚的交锋也逐渐白热化。最终,在1944年的黄山整军会议后,何应钦被迫辞去军政部部长职务,程泽润被枪决;徐思平取代程泽润主持兵役署工作,陈诚担任军政部部长。

  更大规模的学生从军运动——知识青年从军运动,在三青团内部也催化了权力斗争:依靠三青团起家的蒋经国成为该运动的最大获利者,康泽最终被排挤出局,陈诚也逐渐感受到威胁。这可能是他们当初都没有想到的结局。

  抗战结束后,新任兵役部部长鹿钟麟无意仕途,建议全国免役一年,撤销兵役部,重新划归军政部。军政部部长陈诚、兵役署署长徐思平掌握兵役大权。陈诚对于役政再次进行大刀阔斧的改

———————

①② 方秋苇:《抗战时期的〈兵役法〉和兵役署》,《民国档案》1996年第1期。

革。他下令撤销了师管区,让军管区直接管理各县兵役工作,对何应钦时代留下来的役政人员进行大换血,"理由是过去全国兵役机构积弊重重,干部腐化,基础太差,任何改革都难以收效,只有全部抛弃,另起炉灶,才能革除积弊,一新耳目。实际就是大规模地、彻底地排挤何应钦系统的干部,安置自己的人……每次讲话,必大骂何应钦时代兵役机构的贪污腐化,同时吹嘘他亲自挑选培训的新兵役干部和主持所成立的新兵役机构一定会成绩斐然"①。

当时担任襄枣师管区代司令的李春初就感叹道:

> 全国规模的兵役机构废立,牵涉面之广,单位之多,人员之众,可以想见。在一撤一立中,不知浪费了多少人力、财力和物力。而新旧师管区所不同者,仅仅是用陈诚系的干部代替了何应钦系的干部。陈诚所选拔的这些干部的作风、操守和政绩,事实证明与何应钦时代的师、团管区干部是半斤八两,甚至是更加不如。②

这样的役政改革,不仅没有刷新政治,反而因政治倾轧直接造成了大量役政人员命运的改变,也浪费了大量人力物力。

除此之外,蒋经国掌控了青年远征军后,与陈诚、邓文仪、孙立人等都在青年远征军的问题上展开了政治斗争。他还在青年远征军建立了效忠于自己的秘密组织"铁血救国会""中正学社"等,为日后更大规模的政治斗争培植私人力量。

由此可见,知识青年从军运动其实是政治斗争演变而来的,而它也加剧了国民党内派系间相互倾轧的烈度。

---

① 全国政协文史资料委员会编:《文史资料存稿选编·军事机关》,第24—25页。
② 全国政协文史资料委员会编:《文史资料存稿选编·军事机关》,第25页。

三、是国防动员，更是人力资源的浪费

青年远征军尚在编练之中，日军就宣布无条件投降了。这支力量并没有能够走上抗日战场，在战后进行了预备干部教育后就复员了。之后，由于蒋介石一直将之作为知识青年军训基地和预备干部学校来处置，其战斗力非常有限，在国共内战中也没有什么表现。轰轰烈烈的知识青年从军运动就这样悄无声息地结束了。所以，知识青年从军运动的发动以及青年远征军的建军，与其说是出于军事考量，不如说是出于政治目的。

这一次国防动员，可以说国民政府是很好地征集了优秀的人力资源，却没有使其发挥出应有的军事效益。所以说，知识青年从军运动，既是一次国防动员，又是一次严重的人力资源浪费。而我们由此不得不再次反思军事或者政治对于教育的干扰与伤害。

对于高等学校来说，抗日战争开始后，党团组织在其中得到了发展，国防动员体制也在其中经历了从无到有、从弱到强的逐步建立的过程。最终，这种体制成为国民政府进行人力资源动员的重要工具，并取得成功。教育机构中国防动员的缺失和建立，使得教育与政治本身的矛盾冲突更加激烈、复杂。这一过程也从一个侧面充分地、丰富地、饱满地展示了社会文化视野下的民国政治以及教育与政治的复杂纠缠。

面对战初的教育危机，国民政府先前根本没有作太多考虑，更没有国防动员体制，经过漫长的讨论才确定了"战时须作平时看"的教育政策，但很多人认为这政策既没有顾及军事，也难以照顾好教育。叶溯中就痛心地批评道：

> 我们是否竭力尽其在我的责任，使教育文化上的牺牲，尽可能范围的减轻？说到这一层，我觉得很痛心，一部分是人谋

未减,当局事先缺少充分的准备,未能使学生上到"最后一课",或竟至一哄而散,一部分是激进的社会人士及青年,对于教育效能、内容、法令、计划等未曾加以考按……在盲目的"反对亡国教育"一词之下,于是各为参加抗日工作,而实则罢课休学,使许多学校的秩序无法维持,陷于停顿。……在此种后方损失不亚于前方,迁移等于不迁移情形之下,一切从事教育事业的,实在均觉惭愧无地,一切关心教育的,当然也痛心无比!……许多人都攻讦秦始皇的焚书坑儒政策,不料现在竟亦濒于焚书坑儒的同样惨境!①

外籍军官安德罗索夫对此也发表了委婉的批评:

战争发生之后,规定入伍年龄十九岁起,同时对于大学生可以免役,因为使他们安心去完成他们的学业。后来入伍年龄又规定从十八岁起了。我很抱歉的说如果在大学内学习是有关于专门技术的话,我们可以给他们便利的。不然的话这是毫无益处。②

战争时期的高等教育国家化和军事化似乎也不是纯粹地为了维持和发展高等教育。动员知识青年从军时,蒋介石竟然要求知识青年要作为一名普通的战斗的列兵冲锋陷阵。他那过于简单的思维使得教育和军事再次受到严重损失。叶溯中对此再次批评道:

青年的从军,这是最真挚热烈的爱国情绪的表现。不过,

---

① 叶溯中:《抗战过程中之教育危机》,《战时教育论》,独立出版社1938年版,第6—7页。
② 《安德罗索夫讲"兵役问题及军队之补充"附英国的动员资料(不全)》,中国第二历史档案馆藏,国民政府兵役部档案,775/410。

在其他先进国家，青年从军，只要依征兵令入伍就好了，但在我国则情形不同。我们如无计划地使青年仅能尽一个士兵的贡献，那则无异是大学生等于中学生，等于小学生，或竟至等于一个未受教育的国民，未免是国力的运用尚欠尽善，浪费过多。①

美方也不再合作，原在东南干训团的美方人员全部退出，因为美方认为把国家的菁华——知识青年集中编组成军去对日作战是不合理的，是浪费人才，所以不参加对青年军的训练，也反对用美械装备青年军。所以青年军干训团完全由蒋方自己的干部负担教学训练。②

其实，兵役署也曾考察过美国的战时教育及征兵制度。③ 但在当时那种政治氛围中，兵役署的官员是否敢于建议或者建议能否被接受都是值得怀疑的。独裁者不够慎重地依赖运动来达到抗战胜利的目的，这毫无疑问是制度缺乏稳定性和决策缺乏科学性的表现。

知识青年从军运动表面上看的确是轰轰烈烈，但该运动的目的并非如蒋介石所说的那样简单。该运动中的典型事件就是蒋介石及张群、罗卓英、顾祝同、杨森、祝绍周等许多军政要员纷纷送子参军。军政要员送子参军，是基于抗战热情还是为迎合蒋介石，这都是未知数。但事实却是，除陕西省主席祝绍周之子祝源远服役期满才回校续读外，余均先后借故离去。④

---

① 叶溯中：《抗战过程中之教育危机》，《战时教育论》，第9—10页。
② 王金海、佐恩：《蒋经国全传》，第188页。
③ 《兵役署编印美国征兵制度之实施》，中国第二历史档案馆藏，国民政府兵役部档案，775/411。
④ 赵秀昆：《青年军的组建和消亡》，《军事历史研究》1994年第3期。

政府高官送子参军固然值得赞扬,但是事情的发展却使其变成一场政治闹剧。前期对于送子参军的大力宣传使得此事众所周知,其发展结果却对从军运动产生了一定的消极影响。远征军政治部主任刘翔视察印缅后立即报告:"高干子弟平日食尊处优,一旦入营,不仅多不能吃苦且在军营中产生种种不良之影响,例如王正廷、贺耀祖两氏之子弟。从军前大肆宣扬入营及其家属忧请部队长加以优遇,形成一种特殊阶级,以致一般学生引起极大之反感与不平。(此事在学生壁报上、会议上曾一致予以抨击。)此种封建意识再不能任其存在,徒为役政之障。"[1]而普通从军青年的从军目的也不一致。例如,有的"家贫无力求学",而参加新军则"可以前进学业";有的是"为求战历深造";有的身为党团员,而"地方教育不普及,无人响应",只好参军,等等。[2]

四、余 论

教育独立于政治,这是从蔡元培主政北京大学以来民国高等教育孜孜以求的目标,并在 20 世纪二三十年代形成了一股思潮。教育独立思潮对受教育者个性解放和健全人格高度重视,尊重教育者的自由创造和个性发挥,这是完全符合现代教育发展方向的。现代教育就是要强调人的个性发展,摒弃单一地强调人的社会性因素,所以教育独立思潮也是中国教育发展到一定时期的必然要求。

---

[1]《军事委员会政治部、全国知识青年从军编练总监部组织部有关政工干部、远征军政工干部甄选、训练办法》,中国第二历史档案馆藏,国民政府全国知识青年志愿从军指导委员会档案,781/19。

[2]《青年远征军第二〇六师通讯排、特训队、兽医所青年兵概况调查表》,中国第二历史档案馆藏,国民政府全国知识青年志愿从军指导委员会档案,781/24。

当然，教育不仅仅有其本体价值，即促进受教育者身心全面发展或者满足受教育者个体发展需要的价值，也有着工具价值，即满足其他社会系统发展需要的价值，也就是说教育对于政治、文化、经济等其他系统发展需要给予一定的满足。但是，教育的本体价值与工具价值之间的关系是复杂的，甚至是矛盾对立的。在民国时期高等教育的国防动员中就可以看到这种尖锐的对立关系。教育的本体价值和工具价值应该是统一的、互动的——教育的本体价值也是社会需要的产物，而教育的工具价值的实现则应该是以教育的本体价值的满足为前提的。

在几千年的文化浸染下，中国传统的政教合一的教育价值观被无限扩大了，教育服务于政治的价值取向成为主流意识，而受教育者的个人和个性的全面发展并没有受到应有的重视，同时教育服务于经济、文化等其他社会系统的相应功能也萎缩了。由于这种价值惯性，民国时期政府包办教育、教育服务政治的倾向依然十分突出。而向西方学习且高等教育初创的历史背景，使得自由主义思潮和教育独立思潮勃兴，教育与政治的内在张力突然变大，以至于学潮和教育独立运动汹涌而来。当然，北洋政府对教育责任的忽视和对于教育的不作为也是20世纪20年代教育独立运动勃兴的重要原因。但很快，由于国民党确立党国体制，在"以党治国"的名义下推行党化教育，教育独立的活动空间忽然减小，再加上日寇侵略和国内政局变化，救亡成为时代主题，教育独立思潮和政治自由主义必然衰亡。校园政治就这样逐渐成为国民党强化一党专政的一个重要舞台，而且国民党还通过这个平台逐渐建立起了国民党和三青团组织，以及国防动员的体制，最终在抗战末期成功地组织了知识青年从军运动。

单纯从国防动员的角度来讲，大学师生对国民党将触角伸入校园的抵制,是战时体制和国防动员的阻力。但是,我们必须要肯定这种抵制,特别是抗战初期,教育界对党化教育的抵制彰显了教育的本体价值。知识青年从军运动是国民政府通过教育机构的国防动员而成功运作实现的。但是,国防动员的滥用和其在战初的缺失一样,给国家的军事和教育都造成了很大的损失。

从知识青年从军运动来看,国防动员是可以作为一种特殊的政治工具,形成政治向教育渗透的新通道的。从结果来看,这种新通道的形成也并不一定会使得教育独立思潮式微。应该说,国防动员是一把双刃剑。国民党一党专政统治在校园政治中逐渐走强、滥用国防动员,使得国民政府自身丧失了民心、公信力和动员吸引力。在抗战结束后,校园内兴起了反独裁运动,这种校园政治也是国民政府走向灭亡的重要因素。

结　语

全面抗战爆发后,国民政府确定了"战时须作平时看"的战时教育政策,并不鼓励学生从军。这既有"抗战建国"的考虑,又是国民政府在教育机构中缺乏国防动员体制的无奈选择和直接反应。战地服务和强制性的征调则是学生参与抗战的主要途径。除此之外,依然有很多学生直接奔赴战场、参军参战,造成了人力资源的浪费。国防动员的缺失是抗战初期的重大遗憾。

随着抗战的持续发展,兵役问题愈加严重,兵源越来越少,国防动员机制越来越重要,但是人们对兵役现状也越来越不满,包括蒋介石及其重要军政大员都对此气愤难平。在期望决胜的1944年,豫湘桂大溃败再一次将蒋介石从开罗会议"四强"的"高位"上狠狠摔下。1944年夏,蒋介石召开黄山整军会议,检讨军事工作,矛头直指军政部的役政工作。并且,由于重庆机房街虐兵事件,兵役署署长程泽润后来被枪决。在这种历史背景下,国民政府发动了"一寸山河一寸血,十万青年十万军"的知识青年从军运动。

从国防动员的角度来看,这次知识青年从军运动既有可圈可点的地方,也有许多不足之处,反映了国民政府国防动员体制机制的种种问题。

在短短几个月时间内,国民政府在这次运动中动员了151 516人报名参加青年远征军,远超10万计划数额。这一国防动员看似十分成功,但是深入分析就会发现它依然充满了遗憾。

尽管该运动折射出许多或明或暗的政治斗争,知识青年从军运动从一开始就蒙有一些政治斗争的污秽,但是,充满抗战热情、甘愿奔赴沙场的单纯的知识青年还是应该受到高度肯定和赞扬。这次国防动员不仅顺利发动并达到了预期目的,而且超额地征集了大量知识青年,从表现上来说是非常成功的。它以知识青年为主要对象,以国民党、三青团等组织为主要渠道,并通过战时教育体制有效地动员了大量知识青年和学生,对于唤醒民众爱国热情、提振民族信心、改善国际形象、促进军队现代化和开启预备干部制度等都有着积极影响,也是中华民族抗日战争中的闪光点。

深入分析,我们会发现该运动存在着很多结构性问题,而且这些结构性问题是其自身无法解决的。知识青年从军运动的领导机构(全国知识青年志愿从军指导委员会)、从军知识青年的编练机构(全国知识青年志愿从军编练总监部),都属于军事委员会下属的临时机构。前者还是协调议事机构,工作人员都属于兼职。这两者都是蒋介石在军政(兵役)、军训机关之外另外增设的临时机构,属于典型的"体外循环"。由于经验不足、权限不够、在政策制定时与军政军训机关协调起来也不方便,它们自然会有很多不完善的地方,这就直接形成了一些无法解决的结构性矛盾。

将知识青年作为战斗兵使用,这种超越时代的做法使得青年远征军中待遇问题突出;知识青年从军属于新生事物,崇尚民主的新青年与强调集权的旧军队之间显然需要一个相互适应和调和的过程;新的政治工作体系的建立,也使得军政矛盾突出起来。如果军队内部的建设不及时做出反应,就很难避免由此类矛盾衍生出来的各种问题。虽然在其他国家和地区的军队中也存在类似的矛盾,但是这种矛盾在国民党军队中特别普遍和严重。因为蒋介石意欲让三青团来掌握这支部队,祛除国民党和其他军事将领的掣肘,这使得国民党与三青团之间协作困难,甚至在青年军中产生了一些矛盾和对抗现象。这些结构性问题实际在国民党军队的体制内是根本无法解决的。

这次国防动员并没有实现蒋介石所宣称的役政改良、刷新政治的目的。从这个角度上来说,它又是失败的。这次国防动员抛开既有的兵役、军训等部门,另起炉灶建立新的"体外循环"机制;之后建立的青年远征军,也并不完全着眼于抗日,后来成了蒋介石和蒋经国培植的私人力量。这些聚集起来的抗日资源,反而成为削弱政府公信力、加剧国民党内部政治倾轧、浪费有限的人力资源和教育资源的一个负面力量。

知识青年的抗日热情、国防动员的具体组织与指挥,是完全值得肯定的。但是,这次国防动员的动机并不像大多数知识青年所想的那样单纯,其结果也是事与愿违。这也说明了另一个道理:国防动员也是一把"双刃剑"。用之得当,可以战斗力倍增;用之失当,则是公信力全无。

从类型上来讲,此次国防动员既属于初始性动员,又属于消耗性动员。但是,从现代战争的角度来讲,其本质还是初始性动员,而且属于不可持续的初始性动员。一般来讲,初始性动员是武装力量平战转换阶段的力量补充活动,消耗性动员是在战争持续过程中补充武装力量作战消耗的活动,两者是相对的。运动发起之时,抗战已经持续七年,兵力动员已经竭尽全力,从上到下都已经普遍感到人力资源消耗殆尽。所以,知识青年从军运动是一次消耗性动员。但是,虽然此时平战转换早已完成,战时体制早已建立,可面对这一场现代战争,面对工业时代的新式武器装备,蒋介石并没有做好相应的人力资源平战转换。蒋介石发动知识青年从军运动的一个重要目的,是因为美械装备到来后,需要大量有知识的军人来运用它,而这种军人在抗战时期的军队中是非常稀缺的。知识青年从军运动是蒋介石第一次启动应对现代武器装备的人力资源动员,所以说这又是一次初始性动员。而且,在民国时代,知识青年是稀少的、宝贵的,这种动员类型根本就是不可持续的。因此,从这个角度上来说,对知识青年进行国防动员应该慎之又慎、倍加珍惜。但是,事与愿违,蒋介石并没有很好地使用这一社会重器,知识青年从军运动成为刷新政治的工具,造成了大量人力资源浪费。幸运的是,抗战很快结束了。不然,这种不可持续的初始性动员很快就会被战争消耗掉,知识青年会被战争机器完全吞噬,这对于中华民族来说是灾难性的,甚至是毁灭性的。

从方式上来讲,此次国防动员是"临战建军"式的动员而非"军民融合"式的动员。一般来讲,"临战建军"而进行的战争动员,其原因是没有常备军。蒋介石并没有能够实现现代的国防动员体制的构建,无法动员知识青年参军参战;而在落后的国民政府常备军中,现役军人又无法掌握现代武器。在这种紧迫的战争条件下,蒋介石选择建立新军来应对时局。他从自身的政治经验出发,没有下大力气建立高效的现代的国防动员机制,而是采取外科手术式办法,在原先旧的兵役系统之外,建立了一个临时系统以应急需。这种"临战建军"的动员方式是初步的、低层次的,是脱离人民群众而不可持续的,牺牲了大量政治资源。

国民政府国防动员体制的建立和知识青年从军运动都是通过一种自上而下的"集权式乡村动员体制"而发动的。这种动员方式原本是在当时中国处于从封闭型的农业社会向开放型的现代化社会转型时期的历史大前提下发生,被烙上典型的封建特征和战时特征。显然,如此这般的国防动员并不具备制度的稳定性,充满了随意性和应急性。蒋介石并没有针对性地解决国防动员的内部体制问题,而是利用自己有限的威权在体制外重构"体外循环",再造一个新的动员机构,这更加强了国民党内部派系斗争,并带来诸多问题。虽然这可能是他没有想到的,但确实使得国防动员体制越来越复杂和糟糕。从这个角度来讲,我们必须怀疑蒋介石发动这次运动是否真的是为了役政改良和刷新政治,他考虑更多的或许是政治斗争。而且,在动员的过程中,被动员的对象很大程度上处于被动参与的地位,受到自上而下的种种干扰。民众的被动型参与要完全转化成主动型参与,这还有待理性的进步、社会经济和思想文化的长期发展。这种动员所体现出来的历史局限,也是我们从农耕时代向现代工业时代转型必须克服的。

附录:全面抗战时期知识青年从军大事记

1937 年

7月7日	卢沟桥事变爆发。
7月21日	资源委员会、军政部等机关拟定和讨论《国家总动员纲要》,制定了《国家总动员实施要项》。
8月初	国民党中常会议决设立国防最高会议,为国防最高决策机关。
8月15日	日军首次空袭南京。中央大学大礼堂是1931年新建的国民会议会场,是圆拱式穹顶建筑,矗立在南京城内,目标显著,日机首次空袭南京即以此为投弹目标。
8月底	罗家伦力陈中央大学迁校之必要,教育部表示同意。
8月27日	国民政府发布《总动员时督导教育办法》,要求"务力持镇静",成立后方服务团体"严格遵守部定办法,不得以任何名义妨害学校之秩序"。
8月30日	国防最高会议制定《总动员计划大纲》,这表明国家总动员正由宏观指导原则逐步细化为具体实施方

	案,标志着总动员方案框架体系雏成。
9月10日	军政部拟定《行政院所属各部动员业务计划纲要》,明确了行政院各部承担的动员业务,为各部制定动员计划提供了范本。教育部第16696号令正式宣布在长沙和西安设立临时大学。北京大学、清华大学、南开大学等各校师生陆续内迁。
9月23日	中央大学发布《校本部关于迁校事项的通知》。
12月	教育部颁发《高中以上学校战时后方服务组织与训练办法大纲》,共13条,规定除战时正常教育外,加强特种教育。《国立中央大学军事管理规程》颁布。

1938年

1月	陈立夫出任教育部长。
2月1日	教育部颁布《高中以上学生志愿参加战时服务办法大纲》,鼓励18岁以上学生参加战时前后方服务,这是战时第一次正式鼓励学生参加战争。
2月23日	教育部颁发《青年训练大纲》。
4月	国民党临时全国代表大会制定《中国国民党抗战建国纲领》,关于教育的有:(1)改订教育制度及教材,推进战时教程,注重于国民道德之修养,提高科学之研究与扩充其设备;(2)训练各种专门技术人员,予以适当分配,以应抗战之需要;(3)训练青年,俾能服务于战区及农村;(4)训练妇女,俾能服务于社会事业,以增强抗战力量。
5月27日	蒋介石在日记中记述:"预定:青年军之组织筹备"。
6月17日	《国立中央大学导师制试行办法》颁布。
12月	国民党中常会第106次会议通过《筹设各专科以上

学校及国立中学直属区党部组织办法》。凡各专科以上学校及国立中学,应按照情形分别设置直属区党部;一般情况下,国立、私立专科以上学校区党部直属中央党部,省立专科以上学校及国立中学区党部直属所在地之省、市党部。

1939 年

1月	国民党五届五中全会决定设置国防最高委员会。《总动员实施方案草案纲要》出台,这是《抗战建国纲领》基本要求在战争动员领域的具体化,标志着国民政府抗战动员迈进了全面动员阶段。
2月7日	国防最高委员会成立。这是党政军最高领导机关,可以指挥国民党中央各机构、国民政府五院、军事委员会各机构。
3月	全国第三次教育会议在南京召开,明确了"战时须作平时看"的战时教育政策,蒋介石到会训话。
6月	蒋经国受任为江西省第四区行政督察专员,开始其新赣南建设。
7月23日	蒋梦麟召集北大、清华、南开三校院处以上教授举行茶会,宣布"凡在联大及三校负责人,其未加入国民党者,均先行加入"。
9月25日	教育部再次颁布《训育纲要》以加强训导工作。
10月	国民政府颁布《中等以上学校学生假期兵役宣传实施纲领》,规定学生要利用假期协助役政推行。

1940 年

6月29日	国民政府公布实施《妨害兵役治罪条例》。

1941 年

4 月	国民党五届十次会议通过《改善专科以上学校军事训练案》,规定学生修业期满后,由政府集中予以六个月至一年军训,未受集训者,不予毕业。
4 月 2 日	中国的生命线滇缅公路被日军切断。
5 月 31 日	中国远征军入缅作战失利,一部退往印度,一部退到滇西边境地区。
9 月 1 日	教育部密令中央大学严防进步学生赴陕北入学。
12 月 23 日	国民党召开了第五届中央执行委员会第九次全会,"检讨以往,深觉全国各方面动员之程度,距战争之要求,相差甚远,于蕴涵之国力,尤未能充分发挥",通过了《加强国家总动员实施纲领案》以进一步推动国家动员。"国家总动员"提升到了战时纲领的高度,并以决议案的形式确定为执政党战争指导的根本方针。

1942 年

10 月 21 日	军事委员会通饬全国《战时兵役役龄学生服役暂行办法》,并令各级学校役龄学生自次年 1 月开始征召。
11 月	国民政府提出"各级教育应以军事化为中心",实行教育军事化,要求配合军事要求,修订教材和课程。军委会通电全国,要求党员、公务员及士绅子弟带头服役。

1943 年

3 月 15 日	国民政府颁布新《兵役法》,对原 1936 年 3 月之《兵役法》作出重大修改。

3月	蒋介石著作《中国之命运》全国发行,书中呼吁青年从军。
4月5日	三民主义青年团召开第一次全国代表大会。
6月11日	军政部部长何应钦奉蒋介石手令,规定各部队机关及军校,一律实施军需独立制度,遏制军队腐败现象。
11月6日	军政部致电四川军管区,令饬各县市选送300名补充驻印军,并限亥月中旬转送出国。
11月13日	四川军管区参谋长徐思平借巡视之便,在绵阳召集士绅机关法团及中等以上学生动员青年从军,"听者深为感动,无不慷慨激昂"。当晚有绵阳中学邱永森等15人报名服役。
11月14日	晚上,蒋介石参加军事会议,对军政部办事不力非常愤慨,并斥责之。
11月23日	四川省三台县东北大学赵惠中等28名师生和各中学学生百余人向该县县政府请求参加远征军杀敌。
11月	在东北大学学生请缨后,三青团总部邀请王东原、陈立夫、邵力子、黄炎培、郑洞国、蒋梦麟等众多要人名流发表演讲,阐述青年从军意义。冯玉祥夫妇更是深入各地,鼓励从军。
12月3日	蒋介石在日记中记述:"预定:奖勉学生投军运动,组织中正军之研究"。
12月19日	军政部转发各地《学生志愿服役办法》。
12月	国民党中央制定了教导团编练办法,规定从军学生由各地教导团编训。
	国立西南联合大学、东北大学以及部分著名中学开

	始动员学生入伍。
12月31日	《陆军各部队改进大纲》颁布。

1944年

	中国驻印军和滇西远征军全部使用了美式装备。
1月10日	蒋介石召见重庆第一教导团志愿军学生以示鼓励。
1月11日	由三青团主持的全国学生从军指导委员会成立,由蒋介石任委员长,张治中、陈立夫、梁寒操等17人任委员,张治中、陈立夫、程泽润3人为常务委员。
1月19日	军政部在《学生志愿服役办法》中对女青年从军作了明确的规定,女青年从军开始有了法律规定。
1月24日	日军大本营下达"一号作战"命令。
2月5日	日军进占赣州城。之前,蒋经国撤出所有部下与家眷。
2月9日	晚上,蒋介石与参加南岳军事会议的副总司令以上各官长聚餐,略示以缩小单位之重要也。
2月10日	蒋介石在《第四次南岳军事会议开会训词》中提出:要改进军队,必袪除虚伪骄矜自大的毛病,反省缺点,力求进步。减少单位,充实单位,为今后整训部队之主要方向。
2月12日、13日	蒋介石在《第四次南岳军事会议开会训词》中提出:由于抗战局势之演进,第二期抗战已将结束,我军对敌反攻作战的阶段即将开始。
3月—12月	日军发动"一号作战",国民党军队兵力损失60万。
3月	全国学生从军指导委员会通过了《各省学生从军指导委员会组织通则》,由军政部转电各省军管区,依其通则设立各省学生从军指导委员会,由各省政府

　　　　　　　主席为主任,军管区参谋长、教育厅厅长、三青团支团部干事长为常务委员。国民党中央电令各省党部参照湖北省制定的《志愿学生慰问办法》《学生服役宣传办法》《公教人员党团员志愿服役登记办法》办理。教育部呈请国民政府批准施行《学生任译员办法》。

5月5日　　中央干部学校在重庆市郊开训,成为三青团掌握的新政治力量。蒋经国被任命为中央干部学校教育长,负责中央干部学校的筹办工作,开始在三青团内积蓄新的力量。

5月25日　　日军占领洛阳。

5月27日　　日军发起湖南战役,长衡会战开始。

6月18日　　长沙失守。

6月　　　　豫中会战失败。第四次长沙会战失败。

7月21日　　蒋介石出席黄山整军预备会议,讲《对于整军会议之训示——知耻图强》。此次整军会议的重要课题为:对提高战斗精神,增强战斗力量,整肃军纪风纪,改善军事业务,应求得解决的办法和实施的方案。

7月27日、28日　蒋介石出席黄山整军会议各次大会并训示,对军政部的军需和兵役事务表示强烈不满。

8月4日　　蒋介石主持整军会议,对军事将领训诫切厉,斥责军政部。

8月8日　　衡阳坚守48日,苦战不支后沦陷。

8月24日　　蒋介石根据四川军管区参谋长徐思平的建议,给国民党中央秘书长吴铁城和三青团中央干事会书记

	长张治中一个手令，要求他们发动十万党团员从军。经研究，吴、张二人建议改为发动十万知识青年从军，由党团来推动。蒋表示同意。
8月30日	蒋介石赴机房街视察虐待新兵案，兵役署署长程泽润被杖责，后因贪赃枉法被枪决，另有多人因征兵不力和虐待新兵被处决。
9月4日	蒋介石约集三青团干部，讨论志愿军召集之计划，并考虑志愿军主持之人。
9月5日	蒋介石在参政会上提出"号召知识青年从军"。蒋介石在日记中记述："确定组织党团志愿军之要领，以及高级官长人选"。这意味着知识青年从军运动的相关办法已经确定，后来的青年远征军（当时名称待定，暂定为志愿军）的军事领导人为罗卓英亦已经确定。
9月18日	美国总统罗斯福来电，要求蒋介石将中国战区指挥权交予史迪威。蒋介石大怒，认为其最荒唐，此事亦为他此生最耻辱难忍的事件。
9月25日	蒋介石不惜冒险向美方提出撤换史迪威将军，战事的中美矛盾达到顶点。
9月28日	军事委员会决定，兵役署升格为兵役部，由鹿钟麟担任部长，从军政部中分离出来，直接隶属于军事委员会。
10月1日	桂柳会战开始。
10月11日—14日	蒋介石召集中央有关部会及各省市政府、各级工作人员暨教育界人士共150余人举行发动知识青年从军会议，对知识青年从军征集编练方法、干部选

	拔及各级从军指导机构作了缜密的研究和讨论。
10月12日	军政部颁发《全国知识青年从军征集办法》，规定了从军宗旨、征集标准、人数和时间，还有各级征集委员会的构成。
10月14日	全国知识青年志愿从军指导委员会正式宣布成立，此为该运动的全国性指导机构。
10月18日	全国知识青年志愿从军指导委员会常务委员会召开第一次会议，成立秘书处，由康泽负责秘书处工作，商定每星期六召开一次会议。
10月21日	国民政府军事委员会分别颁布《知识青年从军征集办法》《全国知识青年志愿从军指导委员会组织办法》《省(市)知识青年志愿从军征集委员会组织办法》《县(市)知识青年志愿从军征集委员会组织办法》《专科以上学校知识青年志愿从军征集委员会组织办法》《全国知识青年志愿从军编练计划纲要》《知识青年从军管理办法》等。随后，其他党政机关相继颁发《各级党部发动征集知识青年党员从军实施办法》《发动知识青年从军运动督导须知》等法规、法令，使知识青年从军运动有章可循。
10月24日	蒋介石发表《告知识青年书》。
10月26日	全国知识青年志愿从军指导委员会秘书处成立，秘书处各组职掌公布，次日起开始办公。
10月29日	新生活运动妇女指导委员会邀请在重庆的三青团女青年处、女青年会、中央大学等36个单位联合召开陪都妇女团体推进女青年从军运动联席会议，讨论女知识青年从军问题。

10月	国民政府批准组织女青年服务队出国远征。
	日军沿黔桂路深入黔境。
11月3日	教育部公布《志愿从军学生学业优待办法》。
11月4日	知识青年志愿从军编练总监部在原军事委员会督训处基础上改编成立,此乃青年军最高编练领导机构。
11月5日	军事委员会设立全国知识青年志愿从军编练总监部。
11月10日	日军占领桂林、柳州。
11月12日	全国知识青年从军登记正式开始。
11月14日	国民政府公布《知识青年志愿从军优待办法》。
11月15日	蒋介石日记记述,确定军政部部长人选。
11月19日	国防最高委员会发布《知识青年从军优待办法草案》。军政部通饬全国省、市、县政府,党团部及学校,成立各级志愿从军征集委员会,实施从军青年的征集工作,并规定在临近沦陷区之交通口设立征集站,办理战地应征青年转送及招待事宜。
11月20日	军政部部长何应钦辞职,任中国战区中国陆军总司令。军政部部长由陈诚担任。
11月24日	军政部发布《女青年服务队征集办法》,规定了征集标准、服务范围、服役年限,征集名额暂定为2000人。
	南宁失守。
11月29日	蒋介石手令,续发全国知识青年志愿从军指导委员会征集经费五万万元。至此,征集费用已有15亿元。

12月	独山沦陷。
	重庆市新生活运动促进会发起"崇敬军人"运动。
	青年军陆续入营。
12月8日	兵役部公布《优待征属改进办法》,要求发给征属的优待金以实物兑现等。
12月9日	蒋介石在日记中记述:"解决青远军召集与运输计划,此一大事也"。
12月10日	蒋介石手令:蒋经国负责筹备成立青年远征军政治部并主其事。
12月28日	国民政府行政院令贵州省党政统归何应钦指导。
年底	各地报名体检合格人数已逾10.5万。

1945年

1月1日	青年军军人正式入营。
1月10日	重庆一品场地区,一品场检查所与青年军发生冲突,互有死伤。蒋介石大怒。
1月15日	蒋介石对从军知识青年第一期入伍讲《从军知识青年应有之基本认识》。
1月16日	蒋介石对军委会干部训练团讲《青年远征军编练之特质与教育要项》,要求青年远征军的军官:教育一般青年士兵必须要严格。另外,作之君、作之亲、作之师。
1月21日	蒋介石在日记中记述:"整理青远军师团长第二批人选"。
2月1日	蒋经国负责筹设全国知识青年志愿从军编练总监部政治部。
3月20日	蒋介石在曲靖对青年远征军二〇七师训话《从军知

	识青年的志事与责任》,说明此次发动知识青年从军,有两层意义:一方面希望增加抗战的力量,另一方面为培植将来建国的干部。
4月1日	女青年服务队队员正式入营。
4月6日	全国知识青年志愿从军指导委员会主席指示:本会秘书处将以四月十五日暂告结束。
4月13日	全国知识青年志愿从军指导委员会秘书处最后一次之联合办公,各出席代表均须一律参加,中午并举行聚餐。
5月19日	蒋介石与军政要员商量国民党第六届全会的选举办法及名额。陈诚对三青团的名额提出要求,蒋介石大为不满。会后大骂:全为康泽等败类所破坏矣,可痛之至。康泽从此失势。
8月	罗卓英调任广东省主席,青年军编练总监一度由副监霍揆彰代理。
9月中旬	女青年服务总队编练完毕,分发青年远征军各师。
10月	青年军的编练任务已经完成,遂撤销青年军编练总监部。

1946年

2月	蒋介石下令在军事委员会下设立青年军复员管理处,军政部部长陈诚兼任处长。
3月12日	青年远征军二〇七师奉令进驻沈阳担任警备,主要展开防谍肃奸工作,维持沈阳秩序。
5月30日	国防最高委员会通过决议,裁撤军事委员会及其下属各部,原军事委员会军政部改为国防部,隶属于行政院。

6月1日	国防部成立,白崇禧担任国防部长,陈诚担任参谋总长。原军事委员会青年军复员管理处改为国防部预备干部管训处。青年军复员工作依旧由该处负责。原军政部部长兼青年军复员管理处处长陈诚不再负责本处工作,由蒋经国代理处长。
6月3日	第一批青年军官兵正式复员,这一天被定为"复员节"。

主要参考文献

一、未刊档案

1. 国民政府全国知识青年志愿从军指导委员会档案,中国第二历史档案馆藏,全宗号:781。
2. 国民政府兵役部档案,中国第二历史档案馆藏,全宗号:775。
3. 国民政府教育部档案,中国第二历史档案馆藏,全宗号:5;5(2)。
4. 国民政府行政院档案,中国第二历史档案馆藏,全宗号:2。
5. 国民政府中央大学档案,中国第二历史档案馆藏,全宗号:648。
6. 国民政府军政部兵役署档案,中国第二历史档案馆藏,全宗号:25。
7. 国民政府档案,台湾档案部门收藏。
8. 蒋中正总统文物档案,台湾档案部门收藏。
9. 陈诚副总统文物档案,台湾档案部门收藏。
10. 财政部档案,台湾档案部门收藏。
11. 资源委员会档案,台湾档案部门收藏。

二、已刊档案与史料集

1. 教育部编:《教育法令汇编》第3辑,南京:中正书局1938年版。
2. 《国立中山大学战地服务团工作第一年》,国立中山大学战地服务团驻港办事处发行,1939年4月出版。

3.《国防部卅五年度工作报告书》,国防部史政局编印,1947年11月。

4. 教育部编:《教育法令》,上海:中华书局1947年版。

5. 杜元载主编:《革命文献》第62、63合辑,台北:中国国民党中央委员会党史委员会,1973年版。

6. 秦孝仪主编:《中华民国重要史料初编——对日抗战时期 第三编 战时外交(三)》,台北:中国国民党中央委员会党史委员会编印,1981年版。

7. 荣孟源主编:《中国国民党历次代表大会及中央全会资料》,北京:光明日报出版社1985年版。

8. 朱汇森主编:《中华民国史事纪要(初稿)》,台北:"中华民国史料研究中心",1989年版。

9. 朱汇森主编:《中华民国军事史史料(一)·役政史料(修订版)》(上、下),台湾档案部门,1990年版。

10. 清华大学校史研究室编:《清华大学史料选编》第二卷,北京:清华大学出版社,1991年版。

11. 清华大学校史研究室编:《清华大学史料选编》第三卷,北京:清华大学出版社,1994年版。

12. 中国第二历史档案馆编:《卢沟桥事变后国民党政府军政机关长官谈话会记录》,《民国档案》1995年第2期。

13. 中国第二历史档案馆编:《抗战爆发后南京国民政府国防联席会议记录》,《民国档案》1996年第1期。

14. 西南联合大学北京校友会编:《国立西南联合大学校史——1937至1946年的北大、清华、南开》,北京:北京大学出版社,1996年版。

15. 北京大学、清华大学、南开大学、云南师范大学编:《国立西南联合大学史料》第二卷(会议记录卷),昆明:云南教育出版社,1998年版。

16. 中国第二历史档案馆编:《中华民国史档案资料汇编》第五辑,南京:江苏古籍出版社,1998年版。

17. 王学珍、郭建荣主编:《北京大学史料》(第二卷),北京:北京大学出版社,2000年版。

18. 南大百年实录编写组编:《南大百年实录(上卷)——中央大学史料选》,南京:南京大学出版社,2002年版。

19. 宋恩荣、章咸主编:《中华民国教育法规选编(1912—1949)》,南京:江苏教育出版社,2003年版。

20. 云南大学、云南省档案馆编:《云南大学史料丛书·学生卷(1922年—1949年)》,昆明:云南大学出版社,2013年版。

21. 重庆市档案馆、重庆师范大学合编:《中国战时首都档案文献·战时动员》,重庆:重庆出版社,2014年版。

22. 中国社会科学院近代史研究所、中国人民抗日战争史学会编:《抗日战争史料丛编:第二辑》,北京:国家图书馆出版社2015年版。

三、口述史料、事略稿本、日记、回忆录、年鉴、报纸等

1. 《蒋介石日记》(手稿),美国斯坦福大学胡佛研究所档案馆藏,洪小夏手抄提供。

2. 中华民国教育部编修,王世杰署:《第一次中国教育年鉴》,北京:开明书店,1934年版。

3. 教育部教育年鉴编纂委员会编:《第二次中国教育年鉴》,上海:商务印书馆,1948年版。

4. 覃异之:《蒋经国与青年军》,全国政协文史资料研究委员会编:《文史资料选辑》第28辑,北京:文史资料出版社,1962年版。

5. 徐炳煊:《我所知道的蒋经国的"干校系"及其活动》,安徽省政协文史资料研究委员会编:《安徽文史资料》第17辑,1983年版。

6. 秦孝仪主编:《总统蒋公思想言论总集》,台北:"中央文物供应社",1984年版。

7. 何庆华藏,沈云龙注:《何成濬将军战时日记》,台北:传记文学出版社,1984年版。

8. 李正德:《青年军琐闻》,兰州市政协文史资料研究委员会编:《兰州文

史资料选辑》第二辑,1984年版。

9. 董吉甫:《青年军在隆昌的情况》,隆昌县政协文史资料研究委员会编:《隆昌文史资料选辑》第5辑,1985年版。

10. 文旭东:《知青从军记略》,云南省红河哈尼族彝族自治州政协文史资料委员会编:《红河州文史资料选辑》第5辑,1985年版。

11. 西南联大校友会编:《筱吹弦诵在春城——回忆西南联大》,昆明:云南人民出版社,北京:北京大学出版社,1986年版。

12. 苏信:《我参加青年军的经历》,广东省政协文史资料委员会编:《广东文史资料》第51辑,广州:广东人民出版社,1987年版。

13. 黄家祺:《知识青年经过灰县见闻》,凤县政协文史资料研究委员会编:《凤县文史资料》第8辑,1987年版。

14. 易芳霖等:《蒋经国培养嫡系的摇篮——三民主义青年团中央干部学校》,江西省政协、赣州市政协文史资料研究委员会合编:《江西文史资料选辑(第35辑):蒋经国在赣南》,1989年版。

15. 李中舒:《三青团与青年军政工的合流》,全国政协文史资料研究委员会编:《文史资料选辑》第96辑,北京:中国文史出版社,1989年版。

16. 刘安祺口述,张玉法、陈存恭访问,黄铭明纪录:《刘安祺先生访问纪录》,台北:"中央研究院"近代研究所1991年版。

17. [美]约瑟夫·W.史迪威著,黄加林、张红叶、陈宇、朱小平译:《史迪威日记》,北京:世界知识出版社,1992年版。

18. 盛星辉:《我所知道的青年军》,益阳市政协文史资料委员会编:《益阳市文史资料》第15辑,1993年版。

19. 罗友伦口述,朱浤源、张瑞德访问,蔡说丽、潘光哲纪录:《罗友伦先生访问纪录》,台北:"中央研究院"近代史研究所1994年版。

20. 邓文仪:《老兵与教授》,台北:龙文出版社股份有限公司1994年版。

21. 吴铭绩、梁家佑:《丛林插曲》,昆明市政协文史委员会编:《昆明文史资料选辑》第25辑,1995年版。

22. 贾亦斌著,贾毅、贾维记录整理:《半生风雨录——贾亦斌自述》,北京:中国文史出版社 1996 年版。

23. 徐维道:《记蒋家王朝覆灭前的"十大赖"》,潢川县政协文史资料委员会编:《光州文史资料》第 12 辑,1996 年版。

24. 许渊冲:《追忆逝水年华——从西南联大到巴黎大学》,北京:生活·读书·新知三联书店,1996 年版。

25. 樊崧甫:《抗战时期蒋管区兵役奇闻》,《档案与史学》1998 年第 1 期。

26. 杨德增:《抗日从军记》,西南联大北京校友会编:《西南联大北京校友会简讯》第 29 期,2001 年 4 月印行。

27. 全国政协文史资料委员会编:《文史资料存稿选编·军事机关》,北京:中国文史出版社,2002 年版。

28. 全国政协文史资料委员会编:《文史资料存稿选编·军事派系》,北京:中国文史出版社,2002 年版。

29. 何宇:《西南联合大学八百学子从军记——1944 届从军学生的译员生涯》,中国社会科学院近代史研究所近代史资料编辑部编:《近代史资料》总 109 号,北京:中国社会科学出版社,2004 年版。

30. 秦振安:《投笔从戎话当年——一个志愿从军知识青年从军的回忆录》,2004 年 11 月编印。

31. 原青年远征军二〇八师六三八团政治部干事、黄埔军校十六期毕业生蒋术先生口述,蔡宏俊记录,时间:2005 年 9 月 3 日。

32. 陈诚:《陈诚回忆录——抗日战争》,上海:东方出版社,2009 年版。

33. 《蒋中正总统档案·事略稿本》,台湾档案部门,2011 年版。

34. 冯玉祥:《我所认识的蒋介石》,北京:中国文史出版社,2012 年版。

35. 康泽:《康泽自述》,北京:团结出版社 2012 年版。

36. 张治中:《张治中回忆录》,北京:华文出版社,2014 年版。

37. 政大人文中心:《民国三十四年之蒋介石先生》,台北:政大出版社,2015 年版。

38. 张英霖著,苏州市档案局(馆)编:《一个远征军战士的从军日记》,上海:文汇出版社,2015 年版。

39. 章开沅口述,彭剑整理:《历史记忆:章开沅口述自传》,北京:北京师范大学出版社,2015年版。

40. 西南联大《除夕副刊》主编:《联大八年》,北京:新星出版社,2019年版。

41. 《中央日报》《民国日报》《申报》《扫荡报》《大公报》《益世报》《新华日报》《云南日报》等报纸相关报道。

四、专著与编著

1. 陈诚:《抗战建国与青年责任》,军事委员会政治部,1938年印。

2. 梁瓯第:《战时的大学》,战时文化出版社,1938年版。

3. 叶溯中:《战时教育论》,独立出版社,1938年版。

4. 国立中山大学战地服务团丛书编写组编:《东江一月》,1939年6月印。

5. 徐思平:《中国兵役行政概论》,重庆:文治出版社,1945年版。

6. 《学生从军纪实》,兵役部役政司编印,1945年。

7. 青年军人丛书编辑委员会编:《征集概况》,军事委员会全国知识青年志愿从军编练总监部印行,1945年6月。

8. 青年军人丛书编辑委员会编:《编练概况》,军事委员会全国知识青年志愿从军编练总监部印行,1945年6月。

9. 青年军人丛书编辑委员会编:《政工概况》,军事委员会全国知识青年志愿从军编练总监部印行,1945年6月。

10. 青年军人丛书编辑委员会编:《女青年服务总队训练与生活》,军事委员会全国知识青年志愿从军编练总监部印行,1945年6月。

11. 青年军人丛书编辑委员会编:《青年远征军剪影》,军事委员会全国知识青年志愿从军编练总监部印行,1945年6月。

12. 何应钦:《日本侵华八年抗战史》,台北:黎明文化事业股份有限公司,1982年版。

13. 日本防卫厅防卫研究所战史室著,天津市政协编译委员会译:《一号作战之一:河南会战(上册)》,北京:中华书局,1984年版。

14. 日本防卫厅防卫研究所战史室著,天津市政协编译委员会译:《一号作战之二:湖南会战(上册)》,北京:中华书局,1984年版。

15. 杨仲揆:《中国现代化先驱——朱家骅传》,台北:近代中国出版社,1984年版。

16. 复旦大学校史编写组编:《复旦大学志·第一卷(1905—1949)》,上海:复旦大学出版社,1985年版。

17. 《青年军史》编辑小组编:《青年军史》,"青年军联谊会总会"印行,1986年。

18. 郭绍仪编著:《青年远征军志略》,台北:幼狮文化事业公司,1988年版。

19. 王金海、佐恩:《蒋经国全传》,长春:吉林人民出版社,1989年版。

20. [美]易劳逸著,王建朗、王贤知译:《蒋介石与蒋经国》[原书名《毁灭的种子(1937—1949)》],北京:中国青年出版社,1989年版。

21. 南开大学校史编写组编:《南开大学校史(1919—1949)》,天津:南开大学出版社,1989年版。

22. 厦门大学校史编委会编:《厦门大学校史(1921—1949)》,厦门:厦门大学出版社,1990年版。

23. 朱斐主编:《东南大学史》,南京:东南大学出版社,1991年版。

24. 潘嘉钊:《康泽与蒋介石父子》,北京:群众出版社,1994年版。

25. 中国军事科学院军事历史研究部:《中国抗日战争史(中卷)》,北京:解放军出版社,1994年版。

26. [美]费正清、费维恺编:《剑桥中华民国史(1912—1949年)》,北京:中国社会科学出版社1994年版。

27. 罗焕章、高培主编:《中国抗战军事史》,北京:北京出版社,1995年版。

28. 《国民革命军青年远征军军史》,台湾当局防务部门,2001年。

29. 侯德础:《抗日战争时期中国高校内迁史略》,成都:四川教育出版社,2001年版。

30. 郭汝瑰、黄玉章主编:《中国抗日战争正面战场作战记》(上册),南京:

江苏人民出版社,2002年版。

31. [美]陶涵著,林添贵译:《蒋经国传》,北京:新华出版社,2002年版。

32. 王奇生:《党员、党权与党争:1924～1949年中国国民党的组织形态》,上海:上海书店出版社,2003年版。

33. 张羽:《战争动员发展史》,北京:军事科学出版社,2004年版。

34. 杨道恢:《坎坷人生》,天津:中华书画报社2004年版。

35. 姜朝晖:《民国时期教育独立思潮研究》,北京:中国社会科学出版社,2008年版。

36. 闻黎明:《抗日战争与中国知识分子——西南联合大学的抗战轨迹》,北京:社会科学文献出版社,2009年版。

37. 许小青:《政局与学府——从东南大学到中央大学(1919—1937)》,北京:中国社会科学出版社,2009年版。

38. 谢慧:《知识分子的救亡努力——〈今日评论〉与抗战时期中国政策的抉择》,北京:社会科学文献出版社,2010年版。

39. [美]齐锡生:《剑拔弩张的盟友:太平洋战争期间的中美军事合作关系(1941～1945)》,北京:社会科学文献出版社2012年版。

40. [美]易社强著,饶佳荣译:《战争与革命中的西南联大》,北京:九州出版社2012年版。

41. 朱庆葆、陈进金、孙若怡、牛力:《中华民国专题史·第十卷·教育的变革与发展》(张宪文、张玉法主编),南京:南京大学出版社2015年版。

42. 张瑞德:《山河动——抗战时期国民政府的军队战力》,北京:社会科学文献出版社2015年版。

43. 俞荣根主编:《董必武与抗战大后方——思想资料辑录》,重庆:重庆出版社2016年版。

44. 兰雪花:《抗战时期福建兵员动员研究》,北京:社会科学文献出版社,2017年版。

五、期刊文章

1. 张伯谨:《卑而不高的战时教育论》,《教育杂志》第28卷第3号,1938

年3月。

2. 黄觉民:《战时课程问题》,《教育杂志》第28卷第3号,1938年3月。

3. 李蒸:《抗战期间大学教育之方式》,《教育杂志》第28卷第9号,1938年9月。

4. 吴景宏:《战时高等教育问题论战的总检讨》,《教育杂志》第30卷第1号,1940年1月。

5. 查良钊:《抗战以来的西南联大》,《教育杂志》第31卷第1号,1941年1月10日。

6. 《罗卓英将军谈:青年新军训练要点——依投军青年所学编分兵种绝对适合现代要求》,《四川知识青年从军专刊》1944年第1期。

7. 方秋苇:《知识青年从军与今后兵役》,《三民主义半月刊》1944年第5卷第11期。

8. 张瑞德:《抗战时期的国军人事》,台北:"中央研究院"近代史研究所专刊,1993年第68期。

9. 赵秀昆:《青年军的组建和消亡》,《军事历史研究》1994年第3期。

10. [美]齐锡生著,徐有威、徐云根译:《抗战时期国民党内各军事集团之间的关系》(上),《军事历史研究》1994年第4期。

11. 梁月兰、袁武振:《抗日战争时期国统区的高等教育述论》,《唐都学刊》1995年第4期。

12. 刘馥、李薇:《论豫湘桂战役对抗战后期中国的影响》,《辽宁师范大学学报(社科版)》1995年第4期。

13. 方秋苇:《抗战时期的〈兵役法〉与兵役署》,《民国档案》1996年第1期。

14. 马烈:《三青团与蒋经国》,《江苏教育学院学报》1996年第4期。

15. [美]易社强:《抗日战争中的西南联合大学》,《抗日战争研究》1997年第1期。

16. 金以林:《战时大学教育的恢复与发展》,《抗日战争研究》1998年第2期。

17. 黄安余:《简述抗战时期国民政府的兵役制度》,《民国档案》1998 年第 3 期。

18. 周春雨:《抗战后期十万知识青年从军热潮述评》,《军事历史研究》1998 年第 3 期。

19. 杨天石:《卢沟桥事变前蒋介石的对日谋略》,《近代史研究》2001 年第 2 期。

20. 江沛、张丹:《战时知识青年从军运动述评》,《抗日战争研究》2004 年第 1 期。

21. 孙玉芹、沙友林:《抗战时期的知识青年从军运动》,《军事历史》2004 年第 3 期。

22. 季鹏:《论抗战时期国统区地方军事教育》,《社会科学研究》2004 年第 4 期。

23. 王晴佳:《学潮与教授:抗战前后政治与学术互动的一个考察》,《历史研究》2005 年第 4 期。

24. 王奇生:《战时大学校园中的国民党:以西南联大为中心》,《历史研究》2006 年第 4 期。

25. 周倩倩:《抗战后期青年军的组建及其结局》,《南京晓庄学院学报》2013 年第 2 期。

六、外文论著

1. Michael Schaller, *The Command Crisis in China, 1944: A Road Not Taken*, Diplomatic History, Vol. 4, No. 3（SUMMER1980）, Oxford University Press. pp. 327 – 331.

2. Jeffrey N. Wasserstorm, *Student Protests in Twentieth-Century China: The View from Shanghai*, Standford University Press, 1991.

3. Lincoln Li, Albany, *Student Nationalism in China, 1924 – 1949*, New York State University Press, 1994.

4. Hans J. van de Ven, *War in the Making of Modern China*, Modern

Asian Studies, Vol. 30, No. 4, Special Issue: War in Modern China (Oct. 1996), Cambridge University Press, pp. 737-756.

5. Jay Taylor, *The Generalissimo's Son: Chiang Ching-kuo and the Revolutions in China and Taiwan*, Harvard University Press, 2000.

6. Hans van de Ven, Diana Lary, Stephen MacKinnon, *Negotiating China's Destiny in World War II*, Stanford University Press, 2014.

索　引

B

白崇禧　42,97,101,138,139,142,150,229,336,412,417,443

北京大学　23,24,33,304,423,432,445,447

璧山　205,226,232,237,238,258,286,293,294

编练总监部　13,19,74,117,139,150,179,224—226,235,240,244,255,257—259,264—266,272,274,289,294,295,298,307,308,311,319,323,373,385,398,400,423,440,442

兵役部　56,59,91,93,97,115,138,139,145,146,151,168,182,198,222,237,407,414,418,421,422,438,441,444

兵役部役政司　58,218,449

兵役法　12,13,21,56,64,68,89,90,99,316,384,410,417,418,434,452

兵役署　12,13,15,57,59—61,63,64,72,88—92,95—99,101,117,129,131,141,146,160,168,169,175,176,178,198,199,219,277,300,350,378,381,397,408—411,413,417,418,422,426,438,444,452

C

陈诚　13,83,84,86,87,89,96,97,117,123,124,127,150,189,217,224,229—233,235,270,274,280,285,289,296,302,313,335,336,340,358,365,384,398,399,401,408,412,418,419,440,442—444,448,449

陈果夫　119,128,130,138,150,390

陈立夫　26,32,37,38,48,62,138,139,150,192,196,198,432,435,

436

程泽润　12,57,60,62,78,88,89,97—103,117,408,409,413,417,418,426,436,438

D

戴之奇　232—234,335

邓文仪　130,246,249,335,337,338,419,447

董必武　122,123,125,126,193,197,451

F

发动知识青年从军会议　76,113,116,118—121,127,129,131,132,134,137,154,164,170,178,184,186,193,288,378,397,404,405,438

方秋苇　12,13,59,90,98,99,141,159,175,176,178,179,182,198,350,410,417,418,452

方先觉　85,86,88,233,234

冯玉祥　28,85,87,96,101,409,435,448

复旦大学　47,53,140,158,195,305,388,450

G

赣县　52,204

赣州　227,235,294,436,447

谷正纲　140

顾毓琇　62,63,140,157,185,190,195,197,249,415

顾祝同　154,189,229,232,235,414,422

郭绍仪　9,10,19,118,169,226,227,241,247—249,255,256,334,360,368,377,379,404,405,450

国防部　336—345,357,364—367,369,385,386,442,443,445

国防部预备干部管训处　335—337,340,341,385,443

国防部预备干部局　8,17,335,336,340,341,361,363,365,374,385

H

汉中　169,204,205,227,233,235,294,306,344,358,361—363,368,369

何成濬　98,100—102,409,446

何应钦　25,55,72,73,78,87—89,97—101,138,139,142,150,199,229,233,408,412,417—419,435,440,441,449

贺国光　140

胡秋原　249,314

胡庶华　30,62,76,154,178,185,198,414

胡宗南　229—233,235,321,399

黄仁霖　46—48

黄山整军会议　78,83,85—89,95—97,103,108,112,113,130,131,300,301,418,426,437

黄珍吾　233,234

霍揆彰　224,270,272,274,280,302,442

J

贾亦斌　8,17,335—337,339,340,

索引

363,365,384,385,447
蒋鼎文　81,83,88,229
蒋介石　2,8,10,11,13,14,16,18,
　19,25,29,32—38,46,48,51—
　53,55,56,62,72,77—80,82—
　91,94—119,122—127,129—
　132,136—139,141—143,150,
　154,178,181,183—185,188,189,
　192,194—197,206—208,216,
　217,220,224,225,227—235,239,
　244,246,272,282,283,285,288—
　290,296,297,301,303,305,311,
　320,335—338,341,358,361,364,
　369,372—374,377—381,383—
　388,396—400,403—405,407—
　409,411—414,416,417,420—
　422,426—430,432,433,435—
　442,446,448,450,453
蒋经国　9,10,12—14,16,55,91,
　94,97,115—117,129,154,178,
　185,225—227,229,230,246,247,
　254,264,282,311,335—341,357,
　361,364—367,370,373,374,379,
　383—385,398—402,408,414—
　416,418,419,422,428,433,436,
　437,441,443,446,447,450—452
蒋梦麟　126,136,139,196,227,
　239,433,435
蒋纬国　51,97—99,154,178,185,
　379,414
教育部　7,15,23—27,30,33,34,
　36,37,39,43—45,48,49,52—
　54,62—64,138—140,159,161,
　166,186,190,196,198,346—350,
　352—355,357,358,363—367,

370,378,389,415,431—434,437,
　440,444—446
军管区　56,58,63,72,265,397,
　412,413,417,419,435—437
军事委员会　16,40,45—49,51,
　52,87,88,97,113,118,124,128,
　138,139,143,144,150,158,159,
　165,166,179,188,189,192,195,
　196,200,203,205,208,223—225,
　231,233,236,240,246,247,272,
　282,297,299,335—337,340,361,
　363,368,389,399,400,407,409,
　411,414,423,427,433,434,438—
　440,442,443,449
军事委员会督训处　223,440
军事委员会征调各专科以上学校学
　生充任译员办法　345,346
军委会　40,56,84,95,99,119,
　134,138,140,142,174,177,189,
　207,224,247,256,258,270,289,
　306,311,313,327,361,385,389,
　400,407,412,414,434,441
军需署　88,89,151,210,284,285,
　288,291,296,300,319
军训部　62,138,139,150,222,
　224,229,282,301,385,407,411,
　412,414
军政部　14,25,45,50,52—54,56,
　59—63,65—67,72,73,78,87—
　89,91,96—98,100,120,138—
　141,150,154,155,158—160,169,
　171,174—177,181,182,187,199,
　210,213,217,229,240,242,277,
　288,294—296,300,313,316,319,
　335,336,346,350,355,384,385,

397,408,409,411—413,417,418, 426,431,432,435—440,442—444

K

康泽　15,62,65,117,119,134, 138—140,142,143,150,151,153, 155,180,201,202,206,216,233, 237,249,398,399,418,439,442, 448,450

昆明　24,45,47,49,66,95,110, 172,173,189,200,204—207,218, 227,233,239,259,270,275,287, 294,297—299,317,325,344,355, 377,445—447

L

赖琏　140

老河口　135,189,205—210,212, 213,219,297

黎川　227,233,362

励志社　36,46,80,311

联谊会　341

梁寒操　62,140,154,158,178, 185,414,436

刘安祺　233,234,314,381,382, 387,447

泸县　205,226,232,262,294,358, 368,369,415

鹿钟麟　96,97,139,198,237,409, 418,438

罗家伦　26,34,53,249,431

罗斯福　46,78,79,103—112,380, 438

罗友伦　94,95,233,290—292, 295,297,318,370,447

罗泽闿　232—234

罗卓英　104,117,119,131,137, 139,154,158,190,223,224,230—232,234,239,240,247,259,272, 283,289,290,294,296,303,304, 398,401,414,422,438,442,452

M

马超俊　154,178,185,197,198, 414

梅贻琦　35,126,136,139,196, 227,239

南开大学　23,139,432,445,450

南岳军事会议　80,436

N

女青年服务队征集办法　171,378, 440

女青年服务总队　172,200,223, 254—260,274—276,280,285, 289,290,295,304,307,312,329, 442,449

P

潘公弼　141,170

彭位仁　224,230,231,234,335, 337,338,384

Q

綦江　205,216,226,232,237,262, 268,294

钱大钧　98,100,102,139

青年军　2,5,8—13,16,19—21, 51,73,74,113,115,116,129,136,

索 引 459

141,144—146,154,170,181,200,
201,203,205,206,209,211,214—
216, 218—220, 223—227, 229,
230, 233—238, 240—245, 247,
249,250,254,257—261,264,266,
268,270,272,275,276,280,283—
285, 289—296, 298—301, 303,
304, 306, 308, 311—315, 320—
323, 327—330, 334—345, 354,
356—358, 361, 363—371, 373,
375, 379, 381, 382, 384, 385, 387,
391,393,394,396—402,406,407,
415,416,420,422,428,432,440—
443,446,447,449,450,452,453

青年军复员管理处　335—341,
345, 354, 357, 358, 361, 363—369,
384,385,442,443

青年军联谊会　9, 13, 335, 341,
342,351,369,450

青年军通讯处　341,343,367

青年远征军　2,5—10,15—17,19,
20, 94, 113, 117, 118, 121, 122,
125, 127, 129, 145, 146, 150, 163,
169, 188, 214, 217, 220, 223—227,
229—237, 239—244, 246—249,
252, 254—256, 264, 265, 268—
270, 272—275, 277, 280—283,
285—287, 289—292, 294, 296,
298—303, 306, 308, 311—315,
319, 323, 324, 328, 329, 331, 334,
335, 337—339, 341, 344, 351, 352,
358, 360—364, 368, 370, 373, 374,
377, 379, 381—385, 387—389,
391,392,394,399—402,404,405,
419,420,423,427,428,438,441,

442,448—450

青年职业训练班　357,358,367,
368

青年中学　357,358,361—363,367

清华大学　23, 34, 35, 139, 304,
317,432,445

曲靖　294,297,299,318,441

全国知识青年志愿从军编练总监部
8,10,16,19,20,73,74,113,144,
179, 200, 216, 218, 219, 223, 224,
236, 238, 240, 255, 260, 270, 293,
294, 299, 300, 321—323, 427, 440,
449

全国知识青年志愿从军编练总监部
政治部　10, 223—225, 247, 255,
306,327,441

全国知识青年志愿从军征集办法
155,164,165,178

全国知识青年志愿从军指导委员会
3, 15, 19, 20, 60, 65, 74, 76, 77,
103, 118—121, 127, 129, 131, 132,
134, 135, 137—139, 141, 143—
151, 155, 156, 158—163, 165, 166,
169—172, 174—177, 179—183,
185, 199—203, 205—210, 212—
216, 218—222, 225, 228, 235—
238, 241, 254, 255, 263—265, 269,
284, 285, 287, 288, 292—294,
297—300, 309, 316, 319, 321—
323,331,332,355,378,380,388—
390, 394, 397, 398, 407, 414, 418,
423,427,439,440,442,444

R

瑞金　204,227,235,294

S

三民主义青年团 1,62,63,172,396,435,447

三青团 1,12,62,75,77,113,116,118,119,123,124,133,134,138—140,142,143,146,147,151,154,172,185,198,225,339,361,375,379,396—399,401,403,405,414,416,418,424,427,428,435—439,442,447,452

三台 57,58,435
上杭 227,233,362
上饶 204
史迪威 78,103—113,115,373,438,447
宋宜山 133,141

T

太平洋战争 14,47,78,79,103,106,451
覃异之 233,234,401,402,446
汤恩伯 81—85,88,229
天水 204,206,207,216,218,219,235,238,293,294,297,299,300,319—323
通讯处 341

W

万县 198,205,207,218,219,226,233,261,294,358,368,369
王世杰 30,36,446
王星拱 30,76,139,196
温鸣剑 233,234
吴铁城 113,119,129,138,139,142,143,150,170,220,221,293,437
武汉大学 23,30,49,139,196

X

西北大学 140,196,202,294,325,373
西南联大 4,14,24,47,49,126,136,139,168,193,196,317,324,366,375,376,393,403,447—449,451—453
西南联合大学 14,24,51,126,196,227,239,283,435,445,448,451,452
徐会之 209,211,212,214
徐思平 56—58,138,139,150,169,176,382,397,417,418,435,437,449
徐永昌 139
学生从军运动 7,9,13,16,18,22,55—58,60,62,63,65,74,75,77,113,118,134,146,153,158,159,295,319,338,351,378,397,398,416—418
学生从军指导委员会 22,59,62—64,138,143,150,151,436
学生服役小组 59,60
学生志愿服役办法 59,60,169,397,418,435,436

Y

延安 109,122
杨彬 233
杨森 154,190,323,415,422
叶溯中 420—422,449

索 引

一号作战 79,80,107,436,449,450
一品场 214—216,441
役政司 59,63,90,98,175,176,178,198,277,350,417
余纪忠 64,234
余井塘 119,127,140
预干处 343,345,357,367,369
豫湘桂大溃败 77,78,82,88,95,113,229,373,426
豫湘桂战役 2,78,81,82,89,116,452
袁守谦 62,140,249
云南大学 45,47,49,50,140,196,355,446

Z

曾鲁 331
扎佐 205,226,229,233,237,294
霑益 204,205,207,297,299
战地服务团 39—43,46—49,51,444,449
张伯苓 126,136,138,139,227,239,283
张超 141
张定璠 138,140,150
张治中 24,28,29,62,96,113,118,119,124,138,139,150,154,246,377,380,399,408,436,438,448
章开沅 187,188,263,266—268,304,305,330,332,333,339,340,356,448
章益 140,158,195,249
赵秀昆 10,116,154,226,227,234,235,241,270,391,415,422,452
浙江大学 13,47,49,139,196,217
征集办法 147,153,154,190,332,439
征集委员会 141,143,144,146—151,155,157,161,168,170—173,179,183,197,199—201,209,215,219,221,222,254,264,288,292,298,300,309,372,378,388—390,397,407,414,439,440
征委会 138,143,144,147,153,156,161,171,172,183,184,202,235,237,286,298,299,311,316,319,320
政治部 62,63,84,117,118,124,138,140,151,155,158,159,161,223—227,231,234,235,246,249—251,257,259,275,276,281,307,311,330,331,337,338,340,360,391,398—401,412,414,423,441,448,449
知识青年志愿从军优待办法 165,166,180,345,346,348,352,353,356,357,440
知识青年志愿从军征集委员会 21,138,143,153,186,203,298,299,310—312,439
指导委员会 19,63,64,135,138,141,142,144,155,159,163,166,171,172,181,200,202,220,228,241,249,360,380,398,439
指委会 138,141,143—145,147,151,161,162,172,175,178,182,184,206,208,210,212,214,220,

264,298,319,323
志愿从军学生学业优待办法　166,345—347,352,353,355,440
志愿服役学生报名处　59,60
中等以上学校战时服役学生复学及转学办法　345,346,350,354
中国远征军　7,8,22,49,55,56,103—107,113,130,155,223,224,233,337,351,353,366,434
中山大学　40—43,47,139,140,196,354,444,449
中央大学　4,23,26,33,34,47,49,53,140,143,157,161,168,193,195—198,376,378,388,389,431,432,434,439,444,446,451
中央政治学校　140,183,193
钟彬　232,233,415
重庆　12,13,15,19,25,34,40,47,52,58,59,61,72,82,85,87,97,98,100,106—108,117,118,123,126,144,147,148,153,155,158,159,164,168—173,178,183—187,190—192,194,195,197,199—202,205—208,214—216,218,219,224,238,247,254—259,270,274,275,281,286,292—295,297—300,309—312,315,318,319,321—323,344,350,358,361,363,370,373,376—378,382,402,409,410,415,426,436,437,439,441,446,449,451
重庆大学　30,49,140,157,168,195,198,363,376
周至柔　62
朱家骅　34,139,150,349,354,365,370,450
竺可桢　139,196
驻印军　8,49,51,56,73,74,94,104,105,113,130,137,158,194,242,287,291,310,337,351,353,373,393,435,436
祝绍周　154,190,415,422
总监部　212,257,294,295,411
邹志奋　141

后 记

这本专著是在我的博士学位论文基础上修改、补充而成。想当初,我对论文总是感到不满意,经过几轮修改,现在以这本专著的形式呈现给大家,内心依然惶恐。

承蒙恩师朱庆葆教授的抬爱,我得以在南京大学这百年名校中滋养和成长,能够成为他的学生并得到他的指导是我莫大的荣幸。朱老师对于我十分信任和宽容,我在读博第五年时提出更换选题,没有想到朱老师听完我的解释后欣然同意了。他的信任、支持和鼓励是我完成这本专著的重要动力。在南京大学学习期间,各位老师对我的帮助和指导,使我收获良多,我对此深表感谢!

感谢南京大学中华民国史研究中心荣誉主任张宪文教授、主任朱庆葆教授以及洪小夏教授对于本书提出宝贵意见和建议!

蔡宏俊

2021 年 5 月 25 日